Biblioteca de Derecho Público

Tommaso Edoardo Frosini
(Director)

Carlos Antonio Agurto Gonzáles
Sonia Lidia Quequejana Mamani
Benigno Choque Cuenca
(Coordinadores Generales)

Víctor Rafael Hernández-Mendible
Profesor de Derecho Público
en la Universidad del Rosario (Colombia)

EL ESTADO CONVENCIONAL CINCUENTENARIO DE LA CONVENCIÓN AMERICANA SOBRE DERECHOS HUMANOS (1969-2019)

Prólogo
Ricardo Rivero Ortega
Rector de la Universidad de Salamanca
Catedrático de Derecho Administrativo

Edición al cuidado de
Carlos Antonio Agurto Gonzáles
Sonia Lidia Quequejana Mamani
Benigno Choque Cuenca

Ediciones Olejnik

Título: El estado convencional cincuentenario de la convención americana sobre derechos humanos (1969-2019)

2ª edición ampliada

Ediciones Olejnik
Huérfanos 611, Santiago-Chile
E-mail: contacto@edicionesolejnik.com
Web site: http://www.edicionesolejnik.com

ISBN: 978-956-392-746-7

Diseño de carátula: Ena Zuñiga

Diagramación: Hayden Méndez, yiset_mendez@hotmail.com

Impreso en Argentina 2020 Printed in Argentina

In memoriam a mi maestro,
don Jesús González Pérez

Mi agradecimiento al Rector Magnífico de la Universidad de Salamanca, don Ricardo Rivero Ortega, por su gentileza y generosidad al prologar este libro

Particular reconocimiento a los profesores Miguel Ángel Torrealba Sánchez y Armando Blanco Guzmán por sus comentarios y reflexiones

"La justicia es la reina de las virtudes", Marco Tulio Cicerón.

"La justicia es la reina de las virtudes republicanas y con ella se sostiene la igualdad y la libertad". Simón Bolívar

"La verdadera paz no es simplemente la ausencia de tensión; es la presencia de la justicia". Martin Luther King Jr.

Índice

El control de convencionalidad y la administración pública

El vicio de inconvencionalidad del acto administrativo

La convencionalización de la potestad administrativa sancionatoria

La convencionalización de la responsabilidad del Estado

La convencionalización de los asuntos ambientales

La convencionalización del derecho al agua potable

Prólogo

El Doctor Víctor Hernández Mendible ha escrito una obra excelente sobre la Convención Americana sobre Derechos Humanos en su cincuentenario. Tan brillante aportación nos recuerda que, desde 1969 hasta hoy, el idealismo convencional ha inspirado admirables evoluciones de los ordenamientos de muchos países. Los avances derivados de la convencionalidad han servido para mejorar las garantías y realizar el principio *pro homine*, de profunda raíz humanista.

Un Derecho administrativo sometido al control de convencionalidad es, por muchas razones, mejor que aquel sólo sujeto a los *tests* de constitucionalidad. Al fin, las normas fundamentales mantienen una impronta nacional, marcados por sesgos históricos y desequilibrios. El enfoque externo y universal en materia de derechos humanos es una salvaguarda de su mejor versión, la incontaminada por los intereses locales.

Son muchos los progresos derivados de la sujeción a las normas latinoamericanas de derechos humanos, destacando en primer lugar los de carácter penal: la prohibición de las amnistías, las penas corporales o la pena de muerte. Aquellos países que han sufrido dictaduras terribles el siglo pasado se protegen de los riesgos involucionistas suscribiendo compromisos internacionales que limitan sus poderes legislativos.

También la acción del poder ejecutivo se sujeta a la convencionalidad, de manera que la actividad y la inactividad administrativa han de ser compatibles con la misma. Las principales instituciones son filtradas por este control: la potestad sancionadora; la discrecionalidad; el contenido de la propiedad; el acceso a la información pública; la independencia judicial; la responsabilidad patrimonial; en fin, el tronco del Derecho administrativo.

La plena sujeción de la potestad sancionadora al principio de legalidad protege la garantía de tipificación previa frente a un ejercicio imprevisible del poder administrativo. Al igual que las garantías que evitan que la discrecionalidad degenere en arbitrariedad o desviación de poder, para lo que se impone la obligación de motivar los actos administrativos.

Además de las protecciones formales, se analizan derechos sustantivos, como la propiedad, a la que conceden una importancia extraordinaria muchos ordenamientos constitucionales americanos, pero no presenta un carácter absoluto según la Corte. También otros derechos personales son objeto de análisis, como el del consentimiento libre, pleno e informado como condición previa de la prestación de los servicios de salud. Otros servicios públicos son reconocidos igualmente como derechos, así el agua potable, el saneamiento o la energía eléctrica.

El derecho de acceso a la información pública ha adquirido una importancia considerable en las últimas décadas, expandiéndose en los derechos comparados de los países democráticos. La cuestión de sus límites ha ocupado a la Corte en varios pronunciamientos, desde una consideración restrictiva de las excepciones al principio de "máxima divulgación".

Obviamente, ninguna de las anteriores exigencias de libertades y derechos sería posible sin un poder judicial independiente. Los nombramientos y la carrera profesional de los jueces merecen también la protección convencional. Así, el derecho de acceso a la justicia se podrá realizar de manera efectiva, con todos sus trámites procesales hasta la sentencia válida y correctamente ejecutada.

La responsabilidad patrimonial de los estados y la reparación integral de las víctimas es otra de las instituciones de Derecho público amparada por la convencionalidad. Control judicial y responsabilidad son -recordemos a Hauriou- las dos garantías más básicas del Derecho administrativo. Su diseño en los países signatarios ha de ser, por tanto, compatible con las exigencias de la Convención interamericana.

El análisis del control de la convencionalidad difuso, realizado por las administraciones nacionales, ejecutoras así de las normas internacionales, es una de las grandes aportaciones de este libro. Así como en Europa las autoridades nacionales actúan como herramientas del Derecho supranacional, también en América deben ser conscientes de su papel y obligación de garantes de los derechos y libertades.

Esta consideración produce consecuencias prácticas sobre el régimen administrativo, comenzando por la apreciación de un nuevo motivo de invalidez de los actos: el vicio de inconvencionalidad. En general, todo el diseño de nuestra disciplina ha de replantearse en esta clave, comenzando por los poderes más incisivos de la Administración (principios de la potestad sancionadora, responsabilidad estatal, la intervención ambiental, etc).

Estamos, pues, inequívocamente, ante *Ius cogens*, no disponible, pero mucho más allá también nos encontramos ante una fuente generadora de nuevos principios del Derecho administrativo, abiertos a una interpretación abstraída de los enfoques puramente nacionales. Por ello, la convencionalización del Derecho público es una expresión nítida del llamado Derecho administrativo global, una evolución ilustrada y positiva de nuestras instituciones de referencia.

1969 fue un año de grandes cambios, también de frustraciones y retrasos. La Corte Interamericana tardaría diez años en constituirse en San José, y aún algunos más en dictar su primera sentencia, ya en los años ochenta. Ese año es asimismo recordado por la llegada del hombre a la luna, un hito realizador de las extraordinarias capacidades del ser humano. Podemos llegar muy alto y mostrar las mejores cotas de la civilización. Perseveremos en tales objetivos.

En Salamanca, el 31 de julio de 2019.

Ricardo Rivero Ortega
Rector de la Universidad de Salamanca
Catedrático de Derecho Administrativo

Introducción

El 2019 fue tiempo para conmemorar varias efemérides en el contexto del Derecho, pues se celebraron múltiples aniversarios de instrumentos que han tenido relevancia en el desarrollo del actual orden regional: El primero tuvo lugar, el día 23 de mayo de 2019 con motivo de la suscripción de la Convención de Viena sobre el Derecho de los Tratados; el segundo, el día 26 de mayo de 2019, en el marco de la celebración de la rúbrica del Tratado del Acuerdo de Cartagena o Acuerdo de integración Subregional Andino; el tercero, el día 28 de mayo de 2019, efeméride de la aprobación del Tratado que crea el Tribunal de Justicia del Acuerdo de Cartagena; el cuarto, el día 27 de junio de 2019, en que se conmemora la adopción del Convenio N° 169 sobre pueblos indígenas y tribales en países independientes; el quinto, el día 12 de agosto de 2019, en recuerdo de que se signaron los Convenios de Ginebra, (I) para aliviar la suerte que corren los heridos y los enfermos de las fuerzas armadas en campaña; (II) para aliviar la suerte que corren los heridos y los enfermos de las fuerzas armadas en el mar; (III) relativo al trato debido a los prisioneros de guerra; y (IV) relativo a la protección debida a las personas civiles en tiempo de guerra; y el sexto, el día 22 de noviembre de 2019, a propósito de la firma del denominado "Pacto de San José de Costa Rica", que es el nombre con el que también se identifica la Convención Americana sobre Derechos Humanos.

Este último instrumento internacional centrará el objeto de esta investigación. En él se crearon dos órganos convencionales, la Comisión Interamericana de Derechos Humanos y la Corte Interamericana de Derechos Humanos. Esta última fue instalada el día 22 de mayo de 1979, en San José de Costa Rica, lo que además supone que también se cumplieron 40 años del inicio de su funcionamiento -como dato curioso hace 60 años, el día 21 de enero de 1959, sesionó por primera vez la Corte Europea de los Derechos del Hombre-, habiendo expedido la Corte Interamericana su primera sentencia el día 26 de junio de 1987, en el caso *Velásquez Rodríguez vs. Honduras;* mientras que su primera opinión consultiva es del día 24 de septiembre de 1982, en el caso *Otros tratados objeto de la función consultiva de la Corte (Art. 64 Convención Americana sobre Derechos Humanos).*

La Corte Interamericana en ejercicio de ambas competencias -la consultiva y la contenciosa- ha ido desarrollando los criterios y los estándares de interpretación y aplicación de lo que se ha calificado como el *Corpus Iuris* de los Derechos Humanos, que estaría conformado por la Convención Americana sobre Derechos Humanos y el resto de los instrumentos que reconocen y protegen tales derechos, que integran el denominado bloque de convencionalidad[1].

Es así como la Corte Interamericana ha ido construyendo el control de convencionalidad sobre tres ejes: (I) filosófico, el principio *pro homine* que constituye a la persona humana en la razón que justifica la existencia del Estado y en el centro de la actuación de sus órganos, para favorecer el ejercicio de los derechos y libertades públicas[2]; (II) orgánico, que en el nivel nacional compete a todos los órganos que ejercen el Poder Público dentro del Estado[3] -ejecutivo, legislativo, judicial- o extra-poder y en el nivel internacional a los

---

1 La Corte Interamericana de Derechos Humanos (Corte IDH) emplea la expresión "*corpus iuris* de la convencionalidad". Por nuestra parte, bajo la inspiración inicial de Hauriou y posterior de Favoreu, aquí se emplea la expresión "bloque de convencionalidad", que se considera la locución más natural y coherente a los efectos de este trabajo, dado los antecedentes y la conceptuación del empleo de la palabra "bloque" en el contexto jurídico y su natural comprensión para los operadores en el ámbito del Derecho Público. Como predecesores en el uso de la expresión, cabe citar a Ferrer Mac-Gregor, Eduardo, Reflexiones sobre el control difuso de constitucionalidad, *Opus Magna Constitucional*, Tomo III, Instituto de Justicia Constitucional, Guatemala, 2011, pp. 305, 315-316; en este mismo sentido, Jinesta Lobo, Ernesto, Control de convencionalidad ejercido por los Tribunales y Salas Constitucionales, (Coord. Eduardo Ferrer Mc Gregor) *El Control Difuso de Constitucionalidad*, Fundap, Querétaro, 2012; Hernández-Mendible, Víctor Rafael, El control de convencionalidad como expresión del control de constitucionalidad. Originalidad y desaciertos, *Estudios sobre Control de Convencionalidad*, Editorial Jurídica Venezolana, Panamá, 2015, pp. 141-166, en especial pp. 158, 160. En contra del empleo de la expresión "bloque de la convencionalidad", García Belaunde, Domingo, El control de convencionalidad y sus problemas, *Pensamiento Constitucional* N° 20, Pontificia Universidad Católica del Perú, Lima, 2015, pp.143-144.

2 Corte IDH, *La Colegiación Obligatoria de Periodistas (Arts. 13 y 29 Convención Americana sobre Derechos Humanos)*, Opinión Consultiva OC-5/85, de 13 de noviembre de 1985, serie A N° 5, párr. 52; Corte IDH, *Condición jurídica y derechos de los migrantes indocumentados*, Opinión Consultiva OC-18/03, de 17 de septiembre de 2003, serie A N° 18, párr. 156; Corte IDH, *Caso Boyce y otros vs. Barbados*, Excepciones preliminares, Fondo, Reparaciones y Costas, sentencia de 20 de noviembre de 2007, serie C N° 169, párr. 52; Corte IDH, *Caso Dacosta Cadogan vs. Barbados*, Excepciones Preliminares, Fondo, Reparaciones y Costas, sentencia de 24 de septiembre de 2009, serie C N° 204, párr. 49; Corte IDH, *Caso Radilla Pacheco vs. México*, Excepciones Preliminares, Fondo, Reparaciones y Costas, sentencia de 23 de noviembre de 2009, serie C N° 209, párrs. 340-341; Corte IDH, *Caso Wo Ho Wing vs. Perú*, Excepción Preliminar, Fondo, Reparaciones y Costas, sentencia de 30 de junio de 2015, serie C N° 297, párr. 126.

3 Corte IDH, *Caso Velásquez Rodríguez vs. Honduras*, Fondo, sentencia de 29 de julio de 1988, serie C N° 04, párr. 166; Corte IDH, *Caso Cabrera García y Montiel Flores vs. México*, Excepción Preliminar, Fondo, Reparaciones y Costas, sentencia de 26 de noviembre de 2010, serie C N° 220, párr. 225; Corte IDH, *Caso Gelman vs. Uruguay*, Fondo y Reparaciones, sentencia de 24 de febrero de 2011, serie C N° 221, párr. 193; Corte IDH, *Caso Masacre de Santo Domingo vs. Colombia*, Excepciones Preliminares, Fondo y Reparaciones, sentencia de 30 de noviembre de 2012, serie C N° 259, párr. 142; Corte IDH, *Caso Gelman vs. Uruguay*, Supervisión de cumplimiento de sentencia, resolución de 20 de marzo de 2013, párr. 59; Corte IDH, *Caso Niñas Yean y Bosico y caso de personas dominicanas y haitianas expulsadas vs. República Dominicana*, Supervisión de cumplimiento de sentencias y competencia, resolución de 12 de marzo de 2019, párr. 21.

órganos creados por los tratados o convenciones[4]; (III) técnico, que supone la conformación del control en dos niveles: el nacional, que tiene lugar de manera inicial, principal e inmediata; y el internacional, que se despliega de forma subsidiaria, complementaria y mediata[5].

Según esto, la garantía de respeto y ejercicio de los derechos humanos reconocidos en el bloque de convencionalidad se puede realizar a través de dos modalidades de control de convencionalidad. Uno es directo o concentrado, que es competencia exclusiva del propio Tribunal Interamericano[6]; y el otro es indirecto o difuso, que deben realizar todos los órganos que ejercen el Poder Público y los órganos extra-poder que integran la estructura institucional de los Estados, con sujeción tanto a las competencias como a los procedimientos constitucionales y legales establecidos.[7]

Este contexto permite deducir que el control de convencionalidad presenta las siguientes características:

---

4 Brewer-Carías, Allan R., Sobre el control de convencionalidad ejercido por los tribunales nacionales y el Derecho Administrativo, (Coord. Víctor Hernández-Mendible y José Luis Villegas Moreno) *Hacia un Derecho Administrativo para volver a la Democracia. Liber Amicorum a José R. Araujo-Juárez*, CERECO-CIDEP, Caracas, 2018, pp. 259-279, en especial p. 278; Corte IDH, *Caso Masacre de Santo Domingo vs. Colombia*, Excepciones Preliminares, Fondo y Reparaciones, sentencia de 30 de noviembre de 2012, serie C N° 259, párr. 142; Corte IDH, *Caso Gelman vs. Uruguay*, Supervisión de cumplimiento de sentencia, resolución de 20 de marzo de 2013, párr. 70; Corte IDH, *Caso Andrade Salmón vs. Bolivia*, Fondo, Reparaciones y Costas, sentencia de 1 de diciembre de 2016, serie C N° 330, párr. 93.

5 Corte IDH, *Caso Gelman vs. Uruguay*, Supervisión de cumplimiento de sentencia, resolución de 20 de marzo de 2013, párr. 70.

6 Artículo 33.b) de la Convención Americana sobre Derechos Humanos.

7 Corte IDH, *Caso Trabajadores Cesados del Congreso (Aguado Alfaro y otros) vs. Perú*, Excepciones Preliminares, Fondo, Reparaciones y Costas, sentencia de 24 de noviembre de 2006, serie C N° 158, párr. 128; Corte IDH, *Caso Heliodoro Portugal vs. Panamá*, Excepciones Preliminares, Fondo, Reparaciones y Costas, sentencia de 12 de agosto de 2008, serie C N° 186, párr.180; Corte IDH, *Caso Radilla Pacheco vs. México*, Excepciones Preliminares, Fondo, Reparaciones y Costas, sentencia de 23 de noviembre de 2009, serie C N° 209, párr. 339; Corte IDH, *Caso Fernández Ortega y otros vs. México*, Excepción Preliminar, Fondo, Reparaciones y Costas, sentencia de 30 de agosto de 2010, serie C N° 215, párr. 236; Corte IDH, *Caso Rosendo Cantú vs. México*, Excepciones Preliminares, Fondo, Reparaciones y Costas, sentencia de 31 de agosto de 2010, serie C N° 216, párr. 219; Corte IDH, *Caso Gomes Lund y otros (Guerrilha do Araguaia) vs. Brasil*, Excepciones Preliminares, Fondo, Reparaciones y Costas, sentencia de 24 de noviembre de 2010, serie C N° 219, párr. 176; Corte IDH, *Caso Masacres de El Mozote y lugares aledaños vs. El Salvador*, Fondo, Reparaciones y Costas, sentencia de 25 de octubre de 2012, serie C N° 252, párr. 318; Corte IDH, *Caso Masacre de Santo Domingo vs. Colombia*, Excepciones Preliminares, Fondo y Reparaciones, sentencia de 30 de noviembre de 2012, serie C N° 259, párr. 142; Corte IDH, *Caso Liakat Ali Alibux vs. Surinam*, Excepciones Preliminares, Fondo, Reparaciones y Costas, sentencia de 30 de enero de 2014, serie C N° 276, párr. 151; Corte IDH, *Caso López Lone y otros vs. Honduras*, Excepción Preliminar, Fondo, Reparaciones y Costas, sentencia de 5 de octubre de 2015, serie C N° 320, párr. 257; Corte IDH, *Caso San Miguel Sosa y otras vs. Venezuela*, Fondo, Reparaciones y Costas, sentencia de 8 de febrero de 2018, serie C N° 349, párr. 191; Corte IDH, *Caso Colindres Schonenberg vs. El Salvador*, Fondo, Reparaciones y Costas, sentencia de 4 de febrero de 2019, serie C N° 373, párr. 129.

1. En principio se trata de un sistema de control preeminentemente subjetivo[8]. Su finalidad principal es reconocer, respetar, proteger y garantizar que las personas puedan ejercer efectivamente sus derechos y libertades públicas. En caso que ello no haya sido debidamente garantizado o que los derechos y las libertades sean vulnerados es posible que sea necesario disponer la reparación a las víctimas. Por supuesto, esto no impide que se le ordene a algún Estado corregir o enmendar una situación inconvencional, aunque no haya afectado hasta ese momento a una determinada víctima[9].

2. Es un sistema mixto de tutela. Hay que tener presente que constituye una obligación convencional[10] y tanto los órganos del Estado en el ejercicio de sus competencias y de los procedimientos constitucionales y legales[11]; como los órganos interamericanos de control de la convencionalidad pueden llevarlo

---

8 Corte IDH, *La Expresión "Leyes" en el Artículo 30 de la Convención Americana sobre Derechos Humanos,* Opinión Consultiva OC-6/86, de 9 de mayo de 1986, serie A N° 6, párr. 21.

9 Corte IDH, *Responsabilidad internacional por expedición y aplicación de leyes violatorias de la Convención (arts. 1 y 2 Convención Americana sobre Derechos Humanos),* Opinión Consultiva OC-14/94, de 9 de diciembre de 1994, serie A N° 14, puntos de la opinión 1; Corte IDH, *Caso Suárez Rosero vs. Ecuador,* Fondo, sentencia de 12 de noviembre de 1997, serie C N° 35, párr. 98; Corte IDH, *Caso Tenorio Roca y otros vs. Perú,* Excepciones Preliminares, Fondo, Reparaciones y Costas, sentencia de 22 de junio de 2016, serie C N° 314, párrs. 232-233.

10 Corte IDH, *Caso Boyce y otros vs. Barbados,* Excepciones preliminares, Fondo, Reparaciones y Costas, sentencia de 20 de noviembre de 2007, serie C N° 169, párr. 77; Corte IDH, *Caso Gelman vs. Uruguay,* Supervisión de cumplimiento de sentencia, resolución de 20 de marzo de 2013, párr. 67.

11 Corte IDH, *Caso Trabajadores Cesados del Congreso (Aguado Alfaro y otros) vs. Perú,* Excepciones Preliminares, Fondo, Reparaciones y Costas, sentencia de 24 de noviembre de 2006, serie C N° 158, párr. 128; Corte IDH, *Caso Heliodoro Portugal vs. Panamá,* Excepciones Preliminares, Fondo, Reparaciones y Costas, sentencia de 12 de agosto de 2008, serie C N° 186, párr.180; Corte IDH, *Caso Radilla Pacheco vs. México,* Excepciones Preliminares, Fondo, Reparaciones y Costas, sentencia de 23 de noviembre de 2009, serie C N° 209, párr. 339; Corte IDH, *Caso Fernández Ortega y otros vs. México,* Excepción Preliminar, Fondo, Reparaciones y Costas, sentencia de 30 de agosto de 2010, serie C N° 215, párr. 236; Corte IDH, *Caso Rosendo Cantú vs. México,* Excepciones Preliminares, Fondo, Reparaciones y Costas, sentencia de 31 de agosto de 2010, serie C N° 216, párr. 219; Corte IDH, *Caso Gomes Lund y otros (Guerrilha do Araguaia) vs. Brasil,* Excepciones Preliminares, Fondo, Reparaciones y Costas, sentencia de 24 de noviembre de 2010, serie C N° 219, párr. 176; Corte IDH, *Caso Masacres de El Mozote y lugares aledaños vs. El Salvador,* Fondo, Reparaciones y Costas, sentencia de 25 de octubre de 2012, serie C N° 252, párr. 318; Corte IDH, *Caso Masacre de Santo Domingo vs. Colombia,* Excepciones Preliminares, Fondo y Reparaciones, sentencia de 30 de noviembre de 2012, serie C N° 259, párr. 142; Corte IDH, *Caso Liakat Ali Alibux vs. Surinam,* Excepciones Preliminares, Fondo, Reparaciones y Costas, sentencia de 30 de enero de 2014, serie C N° 276, párr. 151; Corte IDH, *Caso López Lone y otros vs. Honduras,* Excepción Preliminar, Fondo, Reparaciones y Costas, sentencia de 5 de octubre de 2015, serie C N° 320, párr. 257; Corte IDH, *Caso San Miguel Sosa y otras vs. Venezuela,* Fondo, Reparaciones y Costas, sentencia de 8 de febrero de 2018, serie C N° 349, párr. 191; Corte IDH, *Caso Colindres Schonenberg vs. El Salvador,* Fondo, Reparaciones y Costas, sentencia de 4 de febrero de 2019, serie C N° 373, párr. 129.

a cabo[12], bien sea a instancia de parte interesada o *motu proprio*, es decir, de oficio[13].

3. Se controlan las funciones estatales. La garantía de ejercicio efectivo de los derechos y las libertades de las personas es una competencia y un deber de los órganos que ejercen el Poder Público, en el ámbito de los respectivos Estados. En consecuencia, tanto el control de convencionalidad intraestatal originario, principal e inmediato (nivel nacional) como el control de convencionalidad extraestatal subsidiario, complementario y mediato (nivel internacional) deben realizarlos los órganos competentes con respecto a las

12 Corte IDH, *Caso Masacre de Santo Domingo vs. Colombia*, Excepciones Preliminares, Fondo y Reparaciones, sentencia de 30 de noviembre de 2012, serie C N° 259, párr. 144, ha señalado que "...solamente si un caso no se ha solucionado a nivel interno, como correspondería primariamente hacerlo a cualquier Estado Parte en la Convención en ejercicio efectivo del control de convencionalidad, entonces el caso puede llegar ante el Sistema, en cuyo caso debería resolverse ante la Comisión y, solamente si las recomendaciones de ésta no han sido cumplidas, el caso podría llegar ante la Corte. De tal manera, el funcionamiento lógico y adecuado del Sistema Interamericano de Derechos Humanos implica que, en tanto "sistema", las partes deben presentar sus posiciones e información sobre los hechos en forma coherente y de acuerdo con los principios de buena fe y seguridad jurídica, de modo que permitan a las otras partes y a los órganos interamericanos una adecuada sustanciación de los casos".

13 Corte IDH, *Caso Trabajadores Cesados del Congreso (Aguado Alfaro y otros) vs. Perú*, Excepciones Preliminares, Fondo, Reparaciones y Costas, sentencia de 24 de noviembre de 2006, serie C N° 158, párr. 129; Corte IDH, *Caso Heliodoro Portugal vs. Panamá*, Excepciones Preliminares, Fondo, Reparaciones y Costas, sentencia de 12 de agosto de 2008, serie C N° 169, párr. 180; Corte IDH, *Caso Radilla Pacheco vs. México*, Excepciones Preliminares, Fondo, Reparaciones y Costas, sentencia de 23 de noviembre de 2009, serie C N° 209, párr. 339; Corte IDH, *Caso Fernández Ortega y otros vs. México*, Excepción Preliminar, Fondo, Reparaciones y Costas, sentencia de 30 de agosto de 2010, serie C N° 215, párr. 236; Corte IDH, *Caso Rosendo Cantú y otra vs. México*, Excepción Preliminar, Fondo, Reparaciones y Costas, sentencia de 31 de agosto de 2010, serie C N° 216, párr. 219; Corte IDH, *Caso Masacres de El Mozote y lugares aledaños vs. El Salvador*, Fondo, Reparaciones y Costas, sentencia de 25 de octubre de 2012, serie C N° 252, párr. 318; Corte IDH, *Caso Liakat Ali Alibux vs. Surinam*, Excepciones Preliminares, Fondo, Reparaciones y Costas, sentencia de 30 de enero de 2014, serie C N° 276, párr. 151; Corte IDH, *Caso Masacres de El Mozote y lugares aledaños vs. El Salvador*, Medidas urgentes y supervisión de cumplimiento de sentencia, resolución de 28 de mayo de 2019, párr. 43.

funciones constituyente[14], legislativa[15], reglamentaria[16], administrativa[17] y jurisdiccional[18].

4. Constituye un sistema de constatación. Su finalidad es verificar la compatibilidad[19] entre las funciones estatales realizadas por los órganos que ejercen el Poder Público y por los órganos extra-poder, que potencialmente pueden afectar derechos humanos y el denominado bloque de convencionalidad[20]. El comportamiento de cada uno de los órganos del Estado se orienta a comprobar que sus actuaciones y ocasionalmente sus

---

14 Corte IDH, *Caso Olmedo Bustos (La Última Tentación de Cristo) vs. Chile,* Fondo y Reparaciones, sentencia de 5 de febrero de 2001, serie C N° 73, punto resolutivo 4; Corte IDH, *Caso Hilaire, Constantine y Benjamin y otros vs. Trinidad y Tobago,* Fondo, Reparaciones y Costas, sentencia de 21 de junio de 2002, serie C N° 94, párr. 212 y punto resolutivo 8.

15 Corte IDH, *Caso Barrios Altos vs. Perú,* Fondo, sentencia de 14 de marzo de 2001, serie C N° 75, párrs. 41-44; Corte IDH, *Caso Boyce y otros vs. Barbados,* Excepciones preliminares, Fondo, Reparaciones y Costas, sentencia de 20 de noviembre de 2007, serie C N° 169, párrs. 79-80; Corte IDH, *Caso Cabrera García y Montiel Flores vs. México,* Excepción preliminar, Fondo, Reparaciones y Costas, sentencia de 26 de noviembre de 2010, serie C N° 220, párr. 233; Corte IDH, *Caso Masacres de El Mozote y lugares aledaños vs. El Salvador,* Medidas urgentes y supervisión de cumplimiento de sentencia, resolución de 28 de mayo de 2019, párr. 43.

16 Corte IDH, *Caso Vélez Loor vs. Panamá,* Excepciones Preliminares, Fondo, Reparaciones y Costas, sentencia de 23 de noviembre de 2010, serie C N° 218, párr. 286; Corte IDH, *Derechos y Garantías de niñas y niños en el contexto de la migración y/o en necesidad de protección internacional,* Opinión Consultiva OC-21/14, de 19 de agosto de 2014, serie A N° 14, párr. 65; Corte IDH, *Medio Ambiente y Derechos Humanos,* Opinión Consultiva OC-23/17, de 15 de noviembre de 2017, serie A N° 23, párr. 146.

17 Santofimio Gamboa, Jaime Orlando, *El concepto de convencionalidad. Vicisitudes para su construcción sustancial en el sistema interamericano de derechos humanos. Ideas fuerza rectoras,* 2ª ed., Universidad Externado de Colombia, Bogotá, 2018, pp. 614-616.

18 Corte IDH, *Caso Fontevecchia y D'Amico vs. Argentina,* Fondo, Reparaciones y Costas, sentencia de 29 de noviembre de 2011, serie C N° 238, párrs. 105 y 108; Corte IDH, *Caso Artavia Murillo y otros ("fecundación in vitro") vs. Costa Rica,* Excepciones preliminares, Fondo, Reparaciones y Costas, sentencia de 28 de noviembre de 2012, serie C N° 257, párrs. 160-162; Corte IDH, *Caso Gorigoitía vs. Argentina,* Excepción Preliminar, Fondo, Reparaciones y Costas, sentencia de 2 de septiembre de 2019, serie C N° 382, párr. 53.

19 Corte IDH, *Caso Comunidad Garífuna de Punta Piedra y sus miembros vs. Honduras,* Excepciones Preliminares, Fondo, Reparaciones y Costas, sentencia de 8 de octubre de 2015, serie C N° 304, párr. 211; Corte IDH, *Caso Gorigoitía vs. Argentina,* Excepción Preliminar, Fondo, Reparaciones y Costas, sentencia de 2 de septiembre de 2019, serie C N° 382, párr. 21; Corte IDH, *Caso Asociación Nacional de Cesantes y Jubilados de la Superintendencia Nacional de Administración Tributaria (ANCEJUB-SUNAT) vs. Perú,* Excepciones Preliminares, Fondo, Reparaciones y Costas, sentencia de 21 de noviembre de 2019, serie C N° 394, párr. 27.

Corte IDH, *Caso Hernández vs. Argentina,* Excepción Preliminar, Fondo, Reparaciones y Costas, sentencia de 22 de noviembre de 2019, serie C N° 395, párr. 65.

20 Corte IDH, *El derecho a la información sobre la asistencia consular en el marco de las garantías del debido proceso legal,* Opinión Consultiva OC-16/99, de 1° de octubre de 1999, serie A N° 16, párr. 115; Corte IDH, *Medio Ambiente y Derechos Humanos,* Opinión Consultiva OC-23/17, de 15 de noviembre de 2017, serie A N° 23, párr. 45.

omisiones[21], no afecten o lesionen derechos humanos y evitar así que ello eventualmente pueda comprometer la responsabilidad del Estado; pero de producirse una lesión o afectación a los derechos y libertades que comprometa dicha responsabilidad, que las víctimas sean reparadas íntegramente[22].

5. Se configura como un sistema multinivel. En tal sentido el reconocimiento, respeto, protección, garantía e incluso reparación de los derechos y libertades de las personas, deben realizarlo de manera inicial y principal los órganos del Estado, en el ejercicio de sus competencias y de los procedimientos constitucionales y legales (nivel de inicio o primer nivel)[23]. De no alcanzarse la protección o tutela de dichos derechos y libertades en el plano nacional, de manera subsidiaria y complementaria, el control lo realizarán a nivel internacional los órganos interamericanos, externos a la organización estatal, contemplados en los instrumentos internacionales o regionales de derechos humanos (nivel de cierre o segundo nivel)[24].

---

21 Corte IDH, *Caso Velásquez Rodríguez vs. Honduras*, Fondo, sentencia de 29 de julio de 1988, serie C N° 04, párr. 166; Corte IDH, *Caso Almonacid Arellano y otros vs. Chile,* Excepciones Preliminares, Fondo, Reparaciones y Costas, sentencia de 26 de septiembre de 2006, serie C N° 154, párr. 123.

22 Corte IDH, *Caso Velásquez Rodríguez vs. Honduras,* Reparaciones y Costas, sentencia de 21 de julio de 1989, serie C N° 7, párr. 26; Corte IDH, *Caso Niñas Yean y Bosico vs. República Dominicana,* Fondo, Reparaciones y Costas, sentencia de 8 de septiembre de 2005, serie C N° 130, párrs. 210-211; Corte IDH, *Caso Martínez Coronado vs. Guatemala,* Fondo, Reparaciones y Costas, sentencia de 10 de mayo de 2019, serie C N° 376, párr. 91; Corte IDH, *Caso Terrones Silva y otro vs. Perú,* Excepciones Preliminares, Fondo, Reparaciones y Costas, sentencia de 26 de septiembre de 2018, serie C N° 360, párr. 138; Corte IDH, *Caso Gorigoitía vs. Argentina,* Excepción Preliminar, Fondo, Reparaciones y Costas, sentencia de 2 de septiembre de 2019, serie C N° 382, párr. 60.

23 Corte IDH, *Caso Velásquez Rodríguez vs. Honduras,* Fondo, sentencia de 29 de julio de 1988, serie C N° 04, párr. 166; Corte IDH, *Caso Acevedo Jaramillo y otros vs. Perú,* Interpretación de la sentencia de Excepciones Preliminares, Fondo, Reparaciones y Costas, sentencia de 24 de noviembre de 2006, serie C N° 157, párr. 66; Corte IDH, *Caso Masacre de Santo Domingo vs. Colombia,* Excepciones Preliminares, Fondo y Reparaciones, sentencia de 30 de noviembre de 2012, serie C N° 259, párr. 142; Corte IDH, *Caso Vereda La Esperanza vs. Colombia,* Excepciones Preliminares, Fondo, Reparaciones y Costas, sentencia de 31 de agosto de 2017, serie C N° 341, párrs. 259-260; Corte IDH, *Caso Colindres Schonenberg vs. El Salvador,* Fondo, Reparaciones y Costas, sentencia de 4 de febrero de 2019, serie C N° 373, párrs. 73 y 111.

24 Corte IDH, *Caso Masacre de Santo Domingo vs. Colombia,* Excepciones Preliminares, Fondo y Reparaciones, sentencia de 30 de noviembre de 2012, serie C N° 259, párr. 143; Corte IDH, *Caso Gelman vs. Uruguay,* Supervisión de cumplimiento de sentencia, resolución de 20 de marzo de 2013, párrs. 70-71; Corte IDH, *Caso Andrade Salmón vs. Bolivia,* Fondo, Reparaciones y Costas, sentencia de 1 de diciembre de 2016, serie C N° 330, párr. 93; Corte IDH, *Caso Colindres Schonenberg vs. El Salvador,* Fondo, Reparaciones y Costas, sentencia de 4 de febrero de 2019, serie C N° 373, párr. 75; Corte IDH, *Caso Rosadio Villavicencio vs. Perú,* Excepciones Preliminares, Fondo, Reparaciones y Costas, sentencia de 14 de octubre de 2019, serie C N° 388, párrs. 166-167.

6. El sistema es formal. En el nivel nacional, cada autoridad pública debe actuar en el ámbito de los procedimientos constitucionales y legales establecidos por los Estados[25], es decir, como no existe un proceso convencional único[26], los Estados tienen libertad de configuración de los procesos, con sujeción a los principios *pro homine*[27] y con efecto útil[28]. En el nivel internacional, el proceso de convencionalidad debe cumplir con las formas y requisitos de tramitación contemplados en los instrumentos internacionales en materia de derechos humanos, a los fines de que pueda ser recibida la presentación del asunto, tramitada y resuelta oportunamente, disponiendo de ser el caso, la reparación que proceda y las garantías de no repetición[29].

7. Consiste en un sistema de *Ius Cogens*. La protección convencional de los derechos y libertades de las personas constituye una garantía que es inderogable e irrenunciable por los órganos nacionales de los Estados, a través de los actos jurídicos internos o de los actos jurídicos de carácter internacional[30]. Una vez instaurado el control de convencionalidad no puede ser suspendido, suprimido, aplicado discrecionalmente, evadido, ignorado o incluso derogado por normas nacionales o internacionales, que puedan privar de efectiva protección a los derechos humanos. A lo sumo podría ser modificado por otra norma de derecho internacional que tenga carácter de *Ius Cogens*.[31] Se trata de una auténtica obligación de cumplimiento inexorable, cuyo desconocimiento compromete la responsabilidad internacional del Estado.

---

25 Artículo 2 de la Convención Americana sobre Derechos Humanos.

26 Corte IDH, *Caso Liakat Ali Alibux vs. Surinam*, Excepciones Preliminares, Fondo, Reparaciones y Costas, sentencia de 30 de enero de 2014, serie C N° 276, párr. 124.

27 Corte IDH, *Caso Cabrera García y Montiel Flores vs. México*, Excepción Preliminar, Fondo, Reparaciones y Costas, sentencia de 26 de noviembre de 2010, serie C N° 220, párr. 233; Corte IDH, *Caso Hernández vs. Argentina*, Excepción Preliminar, Fondo, Reparaciones y Costas, sentencia de 22 de noviembre de 2019, serie C N° 395, párr. 65.

28 Corte IDH, *Caso Bulacio vs. Argentina*, Fondo, Reparaciones y Costas, sentencia de 18 de septiembre de 2003, serie C N° 100, párrs. 119 y 142; Corte IDH, *Caso Almonacid Arellano y otros vs. Chile*, Excepciones Preliminares, Fondo, Reparaciones y Costas, sentencia de 26 de septiembre de 2006, serie C N° 154, párr. 124; Corte IDH, *Caso Aguado Alfaro y otros (Trabajadores Cesados del Congreso) vs. Perú*, Excepciones Preliminares, Fondo, Reparaciones y Costas, sentencia de 24 de noviembre de 2006, serie C N° 158, párr. 128; Corte IDH, *Caso Radilla Pacheco vs. México*, Excepciones Preliminares, Fondo, Reparaciones y Costas, sentencia de 23 de noviembre de 2009, serie C N° 209, párr. 339; Corte IDH, *Caso Cabrera García y Montiel Flores vs. México*, Excepción Preliminar, Fondo, Reparaciones y Costas, sentencia de 26 de noviembre de 2010, serie C N° 220, párr. 225; Corte IDH, *Caso Gelman vs. Uruguay*, Fondo y Reparaciones, sentencia de 24 de febrero de 2011, serie C N° 221, párr. 194.

29 Londoño Lázaro, María Carmelina, *Las garantías de no repetición en la jurisprudencia interamericana*, Universidad de La Sabana-Tirant lo Blanc, México, 2014, pp. 197-198.

30 Artículo 53 de la Convención Americana sobre Derechos Humanos.

31 Artículo 64 de la Convención Americana sobre Derechos Humanos.

8. Conforma un sistema jurídico. El control impone la articulación de un auténtico sistema integral, preeminente de derecho público de origen nacional[32] -constitucional, administrativo, penal, de naturaleza sustantiva y procesal-, como de origen internacional[33] -tratados, pactos, convenciones, protocolos, derecho internacional consuetudinario, los Principios generales del Derecho internacionalmente aceptados, la doctrina científica reconocida y la jurisprudencia de los tribunales internacionales-, todos interpretados y aplicados al reconocimiento, respeto, protección y garantía efectiva de los derechos y libertades públicas.

9. Por último, se trata de un sistema finalista. El control de convencionalidad inicialmente se orienta a que las autoridades nacionales reconozcan, respeten, protejan y garanticen efectivamente los derechos humanos (naturaleza preventiva)[34] y en el supuesto que estos sean lesionados, afectados o violados, entonces las autoridades nacionales deberán avocarse a efectuar la investigación de las presuntas violaciones[35], determinar quiénes fueron los autores de las mismas, garantizar el derecho a conocer la verdad por las víctimas, establecer las responsabilidades que correspondan, disponer la reparación integral a las víctimas y la adopción de las garantías de no repetición[36] (naturaleza represiva y restablecedora)[37]. En el supuesto que ello no ocurra en el nivel de control nacional, quedará expedito el nivel de control internacional.

Son estas características las que conducen a formular la propuesta de construir el concepto de Estado Convencional, entendiendo por tal aquel que cimienta sus raíces en la interpretación y la aplicación de las reglas y los principios del Derecho Internacional, del Derecho de los Derechos Humanos

---

32 Corte IDH, *Caso Radilla Pacheco vs. México,* Excepciones Preliminares, Fondo, Reparaciones y Costas, sentencia de 23 de noviembre de 2009, serie C N° 209, párr. 340; Corte IDH, *Caso Andrade Salmón vs. Bolivia,* Fondo, Reparaciones y Costas, sentencia de 1° de diciembre de 2016, serie C N° 330, párr. 93; Corte IDH, *Caso Gorigoitía vs. Argentina,* Excepción Preliminar, Fondo, Reparaciones y Costas, sentencia de 2 de septiembre de 2019, serie C N° 382, párr. 55.

33 Artículo 38 del Estatuto de la Corte Internacional de Justicia.

34 Corte IDH, *Caso Velásquez Rodríguez vs. Honduras,* Fondo, sentencia de 29 de julio de 1988, serie C N° 04, párrs. 174 175; Corte IDH, *I.V. vs. Bolivia,* Excepciones Preliminares, Fondo, Reparaciones y Costas, sentencia de 30 de noviembre de 2016, serie C N° 329, párr. 208.

35 Corte IDH, *Caso Terrones Silva y otro vs. Perú,* Excepciones Preliminares, Fondo, Reparaciones y Costas, sentencia de 26 de septiembre de 2018, serie C N° 360, párrs. 181-182.

36 Corte IDH, *Caso Velásquez Rodríguez vs. Honduras,* Reparaciones y Costas, sentencia de 21 de julio de 1989, serie C N° 7, párr. 26; Corte IDH, *Caso Niñas Yean y Bosico vs. República Dominicana,* Fondo, Reparaciones y Costas, sentencia de 8 de septiembre de 2005, serie C N° 130, párrs. 210-211; Corte IDH, *Caso Martínez Coronado vs. Guatemala,* Fondo, Reparaciones y Costas, sentencia de 10 de mayo de 2019, serie C N° 376, párr. 91; Corte IDH, *Caso Gorigoitía vs. Argentina,* Excepción Preliminar, Fondo, Reparaciones y Costas, sentencia de 2 de septiembre de 2019, serie C N° 382, párr. 60.

37 Corte IDH, *Caso Velásquez Rodríguez vs. Honduras,* Fondo, sentencia de 29 de julio de 1988, serie C N° 04, párrs. 176-177.

y del derecho nacional -fundamentalmente constitucional, administrativo y penal-, para regular la conducta esperada y exigible a los órganos que ejercen el Poder Público y a sus funcionarios, en su obligación de reconocimiento, respeto, protección y garantía efectiva de los derechos humanos, así como de eventual reparación integral a las personas que sean víctimas de violación de tales derechos, por la actividad e inactividad imputable a los órganos del Estado.

Esta investigación y la hipótesis de trabajo de la que parte encuentran su fuente de inspiración en la Escuela de Salamanca del siglo XVI, que tuvo entre unos de sus exponentes más destacados a Fray Francisco de Vitoria, el teólogo y humanista que sentó las bases teóricas y filosóficas del *Ius Gentium* y que ha sido considerado como el precursor -junto a Hugo Grocio- del Derecho Internacional moderno.

A lo anterior cabe agregar que el catedrático salmantino don Jesús González Pérez, a cuya memoria dedico este libro, también inspira muchas de las ideas que se desarrollan en el mismo, que son producto tanto de la lectura de su trabajo sobre "*La dignidad de la persona*"[38] original de 1986, como de las conversaciones con él en su despacho madrileño de Diego de León, durante las visitas anuales a España.

En razón de ello, cuando finalicé el trabajo pensé en dar continuidad a estos vínculos con Salamanca y solicité al catedrático y Rector Magnífico don Ricardo Rivero Ortega, que prologase esta obra, lo que él aceptó en función de la amistad y sin duda constituye un verdadero privilegio, por lo que me encuentro doble y permanentemente agradecido.

Hecha la anterior digresión y parafraseando al psicólogo polaco Kurt Lewin, mundialmente conocido por haber sostenido que "no hay nada más práctico, que una buena teoría", se puede sostener que en el medio siglo de existencia de la Convención Americana sobre Derechos Humanos no hay mejor manera de construir una teoría sobre los derechos humanos, que no sea a través del estudio de la jurisprudencia y de las opiniones consultivas de la Corte Interamericana de Derechos Humanos, que ha ido creando un *ius praetorium* de la convencionalidad y de su respectivo control.

Ha sido esta la motivación que ha impulsa a conocer, estudiar y entender la evolución del control de convencionalidad, que ha tenido lugar a partir de la jurisprudencia y de las opiniones consultivas de la Corte Interamericana de Derechos Humanos.

Es por ello que resulta necesaria una exhaustiva investigación desde la aparición de la Corte Interamericana de Derechos Humanos en 1979 hasta el año 2019, en cuyos primeros cuarenta años ha construido la jurisprudencia y las opiniones consultivas que pueden encontrarse en su dirección electrónica[39], algunas de las cuales han sido motivo de tanta controversia en tiempos recientes.

La razón para ello es que el estudio de la jurisprudencia es transcendental en este campo del Derecho Público, pues es esta la que aproxima los tratados,

---

38 González Pérez, Jesús, *La dignidad de la persona*, Civitas-Thomson Reuter, 3ª ed., Madrid, 2017.

39 Corte IDH, http://www.corteidh.or.cr/

las convenciones, los protocolos, el derecho internacional consuetudinario, las constituciones, las leyes, los Principios generales del Derecho, a la realidad de las sociedades y les brinda auténtica efectividad a los derechos.

Ello exige recopilar, ordenar, sintetizar y sistematizar, los abundantísimos principios y conceptos que han sido alumbrados y desarrollados a lo largo de los últimos cuarenta años, no sin dejar de reconocer como podrá evidenciarse de las referencias jurisprudenciales, el permanente diálogo entre las construcciones jurídicas de los derechos nacionales y el Tribunal Interamericano, así como de este con otros tribunales regionales[40].

En el desarrollo de una teoría del Estado Convencional se debe dar primacía al estudio de la jurisprudencia interamericana, aunque sin olvidar a la doctrina científica, en particular la que se ha dedicado con especial interés al control de convencionalidad[41].

---

40 Ayala Corao, Carlos, *Del diálogo jurisprudencial al control de convencionalidad,* Editorial Jurídica Venezolana, Caracas, 2012.

41 Albanese, Susana, (Coordinadora), *El control de convencionalidad,* Ed. Ediar, Buenos Aires, 2008; Ayala Corao, Carlos, *Del diálogo jurisprudencial al control de convencionalidad,* Editorial Jurídica Venezolana, Caracas, 2012; Álvarez Chamosa, María Lidia, Irreversibilidad y progresividad de los derechos humanos de la Carta de la OEA y de la Convención Americana de los Derechos Humanos denunciadas por Venezuela y el Estado de Cosas Inconstitucional, (Coord. Víctor Hernández-Mendible y José Luis Villegas Moreno), *Hacia un Derecho Administrativo para volver a la Democracia. Liber Amicorum a José R. Araujo-Juárez,* CERECO-CIDEP, Caracas, 2018, pp. 280-294; Bazán Víctor y Nash, Claudio (Editores), *Justicia Constitucional y derechos Fundamentales. El Control de Convencionalidad,* Centro de Derechos Humanos, Universidad de Chile, Konrad Adenauer Stiftung, Chile, 2011; Brewer-Carías, Allan R. El control de convencionalidad, su conceptualización y su necesario deslinde respecto del control de constitucionalidad, *Liber Amicorum en honor al Dr. Juan Manuel Pellerano Gómez,* Santo Domingo, 2013; Sobre el marco conceptual del control de convencionalidad: Antecedentes, derecho de amparo y Derecho Administrativo, *Estudios sobre el Control de Convencionalidad,* Editorial Jurídica Venezolana, Panamá, 2015, pp. 35-112; Sobre el control de convencionalidad ejercido por los tribunales nacionales y el Derecho Administrativo, (Coord. Víctor Hernández-Mendible y José Luis Villegas Moreno), *Hacia un Derecho Administrativo para volver a la Democracia. Liber Amicorum a José R. Araujo-Juárez,* CERECO-CIDEP, Caracas, 2018, pp. 259-279; *El control de convencionalidad,* Ediciones Olejnik, Santiago, 2019; La desaparición del control difuso de convencionalidad en Venezuela, como precio vil para justificar una condena por daños morales contra el portal LaPatilla.com, *Revista Tachirense de Derecho* N° 30, Universidad Católica del Táchira, San Cristóbal, 2019; Cançado Trindade, Antônio Augusto, *El derecho internacional de los derechos humanos en el siglo XXI,* Editorial Jurídica de Chile, Santiago, 2001; Castañeda, Mireya, Recepción constitucional de los tratados internacionales de derechos humanos, (Coord. Juan Pablo Pampilio y Manuel Alexandro Munive), *Derecho constitucional de los derechos humanos,* Porrúa, México, 2012; Castilla Juárez, Julio, El control de convencionalidad. Un nuevo debate en México a partir de la sentencia del caso Radilla Pacheco, (Coord. Eduardo Ferrer McGregor), *El control difuso de convencionalidad,* Fundap, Querétaro, 2012; Duque Corredor, Román J., Postulados y Principios. El sistema constitucional de derechos humanos en Venezuela, (Coord. Víctor Hernández-Mendible), *Derecho Administrativo Iberoamericano. 100 Autores en Homenaje al posgrado de Derecho Administrativo de la Universidad Católica Andrés Bello,* Tomo I., Ediciones Paredes, Caracas, 2007, pp. 155-171; Fernández Anglada, Gloriana, Los derechos humanos como fuente del derecho costarricense, *Revista Fidélitas* N° 6, San José, 2016, pp. 82-95; Ferrer Mac-Gregor, Eduardo, El control difuso de convencionalidad en el Estado constitucional, Fix-Zamudio,

La jurisprudencia ha puesto de manifiesto que el derecho convencional tiene como objetivo alcanzar un efecto útil[42] y para asegurar su efectividad es necesario que sea garantizado desde el nivel nacional, pues mientras no sea aplicado por todas las autoridades nacionales se trata de un derecho de

---

Héctor y Valadés, Diego (Coordinadores), *Formación y perspectiva del Estado mexicano*, El Colegio Nacional-UNAM, México, 2010, pp. 151-188; Ferrer Mac-Gregor, Eduardo, Interpretación conforme y control difuso de convencionalidad el nuevo paradigma para el juez mexicano, *Derechos Humanos: Un nuevo modelo constitucional*, UNAM-IIJ, México, 2011, pp. 339-429; *Panorámica del Derecho Procesal Constitucional y Convencional*, UNAM, México 2013; García Ramírez, Sergio, El control judicial interno de convencionalidad, *IUS Revista del Instituto de Ciencias Jurídicas de Puebla*, México, Año V, N° 28, 2011, pp. 123-159; Hitters, Juan Carlos, Control de constitucionalidad y control de convencionalidad. Comparación, *Estudios Constitucionales*, Centro de Estudios Constitucionales de Chile, Universidad de Talca, Año 7, No. 2, 2009, pp. 109-128; Larrieux Rodríguez, Jorge, Control de convencionalidad y constitucionalidad entre el nivel interamericano y el nacional, (Dir. Alejandro Saiz Arnaiz), *Diálogos judiciales en el sistema interamericano de derechos humanos*, Tirant lo Blanch, Valencia, 2017; Londoño Lázaro, María Carmelina, *Las garantías de no repetición en la jurisprudencia interamericana*, Universidad de La Sabana-Tirant lo Blanc, México, 2014; Mesa Latorre, Alvarado, El control de convencionalidad (un acto racional o irracional), *Estudios Constitucionales*, Año 16, N° 1, Santiago, 2018; Noguera Alcalá, Humberto, Los desafíos del control de convencionalidad del *corpus iuris interamericano*. Para los tribunales nacionales, en especial, para los Tribunales Constitucionales, Eduardo Ferrer Mac Gregor (Coordinador), *El control difuso de convencionalidad. Diálogo entre la Corte Interamericana de Derechos Humanos y los jueces nacionales), FUNDAp*, Querétaro, México 2012; Rey Cantor, Ernesto, Control de Convencionalidad de las Leyes y Derechos Humanos, Homenaje a Héctor Fix-Zamudio, Editorial Porrúa-Instituto Mexicano de Derecho Procesal Constitucional, México, 2008; Sagüés, Néstor, *El control de convencionalidad. En particular sobre las Constituciones Nacionales*, La Ley, 2009-B; Saiz Arnaiz, Alejandro, La interacción entre los tribunales que garantizan derechos humanos, (Dir. Alejandro Saiz Arnaiz), *Diálogos judiciales en el sistema interamericano de derechos humanos*, Tirant lo Blanch, Valencia, 2017; Santofimio Gamboa, Jaime Orlando, *El concepto de convencionalidad: vicisitudes para su construcción sustancial en el sistema interamericano de derechos humanos. Ideas fuerza rectoras*, 2ª ed., Universidad Externado de Colombia, Bogotá, 2018; Steiner, Cristian, Fuchs, Marie-Christine y Uribe, Patricia, *Convención Americana sobre Derechos Humanos. Comentario*, 2ª ed., Konrad Adenauer Stiftung, Bogotá, 2019; Sousa Duvergé, Luis Antonio, *Control de convencionalidad en República Dominicana*, Ius Novum, Santo Domingo, 2011; Torres Zúñiga, Natalia, Control de normas constitucionales por la Corte Interamericana de Derechos Humanos: Subsidiariedad, deferencia e impacto en la teoría del cambio constitucional, (Dir. Alejandro Saiz Arnaiz), *Diálogos judiciales en el sistema interamericano de derechos humanos*, Tirant lo Blanch, Valencia, 2017.

42 Corte IDH, *Caso Bulacio vs. Argentina*, Fondo, Reparaciones y Costas, sentencia de 18 de septiembre de 2003, serie C N° 100, párrs. 119 y 142; Corte IDH, *Caso Almonacid Arellano y otros vs. Chile*, Excepciones Preliminares, Fondo, Reparaciones y Costas, sentencia de 26 de septiembre de 2006, serie C N° 154, párr. 124; Corte IDH, *Caso Aguado Alfaro y otros (Trabajadores Cesados del Congreso) vs. Perú*, Excepciones Preliminares, Fondo, Reparaciones y Costas, sentencia de 24 de noviembre de 2006, serie C N° 158, párr. 128; Corte IDH, *Caso Radilla Pacheco vs. México*, Excepciones Preliminares, Fondo, Reparaciones y Costas, sentencia de 23 de noviembre de 2009, serie C N° 209, párr. 339; Corte IDH, *Caso Cabrera García y Montiel Flores vs. México*, Excepción Preliminar, Fondo, Reparaciones y Costas, sentencia de 26 de noviembre de 2010, serie C N° 220, párr. 225; Corte IDH, *Caso Gelman vs. Uruguay*, Fondo y Reparaciones, sentencia de 24 de febrero de 2011, serie C N° 221, párr. 194.

libros, construido por académicos e intelectuales, con un contenido retórico, al menos hasta que alcanza el nivel internacional, que por sus características está llamado a activarse cuando concurren dos circunstancias: La consumación de la lesión o la violación de los derechos y las libertades; y el incumplimiento o defecto de funcionamiento en la reparación a las víctimas en el nivel nacional.

Lo que se plantea es brindar un soporte teórico y práctico al discurso de la convencionalización de los derechos humanos en los Estados nacionales, que permita transformarlo para garantizar su tránsito de las declaraciones, el papel y de los libros a la realidad jurídica, asegurando que se manifieste como un derecho en acción, un derecho vivo que realmente protege y garantiza desde el primer nivel los derechos humanos y la dignidad de las personas.

En fin, el Estado Convencional constituye un modelo de organización estatal más comprometido y consciente de garantizar la efectiva protección a los derechos humanos a través de la aplicación del control de convencionalidad, tanto por los órganos que ejercen el Poder Público, como por los extra-poder en los contextos nacionales.

Víctor Rafael Hernández-Mendible
Profesor de la Maestría en Derecho Público
Universidad del Rosario
victor@hernandezmendible.com

La convencionalización del derecho público

I. Introducción

La sujeción de los órganos que ejercen el Poder Público al imperio de la ley, inicialmente en el marco del Estado de Derecho, supuso el sometimiento de estos a una primera generación de principios y reglas jurídicas, denominada bloque de la legalidad[1]-[2].

La evolución del Estado de Derecho experimentará un avance con el advenimiento del Estado Constitucional[3], que establece a la Constitución como norma suprema y fundamento del ordenamiento jurídico. Esto conducirá al reconocimiento de una segunda generación de principios y reglas jurídicas, que se integrarán en el bloque de constitucionalidad[4].

En este progresivo desarrollo del Estado de Derecho surge un nuevo escenario, que se proyecta sobre todo en el ordenamiento jurídico, al reconocer que los órganos que ejercen el Poder Público y los extra-poder, también se encuentran sujetos al Derecho de la Convencionalidad en materia de derechos humanos y que por tanto, todos los órganos que integran la organización estatal, deben cumplir y hacer que se cumpla el *corpus iuris* de la convencionalidad, que constituye una tercera generación de principios y reglas de derecho que rigen y vinculan a la totalidad de los órganos que ejercen el Poder Público y los extra-poder, al obligarlos a verificar en el marco de sus competencias y de los procedimientos establecidos en el ordenamiento jurídico, la compatibilidad de su actuar con el bloque de la convencionalidad[5].

---

1 Hauriou, Maurice, *Précis de Droit Administratif et de Droit Public*, 12e édition, Sirey, París, 1933, pp. 577-578.

2 Respecto a la evolución del concepto clásico de legalidad, López Cárdenas, Carlos Mauricio y Acosta Páez, Estefanía, De la teoría clásica del control de legalidad al control de convencionalidad: la construcción de un nuevo paradigma jurídico, (Ed. Manuel Alberto Restrepo Medina), *Derecho Administrativo. Reflexiones Contemporáneas*, Universidad del Rosario, Bogotá, 2017, pp. 248-288.

3 Häberle, Peter, *El Estado Constitucional*, (Tr. Héctor Fix-Fierro), Universidad Nacional Autónoma de México, México, 2001.

4 Favoreu, Louis y Rubio Llorente, Francisco, *El bloque de la constitucionalidad*, Civitas, Sevilla, 1991.

5 La Corte Interamericana de Derechos Humanos (Corte IDH) emplea la expresión "*corpus iuris* de la convencionalidad". Por nuestra parte, bajo la inspiración inicial de Hauriou y posterior de Favoreu, aquí se emplea la expresión "bloque de convencionalidad", que se considera la locución más natural y coherente a los efectos de este trabajo, dado

Ello así, resulta perfectamente posible sostener que en el contexto del continente americano, los órganos que ejercen el Poder Público y los extra-poder, se encuentran sujetos a tres estándares de juridicidad por su actuación u omisión: el primero que consiste en el sometimiento al bloque de legalidad; el segundo que supone la sujeción al bloque de constitucionalidad; y el tercero que le impone verificar la compatibilidad de sus actos, políticas y omisiones al bloque de convencionalidad.

Sin duda que si en algunos países del continente americano la aceptación de la constitucionalización del Derecho ha sido difícil de asimilar dentro de sus ordenamientos jurídicos, resulta más evidente la resistencia a aceptar la convencionalización del Derecho y en especial del conocido como Derecho Público, pues justamente este genera más sensibilidad en la epidermis política, jurídica y social, en función de los principios de soberanía y de autodeterminación de los pueblos, -en la concepción decimonónica, que lo entienden en algunos países-, cuya evolución política y jurídica no marchan a la misma velocidad, con respecto a los países más comprometidos en el respeto y protección de los derechos humanos.

Ahora bien, el enunciado de este trabajo se enfoca a un estudio que sea empíricamente comprobable de cómo se asiste a una suerte de convencionalización del Derecho Público, circunscribiendo este a los efectos del presente análisis, a aquella parte que integran el Derecho constitucional y el Derecho administrativo, desde la perspectiva sustantiva y procesal, por lo que no se incluirá lo atinente a las otras disciplinas que lo conforman, como el Derecho internacional público y el Derecho penal.

Para una mayor claridad en la exposición de las ideas, dividiré el presente estudio en varios subepígrafes, en que se abordarán los siguientes aspectos: El basamento de la convencionalidad (II); la convencionalización del Derecho Público nacional (III); y las conclusiones (IV).

II. El basamento teórico de la convencionalidad

El origen de la Convención Americana sobre Derechos Humanos es internacional, constituye un pacto de mínimos en materia de derechos

---

los antecedentes y la conceptuación del empleo de la palabra "bloque" en el contexto jurídico y su natural comprensión para los operadores en el ámbito del Derecho Público. Como predecesores en el uso de la expresión, cabe citar a Ferrer Mac-Gregor, Eduardo, Reflexiones sobre el control difuso de constitucionalidad, *Opus Magna Constitucional*, Tomo III, Instituto de Justicia Constitucional, Guatemala, 2011, pp. 305, 315-316; en este mismo sentido, Jinesta Lobo, Ernesto, Control de convencionalidad ejercido por los Tribunales y Salas Constitucionales, (Coord. Eduardo Ferrer Mc Gregor) *El Control Difuso de Constitucionalidad*, Fundap, Querétaro, 2012; Hernández-Mendible, Víctor Rafael, El control de convencionalidad como expresión del control de constitucionalidad. Originalidad y desaciertos, *Estudios sobre Control de Convencionalidad*, Editorial Jurídica Venezolana, Panamá, 2015, pp. 141-166, en especial pp. 158, 160. En contra del empleo de la expresión "bloque de la convencionalidad", García Belaunde, Domingo, El control de convencionalidad y sus problemas, *Pensamiento Constitucional* N° 20, Pontificia Universidad Católica del Perú, Lima, 2015, pp.143-144.

humanos, al que se comprometieron los países signatarios en el continente americano.

Se trata de una fuente de Derecho de jerarquía idéntica o equiparable a la Constitución, en la medida que los textos constitucionales nacionales, le fueron reconociendo de manera expresa rango y jerarquía suprema normativa, lo que generó como consecuencia que en muchos ordenamientos jurídicos pasara a integrar el bloque de la constitucionalidad[6]; y en aquellos que tienen jerarquía infraconstitucional, pero supralegal, ocupan un espacio destacado en el bloque de legalidad[7], debiendo reconocerse su importancia normativa en el sistema de fuentes de cada ordenamiento jurídico nacional.

Ello se proyecta respecto a las obligaciones que tienen todos los órganos que ejercen el Poder Público y los extra-poder dentro del Estado, pues su actuación debe realizarse con sujeción al bloque de constitucionalidad o legalidad, según sea el caso.

En tal virtud, la integración de la Convención Americana y del resto del *corpus iuris* de la convencionalidad[8], al bloque de la constitucionalidad o de la legalidad, condiciona la actuación de los órganos que ejercen el Poder Público y los extra-poder, al estricto respeto de los derechos humanos reconocidos por el Derecho de la Convencionalidad, que constituyen límites al ejercicio de las potestades públicas, en el marco de una sociedad auténticamente democrática.

Es así como la Corte Interamericana ha interpretado que "la protección a los derechos humanos, en especial los derechos civiles y políticos recogidos en la Convención, parte de la afirmación de la existencia de ciertos atributos inviolables de la persona humana que no pueden ser legítimamente menoscabados por el ejercicio del poder público. Se trata de esferas individuales que el Estado no puede vulnerar o en las que sólo puede penetrar limitadamente. Así, en la protección a los derechos humanos, está necesariamente comprendida la noción de la *restricción al ejercicio del poder estatal*"[9].

---

6 Ayala Corao, Carlos, *Del diálogo jurisprudencial al control de convencionalidad,* Editorial Jurídica Venezolana, Caracas, 2012, pp. 90-102.

7 Brewer-Carías, Allan R., Sobre el marco conceptual del control de convencionalidad: Antecedentes, derecho de amparo y Derecho Administrativo, *Estudios sobre el Control de Convencionalidad,* Editorial Jurídica Venezolana, Panamá, 2015, p. 110.

8 Corte IDH, *El derecho a la información sobre la asistencia consular en el marco de las garantías del debido proceso legal,* Opinión Consultiva OC-16/99, de 1° de octubre de 1999, serie A N° 16, párr. 115, señala que "El *corpus juris* del Derecho Internacional de los Derechos Humanos está formado por un conjunto de instrumentos internacionales de contenido y efectos jurídicos variados (tratados, convenios, resoluciones y declaraciones). Su evolución dinámica ha ejercido un impacto positivo en el Derecho Internacional, en el sentido de afirmar y desarrollar la aptitud de este último para regular las relaciones entre los Estados y los seres humanos bajo sus respectivas jurisdicciones. Por lo tanto, esta Corte debe adoptar un criterio adecuado para considerar la cuestión sujeta a examen en el marco de la evolución de los derechos fundamentales de la persona humana en el derecho internacional contemporáneo".

9 Corte IDH, *La Expresión "Leyes" en el Artículo 30 de la Convención Americana sobre Derechos Humanos,* Opinión Consultiva OC-6/86, de 9 de mayo de 1986, serie A N° 6, párr. 21.

El fundamento de la protección de los derechos humanos encuentra sus directrices en los artículos 1 y 2 de la Convención Americana, que señalan lo siguiente:

> "1. Los Estados Partes en esta Convención se comprometen a respetar los derechos y libertades reconocidos en ella y a garantizar su libre y pleno ejercicio a toda persona que esté sujeta a su jurisdicción, sin discriminación alguna por motivos de raza, color, sexo, idioma, religión, opiniones políticas o de cualquier otra índole, origen nacional o social, posición económica, nacimiento o cualquier otra condición social. 2. Para los efectos de esta Convención, persona es todo ser humano".

El otro de los textos convencionales establece que:

> "Si en el ejercicio de los derechos y libertades mencionados en el artículo 1 no estuviere ya garantizado por disposiciones legislativas o de otro carácter, los Estados partes se comprometen a adoptar, con arreglo a sus procedimientos constitucionales y a las disposiciones de esta Convención, las medidas legislativas o de otro carácter que fueren necesarias para hacer efectivos tales derechos y libertades"[10].

Estas disposiciones convencionales deben ser leídas y aplicadas conforme a los artículos 31 y 32 de la Convención de Viena sobre el Derecho de los Tratados[11] y a los criterios hermenéuticos establecidos en el artículo 29 de la

10 Corte IDH, *Caso Claude Reyes y otros vs. Chile*, Fondo, Reparaciones y Costas, sentencia de 19 de septiembre de 2006, serie C N° 151, párr. 101, ha señalado al interpretar la norma, que "... considera necesario reiterar que, de conformidad con el deber dispuesto en el artículo 2 de la Convención, el Estado tiene que adoptar las medidas necesarias para garantizar los derechos protegidos en la Convención, lo cual implica la supresión tanto de las normas y prácticas que entrañen violaciones a tales derechos, así como la expedición de normas y el desarrollo de prácticas conducentes a la efectiva observancia de dichas garantías. En particular, ello implica que la normativa que regule restricciones al acceso a la información bajo el control del Estado debe cumplir con los parámetros convencionales y sólo pueden realizarse restricciones por las razones permitidas por la Convención (*supra* párrafos 88 al 93), lo cual es también aplicable a las decisiones que adopten los órganos internos en dicha materia".

11 Corte IDH, *Restricciones a la pena de muerte,* Opinión Consultiva OC-3/83, de 8 de septiembre de 1983, serie A N° 3, párrs. 47-59; Corte IDH, *El Habeas Corpus bajo suspensión de garantías,* Opinión Consultiva OC-8/87, de 30 de enero de 1987, serie A N° 8, párrs. 14-16; Corte IDH, *Caso Trabajadores de la Hacienda Brasil Verde vs. Brasil,* Excepciones Preliminares, Fondo, Reparaciones y Costas, sentencia de 20 de octubre de 2016, serie C N° 318, párr. 246.

Convención Americana[12], así como a los principios *pro homine*[13]-[14], con efecto útil[15] y de no regresividad[16] a los fines de hacer eficaz el respeto, garantía y protección de los derechos inherentes a la dignidad de la persona humana[17], que han sido reconocidos en este instrumento[18] y el resto de los que integran el *corpus iuris* de la convencionalidad[19].

---

12 Artículo 29 de la Convención Americana sobre Derechos Humanos, señala que:

"Ninguna disposición de la presente Convención puede ser interpretada en el sentido de:

a) permitir a alguno de los Estados Partes, grupo o persona, suprimir el goce y ejercicio de los derechos y libertades reconocidos en la Convención o limitarlos en mayor medida que la prevista en ella;

b) limitar el goce y ejercicio de cualquier derecho o libertad que pueda estar reconocido de acuerdo con las leyes de cualquiera de los Estados Partes o de acuerdo con otra convención en que sea parte uno de dichos Estados;

c) excluir otros derechos y garantías que son inherentes al ser humano o que se derivan de la forma democrática representativa de gobierno, y

d) excluir o limitar el efecto que puedan producir la Declaración Americana de Derechos y Deberes del Hombre y otros actos internacionales de la misma naturaleza".

13 Corte IDH, *La Colegiación Obligatoria de Periodistas (Arts. 13 y 29 Convención Americana sobre Derechos Humanos),* Opinión Consultiva OC-5/85, de 13 de noviembre de 1985, serie A N° 5, párr. 52; Corte IDH, *Caso Boyce y otros vs. Barbados,* Excepciones Preliminares, Fondo, Reparaciones y Costas, sentencia de 20 de noviembre de 2007, serie C N° 169, párr. 52; Corte IDH, *Caso Dacosta Cadogan vs. Barbados,* Excepciones Preliminares, Fondo, Reparaciones y Costas, sentencia de 24 de septiembre de 2009, serie C N° 204, párr. 49; Corte IDH, *Caso Wo Ho Wing vs. Perú,* Excepción Preliminar, Fondo, Reparaciones y Costas, sentencia de 30 de junio de 2015, serie C N° 297, párr. 126.

14 Corte IDH, *Condición jurídica y derechos de los migrantes indocumentados,* Opinión Consultiva OC-18/03, de 17 de septiembre de 2003, serie A N° 18, párr. 156.

15 Corte IDH, *Caso Bulacio vs. Argentina,* Fondo, Reparaciones y Costas, sentencia de 18 de septiembre de 2003, serie C N° 100, párrs. 119 y 142; Corte IDH, *Caso Almonacid Arellano y otros vs. Chile,* Excepciones Preliminares, Fondo, Reparaciones y Costas, sentencia de 26 de septiembre de 2006, serie C N° 154, párr. 124; Corte IDH, *Caso Aguado Alfaro y otros (Trabajadores Cesados del Congreso) vs. Perú,* Excepciones Preliminares, Fondo, Reparaciones y Costas, sentencia de 24 de noviembre de 2006, serie C N° 158, párr. 128; Corte IDH, *Caso Radilla Pacheco vs. México,* Excepciones Preliminares, Fondo, Reparaciones y Costas, sentencia de 23 de noviembre de 2009, serie C N° 209, párr. 339; Corte IDH, *Caso Cabrera García y Montiel Flores vs. México,* Excepción Preliminar, Fondo, Reparaciones y Costas, sentencia de 26 de noviembre de 2010, serie C N° 220, párr. 225; Corte IDH, *Caso Gelman vs. Uruguay,* Fondo y Reparaciones, sentencia de 24 de febrero de 2011, serie C N° 221, párr. 194.

16 Fernández Anglada, Gloriana, Los derechos humanos como fuente del Derecho costarricense, *Revista Fidélitas* N° 6, San José, 2016, p. 90.

17 Corte IDH, *Caso I.V. vs. Bolivia,* Excepción Preliminar, Fondo, Reparaciones y Costas, sentencia de 30 de noviembre de 2016, serie C N° 329, párrs. 149 y 150.

18 Sagües, Néstor Pedro, El control de convencionalidad. En particular sobre las constituciones nacionales, *La Ley,* Año LXXIII, N° 35, Buenos Aires, de 19 de febrero de 2009, p. 2.

19 Corte IDH, *Medio Ambiente y Derechos Humanos,* Opinión Consultiva OC-23/17, de 15 de noviembre de 2017, serie A N° 23, párr. 45, al referirse al bloque de la convencionalidad

Todo lo anterior es la consecuencia de la aplicación del derecho de gentes, que sirve de fundamento para invocar la existencia de una norma consuetudinaria, que exige a un Estado que ha ratificado un tratado sobre derechos humanos introducir en su derecho interno, las modificaciones que sean necesarias para asegurar el fiel y efectivo cumplimiento de las obligaciones asumidas a través de la convención, con la finalidad de garantizar el ejercicio y disfrute de los derechos reconocidos en la misma y en el resto de bloque de la convencionalidad[20].

Precisado el fundamento normativo y la jerarquía que tiene el Derecho Convencional, como fuente de los ordenamientos jurídicos nacionales, corresponde analizar cómo se ha experimentado el proceso de convencionalización del derecho público nacional.

III. La convencionalización del derecho público nacional

La aproximación a la convencionalización del Derecho Público se puede extraer del análisis de los pronunciamientos de la Corte Interamericana de Derechos Humanos, en ejercicio de la competencia consultiva o de la contenciosa, respecto a las normas de los textos constitucionales[21], los legales[22], los reglamentarios[23],

---

de los derechos humanos, señaló que "Al respecto, corresponde precisar que el *corpus iuris* del derecho internacional de los derechos humanos se compone de una serie de reglas expresamente establecidas en tratados internacionales o recogidas en el derecho internacional consuetudinario como prueba de una práctica generalmente aceptada como derecho, así como de los principios generales de derecho y de un conjunto de normas de carácter general o de *soft law*, que sirven como guía de interpretación de las primeras, pues dotan de mayor precisión a los contenidos mínimos fijados convencionalmente".

20 Corte IDH, *Caso Olmedo Bustos (La Última Tentación de Cristo) vs. Chile,* Fondo y Reparaciones, sentencia de 5 de febrero de 2001, serie C N° 73, párr. 87; Corte IDH, *Caso Cantos vs. Argentina,* Fondo, Reparaciones y Costas, sentencia de 28 de noviembre de 2002, serie C N° 97, párr. 59; Corte IDH, *Caso Bulacio vs. Argentina,* Fondo, Reparaciones y Costas, sentencia de 18 de septiembre de 2003, serie C N° 100, párr. 140.

21 Corte IDH, *Caso Olmedo Bustos (La Última Tentación de Cristo) vs. Chile,* Fondo y Reparaciones, sentencia de 5 de febrero de 2001, serie C N° 73, punto resolutivo 4; Corte IDH, *Caso Hilaire, Constantine y Benjamin y otros vs. Trinidad y Tobago,* Fondo, Reparaciones y Costas, sentencia de 21 de junio de 2002, serie C N° 94, párr. 212 y punto resolutivo 8.

22 Corte IDH, *Caso Barrios Altos vs. Perú,* Fondo, sentencia de 14 de marzo de 2001, serie C N° 75, párrs. 41-44; Corte IDH, *Caso Boyce y otros vs. Barbados,* Excepciones Preliminares, Fondo, Reparaciones y Costas, sentencia de 20 de noviembre de 2007, serie C N° 169, párrs. 79-80; Corte IDH, *Caso Cabrera García y Montiel Flores vs. México,* Excepción Preliminar, Fondo, Reparaciones y Costas, sentencia de 26 de noviembre de 2010, serie C N° 220, párr. 233; Corte IDH, *Caso Masacres de El Mozote y lugares aledaños vs. El Salvador,* Medidas urgentes y supervisión de cumplimiento de sentencia, resolución de 28 de mayo de 2019, párr. 43.

23 Corte IDH, *Caso Vélez Loor vs. Panamá,* Excepciones Preliminares, Fondo, Reparaciones y Costas, sentencia de 23 de noviembre de 2010, serie C N° 218, párr. 286; Corte IDH, *Derechos y Garantías de niñas y niños en el contexto de la migración y/o en necesidad de protección internacional,* Opinión Consultiva OC-21/14, de 19 de agosto de 2014, serie A N° 14, párr. 65; Corte IDH, *Medio Ambiente y Derechos Humanos,* Opinión Consultiva OC-23/17, Ob. cit., párr. 146.

de los demás actos administrativos generales e individuales[24] y de los actos jurisdiccionales[25] (sentencias, fallos o autos).

El punto de partida se encuentra en las directrices establecidas a los órganos que ejercen el Poder Público, tanto en ejercicio de la función constituyente derivaba, como de la función legislativa, que fueron establecidas por la Corte Interamericana en ejercicio de su competencia consultiva, al sostener[26]:

> "1. Que la expedición de una ley manifiestamente contraria a las obligaciones asumidas por un Estado al ratificar o adherir a la Convención, constituye una violación de ésta y, en el caso de que esa violación afecte derechos y libertades protegidos respecto de individuos determinados, genera la responsabilidad internacional de tal Estado. 2. Que el cumplimiento por parte de agentes o funcionarios del Estado de una ley manifiestamente violatoria de la Convención, genera responsabilidad internacional para el Estado. En caso de que el acto de cumplimiento constituya *per se* un crimen internacional, genera también la responsabilidad internacional de los agentes o funcionarios que ejecutaron el acto".

En atención a estas pautas es factible reconocer que cualquier autoridad, sea que integre la rama ejecutiva, legislativa o judicial dentro del Poder Público y de los órganos extra-poder, por actuación u omisión pueden vulnerar derechos humanos[27] y comprometer su responsabilidad tanto personal como institucional, que inicialmente debería establecerse en el ámbito nacional. No obstante, de no producirse este reconocimiento a nivel interno surge la responsabilidad internacional del Estado, derivaba tanto de la expedición como de la ejecución de leyes inconvencionales, así como la responsabilidad internacional de los funcionarios que al ejecutarlas incurrieron en crímenes.

Esto lleva a analizar los casos en que los órganos que ejercen el Poder Público dentro de un Estado parte de la Convención Americana, pudieron incurrir en alguna modalidad de responsabilidad por violación de derechos humanos y cómo ello ha sido resuelto de manera evolutiva, por la Corte Interamericana en ejercicio de la competencia contenciosa.

---

24 Santofimio Gamboa, Jaime Orlando, *El concepto de convencionalidad. Vicisitudes para su construcción sustancial en el sistema interamericano de derechos humanos. Ideas fuerza rectoras*, 2ª ed., Universidad Externado de Colombia, Bogotá, 2018, pp. 614-616.

25 Corte IDH, *Caso Fontevecchia y D'Amico vs. Argentina*, Fondo, Reparaciones y Costas, sentencia de 29 de noviembre de 2011, serie C N° 238, párrs. 105 y 108; Corte IDH, *Caso Artavia Murillo y otros ("fecundación in vitro") vs. Costa Rica*, Excepciones Preliminares, Fondo, Reparaciones y Costas, sentencia de 28 de noviembre de 2012, serie C N° 257, párrs. 160-162.

26 Corte IDH, *Responsabilidad internacional por expedición y aplicación de leyes violatorias de la Convención (arts. 1 y 2 Convención Americana sobre Derechos Humanos)*, Opinión Consultiva OC-14/94, de 9 de diciembre de 1994, serie A N° 14, puntos de la opinión 1 y 2.

27 Corte IDH, *Caso Juan Humberto Sánchez vs. Honduras*, Excepciones Preliminares, Fondo, Reparaciones y Costas, sentencia de 7 de junio de 2003, serie C N° 99, párr. 131.

3.1. *La obligación de que las disposiciones constitucionales sean compatibles con la convencionalidad*

En el caso de la censura previa establecida en el artículo 19 de la Constitución Política y desarrollada en la ley nacional, se ha dispuesto que el Estado debe eliminar la disposición que la contemple -norma constitucional y legal- y permitir la difusión de una película cuya exhibición había sido previamente censurada por las autoridades públicas, en aplicación de dichas normas. En este caso la Corte Interamericana ordenó que "el Estado debe modificar su ordenamiento jurídico interno, en un plazo razonable, con el fin de suprimir la censura previa para permitir la exhibición de la película "La Última Tentación de Cristo", y debe rendir a la Corte Interamericana de Derechos Humanos, dentro de un plazo de seis meses a partir de la notificación de la presente Sentencia, un informe sobre las medidas tomadas a ese respecto"[28].

Esta supresión de la censura previa, implica una modificación del texto constitucional por ser incompatible con la Convención Americana sobre Derechos Humanos.

Otro caso que implícitamente llevaba a la modificación del texto constitucional, aunque la Corte Interamericana se limitó a disponer la no aplicación de la Ley penal, estaba relacionado con la negativa a permitir el ejercicio de recursos y el debido proceso de las personas condenadas a pena de muerte en aplicación de una ley compatible con la Constitución del Estado, pero que tanto ésta como la ley que la desarrollaba resultaban incompatibles con la Convención Americana sobre Derechos Humanos. Así, la Corte Interamericana sostuvo que en caso de existir incompatibilidad entre una norma convencional y una disposición de la constitución política del país, se debe dar preferencia a aquella, estando el Estado obligado a ajustar su ordenamiento jurídico nacional al estándar de convencionalidad[29].

En esta misma línea de interpretación y aplicación de la Convención, es que se impone la obligación del Estado de derogar dichas leyes y además el deber de modificar la norma constitucional que contraviene la Convención Americana, al negar la existencia de un recurso judicial rápido y efectivo para impugnar tales leyes incompatibles con el derecho a la integridad de la persona[30].

La tesis formulada en el asunto precedente será posteriormente ratificada, al considerarse que la prohibición constitucional de impugnar determinadas leyes, es incompatible con la Convención Americana al constituir un obstáculo

---

28 Corte IDH, *Caso Olmedo Bustos (La Última Tentación de Cristo) vs. Chile,* Fondo y Reparaciones, sentencia de 5 de febrero de 2001, serie C N° 73, punto resolutivo 4.

29 Corte IDH, *Caso Hilaire, Constantine y Benjamin y otros vs. Trinidad y Tobago,* Fondo, Reparaciones y Costas, sentencia de 21 de junio de 2002, serie C N° 94, párrs. 212-213 y punto resolutivo 8.

30 Corte IDH, *Caso Caesar vs. Trinidad y Tobago,* Fondo, Reparaciones y Costas, sentencia de 11 de marzo de 2005, serie C N° 123, párr. 133 y punto resolutivo 4.

para el acceso a un recurso judicial rápido y efectivo, lo que resulta agravado en el caso de que la ley imponga la pena capital de manera obligatoria[31].

3.2. *La obligación de que las leyes sean compatibles con la convencionalidad*

En esencia se analizarán los casos resueltos por la Corte Interamericana en los cuales ésta ha advertido el incumplimiento por los Estados de sus obligaciones convencionales, por haber expedido leyes contrarias a los derechos humanos reconocidos en el *corpus iuris* de la convencionalidad. A continuación se expondrán algunos de estos casos.

3.2.1. *La incompatibilidad con la convencionalidad de las leyes de amnistías*

La jurisprudencia interamericana ha señalado que se consideran "inadmisibles las disposiciones de amnistía, las disposiciones de prescripción y el establecimiento de excluyentes de responsabilidad, que pretendan impedir la investigación y sanción de los responsables de las violaciones graves de los derechos humanos tales como la tortura, las ejecuciones sumarias, extralegales o arbitrarias y las desapariciones forzadas, todas ellas prohibidas por contravenir derechos inderogables reconocidos por el Derecho Internacional de los Derechos Humanos"[32].

Tal afirmación encuentra su justificación en el hecho de que resulta intolerable cualquier norma o práctica que se constituya en un obstáculo al acceso a la justicia, a la investigación impidiendo el derecho de las víctimas y sus familiares a conocer la verdad, a la identificación de los responsables de las violaciones de derechos humanos y a obtener la correspondiente reparación del Estado, así como que este deje impune a los responsables, pues ello es manifiestamente contrario a la Convención[33].

Es así como se considera que cuando se expiden estas leyes, las mismas "carecen de efectos jurídicos y no pueden seguir representando un obstáculo para la investigación de los hechos que constituyen este caso, ni para la identificación y el castigo de los responsables, ni puedan tener igual o similar impacto respecto de otros casos de violación de los derechos consagrados en la Convención Americana acontecidos en el Perú"[34].

---

31 Corte IDH, *Caso Boyce y otros vs. Barbados,* Excepciones Preliminares, Fondo, Reparaciones y Costas, sentencia de 20 de noviembre de 2007, serie C N° 169, párrs. 76-80 y punto resolutivo 8; Corte IDH, *Caso Dacosta Cadogan vs. Barbados,* Excepciones Preliminares, Fondo, Reparaciones y Costas, sentencia de 24 de septiembre de 2009, serie C N° 204, puntos resolutivos 9 y 10.

32 Corte IDH, *Caso Barrios Altos vs. Perú,* Fondo, sentencia de 14 de marzo de 2001, serie C N° 75, párr. 41; Corte IDH, *Caso Osorio Rivera y familiares vs. Perú,* Excepción Preliminar, Fondo, Reparaciones y Costas, sentencia de 26 de noviembre de 2013, serie C N° 274, párr. 213-217.

33 Corte IDH, *Caso Barrios Altos vs. Perú,* Ob. cit., párr. 43.

34 Corte IDH, *Caso Barrios Altos vs. Perú,* Ob. cit., párr. 44.

En esta línea de argumentación se ha sostenido que los Estados no pueden sustraerse del deber de investigar, determinar y sancionar a los responsables de los crímenes de lesa humanidad, aplicando leyes de amnistía u otro tipo de normativa interna de similares efectos, pues para estos delitos no procede la concesión de amnistía[35].

Habiéndose establecido la incompatibilidad de las leyes de amnistía con la Convención Americana y por tanto carentes de cualquier efecto jurídico[36], la Corte Interamericana ha ratificado la inconvencionalidad de estas leyes, por ser contrarias a las obligaciones del Estado asumidas al suscribir dicha Convención.

En consecuencia, los efectos de la declaratoria de inconvencionalidad de una ley de amnistía son *erga omnes*[37], con vigencia temporal *ex tunc*, por lo que en ningún supuesto puede considerarse reducida ni al caso concreto en que se produjo tal declaración, ni a partir del momento en que se realizó, ni menos permitir que se conserve lo ejecutado con anterioridad a la misma, pues ello resultaría contrario al derecho a la igualdad ante las leyes, reconocido por todos los Estados en su ordenamiento jurídico interno y por los distintos textos convencionales.

Conforme a lo establecido en el artículo 2 de la Convención, los Estados deben adoptar todas las medidas necesarias para dejar sin vigor las disposiciones normativas que la contravengan, como sucede con las leyes de amnistía, que impiden la investigación de las graves violaciones a los derechos humanos, pues dichos textos perpetúan la impunidad de los responsables, generan estado de indefensión en las víctimas y le niegan el derecho a ellas y sus familiares a conocer la verdad de los hechos que produjeron tal situación[38].

Por tanto, siendo las leyes de amnistía una barrera para establecer la verdad y disponer las reparaciones, las mismas aplicadas indiscriminadamente se convierten en un auténtico obstáculo para el oportuno acceso y funcionamiento de la justicia, reforzando la impunidad y la arbitrariedad, resquebrajando así los cimientos del Estado de Derecho, situación ésta que se agrava cuando la violación de los derechos humanos consiste en la desaparición forzada de personas, pues esto se encuentra expresamente censurado por la Convención Interamericana sobre Desaparición Forzada de Personas. Es por todo ello, que en el marco del Derecho Convencional carecen de efectos jurídicos.[39]

---

35 Corte IDH, *Caso Almonacid Arellano y otros vs. Chile,* Excepciones Preliminares, Fondo, Reparaciones y Costas. sentencia de 26 de septiembre de 2006, serie C N° 154, párr. 114; Corte IDH, *Caso García Lucero y otras vs. Chile*, Excepción Preliminar, Fondo y Reparaciones, sentencia de 28 de agosto de 2013, serie C N° 267, párr. 150-154.

36 Corte IDH, *Caso Almonacid Arellano y otros vs. Chile,* Ob. cit., punto resolutivo 4.

37 Corte IDH, *Caso La Cantuta vs. Perú,* Fondo, Reparaciones y Costas, sentencia de 29 de noviembre de 2006, serie C N° 162, párr. 167.

38 Corte IDH, *Caso Gomes Lund y otros (Guerrilha do Araguaia) vs. Brasil,* Excepciones Preliminares, Fondo, Reparaciones y Costas, sentencia de 24 de noviembre de 2010, serie C N° 219, párr. 173.

39 Corte IDH, *Caso Gelman vs. Uruguay,* Fondo y Reparaciones, sentencia de 24 de febrero de 2011, serie C N° 221, párr. 226.

Resulta de particular relevancia para este análisis, el hecho que la ley de amnistía haya sido expedida por un Congreso electo democráticamente y posteriormente ratificada popularmente[40]. En este asunto es importante observar que ello no legítima la inconvencionalidad, pues la obligación de los Estados es respetar, garantizar y adoptar las medidas necesarias para proteger los derechos humanos y más concretamente aquellos de las víctimas, por lo que tal obligación no puede ser desconocida, ignorada o soslayada por la mayor de las minorías, en los espacios que brinda la democracia representativa (Congreso) o de la democracia participativa directa (referendo, plebiscito o consulta popular).

Esto resulta totalmente lógico, pues no se puede invocar ninguna justificación democrática, para pactar, negociar o disponer el desconocimiento o irrespeto a la dignidad de la persona humana y en particular de las víctimas o sus familiares. De allí que la Corte Interamericana considere que la protección de los derechos humanos constituye uno de los mayores frenos a las reglas de las mayorías democráticas, pues su efectiva protección no puede ser sometida a decisión o consulta de las mayorías circunstanciales[41].

Sin desconocer las precedentes declaraciones de incompatibilidad de las leyes de amnistías o figuras similares con la Convención Americana, se ha expresado que cuando se trata de una ley de amnistía general respecto a los hechos acaecidos en el marco de un conflicto interno, el estándar de constatación requiere considerar además de la propia Convención Americana -deberes generales de protección-, lo establecido en el Protocolo II adicional a los Convenios de Ginebra de 1949[42], relativo a la protección de las víctimas de conflictos armados de carácter no internacional -deberes especiales de protección- (Protocolo II)[43], así como de los términos específicos en que se acordó el cese de las hostilidades que pusieron fin a dicho conflicto, pues "según el Derecho Internacional Humanitario aplicable a estas situaciones, se justifica en ocasiones la emisión de leyes de amnistía al cese de las hostilidades en los conflictos armados de carácter no internacional para posibilitar el retorno a la paz"[44]. No obstante, se advierte que la norma no es absoluta, en tanto también existe en el Derecho Internacional Humanitario la obligación de los Estados de investigar y juzgar hechos y crímenes de guerra o contra la humanidad y mediante una actuación ejemplarizante sancionarlos, pues estos no podrán estar cubiertos por una amnistía, como se consideró en el

---

40 Corte IDH, *Caso Gelman vs. Uruguay*, Ob. cit., párr. 238.

41 Corte IDH, *Caso Gelman vs. Uruguay*, Ob. cit., párr. 239.

42 El artículo 6.5 del Protocolo II adicional a los Convenios de Ginebra dispone que "A la cesación de las hostilidades, las autoridades en el poder procurarán conceder la amnistía más amplia posible a las personas que hayan tomado parte en el conflicto armado o que se encuentren privadas de libertad, internadas o detenidas por motivos relacionados con el conflicto armado".

43 Corte IDH, *Caso de la Masacre de Mapiripán vs. Colombia*, Fondo, Reparaciones y Costas, sentencia de 15 de septiembre de 2005, serie C N° 134, párr. 114.

44 Corte IDH, *Caso Masacres de El Mozote y lugares aledaños vs. El Salvador*, Fondo, Reparaciones y Costas, sentencia de 25 de octubre de 2012, serie C N° 252, párr. 285.

caso que analizó precedentemente la propia Corte Interamericana sobre la situación de El Salvador.[45]

3.2.2. *La incompatibilidad con la convencionalidad de las leyes que establecen la pena de muerte*

En el caso de leyes que disponen la aplicación automática de la pena de muerte, impidiendo que el juez natural en ejercicio de su competencia y conforme a la autonomía, independencia e imparcialidad de que debe gozar en el desempeño de sus funciones, evalúe las circunstancias del caso para imponer la pena, se ha pronunciado la Corte Interamericana ordenando al Estado abstenerse de aplicar e incluso eliminar las disposiciones legales incompatibles con la Convención[46].

Es de especial relevancia en los países que todavía conservan la pena de muerte, la obligación atribuida al Estado de "asegurar que todas las personas acusadas de un delito, cuya sanción sea la pena de muerte obligatoria, sean debidamente informados, al inicio del procedimiento penal en su contra, de su derecho a obtener una evaluación psiquiátrica por parte de un psiquiatra empleado por el Estado"[47].

3.2.3. *La incompatibilidad con la convencionalidad de las leyes que establecen penas corporales*

La existencia de penas corporales establecidas en las leyes como la flagelación, acompañadas de la prohibición constitucional de impugnarlas es considerada como una violación del derecho humano a la integridad personal y a la prohibición de ser sometido a tortura o a tratos crueles e inhumanos, lo que produce que tanto las leyes como la norma constitucional que prohíbe su impugnación sean inconvencionales. Es por ello que se impone la obligación del Estado de derogar dichas leyes y además el deber de modificar la norma constitucional que contraviene la Convención Americana, al negar la existencia de un recurso judicial rápido y efectivo para impugnar tales leyes incompatibles con el derecho a la integridad de la persona[48].

---

45 Corte IDH, *Caso Masacres de El Mozote y lugares aledaños vs. El Salvador*, op. cit., párr. 286.

46 Corte IDH, *Caso Hilaire, Constantine y Benjamin y otros vs. Trinidad y Tobago,* Fondo, Reparaciones y costas, sentencia de 21 de junio de 2002, serie C N° 94, párr. 212; Corte IDH, *Caso Ruiz Fuentes y otra vs. Guatemala,* Excepción Preliminar, Fondo, Reparaciones y Costas, sentencia de 10 de octubre de 2019, serie C N° 385, párrs. 88-89, 93; Corte IDH, *Caso Girón y otro vs. Guatemala,* Excepción Preliminar, Fondo, Reparaciones y Costas, sentencia de 15 de octubre de 2019, serie C N° 390, párr. 74.

47 Corte IDH, *Caso Dacosta Cadogan vs. Barbados,* Excepciones Preliminares, Fondo, Reparaciones y Costas, sentencia de 24 de septiembre de 2009, serie C N° 204, punto resolutivo 10.

48 Corte IDH, *Caso Caesar vs. Trinidad y Tobago,* Fondo, Reparaciones y Costas, sentencia de 11 de marzo de 2005, serie C N° 123, párr. 133 y punto resolutivo 4.

3.2.4. La incompatibilidad con la convencionalidad de las leyes que establecen los recursos para la protección de derechos fundamentales

La Corte Interamericana ha ordenado a los Estados la modificación de la legislación que regula el recurso de amparo[49] o de *hábeas corpus*[50], para que cumplan con el estándar convencional de garantizar un recurso simple, rápido, adecuado y efectivo, para la tutela de los derechos humanos e igualmente se ha pronunciado sobre la obligación de modificar las leyes y normas reglamentarias reguladoras del juicio de protección de los derechos ciudadanos para que se ajusten al texto constitucional y se garantice a las personas un recurso judicial efectivo, que permita impugnar la constitucionalidad de las normas, que regulan el ejercicio del derecho político a ser elegido[51].

3.3. La obligación de que la actividad e inactividad administrativa sean compatibles con la convencionalidad

El derecho público también ha sido objeto de convencionalización en lo concerniente a la actividad o inactividad de los órganos que ejercen el Poder Público y los extra-poder, en ejercicio de la función administrativa. A título enunciativo vamos a mencionar algunos casos:

3.3.1. El principio de legalidad en materia sancionatoria

Como se expresó anteriormente, el Estado de Derecho ha transitado de una primera generación de reglas que imponían la sujeción de los órganos que ejercen el Poder Público al bloque de legalidad, a una segunda generación de normas que exigían el sometimiento de tales órganos al bloque de constitucionalidad y más recientemente, a una tercera generación de reglas que demanda la compatibilidad de la actuación de los órganos que ejercen el Poder Público al bloque de convencionalidad. La aparición de cada generación no ha supuesto la supresión o desaparición de la anterior, sino una convivencia armónica de tres grados o niveles de juridicidad que deben cumplir todos los órganos del Estado, para considerar que sus actos son jurídicamente válidos.

Es así como se entiende que el juez convencional, lejos de abandonar la exigencia de sujeción al imperio de la ley, permanentemente ha insistido que todos los actos que expiden los órganos que ejercen el Poder Público y los extra-poder, se dicten con sujeción al principio de legalidad, en los términos que se encuentra configurado por cada Estado y con apego a los estándares convencionales. Por ello, cualquier medida restrictiva de un derecho debe

---

49 Corte IDH, *Caso de la Masacre de las Dos Erres vs. Guatemala,* Excepción Preliminar, Fondo, Reparaciones y Costas, sentencia de 24 de noviembre de 2009, serie C N° 211, párr. 124 y puntos resolutorios 10 y11.

50 Corte IDH, *Caso Blanco Romero y otros vs. Venezuela,* Fondo y Reparaciones, sentencia de 28 de noviembre de 2005, serie C N° 138, párr. 104 y punto resolutivo 9.

51 Corte IDH, *Caso Castañeda Gutman vs. México,* Excepción Preliminar, Fondo, Reparaciones y Costas, sentencia de 6 de agosto de 2008, serie C N° 184, párr. 230 y punto resolutivo 6.

estar prevista en la ley[52]. En tales términos, la Corte Interamericana ha expresado lo siguiente[53]:

> "La Corte ha establecido que el artículo 9 de la Convención Americana, el cual establece el principio de legalidad, es aplicable a la materia sancionatoria administrativa. Al respecto, es preciso tomar en cuenta que las sanciones administrativas son, como las penales, una expresión del poder punitivo del Estado y que tienen, en ocasiones, naturaleza similar a la de éstas puesto que unas y otras implican menoscabo, privación o alteración de los derechos de las personas. Por lo tanto, en un sistema democrático es preciso extremar las precauciones para que dichas medidas se adopten con estricto respeto a los derechos básicos de las personas y previa una cuidadosa verificación de la efectiva existencia de una conducta ilícita. Asimismo, en aras de la seguridad jurídica es indispensable que la norma sancionatoria exista y resulte conocida, o pueda serlo, antes de que ocurran la acción o la omisión que la contravienen y que se pretende sancionar. En concordancia con lo anterior, la Corte considera que el principio de legalidad también tiene vigencia en materia disciplinaria, no obstante su alcance depende considerablemente de la materia regulada. La precisión de una norma sancionatoria de naturaleza disciplinaria puede ser diferente a la requerida por el principio de legalidad en materia penal, por la naturaleza de los conflictos que cada una está destinada a resolver".

Tal como se puede apreciar conforme a los estándares convencionales es exigible en materia sancionatoria que una norma legal, previa y cierta, establezca las conductas antijurídicas que pueden constituir infracciones susceptibles de generar las sanciones, que deberán imponer las autoridades públicas competentes, en ejercicio de la función administrativa.

3.3.2. El ejercicio de la potestad discrecional

Entre los aspectos que se podrían destacar que han experimentado la convencionalización, se encuentra el ejercicio de la potestad discrecional. En tal sentido ha expresado la Corte Interamericana lo siguiente[54]:

> "En cualquier materia, inclusive en la laboral y la administrativa, la discrecionalidad de la administración tiene límites infranqueables, siendo uno de ellos el respeto a los derechos humanos. Es importante que la actuación de la administración se encuentre

---

52 Corte IDH, *Caso López y otros vs. Argentina*, Excepciones Preliminares, Fondo, Reparaciones y Costas, sentencia de 25 de noviembre de 2019, serie C N° 396, párr. 123.

53 Corte IDH, *Caso López Lone y otros vs. Honduras*, Excepción Preliminar, Fondo, Reparaciones y Costas, sentencia de 5 de octubre de 2015, serie C N° 320, párr. 257.

54 Corte IDH, *Caso Baena Ricardo y otros vs. Panamá,* Fondo, Reparaciones y Costas, sentencia de 2 de febrero de 2001, serie C N° 72, párr. 126.

regulada, y ésta no puede invocar el orden público para reducir discrecionalmente las garantías de los administrados. Por ejemplo, no puede la administración dictar actos administrativos sin otorgar a los sancionados la garantía del debido proceso".

En esta misma línea argumentativa, la Corte Interamericana ha sostenido que[55]:

> "La determinación de quienes son nacionales sigue siendo competencia interna de los Estados. Sin embargo, *su discrecionalidad en esa materia sufre un constante proceso de restricción conforme a la evolución del derecho internacional, con vistas a una mayor protección de la persona frente a la arbitrariedad de los Estados.* Así que en la actual etapa de desarrollo del derecho internacional de los derechos humanos, dicha facultad de los Estados está limitada, por un lado, por su deber de brindar a los individuos una protección igualitaria y efectiva de la ley y sin discriminación y, por otro lado, por su deber de prevenir, evitar y reducir la apatridia".

Como se puede inferir de las sentencias antes mencionadas, los derechos humanos constituyen un bastión infranqueable contra la arbitrariedad, de allí que no hay ejercicio de potestad discrecional alguna, que pueda invocarse para desconocer o lesionar los derechos humanos.

3.3.3. *El cumplimiento de la finalidad prevista en la norma jurídica*

Igualmente, la Corte Interamericana se ha pronunciado sobre la obligación de sujeción de la actividad administrativa al fin previsto en la norma jurídica. Respecto a este asunto dejó sentado lo siguiente[56]:

> "La Corte concluye entonces, como lo ha hecho en otros casos, que los hechos del presente caso implicaron *una desviación de poder, ya que se hizo uso de una facultad permitida del Estado con el objetivo de alinear editorialmente al medio de comunicación con el gobierno.* La anterior afirmación se deriva a partir de las dos conclusiones principales a las cuales puede arribar este Tribunal a partir de lo descrito anteriormente, a saber, que la decisión se encontraba tomada con anterioridad y que se fundaba en las molestias generadas por la línea editorial de RCTV, sumado al contexto sobre el "deterioro a la protección a la libertad de expresión", que fue probado en el presente caso (supra párr. 61)".

---

55 Corte IDH, *Caso Niñas Yean y Bosico vs. República Dominicana,* Fondo, Reparaciones y Costas, sentencia de 8 de septiembre de 2005, serie C N° 130, párr. 140.

56 Corte IDH, *Caso Granier y otros (Radio Caracas Televisión) vs. Venezuela,* Excepciones Preliminares, Fondo, Reparaciones y Costas, sentencia de 22 de junio de 2015, serie C N° 293, párrs. 197-198.

En el párrafo 198 sostiene:

> "Asimismo, este Tribunal considera necesario resaltar que la desviación de poder aquí declarada tuvo un impacto en el ejercicio de la libertad de expresión, no sólo en los trabajadores y directivos de RCTV, sino además en la dimensión social de dicho derecho (supra párr. 136), es decir, en la ciudadanía que se vio privada de tener acceso a la línea editorial que RCTV representaba. En efecto, la finalidad real buscaba acallar voces críticas al gobierno, las cuales se constituyen junto con el pluralismo, la tolerancia y el espíritu de apertura, en las demandas propias de un debate democrático que, justamente, el derecho a la libertad de expresión busca proteger".

Más recientemente, orientado a proteger ante la violación del derecho al trabajo, el Tribunal Interamericano ha expresado[57]:

> "En el presente caso, la Corte concluyó que la terminación arbitraria de la relación laboral de las presuntas víctimas con el Consejo Nacional de Fronteras constituyó una forma de desviación de poder, pues se utilizó una cláusula establecida en su contrato como velo de legalidad para encubrir la verdadera finalidad de tal medida, a saber: una represalia en su contra por haber ejercido legítimamente sus derechos de participación política y libertad de expresión. Es decir, ellas fueron objeto de discriminación política mediante un despido arbitrario, el cual ocurrió en un contexto de denuncias de despidos semejantes y de otras formas de represalia para quienes habían decidido ejercer sus libertades al firmar por la solicitud de referendo. Así, su despido tenía la intención encubierta de acallar y desincentivar la disidencia política, pues fue instrumentalizado para que otras personas se vieran amedrentadas de participar políticamente y de expresar sus ideas y opiniones".

La desviación de poder que constituye un típico vicio en el actuar de los órganos que ejercen el Poder Público y los extra-poder, cuando ejecutando la función administrativa utilizan la competencia otorgada por la norma legal, para perseguir un fin distinto del objetivamente previsto en la norma jurídica, ha sido considerado como una actuación incompatible con la Convención Americana, derivándose de ello la violación de derechos humanos en los casos precedentemente analizados.

3.3.4. *La obligación de motivación de los actos administrativos*

La obligación de los órganos que ejercen el Poder Público es justificar adecuadamente sus decisiones, lo que constituye una auténtica garantía contra la arbitrariedad de tales autoridades, pues al no darse una explicación

57 Corte IDH, *Caso San Miguel Sosa y otras vs. Venezuela*, Fondo, Reparaciones y Costas, sentencia de 8 de febrero de 2018, serie C N° 349, párr. 221.

puede configurarse una violación de derechos humanos. En función de ello la Corte Interamericana ha precisado, en qué consiste la debida motivación de los actos jurídicos, en especial, los de naturaleza administrativa al sostener que[58]:

> "La motivación es la exteriorización de la justificación razonada que permite llegar a una conclusión. El deber de motivar las resoluciones es una garantía vinculada a la recta administración de justicia, que le garantiza a los ciudadanos el derecho a ser juzgados por las razones que el derecho otorga, a la vez que brinda credibilidad a las decisiones judiciales en una sociedad democrática. En virtud de lo cual las decisiones que adopten los órganos internos de los Estados que puedan afectar derechos humanos deben de estar motivadas, de lo contrario serían decisiones arbitrarias. La motivación de un fallo y de ciertos actos administrativos debe permitir conocer cuáles son los hechos, motivos y normas en las que se basó el órgano que lo dictó para tomar su decisión de modo que se pueda desechar cualquier indicio de arbitrariedad, a la vez que les demuestra a las partes que estas han sido oídas en el marco del proceso. Además, debe mostrar que han sido debidamente tomados en cuenta los alegatos de las partes y que el conjunto de pruebas ha sido analizado. Por todo lo anterior, la Corte ha concluido que el deber de motivación es una de las "debidas garantías" incluidas en el artículo 8.1 del debido proceso".

El texto transcrito conduce a inferir, que la motivación convencionalmente admitida es aquella que contiene una exposición que permita a los destinatarios de la decisión, conocer tanto los hechos, los motivos y las normas que fueron considerados para resolver el asunto y que además se tuvieron en cuenta los alegatos de las partes, que participaron en el procedimiento administrativo, así como que les permita a estas cuestionar la decisión y lograr un nuevo examen del asunto en las instancias superiores, en los supuestos que las decisiones sean recurribles[59].

---

58 Corte IDH, *Caso Chaparro Álvarez y Lapo Íñiguez vs. Ecuador*, Excepciones Preliminares, Fondo, Reparaciones y Costas, sentencia de 21 de noviembre de 2007, serie C N° 170, párr. 107; Corte IDH, *Caso Flor Freire vs. Ecuador*, Excepción Preliminar, Fondo, Reparaciones y Costas, sentencia de 31 de agosto de 2016, serie C N° 315, párr. 182; Corte IDH, *Caso San Miguel Sosa y otras vs. Venezuela,* Fondo, Reparaciones y Costas, sentencia de 8 de febrero de 2018, serie C N° 348, párr. 189; Corte IDH, *Caso Rosadio Villavicencio vs. Perú*, Excepciones Preliminares, Fondo, Reparaciones y Costas, sentencia de 14 de octubre de 2019, serie C N° 388, párr.154; Corte IDH, *Caso Hernández vs. Argentina*, Excepción Preliminar, Fondo, Reparaciones y Costas, sentencia de 22 de noviembre de 2019, serie C N° 395, párr. 122; Corte IDH, *Caso López y otros vs. Argentina*, Excepciones Preliminares, Fondo, Reparaciones y Costas, sentencia de 25 de noviembre de 2019, serie C N° 396, párr. 214.

59 Corte IDH, *Rico vs. Argentina*, Excepción Preliminar y Fondo, sentencia de 2 de septiembre de 2019, serie C N° 383, párrs. 74-75; Corte IDH, *Caso Perrone y Preckel vs. Argentina*, Excepciones Preliminares, Fondo, Reparaciones y Costas, sentencia de 8 de octubre de 2019, serie C N° 384, párr. 120.

3.3.5. El respeto al debido procedimiento administrativo

El estricto cumplimiento del procedimiento administrativo constituye una obligación convencional, que debe ser garantizada a todas las personas conforme lo reconoce la jurisprudencia interamericana. Es así como afirma respecto al debido procedimiento administrativo[60]:

> "Es un derecho humano el obtener todas las garantías que permitan alcanzar decisiones justas, no estando la administración excluida de cumplir con este deber. Las garantías mínimas deben respetarse en el procedimiento administrativo y en cualquier otro procedimiento cuya decisión pueda afectar los derechos de las personas".

En esa misma línea de argumentación, se señala que[61]:

> "En este sentido, la Corte ha considerado que el debido proceso legal debe respetarse en el procedimiento administrativo y en cualquier otro procedimiento cuya decisión pueda afectar los derechos de las personas".

Más reciente, se pronunció en los términos siguientes[62]:

> "... era necesario que los procedimientos administrativos continuaran para efectos de definir si se aceptaba o no la transformación o renovación de la concesión. Asimismo, la Corte resalta que de haberse seguido dichos procedimientos con apego a la normativa interna y respetando las salvaguardas mínimas que dichas normas establecen, se habría podido evitar la arbitrariedad en la decisión. Por ello, el Tribunal considera que la existencia de dichos procedimientos y que se haya decidido no aplicarlos es justamente un efecto más de la finalidad real e ilegítima que ya fue declarada en la presente Sentencia (supra párrs. 198 y 199)".

Finalmente, en desarrollo de esta línea jurisprudencial, la Corte sostiene[63]:

> "Este Tribunal ha señalado que las garantías contempladas en el artículo 8.1 de la Convención son aplicables en los supuestos en que una autoridad no judicial adopte decisiones que afecten la determinación de los derechos de las personas, tomando en cuenta

---

60 Corte IDH, *Caso Baena Ricardo y otros vs. Panamá*, Fondo, Reparaciones y Costas, sentencia de 2 de febrero de 2001, serie C N° 72, párr. 127.

61 Corte IDH, *Caso Comunidad indígena Yakye Axa vs. Paraguay*, Fondo, Reparaciones y Costas, sentencia de 17 de junio de 2005, serie C N° 125, párr. 62.

62 Corte IDH, *Caso Granier y otros (Radio Caracas Televisión) vs. Venezuela*, Excepciones Preliminares, Fondo, Reparaciones y Costas, sentencia de 22 de junio de 2015, serie C N° 293, párr. 252.

63 Corte IDH, *Caso Flor Freire vs. Ecuador*, Excepción Preliminar, Fondo, Reparaciones y Costas, sentencia de 31 de agosto de 2016, serie C N° 315, párr. 165.

> que no le son exigibles aquellas propias de un órgano jurisdiccional, pero sí debe cumplir con aquellas destinadas a asegurar que la decisión no sea arbitraria".

En conclusión, la Corte ha sido muy celosa de que se salvaguarde el debido procedimiento administrativo por los órganos que ejercen el Poder Público y los extra-poder, a los fines de respetar todas las garantías que de él se derivan y eliminar cualquier potencial arbitrariedad derivada de su incumplimiento.

3.3.6. La garantía de imparcialidad en la actuación administrativa

Otro tema que ha ocupado la atención de la Corte es el relacionado con el principio de imparcialidad en la actuación administrativa en general y especialmente en la orientada a resolver asuntos de naturaleza disciplinaria. Al respecto el Tribunal Interamericano ha expresado que[64]:

> "La imparcialidad exige que el funcionario competente para intervenir en una contienda particular, con capacidad de decisión, se aproxime a los hechos de la causa careciendo, de manera subjetiva, de todo prejuicio y, asimismo, ofreciendo garantías suficientes de índole objetiva que permitan desterrar toda duda que el justiciable o la comunidad puedan albergar respecto de la ausencia de imparcialidad. La imparcialidad personal o subjetiva se presume a menos que exista prueba en contrario. Por su parte, la denominada imparcialidad objetiva consiste en determinar si el referido funcionario cuestionado brindó elementos convincentes que permitan eliminar temores legítimos o fundadas sospechas de parcialidad sobre su persona. Ello puesto que quien decide sobre los derechos de una persona debe aparecer como actuando sin estar sujeto a influencia, aliciente, presión, amenaza o intromisión, directa o indirecta, sino única y exclusivamente conforme a -y movido por- el Derecho".

En razón de lo anterior, la regla convencional respecto a la imparcialidad en la actuación administrativa exige que ésta deba garantizarse de manera objetiva y subjetiva, so pena de contravenir el artículo 8.1 de la Convención Americana sobre Derechos Humanos.

3.3.7. El contenido del derecho de propiedad

En distintas oportunidades, la Corte Interamericana se ha visto en la obligación de analizar el derecho de propiedad privada de las personas naturales, que han denunciado la violación del artículo 21 de la Convención Americana sobre Derechos Humanos, reconociendo que se trata de un concepto amplio que comprende los muebles o inmuebles, los elementos corporales e

64 Corte IDH, *Caso Flor Freire vs. Ecuador*, Ob. cit., párr. 168.

incorporales, así como cualquier otro objeto inmaterial susceptible de valor[65]. De allí que la jurisprudencia que se analiza, se apoye en los precedentes para sostener lo siguiente[66]:

> "Con respecto al derecho de propiedad, contenido en el artículo 21 de la Convención, este Tribunal ha entendido en su jurisprudencia que la propiedad es un concepto amplio que abarca, entre otros, el uso y goce de los bienes, definidos como "cosas materiales apropiables", así como todo derecho que pueda formar parte del patrimonio de una persona. Dicho concepto comprende todos los muebles e inmuebles, los elementos corporales e incorporales y cualquier otro objeto inmaterial susceptible de valor. Adicionalmente, la Corte ha considerado protegidos a los derechos adquiridos, entendidos como derechos que se han incorporado al patrimonio de las personas.
>
> Asimismo, resulta necesario reiterar que el derecho a la propiedad no es absoluto y, en ese sentido, puede ser objeto de restricciones y limitaciones, siempre y cuando éstas se realicen por la vía legal adecuada y de conformidad con los parámetros establecidos en el artículo 21. El primer párrafo de dicho artículo se refiere al derecho a la propiedad privada, y señala como atributos de la propiedad el uso y goce del bien e incluye una limitación a dichos atributos de la propiedad en razón del interés social. A su vez, el segundo inciso se refiere a la expropiación de bienes y los requisitos para que tal actuar del Estado pueda considerarse justificado. Al respecto, esta Corte ha establecido que no debe limitarse a examinar únicamente si se produjo una desposesión o una expropiación formal, sino que debe además comprobar, más allá de la apariencia, cuál fue la situación real detrás de la situación denunciada".

Del texto transcrito se infiere que conforme los estándares interamericanos, el derecho de propiedad no es absoluto, siendo posible establecerle restricciones o limitaciones a través de leyes, por razones de interés social[67] e incluso es

65 Corte IDH, *Caso Ivcher Bronstein vs. Perú,* Fondo, Reparaciones y Costas, sentencia de 6 de febrero de 2001, serie C N° 74, párr. 122; Corte IDH, *Caso Granier y otros (Radio Caracas Televisión) vs. Venezuela,* Excepciones Preliminares, Fondo, Reparaciones y Costas, sentencia de 22 de junio de 2015, serie C N° 293, párr. 335; Corte IDH, *Caso Comunidad Campesina de Santa Bárbara vs. Perú,* Excepciones Preliminares, Fondo, Reparaciones y Costas, sentencia de 1 de septiembre de 2015, serie C N° 299, párr. 199.

66 Corte IDH, *Caso Furlan y familiares vs. Argentina,* Excepciones Preliminares, Fondo, Reparaciones y Costas, sentencia de 31 de agosto de 2012, serie C N° 246, párr. 220; Corte IDH, *Caso Andrade Salmón vs. Bolivia,* Fondo, Reparaciones y Costas, sentencia de 1 de diciembre de 2016, serie C N° 330, párrs. 110-111; Corte IDH, *Caso Asociación Nacional de Cesantes y Jubilados de la Superintendencia Nacional de Administración Tributaria (ANCEJUB-SUNAT) vs. Perú,* Excepciones Preliminares, Fondo, Reparaciones y Costas, sentencia de 21 de noviembre de 2019, serie C N° 394, párr. 135.

67 Corte IDH, *Caso Salvador Chiriboga vs. Ecuador,* Reparaciones y Costas, sentencia de 3 de marzo de 2011, serie C N° 222, párr. 55; Corte IDH, *Caso Comunidad Garífuna Triunfo de la*

posible su eventual extinción mediante la figura de la expropiación[68], siempre que se persiga una utilidad pública o un interés social y se haga con sujeción a la disposición convencional.

En razón de ello, la Corte Interamericana considera que su actuación no se debe circunscribir a constatar si se produjo desposesión o una posible expropiación, sino a esclarecer las causas o motivos reales que condujeron a la situación que las víctimas denuncian por inconvencional[69].

3.3.8. *La obligación de obtener el consentimiento previo, libre, pleno e informado para prestar el servicio de salud*

La gestión del servicio de salud, bien sea por el Estado o por los particulares, debe realizarse conforme a estándares bioéticos y de derechos humanos, que permitan la garantía y la protección de la dignidad de la persona, antes, durante y después de suministrarle cualquier clase de tratamiento.

A los efectos de que ello sea posible, se ha planteado la necesidad de obtener por parte de los operadores de los servicios de salud, el consentimiento previo, libre, pleno e informado de los pacientes. En tal sentido se ha señalado[70]:

> "La Corte nota que el reconocimiento del consentimiento informado como expresión de la autonomía de las personas en el ámbito de la salud ha significado en la práctica de la medicina un cambio de paradigma en la relación médico-paciente, ya que el modelo de toma de decisiones informadas y libres pasó a centrarse en un proceso participativo con el paciente y ya no en el modelo paternalista en donde el médico, por ser el experto profesional en la materia, era quien decidía lo más conveniente para la persona que debía someterse a un tratamiento en particular. El paciente se encuentra, desde esta perspectiva, empoderado y colabora con el médico como el actor principal en cuanto a las decisiones a tomar respecto a su cuerpo y salud y no es más el sujeto pasivo en dicha relación. El paciente es libre de optar por alternativas que los médicos podrían considerar como contrarias a su consejo, siendo, por ello, la expresión más clara del respeto por la autonomía en el ámbito de la medicina. Este cambio de paradigma se traduce en diversos instrumentos internacionales, en donde se hace referencia al derecho del paciente de acceder o permitir libremente, sin ningún

---

Cruz y sus miembros vs. Honduras, Fondo, Reparaciones y Costas, sentencia de 8 de octubre de 2015, serie C N° 305, párr. 192.

68 Hernández-Mendible, Víctor R., La expropiación en Venezuela. Marco constitucional, legal y jurisprudencial, (Ed. Julián Pimiento Echeverri y Héctor Santaella Quintero), *La expropiación forzosa en América y Europa*, Universidad Externado de Colombia, Bogotá, 2017, pp. 527-582.

69 Corte IDH, *Caso Ivcher Bronstein vs. Perú*, Ob. cit., párr. 124; Corte IDH, *Caso Granier y otros (Radio Caracas Televisión) vs. Venezuela*, Ob. cit., párr. 336.

70 Corte IDH, *Caso I.V. vs. Bolivia*, Excepciones Preliminares, Fondo, Reparaciones y Costas, sentencia de 30 de noviembre de 2016, serie C N° 329, párr. 161.

tipo de violencia, coerción o discriminación, que un acto médico se lleve a cabo en su beneficio, luego de haber recibido la información debida y oportuna de manera previa a su decisión".

De esta manera se ponen límites al ejercicio de la actuación médica, que aseguran el respeto a la integridad de las personas, por lo que se considera que la obligación de obtener el consentimiento previo, libre e informado, garantiza el derecho del paciente al acceso a la información respecto de su propia salud, que le permita además de obtener la información adecuada y comprenderla de manera razonable, adoptar libremente la decisión que considere más apropiada[71]. En razón de ello el Tribunal Interamericano ha expresado[72]:

> "La Corte considera que el concepto del consentimiento informado consiste en una decisión previa de aceptar o someterse a un acto médico en sentido amplio, obtenida de manera libre, es decir sin amenazas ni coerción, inducción o alicientes impropios, manifestada con posterioridad a la obtención de información adecuada, completa, fidedigna, comprensible y accesible, siempre que esta información haya sido realmente comprendida, lo que permitirá el consentimiento pleno del individuo. El consentimiento informado es la decisión positiva de someterse a un acto médico, derivada de un proceso de decisión o elección previo, libre e informado, el cual constituye un mecanismo bidireccional de interacción en la relación médico-paciente, por medio del cual el paciente participa activamente en la toma de la decisión, alejándose con ello de la visión paternalista de la medicina, centrándose más bien, en la autonomía individual (*supra* párrs. 160 y 161). Esta regla no sólo consiste en un acto de aceptación, sino en el resultado de un proceso en el cual deben cumplirse los siguientes elementos para que sea considerado válido, a saber, que sea previo, libre, pleno e informado. Todos estos elementos se encuentran interrelacionados, ya que no podrá haber un consentimiento libre y pleno si no ha sido adoptado luego de obtener y entender un cúmulo de información integral".

En desarrollo de este criterio jurisprudencial, la Corte al pronunciarse sobre los deberes del prestador y los derechos del adulto mayor, extiende el deber de informar sobre la prestación del servicio de salud y de obtener el consentimiento informado de este, admitiendo que en ciertas circunstancias el deber del prestador y el derecho de los pacientes lo puedan ejercer sus familiares o representantes. En tal sentido el Tribunal expresa[73]:

71 Corte IDH, *Caso I.V. vs. Bolivia,* Ob. cit., párr. 163.

72 Corte IDH, *Caso I.V. vs. Bolivia,* Ob. cit., párr. 166.

73 Corte IDH, *Caso Poblete Vilches y otros vs. Chile,* Fondo, Reparaciones y Costas, sentencia de 8 de marzo de 2018, serie C N° 349, párr. 174.

> "... esta Corte verificó que: i) el derecho a la salud es un derecho autónomo protegido por el artículo 26 de la Convención Americana; ii) este derecho en situaciones de urgencia exige a los Estados velar por una adecuada regulación de los servicios de salud, brindando los servicios necesarios de conformidad con los elementos de disponibilidad, accesibilidad, calidad y aceptabilidad, en condiciones de igualdad y sin discriminación, pero también brindando medidas positivas respecto de grupos en situación de vulnerabilidad; iii) las personas mayores gozan de un nivel reforzado de protección respecto de servicios de salud de prevención y urgencia; iv) a fin de que se impute la responsabilidad del Estado por muertes médicas es necesario que se acredite la negación de un servicio esencial o tratamiento pese a la previsibilidad del riesgo que enfrenta el paciente, o bien una negligencia médica grave, y que se corrobore un nexo causal entre la acción y el daño. Cuando se trata de una omisión se debe verificar la probabilidad de que la conducta omitida hubiese interrumpido el proceso causal que desembocó en el resultado dañoso; v) la falta de atención médica adecuada puede conllevar la vulneración de la integridad personal; y vi) el consentimiento informado es una obligación a cargo de las instituciones de salud, las personas mayores ostentan la titularidad de éste derecho, sin embargo, se puede transferir bajo ciertas circunstancias a sus familiares o representantes. Asimismo, persiste el deber de informar a los pacientes o, en su caso cuando proceda, a sus representantes sobre los procedimientos y condición del paciente".

Lo anterior permite afirmar, que se trata de una relación jurídica en doble vía, pues por una parte se impone a los prestadores del servicio de salud la obligación de obtener el consentimiento previo, libre, pleno e informado de las personas que tratan como sus pacientes; y por la otra se reconoce el derecho de éstos, sus familiares o representantes a otorgar su consentimiento libremente, previa obtención de la oportuna y completa información, que les sea efectivamente comprensible para adoptar la decisión que consideren más adecuada para la vida, salud e integridad personal.

Se debe destacar que el debido cumplimiento de la obligación de los prestadores de los servicios de salud y del ejercicio de los derechos de los pacientes, sus familiares o representantes puede tener incidencia en el reconocimiento, atenuación o incluso exoneración de responsabilidad de los médicos o de los centros de prestación del servicio de salud.

3.3.9. La prestación de los servicios públicos

Cabe recordar que la importancia de la existencia y mantenimiento de los servicios públicos ha estado presente desde los momentos iniciales de la conformación de la Organización de Estados Americanos[74] e incluso ha sido reconocida 40 años después por vía convencional, como un derecho humano[75].

De allí que no constituya mayor sorpresa que la Corte Interamericana haya ocupado su atención en estudiar y resolver lo pertinente para garantizar el suministro de los servicios de agua potable, saneamiento y energía eléctrica o de salud.

En lo que respecta al establecimiento de la infraestructura y el suministro de los servicios básicos que son responsabilidad del Estado, se ha señalado[76]:

> "... la Corte dispone que Guatemala deberá implementar en dicho lugar, previa consulta con las víctimas o sus representantes, e independientemente de las demás obras públicas que estén previstas en el presupuesto nacional para la colonia Pacux o para la región en que se encuentra, las siguientes medidas: a) el fortalecimiento del centro de salud de Pacux mediante la dotación de recursos humanos permanentes y calificados en materia de atención a la salud física, psicológica y odontológica, medicamentos y ambulancias equipadas; b) el diseño e implementación de programas de seguridad alimenticia y nutricional; c) la mejora de calles y avenidas dentro de la Colonia; d) la implementación de un sistema de alcantarillado, tratamiento de aguas negras o residuales y abastecimiento de agua potable, y e) la reconstrucción o mejora de las escuelas de nivel primario en la Colonia de Pacux y el establecimiento de un programa de educación a nivel secundario bilingüe en español y en maya achí. El Estado debe implementar dichos programas referidos dentro de un plazo de cinco años, contado a partir de la notificación de esta Sentencia. Finalmente, en el plazo de un año, a partir de la notificación de este Fallo, el Estado deberá garantizar la provisión de energía eléctrica a los habitantes de la colonia Pacux a precios asequibles".

De manera similar, se ha resuelto lo relacionado con el servicio de salud, en los términos siguientes[77]:

---

74 Artículo XXXVI de la Declaración Americana de los Derechos y Deberes del Hombre, de 9 de abril de 1948, dispone que "Toda persona tiene el deber de pagar los impuestos establecidos por la Ley, para el sostenimiento de los servicios públicos".

75 Artículo 11.1 del Protocolo adicional a la Convención americana sobre derechos humanos en materia de derechos económicos, sociales y culturales "Protocolo de San Salvador", establece que "Toda persona tiene derecho a vivir en un medio ambiente sano y a contar con servicios públicos básicos".

76 Corte IDH, *Caso Masacre Plan de Sánchez vs. Guatemala*, Reparaciones, sentencia de 19 de noviembre de 2004, serie C N° 116, párr. 110; ratificada y ampliada por la Corte IDH, *Caso Masacre de Río Negro vs. Guatemala*, Excepción preliminar, Fondo, Reparaciones y Costas, sentencia de 4 de septiembre de 2012, serie C N° 250, párr. 284.

77 Corte IDH, *Caso Ximenes Lopes vs. Brasil, Fondo,* Reparaciones y Costas, sentencia de 4 de julio de 2006, serie C N° 149, párrs. 89 y 99; Corte IDH, *Caso Suárez Peralta vs. Ecuador,* Excepciones Preliminares, Fondo, Reparaciones y Costa, sentencia de 21 de mayo de 2013,

"… el deber de supervisión y fiscalización es del Estado, aun cuando el servicio de salud lo preste una entidad privada. El Estado mantiene la obligación de proveer servicios públicos y de proteger el bien público respectivo. Al respecto, la Corte ha establecido que "cuando la atención de salud es pública, es el Estado el que presta el servicio directamente a la población […]. El servicio de salud público […] es primariamente ofrecido por los hospitales públicos; sin embargo, la iniciativa privada, de forma complementaria, y mediante la firma de convenios o contratos, también provee servicios de salud bajo los auspicios del [Estado]. En ambas situaciones, ya sea que el paciente esté internado en un hospital público o en un hospital privado que tenga un convenio o contrato […], la persona se encuentra bajo cuidado del […] Estado". Por otra parte, la Corte ha citado al Tribunal Europeo de Derechos Humanos para señalar que el Estado mantiene el deber de otorgar licencias y ejercer supervisión y el control sobre instituciones privadas. Además, se ha señalado que la obligación de fiscalización estatal comprende tanto a servicios prestados por el Estado, directa o indirectamente, como a los ofrecidos por particulares".

En los fallos citados, la Corte Interamericana reconoce las obligaciones que tiene el Estado como proveedor directo de infraestructuras y servicios públicos básicos (Estado prestador), para garantizar el ejercicio de los derechos humanos; pero además reconoce que la gestión de tales servicios públicos puede ser realizada por los particulares, en cuyo caso el Estado debe ejercer la supervisión y fiscalización (Estado regulador), resaltando el deber de éste de garantizar la prestación de los servicios públicos, tanto en la gestión directa como en la realizada por particulares, es decir, que se reconoce el margen de apreciación nacional para que cada Estado, organice la modalidad que considere más idónea para la prestación de los servicios públicos, recayendo únicamente en el Estado la responsabilidad de que se establezcan y funcionen satisfactoriamente para garantizar el ejercicio de los derechos humanos.

3.3.10. El derecho de acceso a la información pública

La Corte Interamericana considera que los principios de publicidad y transparencia en la gestión pública son fundamentales para el control democrático de la gestión estatal y concretamente, mediante la garantía de acceso a la información pública bajo control del Estado, se puede permitir la participación en la gestión pública, a través del control social y además se promueve la responsabilidad de los funcionarios en dicha gestión[78]. El

serie C N° 261, párr. 132; Corte IDH, *Caso Gonzales Lluy y otros vs. Ecuador,* Excepciones Preliminares, Fondo, Reparaciones y Costas, sentencia de 1 de septiembre de 2015, serie C N° 298, párr. 184; Corte IDH, *Caso I.V. vs. Bolivia,* sentencia de 30 de noviembre de 2016, Excepciones Preliminares, Fondo, Reparaciones y Costas, serie C N° 329, párr. 154.

78 Corte IDH, *Caso Claude Reyes y otros vs. Chile,* Fondo, Reparaciones y Costas, sentencia de 19 de septiembre de 2006, serie C N° 151, párrs. 86-87.

Estado tiene la obligación de entregar la información, sin que el solicitante deba acreditar un interés directo o una afectación personal y únicamente podrán negarle el acceso de manera motivada, señalando que habiendo adoptado todas las medidas necesarias, es decir, que actuando de buena fe y diligentemente no ha sido posible comprobar la existencia de la información[79] o que el solicitante pueda conocer que la restricción de acceso es compatible con la ley, es decir, que es necesaria, proporcional, persigue un objetivo legítimo y responde a un interés general, en el marco de una sociedad democrática[80].

Es así como luego de reconocer el derecho de acceso a la información pública, el Tribunal ha precisado los estándares convencionales para el establecimiento de posibles restricciones al ejercicio del mismo, en los términos siguientes[81]:

> "En cuanto a los requisitos que debe cumplir una restricción en esta materia, en primer término deben estar previamente fijadas por ley como medio para asegurar que no queden al arbitrio del poder público. Dichas leyes deben dictarse "por razones de interés general y con el propósito para el cual han sido establecidas". (...)
>
> En segundo lugar, la restricción establecida por ley debe responder a un objetivo permitido por la Convención Americana. Al respecto, el artículo 13.2 de la Convención permite que se realicen restricciones necesarias para asegurar "el respeto a los derechos o a la reputación de los demás" o "la protección de la seguridad nacional, el orden público o la salud o la moral pública".
>
> Finalmente, las restricciones que se impongan deben ser necesarias en una sociedad democrática, lo que depende de que estén orientadas a satisfacer un interés público imperativo. Entre varias opciones para alcanzar ese objetivo, debe escogerse aquélla que restrinja en menor escala el derecho protegido. Es decir, la restricción debe ser proporcional al interés que la justifica y debe ser conducente para alcanzar el logro de ese legítimo objetivo, interfiriendo en la menor medida posible en el efectivo ejercicio del derecho.

La Corte observa que en una sociedad democrática es indispensable que las autoridades estatales se rijan por el principio de máxima divulgación, el cual establece la presunción de que toda información es accesible, sujeta a un sistema restringido de excepciones".

En razón de ello, la Corte concluyó reconociendo que el Estado violó el derecho a la libertad de pensamiento y de expresión e incumplió la obligación general de respetar y garantizar los derechos y libertades dispuestas en el

---

79 Corte IDH, *Caso Gomes Lund y otros (Guerrilha do Araguaia) vs. Brasil,* Excepciones Preliminares, Fondo, Reparaciones y Costas, sentencia de 24 de noviembre de 2010, serie C N° 219, párr. 211.

80 Corte IDH, *Caso Omar Humberto Maldonado Vargas y otros vs. Chile,* Fondo, Reparaciones y Costas, sentencia de 2 de septiembre de 2015, serie C N° 300, párr. 90; Corte IDH, *Caso Pueblos Kaliña y Lokono vs. Surinam,* Fondo, Reparaciones y Costas, sentencia de 25 de noviembre de 2015, serie C N° 309, párrs. 261-262.

81 Corte IDH, *Caso Claude Reyes y otros vs. Chile,* Ob. cit., párrs. 89-92.

artículo 1.1 de la Convención Americana. Asimismo, al no haber adoptado las medidas necesarias y compatibles con la Convención para hacer efectivo el derecho al acceso a la información bajo el control del Estado, incumplió también la obligación general de adoptar disposiciones de derecho interno, conforme a lo establecido en el artículo 2 de la Convención, por lo que le otorga un plazo razonable para adoptar las medidas necesarias, a los fines de garantizar el derecho de acceso a la información bajo el control del Estado.

3.4. *La obligación de que las garantías procesales sean compatibles con la convencionalidad*

Toda actuación de los órganos que ejercen el Poder Público y los extra-poder, en ejercicio de la función administrativa o de la función jurisdiccional, que pueda afectar los derechos e intereses de las personas debe desarrollarse con sujeción a las garantías procesales contempladas en la Convención Americana. No debe olvidarse, que tales garantías que en principio se establecieron para configurar el proceso penal, se aplican a toda clase de procesos civiles, laborales o administrativos. Esto lleva a estudiar cómo la Corte Interamericana ha precisado algunos aspectos esenciales de debido proceso legal.

3.4.1. *Las garantías de independencia de los jueces*

En el Estado de Derecho, uno de los objetivos fundamentales de la separación de las ramas del Poder Público es garantizar la independencia de los jueces, así como que se genere legitimidad y confianza suficientes en éstos, para que aquellas personas que viven en la una sociedad democrática, acudan a ellos en búsqueda de justicia. Esta independencia constituye un presupuesto del debido proceso legal, que debe ser garantizada y respetada en todo grado de jurisdicción, tanto en un estado de normalidad institucional como en un estado de excepción.

Al analizar estas garantías, la Corte Interamericana ha asumido los Principios básicos de la Organización de Naciones Unidas sobre independencia de la judicatura, de los cuales derivan tres garantías de independencia judicial. Estas son las siguientes:

a) Un adecuado proceso de nombramiento[82].

> "El Comité de Derechos Humanos ha señalado que si el acceso a la administración pública se basa en los méritos y en la igualdad de oportunidades, y si se asegura la estabilidad en el cargo, se garantiza la libertad de toda injerencia o presión política. En similar sentido, la Corte destaca que todo proceso de nombramiento debe tener como función no sólo la escogencia según los méritos y calidades del aspirante, sino el aseguramiento de la igualdad de oportunidades en el acceso al Poder Judicial. En consecuencia, se

82 Corte IDH, *Caso Reverón Trujillo vs. Venezuela*, Excepción Preliminar, Fondo, Reparaciones y Costas, sentencia 30 de junio de 2009, serie C N° 197, párrs. 72-73.

debe seleccionar a los jueces exclusivamente por el mérito personal y su capacidad profesional, a través de mecanismos objetivos de selección y permanencia que tengan en cuenta la singularidad y especificidad de las funciones que se van a desempeñar.

Los procedimientos de nombramiento tampoco pueden involucrar privilegios o ventajas irrazonables. La igualdad de oportunidades se garantiza a través de una libre concurrencia, de tal forma que todos los ciudadanos que acrediten los requisitos determinados en la ley deben poder participar en los procesos de selección sin ser objeto de tratos desiguales arbitrarios. Todos los aspirantes deben concursar en igualdad de condiciones aún respecto de quienes ocupan los cargos en provisionalidad, los que por tal condición no pueden ser tratados con privilegios o ventajas, así como tampoco con desventajas, en relación con el cargo que ocupan y al cual aspiran. En suma, se debe otorgar oportunidad abierta e igualitaria a través del señalamiento ampliamente público, claro y transparente de los requisitos exigidos para el desempeño del cargo. Por tanto, no son admisibles las restricciones que impidan o dificulten a quien no hace parte de la administración o de alguna entidad, es decir, a la persona particular que no ha accedido al servicio, llegar a él con base en sus méritos".

b) La inamovilidad en el cargo[83].

"De todo esto se puede concluir que la inamovilidad es una garantía de la independencia judicial que a su vez está compuesta por las siguientes garantías: permanencia en el cargo, un proceso de ascensos adecuado y no despido injustificado o libre remoción. Quiere decir esto que si el Estado incumple una de estas garantías, afecta la inamovilidad y por tanto, no está cumpliendo con su obligación de garantizar la independencia judicial".

c) La garantía contra presiones externas[84]

"Los Principios Básicos disponen que los jueces resolverán los asuntos que conozcan "basándose en los hechos y en consonancia con el derecho, sin restricción alguna y sin influencias, alicientes, presiones, amenazas o intromisiones indebidas, sean directas o indirectas, de cualesquiera sectores o por cualquier motivo". Asimismo, dichos principios establecen que la judicatura "tendrá autoridad exclusiva para decidir si una cuestión que le haya sido sometida está dentro de la competencia que le haya atribuido la ley" y que "[n]o se efectuarán intromisiones indebidas o injustificadas en el proceso judicial"".

---

83 Corte IDH, *Caso Reverón Trujillo vs. Venezuela,* Ob. cit., párrs. 78-79.

84 Corte IDH, *Caso Reverón Trujillo vs. Venezuela,* Ob. cit., párr. 80.

Los anteriores estándares deben ser cumplidos por los Estados nacionales[85], para garantizar una actuación efectivamente independiente del Poder Judicial, que sea compatible con la convencionalidad interamericana.

3.4.2. *El derecho de acceso a la justicia y a la tutela judicial efectiva*

Tradicionalmente el Tribunal Interamericano ha relacionado el derecho de acceso a la justicia, con la existencia de un recurso que sea pronto y efectivo, que pueda plantearse y tramitarse en el ámbito del derecho al debido proceso, es decir, con las debidas garantías para el ejercicio de los demás derechos, ante los órganos jurisdiccionales. Esta posición ha sido resumida de la siguiente manera[86]:

> "En atención a lo anterior, la jurisprudencia de la Corte ha trazado un estrecho vínculo entre los alcances de los derechos consagrados en los artículos 8 y 25 de la Convención Americana. De esta manera, se ha establecido que los Estados tienen la obligación de diseñar y consagrar normativamente recursos efectivos para la cabal protección de los derechos humanos, pero también la obligación de asegurar la debida aplicación de dichos recursos por parte de sus autoridades judiciales, en procedimientos con las garantías adecuadas y deben ser sustanciados de conformidad con las reglas del debido proceso legal. Así, un recurso efectivo implica que el análisis por la autoridad competente de un recurso judicial no puede reducirse a una mera formalidad, sino que debe examinar las razones invocadas por el demandante y manifestarse expresamente sobre ellas, por lo que esta efectividad supone que, además de la existencia formal de los recursos, éstos den resultados o respuestas a las violaciones de derechos contemplados ya sea en la Convención, en la Constitución o en las leyes".

En este fallo, no se ha hecho otra cosa que reiterar el criterio según el cual, el recurso judicial debe ser adecuado, no pudiendo reducirse a una mera formalidad, ni utilizarse para omitir alegatos de las partes, debiendo examinar

85 Corte IDH, *Caso Colindres Schonenberg vs. El Salvador*, Fondo, Reparaciones y Costas, sentencia de 4 de febrero de 2019, serie C N° 373, párr. 68; Corte IDH, *Rico vs. Argentina*, Excepción Preliminar y Fondo, sentencia de 2 de septiembre de 2019, serie C N° 383, párr. 52.

86 Corte IDH, *Caso Lagos del Campo vs. Perú*, Excepciones Preliminares, Fondo, Reparaciones y Costas, sentencia de 31 de agosto de 2017, serie C N° 340, párr. 176; Corte IDH, *Rico vs. Argentina*, Excepción Preliminar y Fondo, sentencia de 2 de septiembre de 2019, serie C N° 383, párr. 88; Corte IDH, *Caso Perrone y Preckel vs. Argentina*, Excepciones Preliminares, Fondo, Reparaciones y Costas, sentencia de 8 de octubre de 2019, serie C N° 384, párr. 121; Corte IDH, *Caso Hernández vs. Argentina*, Excepción Preliminar, Fondo, Reparaciones y Costas, sentencia de 22 de noviembre de 2019, serie C N° 395, párr. 121.

sus razones y manifestarse sobre ellas, conforme a los estándares establecidos por la Convención Americana[87].

3.4.3. La demanda y la contestación en el marco del debido proceso

Todo proceso inspirado en el principio dispositivo se inicia a través de la presentación de la demanda, por quien tiene la legitimación procesal y la presenta ante el órgano jurisdiccional competente. La demanda debe contener una clara explicación de los hechos que generaron el conflicto, con una breve mención de las normas jurídicas que reconocen los derechos presuntamente lesionados y la formulación de las pretensiones que procedan en cada clase de proceso. Es así como la Corte ha sostenido que manera pacífica que la demanda constituye el marco fáctico del proceso, en la que se encuadran las pretensiones de derecho y las reclamaciones que formulan los afectados[88].

Por su parte, conforme al principio *audi alteram partem*[89], el demandado debe exponer sus alegatos y presentar sus medios probatorios en la oportunidad que le brinda el proceso para defenderse y ser escuchado. En tal sentido, la contestación a la demanda constituye la oportunidad para oponer excepciones preliminares o para manifestar si se aceptan los hechos y las pretensiones o se rechazan y se contradicen. De producirse falta de claridad en la contestación, el órgano jurisdiccional deberá valorar esa actuación del demandado y podrá considerar aceptados los hechos que no hayan sido enfáticamente negados, así como aquellas pretensiones que no hayan sido expresamente controvertidas[90].

Es así como el Tribunal Interamericano ha expresado que en el caso que un demandado "no contesta la demanda de manera específica, se presumen como verdaderos los hechos sobre los cuales guardó silencio, siempre que de

---

87 Corte IDH, *Caso Duque vs. Colombia,* Excepciones Preliminares, Fondo, Reparaciones y Costas, sentencia de 26 de febrero de 2016, serie C N° 310, párr. 96; Corte IDH, *Caso Favela Nova Brasilia vs. Brasil,* Excepciones Preliminares, Fondo, Reparaciones y Costas, sentencia de 16 de febrero de 2017, serie C N° 333, párr. 233; Corte IDH, *Caso Lagos del Campo vs. Perú,* Excepciones Preliminares, Fondo, Reparaciones y Costas, sentencia de 31 de agosto de 2017, serie C N° 340, párr. 184.

88 Corte IDH, *Caso Cinco Pensionistas vs. Perú,* Fondo, Reparaciones y Costas, sentencia de 28 de febrero de 2003, serie C N° 98, párr. 153; Corte IDH, *Caso Masacre de Mapiripán vs. Colombia,* Fondo, Reparaciones y Costas, sentencia de 15 de septiembre de 2005, serie C N° 134, párr. 59; Corte IDH, *Caso Chaparro Álvarez y Lapo Iñiguez vs. Ecuador,* Excepción Preliminar, Fondo, Reparaciones y Costas, sentencia de 21 de noviembre de 2007, serie C N° 170, párr. 28; Corte IDH, *Caso del Pueblo Saramaka vs. Suriname,* Excepciones Preliminares, Fondo, Reparaciones y Costas, sentencia de 28 de noviembre de 2007, serie C N° 172, párr. 13; Corte IDH, *Caso Yvon Neptune vs. Haití,* Fondo, Reparaciones y Costas, sentencia de 6 de mayo de 2008, serie C N° 180, párr. 18.

89 Hernández-Mendible, Víctor R., La Inconsistencia Argumentativa en el análisis del Derecho a la Defensa (Algunos comentarios acerca de la Argumentación Jurídica), *Revista Tachirense de Derecho,* N° 13, San Cristóbal, 2001, pp. 99-119.

90 Corte IDH, *Caso Yvon Neptune vs. Haití,* Ob. cit., párrs. 17 y 19.

las pruebas existentes se puedan inferir conclusiones consistentes sobre los mismos"[91] y de inmediato ha recordado[92]:

> "... que la inactividad procesal no genera una sanción contra las partes, en sentido estricto, ni afecta el desarrollo del proceso, sino que, eventualmente, les acarrea un perjuicio al decidir voluntariamente no ejercer su derecho de defensa en forma completa ni llevar a cabo las actuaciones procesales convenientes para su interés, de conformidad con la máxima *audi alteram partem*. [...] Según se ha reconocido en la jurisprudencia internacional, la ausencia de una parte en cualquier etapa del caso no afecta la validez de la sentencia".

De lo expuesto se infiere que el principio de preclusividad de las actuaciones procesales, impone a las partes actuar diligentemente en la oportunidad y modo que establezca el debido procesal legal, para hacer valer sus derechos y aspirar a beneficiarse de sus actuaciones; pues de no hacerlo en tiempo y forma, deben asumir las consecuencias que disponga el ordenamiento jurídico.

3.4.4. La intervención extemporánea en el proceso

Además de la aplicación del principio de preclusividad procesal, salvo las excepciones que permita el ordenamiento jurídico, la Corte Interamericana ha tenido oportunidad de pronunciarse respecto al momento en que deben intervenir aquellas personas que hayan sido víctimas -en sentido amplio- de violaciones de derechos humanos. En tal sentido ha aceptado, que[93]:

> "En similares términos, el momento procesal para que las presuntas víctimas, sus familiares o representantes puedan ejercer plenamente su derecho de *locus standi in judicio*, así como la correspondiente facultad de complementar el marco fáctico de la demanda, lo constituye el escrito de solicitudes, argumentos y pruebas a que se refiere el artículo 23 del Reglamento. En sentido contrario, la inactividad procesal o la incorporación tardía de las presuntas víctimas y sus representantes o del Estado al proceso redunda en su imposibilidad de complementar o cuestionar, según corresponda, los hechos y pretensiones de la demanda".

91 Corte IDH, *Caso Velásquez Rodríguez vs. Honduras,* Fondo, sentencia de 29 de julio de 1988, serie C N° 4, párr. 138; Corte IDH, *Caso Caesar vs. Trinidad y Tobago,* Fondo, Reparaciones y Costas, sentencia de 11 de marzo de 2005, serie C N° 123, párr. 37; Corte IDH, *Caso Hilaire, Constantine y Benjamin y otros vs. Trinidad y Tobago,* Fondo, Reparaciones y Costas, sentencia de 21 de junio de 2002, serie C N° 94, párr. 67; Corte IDH, *Caso Yvon Neptune vs. Haití,* Ob. cit., párr. 17.

92 Corte IDH, *Caso del Tribunal Constitucional vs. Perú,* Fondo, Reparaciones y Costas, sentencia de 31 de enero de 2001, serie C N° 71, párrs. 60 y 62; Corte IDH, *Caso Ivcher Bronstein vs. Perú,* Fondo, Reparaciones y Costas, sentencia de 6 de febrero de 2001, serie C N° 74, párrs. 80 y 82.

93 Corte IDH, *Caso Yvon Neptune vs. Haití,* Ob. cit., párr. 17.

Consecuencia de lo anterior, tanto la ausencia de actuación como aquélla que se produzca extemporáneamente, impide la posibilidad de subsanar, ampliar alegatos o contrariar aspectos que no fueron refutados tempestivamente, conforme a los estándares convencionales.

3.4.5. *Los medios probatorios y su valoración por el órgano jurisdiccional*

Desde sus primeros fallos, la Corte Interamericana estableció los criterios que deben regir tanto la producción de los medios de pruebas, como su valoración por los tribunales. Es así como ha señalado que en la fase probatoria rige el principio contradictorio, a los fines de salvaguardar el derecho a la defensa entre las partes y recuerda que este se relaciona con la oportunidad en que se deben ofrecer los medios probatorios, garantizando así la igualdad de las partes en el proceso[94].

La práctica en la jurisdicción interamericana ha sido constante al considerar, que al inicio de cada etapa procesal, en la primera oportunidad que se les concede a las partes, éstas deben expresar por escrito qué pruebas ofrecerán e incluso la Corte ha reconocido que puede solicitar a las partes elementos probatorios adicionales, como pruebas para mejor resolver, sin que esto constituya -en principio- una nueva oportunidad para que las partes amplíen o complementen sus alegatos u ofrezcan nuevos medios probatorios, salvo que el mismo tribunal lo considere pertinente y así lo permita[95].

También la Corte ha reiterado su criterio sobre los medios probatorios, expresando que junto a la prueba directa, sea testimonial, pericial o documental, los tribunales pueden fundar la sentencia en la prueba circunstancial, los indicios y las presunciones, cuando de ellos puedan inferirse conclusiones sólidas sobre los hechos. Esta tesis la justifica el Tribunal Interamericano, en los siguientes precedentes[96]:

> "en ejercicio de su función jurisdiccional, tratándose de la obtención y valoración de las pruebas necesarias para la decisión de los casos que conoce, puede en determinadas circunstancias, utilizar tanto las pruebas circunstanciales como los indicios o las presunciones como base de sus pronunciamientos, cuando de aquéllas puedan inferirse conclusiones consistentes sobre los hechos (Caso Gangaram Panday, Sentencia de 21 de enero de 1994. Serie C N° 16, párr. 49; ver también Caso Loayza Tamayo, Sentencia de 17 de septiembre de 1997. Serie C N° 33, párr. 42; Caso Castillo Páez, Sentencia de 3 de noviembre de 1997. Serie C N° 34, párr. 39; Caso Blake, Sentencia de 24 de enero de 1998. Serie C N° 36, párr. 49)".

---

94 Corte IDH, *Caso Bulacio vs. Argentina,* Fondo, Reparaciones y Costas, sentencia de 18 de septiembre de 2003, serie C N° 100, párr. 40.

95 Corte IDH, *Caso Bulacio vs. Argentina,* Ob. cit., párr. 41.

96 Corte IDH, *Caso de la "Panel Blanca" (Paniagua Morales y otros) vs. Guatemala,* Fondo, sentencia de 8 de marzo de 1998, serie C N° 37, párr. 72.

Seguidamente la Corte confirma la amplitud de criterio en la admisión de los medios probatorios e incluso ratifica la potestad probatoria de oficio, en aquellas circunstancias en que se considere necesario; y respecto a la recepción de los medios probatorios objetados se pronuncia a favor de recibirlos, *"dejando a salvo su valoración definitiva en la etapa procesal correspondiente"*[97].

Concluye señalando con respecto a la valoración de los medios probatorios, que debe realizar el órgano jurisdiccional[98]:

> "En relación con los documentos de prensa, si bien no tienen el carácter de prueba documental, tienen importancia en cuanto sean la manifestación de hechos públicos y notorios, y en la medida que corroboren los testimonios recibidos en el proceso respecto de las circunstancias de las detenciones y muertes de las víctimas.

En conclusión, todo tribunal interno o internacional debe estar consciente que una adecuada valoración de la prueba según la regla de la "sana crítica", permitirá a los jueces llegar a la convicción sobre la verdad de los hechos alegados".

Lo anterior lleva a apreciar que conforme al ordenamiento jurídico, estando sujeta la prueba a los principios de licitud, pertinencia, conducencia y utilidad, ésta deberá ser recibida con la mayor libertad o amplitud de criterios, a los fines de formar la convicción del juez sobre los hechos, bajo la directriz de la búsqueda de la verdad material y deben ser valoradas en conjunto por el órgano jurisdiccional, según las reglas de la sana crítica[99].

3.4.6. *El debido proceso como garantía de una sentencia válida*

Especial relevancia le ha otorgado la Corte Interamericana a la exigencia de cumplimiento de las garantías judiciales, que deben respetarse en todo proceso para asegurar la expedición de una sentencia jurídicamente válida, es decir, que resuelva el conflicto tanto con sujeción a las reglas procesales y las formas esenciales, como a los hechos controvertidos y del derecho aplicable. Estas ideas han sido expuestas en ejercicio de la competencia contenciosa de la Corte, en los siguientes términos[100]:

> "Todo proceso está integrado por actos jurídicos que guardan entre sí relación cronológica, lógica y teleológica. Unos son soporte o

97 Corte IDH, *Caso de la "Panel Blanca" (Paniagua Morales y otros) vs. Guatemala*, Ob. cit., párr. 74.

98 Corte IDH, *Caso de la "Panel Blanca" (Paniagua Morales y otros) vs. Guatemala*, Ob. cit., párrs. 75-76.

99 Corte IDH, *Caso Bulacio vs. Argentina*, Fondo, Reparaciones y Costas, sentencia de 18 de septiembre de 2003, serie C N° 100, párr. 43; Corte IDH, *Caso Granier y otros (Radio Caracas Televisión) vs. Venezuela*, Excepciones Preliminares, Fondo, Reparaciones y Costas, sentencia de 22 de junio de 2015, serie C N° 293, párr. 44.

100 Corte IDH, *Caso Castillo Petruzzi y otros vs. Perú*, Fondo, Reparaciones y Costas, sentencia de 30 de mayo de 1999, serie C N° 52, párr. 218.

> supuesto de los otros y todos se ordenan a un fin supremo y común: la solución de la controversia por medio de una sentencia. Los actos procesales corresponden al género de los actos jurídicos, y por ello se encuentran sujetos a las reglas que determinan la aparición y los efectos de aquéllos. Por ende, cada acto debe ajustarse a las normas que presiden su creación y le confieren valor jurídico, presupuesto para que produzca efectos de este carácter. Si ello no ocurre, el acto carecerá de esa validez y no producirá tales efectos. La validez de cada uno de los actos jurídicos influye sobre la validez del conjunto, puesto que en éste cada uno se halla sustentado en otro precedente y es, a su turno, sustento de otros más. La culminación de esa secuencia de actos es la sentencia, que dirime la controversia y establece la verdad legal, con autoridad de cosa juzgada".

Como se deduce el texto transcrito, el debido proceso no es un fin en sí mismo, sino un medio para alcanzar el resultado que se persigue a través de él, que no es otro que la expedición de la sentencia que resuelva la controversia, materializando así la decisión del Estado, a través de la que se produce la justicia.

Por ello, la sentencia debe estar precedida por el rito y no debe tener defectos de forma o de fondo que la invaliden, siendo que aquel constituye un presupuesto de validez de la sentencia, pero no el único, el Tribunal Interamericano ha señalado[101]:

> "Si los actos en que se sostiene la sentencia están afectados por vicios graves, que los privan de la eficacia que debieran tener en condiciones normales, la sentencia no subsistirá. Carecerá de su soporte necesario: un proceso realizado conforme a Derecho. Es bien conocida la figura de la reposición del procedimiento, que acarrea la invalidación de diversos actos y la repetición de las actuaciones a partir de aquélla en que se cometió la violación que determina dicha invalidación. Esto implica, en su caso, que se dicte nueva sentencia. La validez del proceso es condición de la validez de la sentencia".

No puede dejar de mencionarse, que el análisis efectuado por la Corte se limita a resolver un asunto en el cual el desconocimiento de las garantías procesales, produjo una violación del debido proceso judicial por el Estado nacional, pero no se pronuncia sobre los hipotéticos vicios de juzgamiento en que pueden incurrir los órganos jurisdiccionales nacionales y que podrían constituir la transgresión de otros derechos humanos, pues en el caso planteado únicamente le correspondía analizar, si la sentencia del tribunal nacional se había expedido previo el cumplimiento con todos los actos jurídicos necesarios para considerarla conforme a Derecho y que permitían confirmar o no su validez desde la perspectiva procesal.

---

101 Corte IDH, *Caso Castillo Petruzzi y otros vs. Perú,* Ob. cit., párr. 219.

3.4.7. *La responsabilidad y el derecho a la reparación integral a la víctima*

La Corte Interamericana al resolver las reclamaciones que le han sido planteadas por la violación de derechos humanos y constatar su materialización por actividad e inactividad imputable al Estado, no ha hecho otra cosa que declarar la responsabilidad y establecer las posibles formas de reparación a las víctimas y sus familiares. En lo que concierne a lo primero, que es determinación de tal responsabilidad del Estado, ha dispuesto lo siguiente[102]:

> "Según el principio de Derecho internacional de la identidad o continuidad del Estado, la responsabilidad subsiste para todos sus poderes y órganos con independencia de los cambios de gobierno en el transcurso del tiempo y, concretamente, entre el momento en que se comete el hecho ilícito que genera la responsabilidad y aquél en que ella es declarada".

Conforme a lo anterior ha precisado los supuestos, para que se proceda la determinación de la responsabilidad del Estado, señalando que[103]:

"... no es necesario que se pruebe la responsabilidad del Estado más allá de toda duda razonable, ni que se identifique individualmente a los agentes a los cuales se atribuyen los hechos violatorios, sino que es suficiente demostrar que se han verificado acciones u omisiones que hayan permitido la perpetración de esas violaciones o que exista una obligación del Estado que haya sido incumplida por éste, en los términos expuestos supra".

En este orden de ideas agrega, que para conceder la respectiva reparación, se debe constatar[104]:

> "... un nexo causal con los hechos del caso, las violaciones declaradas, los daños acreditados, así como las medidas solicitadas para reparar los daños respectivos".

En cuanto a la reparación a las víctimas de daños ocasionados por la actividad e inactividad lesiva de derechos humanos, imputable a los órganos que ejercen el Poder Público y los extra-poder dentro del Estado o imputable a terceros, cuando este no ha sido diligente en la protección de quienes estaban en especial situación de riesgo o vulnerabilidad, existe una sólida jurisprudencia

---

102 Corte IDH, *Caso Gelman vs. Uruguay,* Supervisión de cumplimiento de sentencia, resolución de 20 de marzo de 2013, párr. 90.

103 Corte IDH, *Caso Tenorio Roca y otros vs. Perú,* Excepciones Preliminares, Fondo, Reparaciones y Costas, sentencia de 22 de junio de 2016, serie C N° 314, párr. 144.

104 Corte IDH, *Caso Miembros de la Aldea Chichupac y comunidades vecinas del Municipio de Rabinal vs. Guatemala,* Excepciones Preliminares, Fondo, Reparaciones y Costas, sentencia de 30 de noviembre de 2016, serie C N° 328, párr. 267.

que ha reconocido la obligación de que la reparación sea integral. Al respecto se puede citar, entre otras, la siguiente sentencia[105]:

> "La reparación del daño requiere, siempre que sea posible, la plena restitución (*restitutio in integrum*), que consiste en el restablecimiento de la situación anterior. De no ser esto posible, como en el presente caso, el tribunal internacional debe determinar las medidas que garanticen los derechos conculcados, eviten nuevas violaciones y reparen las consecuencias que las infracciones produjeron, así como establecer la indemnización que compense por los daños ocasionados. El Estado obligado no puede invocar disposiciones de derecho interno para modificar o incumplir la obligación de reparar. Ésta queda sujeta en todos los aspectos (alcance, naturaleza, modalidades y determinación de los beneficiarios) al derecho internacional.

A través de las reparaciones, se procura que cesen los efectos de las violaciones perpetradas. Su naturaleza y su monto dependen de las características de las violaciones cometidas, del bien jurídico afectado y del daño material e inmaterial ocasionados. No deben implicar enriquecimiento o empobrecimiento para la víctima o sus sucesores".

El anterior criterio orienta la manera como debe procederse, a los fines de reparar a las víctimas de violación a sus derechos humanos, por los daños materiales e inmateriales que hayan podido experimentar, -actuación que debe ser acompañada, cuando proceda-, de medidas de satisfacción y garantías de no repetición[106].

3.4.8. La ejecución de las decisiones

Es sabido que unos de los atributos esenciales de la tutela judicial efectiva es que la decisión adoptada por el órgano jurisdiccional se ejecute, lo que constituye una consecuencia del deber de juzgar y hacer ejecutar lo sentenciado, es decir, que se impone la adopción oportunidad de la decisión, así como su ejecución real y efectiva para que se tutelen los derechos que han sido afectados y se materialice la justicia pronta y cumplida en sus propios términos. A partir de estas premisas, el Tribunal Interamericano ha señalado que[107]:

> "Los Estados tienen la responsabilidad de consagrar normativamente y de asegurar la debida aplicación de los recursos efectivos y las garantías del debido proceso legal ante las

---

105 Corte IDH, *Caso Niñas Yean y Bosico vs. República Dominicana,* Fondo, Reparaciones y Costas, sentencia de 8 de septiembre de 2005, serie C N° 130, párrs. 210-211.

106 Londoño Lázaro, María Carmelina, *Las garantías de no repetición en la jurisprudencia interamericana,* Universidad de La Sabana-Tirant lo Blanc, México, 2014, pp. 197-198.

107 Corte IDH, *Caso Baena Ricardo y otros vs. Panamá,* Competencia, sentencia de 28 de noviembre de 2003, serie C N° 104, párr. 79.

autoridades competentes, que amparen a todas las personas bajo su jurisdicción contra actos que violen sus derechos fundamentales o que conlleven a la determinación de los derechos y obligaciones de éstas. Sin embargo, la responsabilidad estatal no termina cuando las autoridades competentes emiten la decisión o sentencia. Se requiere, además, que el Estado garantice los medios para ejecutar dichas decisiones definitivas".

En razón de ello expresa[108]:

"A la luz de lo anterior, este Tribunal estima que, para satisfacer el derecho de acceso a la justicia, no es suficiente con que en el respectivo proceso o recurso se emita una decisión definitiva, en la cual se declaren derechos y obligaciones o se proporcione la protección a las personas. Además, es preciso que existan mecanismos efectivos para ejecutar las decisiones o sentencias, de manera que se protejan efectivamente los derechos declarados. La ejecución de tales decisiones y sentencias debe ser considerada como parte integrante del derecho de acceso a la justicia, entendido éste en sentido amplio, que abarque también el cumplimiento pleno de la decisión respectiva. Lo contrario supone la negación misma de este derecho".

Esta línea jurisprudencial es la que conduce a afirmar que "la ejecución de las sentencias debe ser regida por aquellos estándares específicos que permitan hacer efectivos los principios, *inter alia*, de tutela judicial, debido proceso, seguridad jurídica, independencia judicial, y estado de derecho"[109]. El precedente aserto lleva a concluir que[110]:

"... el principio de tutela judicial efectiva requiere que los procedimientos de ejecución sean accesibles para las partes, sin obstáculos o demoras indebidas, a fin de que alcancen su objetivo de manera rápida, sencilla e integral. Adicionalmente, las disposiciones que rigen la independencia del orden jurisdiccional deben estar formuladas de manera idónea para asegurar la puntual ejecución de las sentencias sin que exista interferencia por los otros poderes del Estado y garantizar el carácter vinculante y obligatorio de las decisiones de última instancia. La Corte estima que en un ordenamiento basado sobre el principio del Estado de Derecho todas las autoridades públicas, dentro del marco de su competencia, deben atender las decisiones judiciales, así como dar impulso y ejecución a las mismas sin obstaculizar el sentido y alcance de la decisión ni retrasar indebidamente su ejecución".

108 Corte IDH, *Caso Baena Ricardo y otros vs. Panamá*, Ob. cit., párr. 82.

109 Corte IDH, *Caso Furlan y familiares vs. Argentina*, Excepciones Preliminares, Fondo, Reparaciones y Costas, sentencia de 31 de agosto de 2012, serie C N° 246, párr. 210.

110 Corte IDH, *Caso Furlan y familiares vs. Argentina*, Ob. cit., párr. 211.

De lo anteriormente expuesto se infiere, que el estándar convencional exige que los órganos jurisdiccionales realicen un auténtico y material respeto y acatamiento a la tutela judicial efectiva, es decir, que brinden protección a los derechos de las personas, a través de una real, pronta e integra ejecución del fallo[111].

3.5. *La obligación de que la actividad jurisdiccional sea compatible con la convencionalidad*

No menos complejos resultan los casos en que la Corte Interamericana, en ejercicio de su competencia contenciosa ha tenido que resolver sobre la compatibilidad o no de decisiones jurisdiccionales, con la Convención Americana. A los fines de construir los supuestos en que se produce una sentencia potencialmente contraria a la convencionalidad, el Tribunal Interamericano señaló que[112]:

> "En cuanto a la sentencia de la Corte Suprema de Justicia de la Nación, dictada el 7 de septiembre de 1996, resulta difícil establecer que constituya *per se* una infracción a la Convención. Esto ocurriría sólo si dicha sentencia fuera en sí misma arbitraria. En general, puede decirse que la sentencia debe ser la derivación razonada del derecho vigente, según las circunstancias de hecho obrantes en la causa. Pero no bastaría que una decisión judicial dejara de ajustarse a esta regla para que pudiera ser tachada de arbitraria. Una sentencia arbitraria tendría las formas de una sentencia judicial, pero presentaría vicios de tal gravedad que la descalificarían como acto jurisdiccional. En el presente caso, la sentencia de la Corte Suprema de Justicia Argentina se funda en las normas sobre validez y nulidad de los actos jurídicos, principalmente en el análisis del convenio suscrito en 1982, y en la prescripción liberatoria que debe aplicarse en la razón de la invalidez de aquél. A criterio de esta Corte, ese acto no puede ser considerado como una sentencia arbitraria".

El fallo citado pone de manifiesto que para la Corte, el criterio que hace incompatible una sentencia con el *corpus iuris* de la convencionalidad es que sea arbitraria, es decir, que presente vicios tan graves que la hacen insusceptible de ser considerada como un fallo judicial y cabe agregar que en tal supuesto carecería de validez alguna.

---

111 Sobre los medios procesales internos para la ejecución de sentencias en la reciente legislación continental, -además de España-, se puede consultar el análisis crítico de Torrealba Sánchez, Miguel Ángel, *La ejecución de sentencias en el proceso administrativo iberoamericano (España, Perú, Costa Rica, Colombia y Venezuela)*, Instituto Nacional de Administración Pública, Madrid, 2017.

112 Corte IDH, *Caso Cantos vs. Argentina*, Fondo, Reparaciones y Costas, sentencia de 28 de noviembre de 2002, serie C N° 97, párr. 63.

Sin embargo se advierte, que no se debe equiparar el concepto de "arbitrariedad" con el de "contrario a ley", sino que debe interpretarse de manera más amplia a fin de incluir elementos de incorrección, injusticia e imprevisibilidad[113].

Este será el estándar que se debe utilizar, para evaluar la compatibilidad de las decisiones judiciales con el bloque de convencionalidad. A título de mero ejemplo, se referirán los casos recientes.

En el primero, la Corte dejó sin efectos las sentencias de la Corte Suprema de la Nación Argentina, por considerar que su fallo lesionó derechos reconocidos en la Convención Americana. En concreto la sentencia interamericana señala[114]:

> "Esta Corte ha determinado que la sentencia emitida el 25 de septiembre de 2001 por la Corte Suprema de Justicia de la Nación que confirmó la condena impuesta por un tribunal de alzada, violó el derecho a la libertad de expresión de los señores Jorge Fontevecchia y Héctor D´Amico (*supra* párrs. 54 a 75). Por lo tanto, el Tribunal dispone, de conformidad con su jurisprudencia, que el Estado debe dejar sin efecto dichas sentencias en todos sus extremos, incluyendo, en su caso, los alcances que estas tengan respecto de terceros; a saber: a) la atribución de responsabilidad civil de los señores Jorge Fontevecchia y Héctor D'Amico; b) la condena al pago de una indemnización, de intereses y costas y de la tasa de justicia; tales montos deberán ser reintegrados con los intereses y actualizaciones que correspondan de acuerdo al derecho interno, y c) así como cualquier otro efecto que tengan o hayan tenido aquellas decisiones. A efectos de cumplir la presente reparación, el Estado debe adoptar todas las medidas judiciales, administrativas y de cualquier otra índole que sean necesarias, y cuenta para ello con el plazo de un año a partir de la notificación de la presente Sentencia".

La Corte concluye, que al dejar sin efecto las sentencias nacionales y cumplirse las publicaciones ordenadas se produce la reparación integral a las víctimas, conforme a lo que pretendían sus representantes.

---

113 Corte IDH, *Caso Chaparro Álvarez y Lapo Íñiguez vs. Ecuador*, Excepciones Preliminares, Fondo, Reparaciones y Costas, sentencia de 21 de noviembre de 2007, serie C N° 170, párr. 92; Corte IDH, *Caso Wong Ho Wing vs Perú*, Excepción Preliminar, Fondo, Reparaciones y Costas, sentencia de 30 de junio de 2015, serie C N° 297, párr. 238; Corte IDH, *Caso Yarce y otras vs. Colombia*, Excepción Preliminar, Fondo, Reparaciones y Costas, sentencia de 22 de noviembre de 2016, serie C N° 325, párr. 140; Corte IDH, *Caso Romero Feris vs. Argentina*, Fondo, Reparaciones y Costas, sentencia de 15 de octubre de 2019, serie C N° 391, párr. 91; Corte IDH, *Caso Jenkins vs. Argentina*, Excepciones Preliminares, Fondo, Reparaciones y Costas, sentencia de 26 de noviembre de 2019, serie C N° 397, párr. 73.

114 Corte IDH, *Caso Fontevecchia y D'Amico vs. Argentina*, Fondo, Reparaciones y Costas, sentencia de 29 de noviembre de 2011, serie C N° 238, párrs. 105 y 110.

En el segundo, la Corte se pronuncia sobre lo que había resuelto la Corte Suprema de Justicia de Costa Rica y también concluyó que la sentencia nacional había desconocido derechos reconocidos en la Convención Americana. Para ello, el fallo interamericano expresa[115]:

> "Al comprobarse que existió una injerencia tanto por el efecto prohibitivo que en general causó la sentencia de la Sala Constitucional, así como el impacto que lo anterior produjo en las presuntas víctimas en el presente caso, la Corte considera necesario entrar a analizar si dicha injerencia o restricción se encuentra justificada. Antes de entrar a efectuar un juicio de proporcionalidad al respecto, el Tribunal estima pertinente analizar en detalle el argumento principal desarrollado por la Sala Constitucional: que la Convención Americana obliga a efectuar una protección absoluta del "derecho a la vida" del embrión y, en consecuencia, obliga a prohibir la FIV por implicar la pérdida de embriones".

En razón de la motivación expuesta en el fallo, se resuelve:

> "La Corte concluye que la Sala Constitucional partió de una protección absoluta del embrión que, al no ponderar ni tener en cuenta los otros derechos en conflicto, implicó una arbitraria y excesiva intervención en la vida privada y familiar que hizo desproporcionada la interferencia. Asimismo, la interferencia tuvo efectos discriminatorios. Además, teniendo en cuenta estas conclusiones sobre la ponderación y lo ya señalado respecto al artículo 4.1 de la Convención (...), la Corte no considera pertinente pronunciarse sobre los alegatos del Estado respecto a que contaría con un margen de apreciación para establecer prohibiciones como la efectuada por la Sala Constitucional".

Como puede observarse, en un caso relacionado con el derecho a la libertad de expresión y en otro vinculado con los derechos a la integridad personal, la libertad personal, la honra y dignidad, así como a la familia, el Tribunal Interamericano concluyó declarando inconvencionales las sentencias de los máximos tribunales nacionales y estableciendo la responsabilidad internacional de los respectivos Estados.

En el tercero, la Corte se pronuncia sobre lo que resolvió el órgano jurisdiccional del trabajo en segunda instancia en Lima, que declaró legal y justificado el despido denunciado por una persona, que en virtud del mismo se consideró afectada en su derecho a la estabilidad en el trabajo y en consecuencia, a la posibilidad de acceder a una pensión por jubilación, así

115 Corte IDH, *Caso Artavia Murillo y otros ("fecundación in vitro") vs. Costa Rica*, Excepciones Preliminares, Fondo, Reparaciones y Costas, sentencia de 28 de noviembre de 2012, serie C N° 257, párrs. 162 y 30.

como de ejercer sus derechos como representante de los trabajadores en el comité electoral. La sentencia interamericana señaló[116]:

> "Como correlato de lo anterior, se deprende que las obligaciones del Estado en cuanto a la protección del derecho a la estabilidad laboral, en el ámbito privado, se traduce en principio en los siguientes deberes: a) adoptar las medidas adecuadas para la debida regulación y fiscalización de dicho derecho; b) proteger al trabajador y trabajadora, a través de sus órganos competentes, contra el despido injustificado; c) en caso de despido injustificado, remediar la situación (ya sea, a través de la reinstalación o, en su caso, mediante la indemnización y otras prestaciones previstas en la legislación nacional). Por ende, d) el Estado debe disponer de mecanismos efectivos de reclamo frente a una situación de despido injustificado, a fin de garantizar el acceso a la justicia y la tutela judicial efectiva de tales derechos (*infra*, párrs. 174, 176 y 180).

Cabe precisar que la estabilidad laboral no consiste en una permanencia irrestricta en el puesto de trabajo, sino de respetar este derecho, entre otras medidas, otorgando debidas garantías de protección al trabajador a fin de que, en caso de despido se realice éste bajo causas justificadas, lo cual implica que el empleador acredite las razones suficientes para imponer dicha sanción con las debidas garantías, y frente a ello el trabajador pueda recurrir tal decisión ante las autoridades internas, quienes verifiquen que las causales imputadas no sean arbitrarias o contrarias a derecho".

En razón de lo anterior, concluye la Corte Interamericana que a la víctima se le privó de su empleo y demás beneficios derivados de la seguridad social, sin que el Estado haya tutelado su derecho a la estabilidad laboral, incurriendo en responsabilidad internacional por desconocimiento del artículo 26 de la Convención Americana, en relación con los artículos 1.1, 8, 13 y 16 de dicho texto[117].

En este orden de ideas, la sentencia termina por reconocer, que la ausencia de protección a los derechos sociales de la víctima constituye una inconvencionalidad, que no fue reparada por los órganos jurisdiccionales nacionales y en consecuencia condena al Estado.

En este caso se ratifica, que la actividad jurisdiccional de los órganos que ejercen el Poder Público debe ser compatible con la convencionalidad, pero el mayor mérito de esta sentencia es que ha inaugurado una nueva línea jurisprudencial, que por una parte otorga reconocimiento directo a las obligaciones de los Estados, respecto a los derechos económicos, sociales y culturales, en aplicación del artículo 26 de la Convención Americana[118]; y por la

---

116 Corte IDH, *Caso Lagos del Campo vs. Perú*, Excepciones Preliminares, Fondo, Reparaciones y Costas, sentencia de 31 de agosto de 2017, serie C N° 340, párrs. 149-150.

117 Corte IDH, *Caso Lagos del Campo vs. Perú*, Ob. cit., párr. 153.

118 Corte IDH, *Medio Ambiente y Derechos Humanos*, Opinión Consultiva OC-23/17, de 15 de noviembre de 2017, serie A N° 23, párr. 57; Corte IDH, *Trabajadores Cesados de Petroperú*

otra, se orienta hacia la protección judicial plena de estos derechos, inicialmente mediante el control de convencionalidad difuso y complementariamente a éste, a través del control de convencionalidad concentrado.

Posteriormente, la Corte resolvió respecto a sí la actuación imputable a un tribunal provincial al conocer de un recurso de casación, constituye una violación de la Convención Americana sobre Derechos Humanos y concluye lo siguiente[119]:

> "La Corte reitera que el artículo 8.2.h) se refiere al derecho a un recurso ordinario, accesible y eficaz que no torne ilusorio el derecho de recurrir el fallo ante tribunal superior. En ese sentido, la Corte ha establecido que las formalidades requeridas no deben constituir un obstáculo para que el recurso permita la revisión de las cuestiones fácticas, probatorias y jurídicas que podrían haber derivado en un error en la sentencia. La importancia del cumplimento de esta obligación se funda en que existe relación entre una errónea determinación de los hechos y una indebida aplicación del derecho, por lo que la revisión que se debe hacer en cumplimiento del derecho al doble conforme debe permitir al juzgador realizar un control amplio de la sentencia. Éste es el planteamiento que la defensa del señor Gorigoitía realizó en su escrito de recurso de casación, el cual fue rechazado "*in limine*" por requerir una revalorización del criterio de la Cámara Primera en materia de hechos y de valoración probatoria. En consecuencia, el Tribunal considera que la negativa por parte de la Suprema Corte de Mendoza de revisar el fondo de la cuestión planteada por la defensa del señor Gorigoitía constituyó un hecho ilícito internacional en tanto resultó en un incumplimiento del deber de revisión integral del fallo que establece el artículo 8.2.h) de la Convención".

En definitiva, lo que compromete la responsabilidad internacional del Estado no fue la legislación procesal que regula la casación provincial, sino la actuación inconvencional del órgano jurisdiccional que incumplió el deber revisión integral del fallo, que garantizase el doble conforme de la sentencia penal condenatoria.

En otro caso que involucra al Poder Judicial argentino y que ha llevado a la Corte Interamericana a analizar la compatibilidad de las sentencias de los órganos jurisdiccionales nacionales con la Convención Americana, se estableció lo siguiente[120]:

---

vs, Perú, Excepciones Preliminares, Fondo, Reparaciones y Costas, sentencia de 23 de noviembre de 2017, serie C N° 344, párrs. 192-193.

119 Corte IDH, *Caso Gorigoitía vs. Argentina,* Excepción Preliminar, Fondo, Reparaciones y Costas, sentencia de 2 de septiembre de 2019, serie C N° 382, párr. 53.

120 Corte IDH, *Caso Romero Feris vs. Argentina*, Fondo, Reparaciones y Costas, sentencia de 15 de octubre de 2019, serie C N° 391, párr. 114.

> "Si bien esta Corte, como lo señala el Estado en sus alegatos, no ejerce funciones de cuarta instancia de revisión judicial ni examina la valoración de la prueba realizada por los jueces nacionales, sí es competente, de manera excepcional, para decidir sobre el contenido de resoluciones judiciales que contravengan de forma manifiestamente arbitraria la Convención Americana. El Tribunal, tiene en cuenta que los argumentos utilizados por el Juez para fundamentar el peligro de fuga, fueron el *quantum* de la pena, la inminencia en la realización de los juicios y los recursos interpuestos para cuestionar la independencia e imparcialidad judicial".

Luego de analizar la motivación desarrollada en el fallo nacional, el Tribunal Interamericano sostiene[121]:

> "En este sentido, la Corte encuentra que los argumentos utilizados para justificar el peligro de fuga, no están basados en hechos específicos, en criterios objetivos y en una argumentación idónea. Por el contrario, los mismos reposan en meras conjeturas a partir de criterios que no se corresponden con las particularidades del caso y que consisten más bien en afirmaciones abstractas. Lo anterior sería indicativo de un manifiesto y notorio apartamiento de los criterios establecidos por la jurisprudencia en esta materia".

Por ello concluye, que la prórroga de la privación de la libertad fue arbitraria, en virtud de que los criterios en los cuales se fundamenta fueron abstractos y por tanto contrarios a la Convención Americana[122].

IV. Consideraciones finales

Los casos que se han destacado precedentemente constituyen una muestra, -que aunque puede ser más extensa, no debe serlo para no exceder los límites del presente trabajo-, de los avances experimentados por el Derecho de la Convencionalidad y su especial proyección sobre el derecho público nacional, al punto de evidenciar un extraordinario efecto configurador o reconfigurador en el ámbito jurídico interno, que termina conduciendo al acoplamiento de los ordenamientos nacionales al Derecho Internacional americano de los Derechos Humanos.

No obstante, cabe resaltar que este Derecho no surge, se desarrolla y se enriquece de la nada, sino que el mismo abreva en las grandes categorías jurídicas construidas a partir de los respectivos derechos nacionales, que junto al Derecho Internacional consuetudinario, los Principios generales del Derecho internacionalmente aceptados, la doctrina científica reconocida y la

121 Corte IDH, *Caso Romero Feris vs. Argentina*, Fondo, Reparaciones y Costas, sentencia de 15 de octubre de 2019, serie C N° 391, párr. 118.

122 Corte IDH, *Caso Romero Feris vs. Argentina*, Fondo, Reparaciones y Costas, sentencia de 15 de octubre de 2019, serie C N° 391, párr. 120.

jurisprudencia de los tribunales internacionales y nacionales han coadyuvado a la construcción de los denominados "estándares mínimos" del Derecho de la Convencionalidad, según se infiere de lo expresado por la Corte Interamericana de Derechos Humanos al desarrollar su jurisprudencia.

En este sentido, el Tribunal Interamericano en su sentencia de principio sobre el control difuso de convencionalidad[123], que posteriormente complementó, ha reconocido que no constituye una responsabilidad exclusiva del Poder Judicial, garantizar el cumplimiento de la Convención Americana sobre Derechos Humanos, sino que "todos los órganos" del Estado son responsables de ello, actuando con sujeción a la legalidad, cada uno en el ámbito de sus respectivas competencias[124].

Es así como se advierte que la interpretación que debe darse a la Convención Americana sobre Derechos Humanos lleva a sostener que tanto los órganos que ejercen el Poder Público en la rama judicial, como aquellos de las ramas legislativa y ejecutiva, incluida la Administración Pública y por supuesto los órganos extra-poder tienen el deber convencional, -con sujeción al imperio de la ley-, de realizar todas las actuaciones para garantizar, proteger y de ser el caso reparar, las violaciones a los derechos humanos reconocidos en el bloque la convencionalidad.

El Poder Público de cada Estado, a través de las ramas legislativa, ejecutiva y judicial, así como la Administración Pública se comportan como autoridades públicas convencionales del Sistema Interamericano de Derechos Humanos, por lo que deben ejercer el control difuso de la convencionalidad, cumpliendo y haciendo cumplir el Derecho de la Convencionalidad, a los fines de garantizar y proteger los derechos humanos.

Conforme a los anteriores términos, se puede sostener que el *Ius Publicum Commune* continental experimenta *in fieri* la convencionalización, como consecuencia de la interpretación y aplicación del bloque de la convencionalidad, que ha efectuado la Corte Interamericana de Derechos Humanos, que obliga a todos los órganos que ejercen el Poder Público en el ámbito nacional a actuar conforme a la Convención Americana, así como del resto del *corpus iuris* convencional, garantizando en el orden interno la efectiva protección de los derechos humanos y previniendo así la eventual responsabilidad internacional del Estado[125].

---

123 Corte IDH, *Caso Almonacid Arellano y otros vs. Chile*, Excepciones Preliminares, Fondo, Reparaciones y Costas, sentencia de 26 de septiembre de 2006, serie C N° 154, párr. 124.

124 Corte IDH, *Caso Cabrera García y Montiel Flores vs. México*, Excepción Preliminar, Fondo, Reparaciones y Costas, sentencia de 26 de noviembre de 2010, serie C N° 220, párr. 225; Corte IDH, *Caso Gelman vs. Uruguay*, Fondo y Reparaciones, sentencia de 24 de febrero de 2011, serie C N° 221, párr. 193; Corte IDH, *Caso Rochac Hernández y otros vs. El Salvador*, Fondo, Reparaciones y Costas, sentencia de 14 de octubre de 2014, serie C N° 285, párr. 213; Corte IDH, *Caso de personas dominicanas y haitianas expulsadas vs. República Dominicana*, Excepciones Preliminares, Fondo, Reparaciones y Costas, sentencia de 28 de agosto de 2014, serie C N° 282, párrs. 311 y 471.

125 Corte IDH, *Caso Gelman vs. Uruguay*, Supervisión de cumplimiento de sentencia, resolución de 20 de marzo de 2013, párrs. 70-72.

El control de convencionalidad y la administración pública

I. Introducción

La fuente legitimadora del Poder Público en el Estado Constitucional es el sistema democrático de elección de autoridades públicas, que en el contexto americano combina elementos de la democracia representativa[1], con el ejercicio de las demás formas de participación que contempla el ordenamiento jurídico[2], debiendo este fundamentarse en el respeto a la dignidad de la persona y los derechos humanos que le son inherentes[3], reconocidos en los tratados y convenciones de derechos humanos que integran el bloque de la convencionalidad[4]. Este modelo de Estado es calificado como "Estado democrático de Derecho".

Así lo han reconocido los Estados integrantes de la comunidad americana, al identificar en la Carta Interamericana Democrática como "elementos esenciales de la democracia representativa, entre otros, el respeto a los derechos humanos y las libertades fundamentales; el acceso al poder y su ejercicio con sujeción al Estado de Derecho; la celebración de elecciones periódicas, libres, justas y basadas en el sufragio universal y secreto como expresión de la soberanía del pueblo; el régimen plural de partidos y organizaciones políticas; y la separación e independencia de los poderes públicos"[5].

Además en el mencionado documento se consideran como componentes fundamentales del ejercicio de la democracia, que es reconocida como un derecho de los pueblos de América[6], el deber de los gobiernos de promover,

1 Artículos 23.1.b) de la Convención Americana sobre Derechos Humanos, 2 y 3 de la Carta Democrática Interamericana.

2 Artículos 23.1.a) de la Convención Americana sobre Derechos Humanos, 2 y 6 de la Carta Democrática Interamericana.

3 Corte IDH, *Caso Velásquez Rodríguez vs. Honduras*, Fondo, sentencia de 29 de julio de 1988, serie C N° 04, párr. 165, señala que "La primera obligación asumida por los Estados Partes, en los términos del citado artículo [1.1], es la de "respetar los derechos y libertades" reconocidos en la Convención. El ejercicio de la función pública tiene unos límites que derivan de que los derechos humanos son atributos inherentes a la dignidad humana y, en consecuencia, superiores al poder del Estado".

4 Corte IDH, *caso Gelman vs. Uruguay*, Fondo y Reparaciones, sentencia de 24 de febrero de 2011, serie C N° 221, párr. 239.

5 Artículo 3 de la Carta Democrática Interamericana.

6 Aguiar, Asdrúbal, *El derecho a la democracia. La democracia en el derecho y la Jurisprudencia Interamericanos*, Editorial Jurídica Venezolana, Caracas, 2008; Brewer-Carías, Allan R.,

defender y proteger[7], "la transparencia de las actividades gubernamentales, la probidad, la responsabilidad de los gobiernos en la gestión pública, el respeto por los derechos sociales y la libertad de expresión y de prensa". A ello se suma "la subordinación constitucional de todas las instituciones del Estado a la autoridad civil legalmente constituida y el respeto al Estado de Derecho de todas las entidades y sectores de la sociedad [que] son igualmente fundamentales para la democracia"[8].

En ese orden de ideas, cabe destacar que el régimen democrático constituye un presupuesto *sine qua non* para el efectivo ejercicio de las libertades fundamentales y los derechos humanos[9], entendidos en su carácter universal, indivisible e interdependiente, como también han sido reconocidos en las respectivas constituciones de los Estados nacionales y en los instrumentos interamericanos e internacionales de derechos humanos[10].

Por tanto, en una sociedad democrática cualquier persona o grupo de personas que consideren que sus derechos humanos han sido desconocidos o violados pueden interponer denuncias o peticiones tanto ante las autoridades públicas nacionales con sujeción al ordenamiento jurídico, como ante el Sistema Interamericano de Derechos Humanos, conforme a los procedimientos establecidos en el mismo[11].

Esta tesis que se infiere de la Convención Americana ha sido precisada por la Corte Interamericana de Derechos Humanos, con las siguientes palabras:

> "Sin embargo, la Corte recuerda que el Estado es el principal garante de los derechos humanos de las personas, de manera que, si se produce un acto violatorio de dichos derechos, es el propio Estado quien tiene el deber de resolver el asunto a nivel interno y reparar antes de tener que responder ante instancias internacionales como el Sistema Interamericano de Protección de los Derechos Humanos, lo cual deriva del carácter subsidiario que reviste el proceso internacional frente a los sistemas nacionales de garantías de los derechos humanos. Los tribunales internos y órganos estatales tienen el deber de asegurar la implementación de la Convención Americana a nivel nacional".[12]

El derecho a la democracia entre las nuevas tendencias del Derecho Administrativo como punto de equilibrio entre los poderes de la Administración y los derechos del administrado, (Coord. Víctor Hernández-Mendible) *Desafíos del Derecho Administrativo Contemporáneo. Conmemoración Internacional del Centenario de la Cátedra de Derecho Administrativo en Venezuela,* Tomo 2, Ediciones Paredes, Caracas, 2009, pp. 1417-1439.

7 Artículo 1 de la Carta Democrática Interamericana.

8 Artículo 4 de la Carta Democrática Interamericana.

9 Corte IDH, *caso Gelman vs. Uruguay*, Fondo y Reparaciones, sentencia de 24 de febrero de 2011, serie C N° 221, párr. 239.

10 Artículo 7 de la Carta Democrática Interamericana.

11 Artículo 8 de la Carta Democrática Interamericana.

12 Corte IDH, *Caso Acevedo Jaramillo y otros vs. Perú*, Interpretación de la sentencia de excepciones preliminares, fondo, reparaciones y costas, sentencia de 24 de noviembre de 2006, serie C N° 157, párr. 66; Corte IDH, *Caso Masacre de Santo Domingo vs. Colombia,*

Así las cosas, el Estado tiene la obligación de respetar los derechos y las libertades fundamentales de la persona humana y de adoptar todas las medidas que sean idóneas y necesarias para garantizar su libre y efectivo ejercicio, obligación que con sujeción al imperio de la ley, deben honrar todos los órganos que ejercen el Poder Público y los extra-poder.

Dado que anteriormente se han analizado cuáles pueden ser las actividades, las medidas, las políticas que son esperables de los órganos que ejercen el Poder Público y los extra-poder para garantizar el efectivo ejercicio de los derechos y libertades fundamentales, a partir de la perspectiva del control de convencionalidad en el ámbito nacional; en esta ocasión se analizará un aspecto especialmente relevante, como lo constituye el potencial ejercicio del control de convencionalidad por la Administración Pública que como autoridad pública nacional, se encuentra obligada a proteger y garantizar los derechos humanos reconocidos en el bloque de convencionalidad, en el ámbito de sus respectivas competencias.

El bloque de la convencionalidad que debe tener en consideración la Administración Pública es aquel que puede ser identificado por el origen internacional de todos los tratados, pactos, convenciones, protocolos o resoluciones, así como de los principios generales del Derecho Internacional generalmente reconocidos[13] y la jurisprudencia interamericana[14]; por el campo de su regulación, fundamentalmente de garantía y protección de los derechos humanos en ellos reconocidos; y por el contenido de los instrumentos que lo integran, que al constituir un *numerus apertus*, quedan comprendidos tantos los existentes actualmente, como todos aquellos instrumentos que inspirados en el principio de progresividad puedan ser negociados, suscritos y ratificados en el futuro por los Estados e integrados al *corpus iuris* de la convencionalidad[15].

Excepciones Preliminares, Fondo y Reparaciones, sentencia de 30 de noviembre de 2012, serie C N° 259, párr. 142; Corte IDH, *Caso Colindres Schonenberg vs. El Salvador*, Fondo, Reparaciones y Costas, sentencia de 4 de febrero de 2019, serie C N° 373, párrs. 73 y 111.

13 Corte IDH, *Caso Velásquez Rodríguez vs. Honduras*, Excepciones Preliminares, sentencia de 26 de junio de 1987, serie C N° 01, párrs. 87 y 88.

14 Corte IDH, *Caso Radilla Pacheco vs. México*, Excepciones Preliminares, Fondo, Reparaciones y Costas, sentencia 23 de noviembre de 2009, serie C N° 209, párr. 340; Corte IDH, *Caso Rosendo Cantú y otros vs. México*, Excepción Preliminar, Fondo, Reparaciones y Costas, sentencia 31 de agosto de 2010, serie C N° 216, párr. 220; Corte IDH, *Caso Atala Riffo y Niñas vs. Chile*, Fondo, Reparaciones y Costas, sentencia de 24 de febrero de 2012, serie C N° 239, párr. 284; Corte IDH, *Caso Gelman vs. Uruguay*, supervisión de cumplimiento de sentencia, resolución de 20 de marzo de 2013, párr. 86. En este último pronunciamiento se afirma "De lo anterior se desprende que varios tribunales nacionales de la más alta jerarquía han entendido que la jurisprudencia internacional es fuente de derecho, si bien con distintos alcances, y han utilizado los *obiter dicta* y/o las *ratio decidendi* de dicha jurisprudencia para fundamentar o guiar sus decisiones e interpretaciones".

15 Corte IDH, *El derecho a la información sobre la asistencia consular en el marco de las garantías del debido proceso legal*, Opinión Consultiva OC-16/99, de 1 de octubre de 1999, serie A N° 16, párr. 115.

No obstante ello, se ha puesto sobre el tapete el denominado control difuso de convencionalidad[16], que en principio únicamente le imponía a los jueces nacionales en sus respectivos países, la obligación de interpretar, aplicar y resolver conforme a las convenciones, pactos, protocolos o jurisprudencia interamericana, aquellos asuntos de su competencia en que se pudiesen haber lesionado o desconocido, a través de actos jurídicos u omisiones imputables a los órganos que ejercen el Poder Público y los extra-poder en un determinado Estado, los derechos humanos reconocidos, protegidos o garantizados en los textos internacionales que integran el bloque de convencionalidad.

Dicho control tiene una doble finalidad, por una parte, restablecer la efectiva aplicación y vigencia de las disposiciones convencionales que han sido desconocidas por la actividad e inactividad de las autoridades nacionales; y por la otra, de resultar procedente, garantizar la protección y eventual reparación e indemnización de los daños causados a las víctimas de violación de los derechos humanos.

Esto implica afianzar el perfeccionamiento de los medios de protección de los derechos humanos y en especial, porque si la aceptación del denominado control de convencionalidad concentrado que realiza la Corte Interamericana de Derechos Humanos en ejercicio de la función consultiva o de la función jurisdiccional no ha estado exento de controversia, lo que también ha ocurrido con el control difuso de convencionalidad que deben realizar los órganos

16 Los antecedentes referenciales del control difuso de convencionalidad efectuados en la jurisprudencia interamericana, se encuentran en Corte IDH, *Caso Mack Chang vs Guatemala*, Fondo, Reparaciones y Costas, sentencia de 25 de noviembre de 2003, serie C N° 101, en el voto concurrente razonado del juez Sergio García Ramírez, párr. 27, en que se expresa: "*Para los efectos de la Convención Americana y del ejercicio de la jurisdicción contenciosa de la Corte Interamericana, el Estado viene a cuentas en forma integral, como un todo. En este orden, la responsabilidad es global, atañe al Estado en su conjunto y no puede quedar sujeta a la división de atribuciones que señale el Derecho interno. No es posible seccionar internacionalmente al Estado, obligar ante la Corte sólo a uno o algunos de sus órganos, entregar a éstos la representación del Estado en el juicio --sin que esa representación repercuta sobre el Estado en su conjunto-- y sustraer a otros de este régimen convencional de responsabilidad, dejando sus actuaciones fuera del "control de convencionalidad*" que trae consigo la jurisdicción de la Corte internacional"; y posteriormente, la Corte IDH, *Caso Tibi vs Ecuador*, Excepciones Preliminares, Fondo, Reparaciones y Costas, sentencia de 7 de septiembre de 2004, serie C N° 114, en el voto concurrente razonado del juez Sergio García Ramírez, párr. 3, precisa que "*En cierto sentido, la tarea de la Corte se asemeja a la que realizan los tribunales constitucionales. Estos examinan los actos impugnados --disposiciones de alcance general-- a la luz de las normas, los principios y los valores de las leyes fundamentales. La Corte Interamericana, por su parte, analiza los actos que llegan a su conocimiento en relación con normas, principios y valores de los tratados en los que funda su competencia contenciosa. Dicho de otra manera, si los tribunales constitucionales controlan la "constitucionalidad", el tribunal internacional de derechos humanos resuelve acerca de la "convencionalidad" de esos actos. A través del control de constitucionalidad, los órganos internos procuran conformar la actividad del poder público--y, eventualmente, de otros agentes sociales-- al orden que entraña el Estado de Derecho en una sociedad democrática. El tribunal interamericano, por su parte, pretende conformar esa actividad al orden internacional acogido en la convención fundadora de la jurisdicción interamericana y aceptado por los Estados partes en ejercicio de su soberanía*". El precedente donde se asume plenamente fue la sentencia de la Corte IDH, *Caso Almonacid Arellano y otros vs. Chile*, Excepciones Preliminares, Fondo, Reparaciones y Costas, sentencia de 26 de septiembre de 2006, serie C N° 154, párr. 124.

jurisdiccionales nacionales[17], más polémico resulta que este control lo puedan realizar los órganos que ejercen el Poder Público cuando actúan en ejercicio de la función administrativa o la Administración Pública propiamente dicha, en ejercicio de sus propias competencias.

Cabe destacar, que al no contemplar los tratados y las convenciones americanas en materia de derechos humanos un único modelo de control de convencionalidad[18], este abordaje debe ser adecuado a la realidad nacional de cada país signatario de la Convención Americana sobre Derechos Humanos y del resto del bloque de convencionalidad.

En razón de ello y en aras de una mayor claridad en la exposición de las ideas, el presente trabajo se dividirá en los siguientes aspectos a saber: La Administración Pública nacional como una autoridad convencional (II); el deber de la Administración Pública de garantizar el bloque de convencionalidad, sin apartarse del principio de legalidad (III), las potenciales medidas adoptables por la Administración Pública para garantizar el bloque de la convencionalidad (IV); y las consideraciones finales (V).

II. LA ADMINISTRACIÓN PÚBLICA NACIONAL COMO UNA AUTORIDAD CONVENCIONAL

El cumplimiento del derecho de la convencionalidad constituye una obligación del Estado integralmente considerado[19], en la medida que conforme al derecho constitucional nacional se haya suscrito y ratificado o adherido, tanto a la Convención Americana como al resto de *corpus iuris* de la convencionalidad. Es así como todos los órganos que ejercen el Poder Público en el Estado, incluida la Administración Pública adquieren una doble condición: Por una parte, como autoridades públicas nacionales tienen el deber de cumplir las obligaciones contenidas en el bloque de la convencionalidad, de buena fe y de manera efectiva; y por la otra, como autoridades públicas convencionales, dentro del ámbito de las competencias que le otorgan la constitución y las leyes nacionales, tienen tanto la obligación de suprimir las normas y las prácticas que violen u obstaculicen el efectivo ejercicio de los derechos y las libertades; como de expedir las normas y los actos jurídicos, elaborar las políticas e implementar las prácticas orientadas a garantizar efectivamente los derechos y las libertades reconocidas en el bloque de convencionalidad.

Esta idea que tiene anclaje en la Convención de Viena sobre el Derecho de los Tratados y que por lo tanto se proyecta sobre la Convención Americana y el resto del *corpus iuris* de la convencionalidad es la que inspira a la Corte Interamericana a señalar, que todas las autoridades públicas nacionales

17 Santofimio Gamboa, Jaime Orlando, *El concepto de convencionalidad: vicisitudes para su construcción sustancial en el sistema interamericano de derechos humanos. Ideas fuerza rectoras*, 2ª ed., Universidad Externado de Colombia, Bogotá, 2018, pp. 102-518.

18 Corte IDH, *Caso Liakat Ali Alibux vs. Surinam*, Excepciones Preliminares, Fondo, Reparaciones y Costas, sentencia de 30 de enero de 2014, serie C N° 276, párr. 124.

19 Corte IDH, *Caso Mack Chang vs. Guatemala*, Fondo, Reparaciones y Costas, sentencia de 25 de noviembre de 2003, serie C N° 101, voto concurrente razonado del juez Sergio García Ramírez, párr.27.

son competentes en el ámbito de sus respectivas atribuciones y de los procedimientos constitucionales y legales, para llevar a cabo el control de convencionalidad[20].

Se debe precisar que esta tesis ha sido tradicional en la jurisprudencia interamericana. En efecto, en su primera sentencia hace más de 30 años, la Corte Interamericana señaló, que las obligaciones adquiridas por los Estados en la Convención Americana sobre Derechos Humanos le imponen el deber *"de organizar todo el aparato gubernamental y, en general, todas las estructuras a través de las cuales se manifiesta el ejercicio del poder público"*, que no son otros que los órganos que ejercen la rama ejecutiva, legislativa y judicial del Poder Público, con independencia de que sean Estados federales o unitarios, en los niveles de organización descentralizada territorialmente en el ámbito estadual, provincial o regional y departamental, municipal o local, así como la Administración Pública central o descentralizada funcionalmente, en tanto coadyuvan con el funcionamiento del aparato gubernamental, quienes deben actuar para asegurar el libre y efectivo ejercicio de los derechos humanos[21].

Esta tesis fundacional de la jurisprudencia del Sistema Interamericano de Derechos Humanos, adquiere un nuevo aire, en el contexto de la construcción y desarrollo del control de convencionalidad. Fue así como inicialmente se le reconoció la competencia al Poder Judicial, para llevar a cabo la protección de los derechos humanos, mediante una "especie de control de convencionalidad"[22], pero luego se pasó a recordar que cuando un Estado es parte de un tratado internacional como la Convención Americana, corresponde a todos sus órganos, de las ramas ejecutiva y legislativa e inclusos a los jueces, como órganos integrantes de la rama judicial, el deber de realizar el control de convencionalidad con sujeción al imperio de la ley, en el marco de sus respectivas competencias y de las regulaciones procesales correspondientes[23]. La anterior posición es reiterada en los siguientes términos[24]:

---

20 Corte IDH, *Caso Aguado Alfaro y otros vs. Perú*, Excepciones Preliminares, Fondo, Reparaciones y Costas, sentencia de 24 de noviembre de 2006, serie C N° 158, párr. 128.

21 Corte IDH, *Caso Velásquez Rodríguez vs. Honduras*, Fondo, sentencia de 29 de julio de 1988, serie C N° 04, párr. 166, señaló que "La segunda obligación de los Estados Partes es la de "garantizar" el libre y pleno ejercicio de los derechos reconocidos en la Convención a toda persona sujeta a su jurisdicción. Esta obligación implica el deber de los Estados Partes de organizar todo el aparato gubernamental y, en general, todas las estructuras a través de las cuales se manifiesta el ejercicio del poder público, de manera tal que sean capaces de asegurar jurídicamente el libre y pleno ejercicio de los derechos humanos".

22 Corte IDH, *Caso Almonacid Arellano y otros vs. Chile*, Excepciones Preliminares, Fondo, Reparaciones y Costas, sentencia de 26 de septiembre de 2006, serie C N° 154, párr. 124.

23 Corte IDH, *Caso Rosendo Cantú vs. México*, Excepciones Preliminares, Fondo, Reparaciones y Costas, sentencia de 31 de agosto de 2010, serie C N° 216, párr. 219; Corte IDH, *Caso Gomes Lund y otros (Guerrilha do Araguaia) vs. Brasil*, Excepciones Preliminares, Fondo, Reparaciones y Costas, sentencia de 24 de noviembre de 2010, serie C N° 219, párr. 176.

24 Corte IDH, *Caso Cabrera García y Montiel Flores vs. México*, Excepción Preliminar, Fondo, Reparaciones y Costas, sentencia de 26 de noviembre de 2010, serie C N° 220, párr. 225; Corte IDH, *Caso Gelman vs. Uruguay*, Fondo y Reparaciones, sentencia de 24 de febrero de 2011, serie C N° 221, párr. 193.

> "Este Tribunal ha establecido en su jurisprudencia que es consciente de que las autoridades internas están sujetas al imperio de la ley y, por ello, están obligadas a aplicar las disposiciones vigentes en el ordenamiento jurídico. Pero cuando un Estado es Parte de un tratado internacional como la Convención Americana, todos sus órganos, incluidos sus jueces, también están sometidos a aquél, lo cual les obliga a velar por que los efectos de las disposiciones de la Convención no se vean mermados por la aplicación de normas contrarias a su objeto y fin".

En desarrollo de esta línea jurisprudencial, posteriormente sostiene que "Esta obligación vincula a todos los poderes y órganos estatales en su conjunto, los cuales se encuentran obligados a ejercer un control "de convencionalidad" *ex officio* entre las normas internas y la Convención Americana, evidentemente en el marco de sus respectivas competencias y de las regulaciones procesales correspondientes"[25]. La referida doctrina será ratificada por la Corte Interamericana al expresar que[26]:

> "De tal manera, el Estado "es el principal garante de los derechos humanos de la personas, de manera que, si se produce un acto violatorio de dichos derechos, es el propio Estado quien tiene el deber de resolver el asunto a nivel interno y, [en su caso,] reparar, antes de tener que responder ante instancias internacionales como el Sistema Interamericano, lo cual deriva del carácter subsidiario que reviste el proceso internacional frente a los sistemas nacionales de garantías de los derechos humanos". Esas ideas también han adquirido forma en la jurisprudencia reciente bajo la concepción de que todas las autoridades y órganos de un Estado Parte en la Convención tienen la obligación de ejercer un "control de convencionalidad".

Sin pretender realizar un análisis detallado de todas las decisiones de la Corte Interamericana que hasta el presente han desarrollado esta línea jurisprudencial, vale la pena destacar dentro de esa corriente argumentativa, el pronunciamiento de supervisión de cumplimiento de sentencia, en el caso Gelman *vs.* Uruguay, en el que se expuso lo siguiente[27]:

> "La obligación de cumplir lo dispuesto en las decisiones del Tribunal corresponde a un principio básico del derecho sobre

25 Corte IDH, *Caso Masacres de El Mozote y lugares aledaños vs. El Salvador*, Fondo, Reparaciones y Costas, sentencia de 25 de octubre de 2012, serie C N° 252, párr. 318.

26 Corte IDH, *Caso Masacre de Santo Domingo vs. Colombia*, Excepciones Preliminares, Fondo y Reparaciones, sentencia de 30 de noviembre de 2012, serie C N° 259, párr. 142.

27 Corte IDH, *Caso Gelman vs. Uruguay*, Supervisión de cumplimiento de sentencia, resolución de 20 de marzo de 2013, párr. 59; Corte IDH, *Caso Niñas Yean y Bosico y caso de personas dominicanas y haitianas expulsadas vs. República Dominicana*, Supervisión de cumplimiento de sentencias y competencia, resolución de 12 de marzo de 2019, párr. 21.

> la responsabilidad internacional del Estado, respaldado por la jurisprudencia internacional, según el cual los Estados deben acatar el tratado internacional de buena fe (*pacta sunt servanda*) y, como ya ha señalado esta Corte y lo dispone el artículo 27 de la Convención de Viena sobre el Derecho de los Tratados de 1969, aquellos no pueden, por razones de orden interno, dejar de asumir la responsabilidad internacional ya establecida. *Las obligaciones convencionales de los Estados Parte vinculan a todos los poderes y órganos del Estado, es decir, que todos los poderes del Estado (Ejecutivo, Legislativo, Judicial, u otras ramas del poder público) y otras autoridades públicas o estatales, de cualquier nivel, incluyendo a los más altos tribunales de justicia de los mismos, tienen el deber de cumplir de buena fe con el derecho internacional*".

En el anterior párrafo se evidencia la coherencia demostrada por el Tribunal Interamericano al reconocer que todos los órganos que ejercen el Poder Público y todas las autoridades públicas tiene el deber de cumplir los tratados internacionales de buena fe y con efecto útil, so pena de comprometer la responsabilidad internacional del Estado.

Seguidamente, con fundamento en la Convención de Viena sobre el Derecho de los Tratados que fue aprobada en el mismo año que la Convención Americana sobre Derechos Humanos, indica cuáles son las actividades que se esperan de los órganos que ejercen el Poder Público, a los fines de dar cumplimiento a su obligación. Es así como sostiene[28]:

> "Esta interpretación se deriva directamente del principio contenido en el mencionado artículo 27 de la Convención de Viena sobre el Derecho de los Tratados. Adicionalmente los Estados tienen la obligación general contenida en el artículo 2 de la Convención de adecuar su derecho interno a las disposiciones de la misma, para garantizar los derechos en ella consagrados, lo que implica, según las circunstancias de la situación concreta, la adopción de medidas en dos vertientes, a saber: i) la supresión de las normas y prácticas de cualquier naturaleza que entrañen violación a las garantías previstas en la Convención o que desconozcan los derechos allí reconocidos u obstaculicen su ejercicio, y ii) la expedición de normas y el desarrollo de prácticas conducentes a la efectiva observancia de dichas garantías".

28 Corte IDH, *Caso Gelman vs. Uruguay*, Supervisión de cumplimiento de sentencia, resolución de 20 de marzo de 2013, párr. 60; Corte IDH, *Caso Asociación Nacional de Cesantes y Jubilados de la Superintendencia Nacional de Administración Tributaria (ANCEJUB-SUNAT) vs. Perú*, Excepciones Preliminares, Fondo, Reparaciones y Costas, sentencia de 21 de noviembre de 2019, serie C N° 394, párr. 200.

En el otro caso de supervisión de cumplimiento de sentencia, conocido como Masacres de El Mozote y lugares aledaños *vs.* El Salvador, se pronunció en los siguientes términos[29]:

> "Esta Presidencia recuerda que todas las autoridades– incluido el Poder Legislativo- de un Estado Parte en la Convención Americana tienen la obligación de ejercer un control de "control de convencionalidad" *ex officio*, evidentemente en el marco de sus respectivas competencias y de las regulaciones procesales correspondientes, de forma tal que la interpretación y aplicación del derecho nacional sea consistente con las obligaciones internacionales del Estado en materia de derechos humanos. En esta tarea deben tener en cuenta no solamente la Convención Americana y demás instrumentos interamericanos, sino también la interpretación que de estos ha hecho la Corte Interamericana. Adicionalmente la Corte ha sostenido que el control de convencionalidad debe ejercerse tanto en la emisión y aplicación de normas, en cuanto a su validez y compatibilidad con la Convención, así como en la determinación, juzgamiento y resolución de situaciones particulares y casos concretos".

De especial interés resulta la referencia expresa, a que el control de convencionalidad le compete a todas las autoridades nacionales de un Estado parte y en lo que concierne al órgano legislativo del Poder Público -que ocupa la atención de la presidencia de la Corte Interamericana-, recuerda que este debe llevar a cabo dicho control, en ejercicio de sus competencias y de los procedimientos constitucionales y legales establecidos.

Tal como se infiere de los textos parcialmente transcritos de la jurisprudencia citada, la expresión Estado la emplea la Corte Interamericana para referirse a todos los órganos que ejercen las distintas ramas del Poder Público e igualmente todas las autoridades estatales, es decir, aquellas que no integran el Poder Público o que son consideradas extra-poder por su ubicación constitucional, pero que ejercen autoridad dentro de la organización del Estado.

En ese contexto la Administración Pública tanto central como descentralizada, en cuanto integra la estructura gubernamental y coadyuva a su funcionamiento tiene que actuar para asegurar el libre y efectivo ejercicio de los derechos humanos, por lo que se encuentra obligada como toda autoridad convencional a realizar el control de convencionalidad, con estricto apego al imperio de la ley, en el marco de sus respectivas competencias y de los procedimientos constitucionales y legales existentes.

Será esa cualidad de auténtica autoridad convencional en el ámbito nacional, la que le obliga a realizar el control de convencionalidad tanto en la creación y la expedición, la interpretación y la aplicación o la ejecución de los actos jurídicos de origen nacional, -bien sean de contenido normativo (generales) o sean de resolución de situaciones concretas (individuales)-, con el objeto de

29 Corte IDH, *Caso Masacres de El Mozote y lugares aledaños vs. El Salvador*, Medidas urgentes y supervisión de cumplimiento de sentencia, resolución de 28 de mayo de 2019, párr. 43.

verificar su compatibilidad con los estándares de protección y garantía de los derechos humanos que reconoce el bloque de la convencionalidad.

No obstante, esta obligación debe llevarse a cabo son sujeción al imperio de la ley, conforme a lo establecido en la jurisprudencia interamericana y a ello se dedicará el siguiente subepígrafe.

III. El deber de la Administración Pública de garantizar el bloque de convencionalidad, sin apartarse del principio de legalidad

En el marco del Estado constitucional se ha considerado que la Constitución es la norma de normas, la norma suprema y el fundamento de todo el ordenamiento jurídico, en virtud de lo cual todos los órganos que ejercen el Poder Público tienen el deber de cumplirla y hacerla cumplir de manera directa y preferente respecto a cualquier otra norma infraconstitucional y en caso que por algún acto de fuerza o por cualquier otro medio distinto de los que ella contempla, se intentase su modificación, reforma, derogación o dejare de aplicarse, todos los ciudadanos quienes también tienen el deber de cumplirla y acatarla, se encuentren investidos o no de autoridad, tienen el deber de colaborar en el restablecimiento de su efectiva vigencia y aplicación. En esto consiste la cláusula de supremacía de la Constitución.

En atención a ello la Constitución es la norma jurídica, que establece el valor y jerarquía que se le reconoce al derecho internacional de los derechos humanos -bloque de la convencionalidad- con respecto al ordenamiento jurídico interno, de lo que se deriva el marco de interpretación y aplicación que deben dar los órganos que ejercen el Poder Público, en el respectivo ámbito nacional[30].

Además como se advirtió anteriormente, el Estado democrático de Derecho se funda en la dignidad de la persona y el respeto a los derechos humanos, teniendo como función esencial la protección de los mismos, que vinculan a todos los órganos que ejercen el Poder Público, correspondiendo a estos el deber de expedir, interpretar y aplicar las normas relativas a los derechos y libertades fundamentales y sus garantías, en el sentido más favorable a la persona titular de los mismos, así como procurar en el supuesto de presentarse conflictos entre dichos derechos, la ponderación y armonización de aquellos que se encuentren en pugna e igualmente debiendo garantizar su efectividad e incluso la protección inmediata, en caso de vulneración o amenaza, producto de la actividad e inactividad de las autoridades públicas.

Por otra parte, todos los órganos que ejercen el Poder Público y los extra-poder se encuentran igualmente sujetos al principio de legalidad, -entendida esta expresión en el sentido expuesto por Hauriou, de bloque de la legalidad[31]-

---

30 Brewer-Carías, Allan R, La interrelación entre los Tribunales Constitucionales de América Latina y la Corte Interamericana de Derechos Humanos y la cuestión de la inejecutabilidad de sus decisiones en Venezuela, *Anuario Iberoamericano de Justicia Constitucional* N° 13, Centro de Estudios Políticos y Constitucionales, Madrid, 2009, pp. 89-136.

31 Hauriou, Maurice, *Précis de Droit Administratif et de Droit Public,* 12a. ed., Sirey, Paris, 1933, pp. 577-578.

o principio de juridicidad, en la palabras de Merkl[32], en virtud del cual se exige que todas las funciones estatales deban realizarse con sujeción a la ley, entendida esta en sentido amplio, es decir, que deben ejecutarse conforme a las reglas del Derecho[33].

En tales términos, aparece el principio de legalidad desde la perspectiva de la teoría de la vinculación positiva[34] y a partir de ella se reconoce que únicamente la norma jurídica habilita y condiciona a los órganos que ejercen el Poder Público para que puedan actuar y expedir actos jurídicos válidos, tanto para alcanzar eficazmente sus cometidos -la consecución del interés general-, como para regular, limitar o restringir los derechos y las libertades públicas, siempre que actúen con plena sujeción a la norma preexistente atributiva de competencia y al fin que la misma establece.

Tal principio encuentra las siguientes manifestaciones: El principio de legalidad sancionatoria, el principio de legalidad tributaria, el principio de legalidad presupuestaria y el principio de legalidad administrativa, que resulta ser el que interesa a los fines de esta exposición.

Este último, el principio de legalidad administrativa, -utilizada la expresión en sentido restringido-, se traduce en la subordinación de toda la función administrativa al Derecho y en lo que concierne a los actos jurídicos de las autoridades públicas que actúan en ejercicio de tal función administrativa, estos deben emitirse conforme a la Ley y al Derecho -según la fórmula de tradición constitucional[35]-, lo que supone que tanto en su creación y expedición como en su ejecución y aplicación se actúe con apego a los principios generales, las normas jurídicas y los procedimientos preexistentes, lo que lleva a que se presuman válidos y productores de su natural eficacia jurídica[36].

---

32 La expresión principio de juridicidad la empleó por vez primera Merkl, Adolf, *Teoría General del Derecho Administrativo,* Comares, Granada, 2004.

33 Se ha señalado que "... el término legalidad ha recibido una acepción más amplia y ha pasado a ser sinónimo de regularidad jurídica, de juridicidad; el 'bloque de legalidad' (Hauriou) abarca hoy día el conjunto de reglas de derecho que limitan la acción administrativa". Weil, Prosper, *Derecho Administrativo,* Civitas, Madrid, 1986, p. 138.

34 Rodríguez Rodríguez, Libardo, El principio de legalidad: premisa fundamental de la democracia, (Coords. Víctor R. Hernández-Mendible y José Luis Villegas Moreno), *Hacia un Derecho Administrativo para volver a la Democracia. Liber Amicorum a José R. Araujo-Juárez,* CERECO-CIDEP, Caracas, 2018, pp. 89-111.

35 Esta expresión se consolida con su incorporación a los artículos 20.3 de la Ley Fundamental de Bonn, 103.1 de la Constitución de España y 141 de la Constitución de Venezuela.

36 En la doctrina científica existe un intenso debate sobre la presunción de legalidad de los actos administrativos. Han reconocido la existencia de la presunción de legalidad, Brewer-Carías, Allan R., *Las Instituciones Fundamentales del Derecho Administrativo y la Jurisprudencia Venezolana,* Universidad Central de Venezuela, Caracas, 1964, p. 131; y el mismo autor, *Jurisprudencia de la Corte Suprema de Justicia 1930-1974 y Estudios de Derecho Administrativo, tomo III, La Actividad Administrativa, Vol. 1, Reglamentos, Procedimientos y Actos Administrativos,* Editorial Jurídica Venezolana, Caracas, 1976, pp. 100-102; más recientemente, *Tratado de Derecho Administrativo. Derecho Público en Iberoamérica. Tomo III. Los actos administrativos y los contratos administrativos,* Fundación de Derecho Público, Fundación Editorial Jurídica Venezolana y Civitas-Thomson Reuters, Madrid, 2013; desde comienzos de los setenta, Lares Martínez, Eloy, *Manual de Derecho Administrativo,* 2ª

Es justamente en ese contexto en que se plantea el polémico tema, respecto a la posibilidad que las autoridades ejecutivas y administrativas, -quienes al igual que los tribunales, tienen el deber de cumplir y hacer cumplir la Constitución y la ley-, al momento de resolver un asunto de su competencia puedan considerar la posibilidad de desobedecer o desacatar deliberadamente, la aplicación de aquellos actos jurídicos que consideren contrarios a los derechos humanos reconocidos en el bloque de convencionalidad.

De partida se debe negar esta hipótesis de desobediencia o desacato, pues carece de fundamento alguno en los ordenamientos jurídicos nacionales, en virtud de los principios de irrenunciabilidad, improrrogabilidad e indelegabilidad de las competencias, salvo los supuestos de excepción contemplados en dichos ordenamientos jurídicos; pero tampoco supone una habilitación para violar, desconocer o ignorar la obligación de promoción, respeto, protección y garantía de los derechos humanos, ante tal imposibilidad de desaplicación o desacato de los actos jurídicos y menos aún implica un deber ciego de acatamiento de aquellas normas, que se presentan como inconvencionales.

Lo expuesto anteriormente evidencia la necesidad de analizar los posibles escenarios a los cuales se enfrentaría la Administración Pública, que como autoridad pública convencional debe garantizar los derechos humanos reconocidos en el bloque de convencionalidad y como autoridad pública nacional, debe actuar con plena sujeción al imperio de la ley o principio de legalidad.

Así las cosas, partiendo del deber de la Administración Pública de actuar con sometimiento pleno a la Ley y al Derecho, es decir, al bloque de la legalidad en sentido amplio, al no existir una disposición en el ordenamiento jurídico nacional que le atribuya competencia expresa a esta para ejercer el control difuso de la convencionalidad, en caso de toparse con una norma constitucional, legal o reglamentaria que le lleve a cuestionar o poner en duda su validez convencional y en consecuencia a plantearse la posibilidad de no aplicarla para resolver un asunto concreto, por implicar el desconocimiento o negación de los derechos humanos reconocidos en el bloque de convencionalidad, la Administración Pública estaría impedida de ejercer el referido control difuso de convencionalidad como lo haría un órgano jurisdiccional, so pena de incurrir en usurpación de funciones del

---

ed., Universidad Central de Venezuela, Caracas, 1970, p. 157; Araujo-Juárez, José, *Derecho Administrativo General, Acto y Contrato Administrativo*, Ediciones Paredes, Caracas, 2011, pp. 78-84; en contra de la existencia de la presunción de legalidad se han pronunciado dentro de los administrativistas Pérez Luciani, Gonzalo, La llamada presunción de legitimidad de los actos administrativos, *Escritos del Doctor Gonzalo Pérez Luciani*, Fundación Bancaribe, Caracas, 2013, pp. 443-489; entre los tributaristas Abache Abascal, Serviliano, *La atipicidad de la presunción de legalidad del acto administrativo y la carga de la prueba en el proceso tributario*, Editorial Jurídica Venezolana, Caracas, 2012; y, Ruán Santos, Gabriel, La presunción de legitimidad de los actos administrativos, *La justicia constitucional y la justicia administrativa como garantes de los derechos humanos. Homenaje a Gonzalo Pérez Luciani y en el marco del vigésimo aniversario de FUNEDA*, Centro de Estudios de Derecho Procesal Constitucional, Centro de Estudios de Derecho Público y Centro de Estudios de Regulación Económica de la Universidad Monteávila-FUNEDA, Caracas, 2013, pp. 85-118.

Poder Judicial y por ende en incompetencia manifiesta, lo que de producirse constituiría una expresión del vicio de nulidad absoluta del acto por ella expedido, que hubiese materializado tal declaración de control difuso de la convencionalidad.

Sin duda esta resulta ser la posición más conservadora al tratar de armonizar ambas obligaciones, -la de sujeción al imperio de la ley y la del control de convencionalidad, para garantizar el efectivo ejercicio de los derechos humanos- y más cuando se pretende asimilar tal control al difuso de constitucionalidad de las leyes vigentes, pues esta competencia históricamente surge[37] y se desarrolla atribuida a todos los jueces de la República y en consecuencia, son únicamente los órganos que integran la rama judicial del Poder Público, quienes se encuentran habilitados para ejercerla, salvo que en algún ordenamiento jurídico exista una norma que se lo permita a otro órgano de los que ejercen el Poder Público.

Así pareció entenderlo inicialmente la Corte Interamericana al observar una suerte de analogía o semejanza entre el control difuso de constitucionalidad y de convencionalidad y reconocerle a los jueces como órganos del Poder Judicial del Estado, la competencia para realizar lo que denominó una especie de control de la convencionalidad[38].

Ello así, el tema que se plantea ante la ausencia de competencia constitucional o legal expresamente establecida es sí la Administración Pública puede ejercer el control difuso de la convencionalidad, con el objeto de cumplir con su deber de garantizar los derechos humanos reconocidos en el bloque de convencionalidad, cuando se encuentre ante la valoración de tener que aplicar una norma nacional, que según su parecer pudiera ser inconvencional.

Esto lleva a analizar tres posibles escenarios:

En el primero, la Administración Pública se encuentra en la imposibilidad de aplicar el control difuso de convencionalidad por no tener competencia expresamente atribuida para ello, pero tampoco puede desatender el deber de cumplir los tratados internacionales en materia de derechos humanos[39]. Por ello, al observar que una norma jurídica constitucional o infraconstitucional en su criterio no luce compatible con el derecho convencional, podría actuar como si no existiera, es decir, ignorar o abstenerse de aplicar la norma constitucional o el texto legal que considera contraviene o es incompatible

---

37 Suprema Corte de Estados Unidos de América, *caso Marbury vs. Madison*, de 24 de febrero de 1803, sobre control de la constitucionalidad y supremacía de la Constitución.

38 Corte IDH, *Caso Almonacid Arellano y otros vs. Chile*, Excepciones Preliminares, Fondo, Reparaciones y Costas, sentencia de 26 de septiembre de 2006, serie C, N° 154, párr. 124.

39 Este tema ha sido objeto de un intenso debate en la doctrina científica Gordillo, Agustín, *Tratado de Derecho Administrativo*, T. 1, Fundación de Derecho Administrativo, Buenos Aires, 2009; Marienhoff, Miguel S., *Tratado de Derecho Administrativo*, T. I, Buenos Aires, 1977, p. 455; Bidart Campos, Germán, *Tratado Elemental de Derecho Constitucional argentino*, T. I, Buenos Aires, 1986, p. 102; Sarmiento García, Jorge, La jefatura administrativa del Presidente de la Nación, *Atribuciones del Presidente Argentino*, Instituto Argentino de Estudios Constitucionales y Políticos, Buenos Aires, 1986, p. 233; Comadira, Julio Rodolfo, La posición de la Administración Pública ante la ley inconstitucional, *Derecho Administrativo*, 2ª ed., Lexis Nexis Abeledo Perrot, Buenos Aires, 2003, pp. 733-746.

con el bloque de convencionalidad y proceder a resolver el asunto de su competencia, conforme a la propia interpretación y valoración que hace de la Convención y del resto del bloque de la convencionalidad.

Esta actuación sin duda resultaría altamente compleja, porque cualquier funcionario administrativo con responsabilidad de tomar decisiones, por más calificado que sea, -aunque carezca de la debida formación jurídica-, se sentirá habilitado para hacer un juicio de valor sobre las normas constitucionales y legales que considera compatibles con el bloque de convencionalidad y aquellas que no, en cuyo caso procedería a ignorarlas o abstenerse de aplicarlas en la resolución de los asuntos que tenga legalmente atribuidos.

En esencia, lo que sucedería es que la Administración Pública al proceder de la manera antes mencionada, estaría incurriendo en una suerte de desobediencia al imperio de la ley, en el entendido que de aplicarla le conduciría a desconocer la vigencia y eficacia de los derechos humanos reconocidos en el bloque de convencionalidad; pero al ignorarla o abstenerse de aplicarla en el caso concreto con fundamento en la supuesta o aparente inconvencionalidad, lo que estaría realizando es la interpretación y aplicación del ordenamiento jurídico en auténtico desacato de la ley que le atribuye las competencias, pero aparentemente amparado en el deber de garantizar el efectivo ejercicio de los derechos humanos reconocidos en el bloque de convencionalidad.

No obstante, esta aparente solución de que la Administración Pública justifique su actuación de ignorar o abstenerse de aplicar una norma constitucional, legal o reglamentaria para resolver un asunto concreto, en el deber de cumplir y hacer cumplir los tratados o convenciones internacionales en materia de derechos humanos por encima de cualquier texto constitucional o infraconstitucional, conlleva a un problema adicional, pues esta al no exponer las razones para ignorar o abstenerse de aplicar la norma constitucional o los textos legales en la resolución del caso particular, no realizaría un ejercicio expreso de control de la convencionalidad –aunque podría alegarse que es un ejercicio tácito, pues el efecto final teóricamente sería el mismo-, pero en cambio, sin duda incurriría en la violación del principio de interdicción de la arbitrariedad de los órganos que ejercen el Poder Público, pues los destinatarios de tal decisión, desconocerían las razones por las que existiendo una norma constitucional, legal o reglamentaria aplicable a su asunto, no fueron consideradas o tenidas en cuenta para fundamentar la solución del caso planteado.

Como se puede apreciar, este escenario no brinda una solución racional y clara al problema planteado, pues no se puede garantizar el ejercicio de los derechos humanos reconocidos en el bloque de la convencionalidad, amparándose en la desaplicación de unas normas constitucionales, legales o reglamentarias cuya no aplicación conduce necesaria y forzosamente al desconocimiento del principio de legalidad o imperio de la ley, al que reiteradamente hace alusión la jurisprudencia interamericana.

El segundo escenario, tiene su fundamento en la tesis de la garantía universal e indivisible de los derechos humanos establecida en el Sistema Interamericano de Derechos Humanos y en las normas constitucionales de los Estados democráticos, que ha llevado a sostener que la Administración Pública con fundamento en la constitución puede desaplicar en un caso concreto, de manera puntual, una norma que viole de manera ostensible los derechos humanos reconocidos en el bloque de convencionalidad, sin que pueda argumentarse jerarquía alguna superior, presunción de legalidad o de legitimidad frente a tales derechos humanos que permitan aceptar su violación, desconocimiento o menoscabo por la actuación administrativa que ejecute aquella norma, en virtud de ser éstos preeminentes[40].

No obstante se advierte, que a los fines de ser congruentes con el principio de división de las ramas del Poder Público y del respeto a las competencias constitucional y legalmente atribuidas al Poder Judicial –principio de lealtad institucional-, la Administración Pública al momento de desaplicar una disposición que puede violar o desconocer los derechos y las libertades, con fundamento en la preeminencia de los derechos humanos y de supremacía de la Constitución, debe plantear el incidente ante los tribunales con competencia y suspender el respectivo procedimiento administrativo y la adopción de la decisión de tal asunto, hasta que se produzca la sentencia sobre la compatibilidad o no de las normas, con los derechos humanos reconocidos en el bloque de convencionalidad.

En razón de ello se sostiene, de no admitirse que la Administración Pública se encuentra facultada expresamente al igual que los otros órganos que ejercen el Poder Público, para garantizar la preeminencia de los derechos humanos, se tendría que concluir que el artificio de la presunción de legalidad y de legitimidad de los actos de los órganos que ejercen el Poder Público ha contribuido a evaporar la garantía universal e indivisible de los derechos humanos establecida en el sistema convencional, cuya protección y vigencia también es una obligación y un deber de la Administración Pública, al no ser exclusiva del Poder Judicial.[41]

El tercer escenario, que resulta ser el más ortodoxo y en principio es el que disfruta de mayor tradición constitucional, implica que si la Administración Pública al momento de resolver un asunto de su competencia, aprecia una duda sobre la compatibilidad de la constitución o de determinadas normas legales o reglamentarias con los derechos humanos reconocidos en el bloque de convencionalidad, debe dirigirse a la Procuraduría General de la República, a la Defensoría del Pueblo o a una autoridad pública nacional de similar jerarquía y naturaleza a las antes mencionadas, que tenga competencia para actuar en materia de respeto, protección y garantía de los derechos humanos, a los fines de solicitarle que analice el asunto y de ser procedente, que ejerza la correspondiente demanda que activaría el control difuso de convencionalidad por el Poder Judicial, para que este resuelva en el marco de sus competencias constitucionales y legales, así como con sujeción a los procedimientos establecidos, la compatibilidad o no de los actos jurídicos nacionales, con los derechos humanos reconocidos en el bloque de convencionalidad.

---

40 Duque Corredor, Román J., Postulados y Principios. El sistema constitucional de derechos humanos en Venezuela, (Coord. Víctor R. Hernández-Mendible) *Derecho Administrativo Iberoamericano. 100 Autores en Homenaje al posgrado de Derecho Administrativo de la Universidad Católica Andrés Bello,* Tomo I., Ediciones Paredes, Caracas, 2007, pp. 169-170.

41 Duque Corredor, Román J., Ob. cit., pp. 170-171.

En tal caso, la Administración Pública actuaría tanto en cumplimiento del deber de garantizar los referidos derechos reconocidos en el bloque de convencionalidad, como de sujeción estricta de su actuación al principio de legalidad administrativa o imperio de la ley, según las exigencias de las varias veces aludida jurisprudencia interamericana.

IV. Las potenciales medidas adoptables por la Administración Pública para garantizar el bloque de la convencionalidad

Habiéndose establecido que la Administración Pública nacional es una autoridad convencional, que debe actuar en cumplimiento del deber de garantizar los derechos reconocidos en el bloque de convencionalidad y con sujeción al imperio de la ley, corresponde analizar cuáles son las medidas que potencialmente puede realizar para cumplir con este deber.

Esto lleva a situar el foco de atención en dos criterios esenciales del Derecho de la convencionalidad, como lo constituyen las denominadas medidas de otro carácter; y el principio del margen nacional de apreciación, que serán abordados seguidamente.

4.1. Las denominadas medidas de otro carácter

Los órganos que ejercen el Poder Público en un Estado nacional tienen la obligación de adoptar las medidas necesarias para garantizar el efectivo ejercicio de los derechos y las libertades, actuando en el ámbito de sus competencias y con sujeción a los procedimientos constitucionales y legales, según la previsión contenida en el artículo 2 de la Convención Americana, que señala lo siguiente:

> "Si el ejercicio de los derechos y libertades mencionados en el artículo 1 no estuviere ya garantizado por disposiciones legislativas o de otro carácter, los Estados Partes se comprometen a adoptar, con arreglo a sus procedimientos constitucionales y a las disposiciones de esta Convención, las medidas legislativas o de otro carácter que fueren necesarias para hacer efectivos tales derechos y libertades".

La cláusula convencional hace referencia a la necesidad de existencia de "disposiciones legislativas o de otro carácter", que deben garantizar el ejercicio efectivo de los derechos y libertades; pero en caso que estas no se hayan expedido, a los fines de alcanzar la finalidad de la Convención Americana, establece el deber de adoptar "medidas legislativas o de otro carácter".

En principio, las disposiciones o medidas legislativas que deben adoptar las autoridades públicas nacionales con sujeción al orden constitucional de cada país, se deben enmarcar dentro de la interpretación del artículo 30 de la Convención Interamericana, realizada por la Corte Interamericana de Derechos Humanos[42].

En lo que concierne a la referencia a las disposiciones o medidas "de otro carácter" -pueden ser constitucionales, reglamentarias o administrativas, así como toda práctica, decisión o interpretación-[43], que deben adoptar los órganos que ejercen el Poder Público, se debe investigar qué ha dicho la Corte Interamericana en sus múltiples pronunciamientos.

Así se aprecia que se pueden considerar como medidas "de otro carácter" aquellas de naturaleza administrativa[44]; entre las que se pueden enunciar la creación de un comité interinstitucional para la elaboración y ejecución de un programa de capacitación en derechos humanos, así como la asignación de recursos[45]; campañas de concientización y sensibilización sobre derechos humanos[46]; la constitución de una comisión de investigación, la creación de una página web y de un sistema de información genética[47]; también pueden constituir medidas administrativas o de otra índole, los estudios de impacto ambiental y social o para mitigar el perjuicio que puede generar la ejecución de proyectos[48].

En el contexto de las personas privadas de libertad se consideran como medidas de "otro carácter", la creación de un registro de tales personas[49]; el

---

42 Corte IDH, *La Expresión "Leyes" en el Artículo 30 de la Convención Americana sobre Derechos Humanos,* Opinión Consultiva OC-6/86, de 9 de mayo de 1986, serie A N° 6, párr. 21.

43 Corte IDH, *Caso Niñas Yean y Bosico y caso de personas dominicanas y haitianas expulsadas vs. República Dominicana,* Supervisión de cumplimiento de sentencias y competencia, resolución de 12 de marzo de 2019, punto resolutorio 8.h).

44 Corte IDH, *Caso Comunidad Mayagna (Sumo) Awas Tingni vs. Nicaragua,* Fondo, Reparaciones y Costas, sentencia de 31 de agosto de 2001, serie C N° 79, párrs. 138 y 164; Corte IDH, *Caso Chaparro Álvarez y Lapo Iñiguez vs. Ecuador,* Excepciones Preliminares, Fondo, Reparaciones y Costas, sentencia de 21 de noviembre de 2007, serie C N° 170, párr. 270.

45 Corte IDH, *Caso Tibi vs. Ecuador,* Excepciones Preliminares, Fondo, Reparaciones y Costas, sentencia de 7 de septiembre de 2004, serie C N° 114, párr. 94-122.

46 Corte IDH, *Caso Servellón García vs. Honduras,* Fondo, Reparaciones y Costas, sentencia de 21 de septiembre de 2006, serie C N° 152, párrs. 201 y 202; Corte IDH, *Caso Kawas Fernández vs. Honduras,* Fondo, Reparaciones y Costas, sentencia de 3 de abril de 2009, serie C N° 196, párr. 214.

47 Corte IDH, *Caso Molina Theissen vs. Guatemala,* Reparaciones y Costas, sentencia de 3 de julio de 2004, serie C N° 108, párrs. 91.a) y 98; Corte IDH, *Caso Hermanas Serrano Cruz vs. El Salvador,* Fondo, Reparaciones y Costas, sentencia de 1 de marzo de 2005, serie C N° 120, párrs. 188, 192 y 193; Corte IDH, *Caso Anzualdo Castro vs. Perú,* Excepciones Preliminares, Fondo, Reparaciones y Costas, sentencia de 22 de septiembre de 2009, serie C N° 202, párrs. 188 y 189.

48 Corte IDH, *Caso Pueblo Saramaka vs. Surinam,* Excepciones Preliminares, Fondo, Reparaciones y Costas, sentencia de 28 de noviembre de 2007, serie C N° 172, párrs. 129, 133, 143, 146, 148, 155, 158 y 194(e).

49 Corte IDH, *Caso Paniagua Morales y otros vs. Guatemala,* Fondo, Reparaciones y Costas, sentencia de 25 de mayo de 2001, serie C N° 76, párr. 195 y 203; Corte IDH, *Caso Juan Humberto Sánchez vs. Honduras,* Excepciones Preliminares, Fondo, Reparaciones y Costas, sentencia de 7 de junio de 2003, serie C N° 99, párr. 189.

fortalecimiento de los mecanismos que permitan la realización de exámenes médicos regulares en centros de detención[50] y de exámenes psiquiátricos a personas que lo requieran[51]; la creación de una base de datos única[52]; la construcción de espacios suficientes para las personas privadas de libertad, con celdas ventiladas y luz natural, sanitarios y duchas limpias con privacidad, alimentación y atención en salud adecuadas, oportunas y suficientes[53]; con respecto a las situaciones de inmigrantes irregulares privados de libertad, que dispongan de información en varios idiomas acerca de su condición legal, fichas con nombres y teléfonos de los consulados, de asesores legales y organizaciones que puedan ayudarlos[54].

Con respecto a las comunidades indígenas se ha considerado que constituyen medidas de "otro carácter", el fortalecimiento de un centro de salud, mediante la dotación de recursos humanos permanentes y calificados en materia de atención a la salud física, psicológica y odontológica, medicamentos y ambulancias equipadas; el diseño e implementación de programas de seguridad alimenticia y nutricional; la mejora de calles y avenidas donde habitan las comunidades; el establecimiento de un sistema de alcantarillado, tratamiento de aguas negras o residuales y abastecimiento de agua potable; la reconstrucción o mejora de las escuelas básicas; y el suministro de energía eléctrica a los habitantes de la comunidades a precios asequibles[55].

Las referencias anteriores enuncian algunas de las posibles medidas de "otro carácter", que en el ejercicio de sus competencias y con sujeción a los procedimientos constitucionales y legales puede realizar la Administración Pública, para garantizar el ejercicio de los derechos humanos reconocidos en el bloque de convencionalidad.

---

50 Corte IDH, *Caso Gutiérrez Soler vs. Colombia*, Fondo, Reparaciones y Costas, sentencia de 12 de septiembre de 2005, serie C N° 132, párr. 112.

51 Corte IDH, *Caso Dacosta Cadogan vs. Barbados*, Excepciones Preliminares, Fondo, Reparaciones y Costas, sentencia de 24 de septiembre de 2009, serie C N° 204, párr. 105; Corte IDH, *Caso Masacre de las dos erres vs. Guatemala*, Excepción Preliminar, Fondo, Reparaciones y Costas, sentencia de 24 de noviembre de 2009, serie C N° 211, párrs. 268 a 270.

52 Corte IDH, *Caso Servellón García vs. Honduras*, Fondo, Reparaciones y Costas, sentencia de 21 de septiembre de 2006, serie C N° 152, párr. 203; Corte IDH, *Caso González y otras (Campo Algodonero) vs. México*, Excepción Preliminar, Fondo, Reparaciones y Costas, sentencia de 16 de noviembre de 2009, serie C N° 205, párrs. 509 a 512; Corte IDH, *Caso Masacre de las dos erres vs. Guatemala*, Excepción Preliminar, Fondo, Reparaciones y Costas, sentencia de 24 de noviembre de 2009, serie C N° 211, párrs. 271-274.

53 Corte IDH, *Caso Montero Aranguren y otros (Retén de Catia) vs. Venezuela*, Excepción Preliminar, Fondo, Reparaciones y Costas, sentencia de 5 de julio de 2006, serie C N° 150, párr. 146.

54 Corte IDH, *Caso Vélez Loor vs. Panamá*, Excepción Preliminar, Fondo, Reparaciones y Costas, sentencia de 20 de noviembre de 2010, serie C N° 218, párr. 272.

55 Corte IDH, *Caso Masacre Plan de Sánchez vs. Guatemala*, Reparaciones, sentencia de 19 de noviembre de 2004, serie C N° 116, párr. 110; Corte IDH, *Caso Masacre de Río Negro vs. Guatemala*, Excepción Preliminar, Fondo, Reparaciones y Costas, sentencia de 4 de septiembre de 2012, serie C N° 250, párr. 284.

Desde el punto de vista formal, tales medidas de "otro carácter" se pueden materializar en la elaboración y ejecución de políticas públicas, en la concepción de planes e instrumentos de ejecución, en la promulgación de textos administrativos de contenido normativo, en la expedición de actos administrativos individuales o en la suscripción de contratos, así como en la realización de actuaciones materiales lícitas.

Dado que en ello existe un halo de discrecionalidad, a continuación se analizará cómo se puede aplicar el principio del margen nacional de apreciación.

4.2. *EL MARGEN NACIONAL DE APRECIACIÓN*

Tal como se ha señalado anteriormente, al no existir un único modelo de ejercicio del control de convencionalidad que deban llevar a cabo los órganos que ejercen el Poder Público (subsidiariedad), entre otras razones porque deben hacerlo tanto con sujeción a sus competencias como a los procedimientos constitucionales y legales, previstos para ello en cada Estado (soberanía), las premisas que fijan el rumbo de la Administración Pública en el ejercicio del mencionado control son los principios *pro homine* o pro persona (favorabilidad) y efectividad (efecto útil). Es así como siguiendo esta orientación, la Administración Pública -al igual que todas las autoridades nacionales convencionales- a los fines de garantizar a todas las personas el ejercicio de los derechos humanos reconocidos en el bloque de convencionalidad, cuenta con un margen nacional de apreciación respecto a los estándares convencionales.

El principio del margen nacional de apreciación supone la búsqueda de la armonización entre el cumplimiento de la obligación del Estado, a través de las autoridades nacionales, quienes tienen el deber de garantizar los derechos humanos reconocidos en el bloque de convencionalidad; y la libertad de configuración que tienen estas autoridades, de optar por la adopción de las medidas más idóneas, adecuadas y eficaces para cumplir tal obligación, con sujeción al imperio de la ley y de los procedimientos establecidos en el ordenamiento jurídico nacional.

Sobre el margen nacional de apreciación la Corte Interamericana ha efectuado algunos pronunciamientos que deben tenerse en consideración. Es así como ha reconocido que el Estado tiene un cierto margen de apreciación de las circunstancias que debe valorar para producir su decisión y considera que no debe cuestionarse su potestad soberana para establecer ciertas referencias razonables y objetivas, respecto de los aspirantes a obtener la nacionalidad. Siguiendo esta línea de argumentación expresa[56]:

> "Esa conclusión de la Corte tiene especialmente en cuenta el margen de apreciación reservado al Estado que otorga la nacionalización sobre los requisitos y conclusiones que deben llenarse para obtenerla. Pero de ningún modo podría verse en

56 Corte IDH, *Propuesta de modificación a la Constitución Política de Costa Rica relacionada con la naturalización,* Opinión Consultiva OC-4/84, de 19 de enero de 1984, párr. 62.

ella una aprobación a la tendencia existente en algunas partes a restringir exagerada e injustificadamente el ámbito de ejercicio de los derechos políticos de los naturalizados".

La competencia de apreciación de los requisitos para otorgar la nacionalidad está reservada al Estado, pero no deben ser irrazonables e injustificados, ni la evaluación de los requisitos debe implicar juicios subjetivos y arbitrarios, ni discriminatorios como consecuencia de su aplicación.

En esta línea de argumentación, la Corte recuerda que aun cuando los Estados tienen un margen nacional de apreciación para regular el establecimiento de los recursos en el ámbito procesal, no deben establecer restricciones que infrinjan la esencia del derecho a recurrir, contenido en el bloque de convencionalidad[57].

Tanto la formulación teórica del principio del margen nacional de apreciación, como la interpretación efectuada por la jurisprudencia interamericana y la valoración efectuada por la doctrina científica[58] permiten apreciar, que no existe una única fórmula convencional que las autoridades públicas deban utilizar, para garantizar el efectivo ejercicio de los derechos humanos reconocidos en el bloque de convencionalidad, por lo que el margen nacional de apreciación permite que la Administración Pública adopte las medidas que sean idóneas, adecuadas, racionales y eficaces para garantizar de la mejor manera posible, la dignidad de la persona y el ejercicio de los derechos humanos que le son inherentes.

Esto supone que se adopten desde medidas preventivas ante la amenaza o riesgo de vulneración de los derechos y las libertades, pasando por medidas de promoción y remoción de obstáculos para su ejercicio, siguiendo con las medidas de supresión, eliminación o extinción de los actos jurídicos que desconozcan, lesionen o vulneren los derechos y libertades, para finalizar adoptando cuando procedan, las medidas de reparación, restablecimiento o indemnización y aquellas que constituyan garantías de no repetición[59].

V. Consideraciones finales

En el Estado Constitucional por mor del derecho de la convencionalidad, se observa que las Administraciones Públicas nacionales se han integrado al Sistema Interamericano de Derechos Humanos y por ende están llamadas a actuar en el ámbito de sus competencias convencionales para promover, respetar, proteger y garantizar el ejercicio de los derechos humanos,

---

57 Corte IDH, *Caso Herrera Ulloa vs. Costa Rica*, Excepciones Preliminares, Fondo, Reparaciones y Costas, sentencia de 2 de julio de 2004, serie C N° 107, párr. 161.

58 Santofimio Gamboa, Jaime Orlando, *El concepto de convencionalidad: vicisitudes para su construcción sustancial en el sistema interamericano de derechos humanos. Ideas fuerza rectoras*, 2ª ed., Universidad Externado de Colombia, Bogotá, 2018, pp. 697-707.

59 Londoño Lázaro, María Carmelina, *Las garantías de no repetición en la jurisprudencia interamericana*, Universidad de La Sabana-Tirant lo Blanc, México, 2014, pp. 197-198.

removiendo todos aquellos obstáculos que impidan o dificulten su efectivo ejercicio[60].

La fuente de estas competencias no tiene origen en el derecho nacional -constitucional o legal- sino en el derecho internacional público -concretamente en la Convención de Viena sobre el Derecho de los Tratados, la Convención Americana sobre Derechos Humanos y en la jurisprudencia de la Corte Interamericana de Derechos Humanos[61]-, que brinda el soporte normativo e interpretativo de las competencias que puede ejecutar la Administración Pública nacional como parte de la organización del Estado, para asegurar tanto que este cumpla sus obligaciones convencionales, como que las personas puedan vivir con dignidad y llevar a cabo el libre y efectivo ejercicio de sus derechos y libertades, conforme al bloque de convencionalidad.

Es así como se puede entender que el derecho convencional configura el Sistema Interamericano de Derechos Humanos en diferentes niveles y con distintas manifestaciones[62].

En el primer nivel en el ámbito nacional, de manera originaria, principal e inmediata, todos los órganos que ejercen el Poder Público y los extra-poder tienen competencia para realizar el control difuso de convencionalidad. Ello supone que también la Administración Pública como autoridad dentro del Estado nacional, se encuentra obligada a actuar en el marco de sus respectivas competencias constitucionales y legales, desarrollando las actividades formales y materiales idóneas, adecuadas, efectivas y útiles para garantizar el real ejercicio de los derechos y libertades.

En caso que ello no se lograse a través de la actuación de la Administración Pública, entonces dicho control difuso de convencionalidad puede ser trasladado según lo que disponga el derecho interno, a los órganos jurisdiccionales administrativos y estos en un segundo grado de control de convencionalidad en el ámbito nacional deberán actuar, en ejecución de sus competencias constitucionales y legales, orientados a asegurar la utilidad y efectividad de las medidas que se adopten para garantizar el ejercicio de los derechos y las libertades[63].

---

60 Artículos 1.1 y 2 de la Convención Americana sobre Derechos Humanos.

61 Corte IDH, *Caso Gelman vs. Uruguay*, Supervisión de cumplimiento de sentencia, resolución de 20 de marzo de 2013, párr. 65.

62 Corte IDH, *Caso Masacre de Santo Domingo vs. Colombia*, Excepciones Preliminares, Fondo y Reparaciones, sentencia de 30 de octubre de 2012, serie C N° 259, párr. 143, sostuvo que "Lo anterior significa que se ha instaurado un control dinámico y complementario de las obligaciones convencionales de los Estados de respetar y garantizar derechos humanos, conjuntamente entre las autoridades internas (primariamente obligadas) y las instancias internacionales (en forma complementaria), de modo que los criterios de decisión puedan ser conformados y adecuados entre sí. Así, la jurisprudencia de la Corte muestra casos en que se retoman decisiones de tribunales internos para fundamentar y conceptualizar la violación de la Convención en el caso específico". Corte IDH, *Caso Colindres Schonenberg vs. El Salvador*, Fondo, Reparaciones y Costas, sentencia de 4 de febrero de 2019, serie C N° 373, párr. 75.

63 Brewer-Carías, Allan R., Sobre el control de convencionalidad ejercido por los tribunales nacionales y el Derecho Administrativo, (Coords. Víctor R. Hernández-Mendible y José

En el segundo nivel en el ámbito internacional, de manera subsidiaria[64], complementaria[65] y mediata se realiza el control concentrado de convencionalidad por la Corte Interamericana de Derechos Humanos, lo que lleva a que una vez agotados los recursos administrativos o jurisdiccionales nacionales que procedan[66], -salvo los casos excepcionales que admite el propio Sistema Interamericano de Derechos Humanos [67]-, y en la medida que estos no hayan sido efectivos, los órganos regionales que integran este sistema deberán actuar para determinar si se produjo la violación o el desconocimiento de los derechos humanos y una vez advertida su afectación y no restablecimiento oportuno en el nivel nacional, deberán realizar todo lo que sea necesario, pertinente y eficaz para la reparación integral a las víctimas y sus familiares.

Esto permite sostener que el control de convencionalidad multinivel evita cualquier posibilidad de laguna o vacío en el ejercicio del mismo, no existiendo así actividad o incluso inactividad de los órganos que ejercen el Poder Público en cada Estado, que escapen a este control y concretamente en el caso de la Administración Pública nacional, esta se comportaría como una autoridad pública convencional del Sistema Interamericano de Derechos Humanos, en cada uno de sus respectivos países, cuya obligación será promover y garantizar el efectivo ejercicio de los derechos humanos, reconocidos en el bloque de convencionalidad.

El susodicho control difuso de convencionalidad lo puede realizar la Administración Pública, actuando como autoridad convencional, en los siguientes supuestos:

Luis Villegas Moreno) *Hacia un Derecho Administrativo para volver a la Democracia. Liber Amicorum a José R. Araujo-Juárez*, CERECO-CIDEP, Caracas, 2018, pp. 259-279, en especial p. 278.

64 Corte IDH, *Caso Masacre de Santo Domingo vs. Colombia*, Excepciones Preliminares, Fondo y Reparaciones, sentencia de 30 de noviembre de 2012, serie C N° 259, párr. 142.

65 Corte IDH, *Caso Gelman vs. Uruguay*, Supervisión de cumplimiento de sentencia, resolución de 20 de marzo de 2013, párr. 70; Corte IDH, *Caso Andrade Salmón vs. Bolivia*, Fondo, Reparaciones y Costas, sentencia de 1 de diciembre de 2016, serie C N° 330, párr. 93.

66 El artículo 46 de la Convención Americana sobre Derechos Humanos dispone: "1. Para que una petición o comunicación presentada conforme a los artículos 44 ó 45 sea admitida por la Comisión, se requerirá: a) que se hayan interpuesto y agotado los recursos de jurisdicción interna, conforme a los principios del Derecho Internacional generalmente reconocidos". Sobre la justificación de la exigencia del agotamiento de los recursos internos se ha pronunciado la Corte IDH, *Caso Velásquez Rodríguez vs. Honduras*, Fondo, sentencia de 29 de julio de 1988, serie C N° 04, párr. 61.

67 Corte IDH, *Caso Velásquez Rodríguez vs. Honduras*, Excepciones Preliminares, sentencia de 26 de junio de 1987, serie C N° 01, párrs. 88 y 91; Corte IDH, *Caso Santo Domingo vs. Colombia*, Excepciones Preliminares, Fondo y Reparaciones, sentencia de 30 de noviembre de 2012, serie C N° 259, párr. 33; Corte IDH, *Caso Mémoli vs. Argentina*, Excepciones Preliminares, Fondo, Reparaciones y Costas, sentencia de 22 de agosto de 2013, serie C N° 265, párr. 46; Corte IDH, *Caso Brewer Carías vs. Venezuela*, Excepciones Preliminares, sentencia de 26 de mayo de 2014, serie C N° 278, voto conjunto disidente de los jueces Manuel E. Ventura Robles y Eduardo Ferrer Mac-Gregor Poisot, párr. 55.

El primer supuesto sería realizando una interpretación del ordenamiento jurídico nacional conforme al bloque de convencionalidad[68], es decir, a aquella que sea más favorable o que compatibilice mejor con el ejercicio de los derechos y libertades de la persona humana, es decir, pro persona[69]. En consecuencia, toda interpretación y consecuente aplicación de actos jurídicos que conduzcan a una limitación, restricción u obstrucción irracional, desproporcionada o sin el fundamento legal admisible en una sociedad democrática, respecto del efectivo ejercicio de los derechos humanos, debe ser desechada por ser inconvencional[70].

El segundo supuesto sería que ante la imposibilidad de efectuar la inaplicación -menos aún la expulsión del ordenamiento jurídico- de un acto jurídico normativo de manera directa en un caso concreto -por ser ello una competencia reservada en el derecho nacional a los órganos que integran el Poder Judicial o a una Corte o Tribunal Constitucional extra-poder-, entonces deberá actuar en ejercicio de sus competencias y ejecutar todas las acciones que insten a aquellas autoridades que sí tienen atribuciones constitucionales y legales, para que con sujeción al ordenamiento jurídico nacional, declaren incompatibles con los derechos humanos reconocidos en el bloque de convencionalidad, aquellos actos jurídicos que sean inconvencionales.

El tercer supuesto se relaciona con la posibilidad de que la Administración Pública sí tenga atribuidas competencias constitucionales y legales, para reconocer la invalidez de determinados actos jurídicos, en cuyo caso deberá interpretar y analizar las posibles aplicaciones, para verificar su conformidad con los derechos humanos reconocidos en el bloque de convencionalidad y en caso de no ser posible tal compatibilidad, entonces deberá proceder a declarar la invalidez del acto jurídico por vicio de inconvencionalidad.

En esencia, estas parecen ser las modalidades como la Administración Pública nacional actuando en su condición de autoridad convencional y con sujeción a sus competencias constitucionales y legales, cumple las obligaciones asumidas por el Estado en los instrumentos internacionales en materia de

---

68 Corte IDH, *Caso Radilla Pacheco vs. México,* Excepciones Preliminares, Fondo, Reparaciones y Costas, sentencia de 23 de noviembre de 2009, serie C N° 209, párr. 340-341; Corte IDH, *Caso Cabrera García y Montiel Flores vs. México,* Excepción Preliminar, Fondo, Reparaciones y Costas, sentencia de 26 de noviembre de 2010, serie C N° 220, párr. 233.

69 Corte IDH, *La Colegiación Obligatoria de Periodistas (Arts. 13 y 29 Convención Americana sobre Derechos Humanos),* Opinión Consultiva OC-5/85, de 13 de noviembre de 1985, serie A N° 5, párr. 52; Corte IDH, *Condición jurídica y derechos de los migrantes indocumentados,* Opinión Consultiva OC-18/03, de 17 de septiembre de 2003, serie A N° 18, párr. 156; Corte IDH, *Caso Boyce y otros vs. Barbados,* Excepciones Preliminares, Fondo, Reparaciones y Costas, sentencia de 20 de noviembre de 2007, serie C N° 169, párr. 52; Corte IDH, *Caso Dacosta Cadogan vs. Barbados,* Excepciones Preliminares, Fondo, Reparaciones y Costas, sentencia de 24 de septiembre de 2009, serie C N° 204, párr. 49; Corte IDH, *Caso 19 Comerciantes vs. Colombia,* Fondo, Reparaciones y Costas, sentencia de 5 de julio de 2004, serie C N° 220, párr. 173; Corte IDH, *Caso Wo Ho Wing vs. Perú,* Excepción Preliminar, Fondo, Reparaciones y Costas, sentencia de 30 de junio de 2015, serie C N° 297, párr. 126.

70 Corte IDH, *Caso Atala Riffo y niñas vs. Chile,* Fondo, Reparaciones y Costas, sentencia de 24 de febrero de 2012, serie C N° 239, párrs. 280-284.

derechos humanos, garantizando el efectivo ejercicio de los mismos, mediante la realización del control de convencionalidad[71].

En fin, el control de convencionalidad realizado por la Administración Pública es posible, necesario e incluso obligatorio, en la medida que se lleve a cabo con sometimiento al imperio de la ley, que no supone otra cosa, que la sujeción a las normas atributivas de competencias y conforme a los procedimientos establecidos, en el ordenamiento jurídico interno de cada Estado nacional.

71 Corte IDH, *Caso Andrade Salmón vs. Bolivia*, Fondo, Reparaciones y Costas, sentencia de 1 de diciembre de 2016, serie C N° 330, párr. 93.

El vicio de inconvencionalidad del acto administrativo

I. Introducción

En los países de Iberoamérica que son tributarios del Derecho Administrativo español en materia de procedimientos administrativos, predomina la tesis de la clasificación bipartita de los vicios de los actos administrativos, que permite distinguir entre los vicios invalidantes y los vicios intrascendentes.

Es así como se reconoce que los vicios invalidantes pueden generar en unos supuestos, la nulidad absoluta o de pleno derecho y en otros supuestos, la nulidad relativa o anulabilidad; mientras que los vicios intrascendentes, en ningún caso afectan la validez de los actos administrativos, a lo sumo pueden afectar su eficacia.

Lo anterior ha permitido que producto de la casuística se haya desarrollado una evolución jurisprudencial, que se ha enriquecido con la doctrina científica para dar origen a una sólida teoría de las nulidades de los actos administrativos, que tiene sus particularidades en cada realidad nacional.

No obstante, actualmente se asiste a la convencionalización del Derecho Administrativo, como se pone de manifiesto al analizar los límites a la discrecionalidad[1], la garantía de suministro de los servicios de agua potable,

1 Corte IDH, *Caso Niñas Yean y Bosico vs. República Dominicana*, Fondo, Reparaciones y Costas, sentencia de 8 de septiembre de 2005, serie C N° 130, párr. 140, precisa que "La determinación de quienes son nacionales sigue siendo competencia interna de los Estados. Sin embargo, *su discrecionalidad en esa materia sufre un constante proceso de restricción conforme a la evolución del derecho internacional, con vistas a una mayor protección de la persona frente a la arbitrariedad de los Estados*. Así que en la actual etapa de desarrollo del derecho internacional de los derechos humanos, dicha facultad de los Estados está limitada, por un lado, por su deber de brindar a los individuos una protección igualitaria y efectiva de la ley y sin discriminación y, por otro lado, por su deber de prevenir, evitar y reducir la apatridia".

saneamiento y energía eléctrica[2] o de salud[3], el vicio en la finalidad de la actuación administrativa conocido como desviación de poder[4] o del

2 Corte IDH, *Caso Masacre Plan de Sánchez vs. Guatemala*, Reparaciones, sentencia de 19 de noviembre de 2004, serie C N° 116, párr. 110; ratificada y ampliada por la Corte IDH, *Caso Masacre de Río Negro vs. Guatemala*, Excepción Preliminar, Fondo, Reparaciones y Costas, sentencia de 4 de septiembre de 2012, serie C N° 250, párr. 284, en que ha señalado que la infraestructura y los servicios básicos son responsabilidad del Estado, en los siguientes términos: "… la Corte dispone que Guatemala deberá implementar en dicho lugar, previa consulta con las víctimas o sus representantes, e independientemente de las demás obras públicas que estén previstas en el presupuesto nacional para la colonia Pacux o para la región en que se encuentra, las siguientes medidas: a) el fortalecimiento del centro de salud de Pacux mediante la dotación de recursos humanos permanentes y calificados en materia de atención a la salud física, psicológica y odontológica, medicamentos y ambulancias equipadas; b) el diseño e implementación de programas de seguridad alimenticia y nutricional; c) la mejora de calles y avenidas dentro de la Colonia; d) *la implementación de un sistema de alcantarillado, tratamiento de aguas negras o residuales y abastecimiento de agua potable,* y e) la reconstrucción o mejora de las escuelas de nivel primario en la Colonia de Pacux y el establecimiento de un programa de educación a nivel secundario bilingüe en español y en maya achí. El Estado debe implementar dichos programas referidos dentro de un plazo de cinco años, contado a partir de la notificación de esta Sentencia. Finalmente, en el plazo de un año, a partir de la notificación de este Fallo, *el Estado deberá garantizar la provisión de energía eléctrica a los habitantes de la colonia Pacux a precios asequibles*".

3 Corte IDH, *Caso Gonzales Lluy y otros vs. Ecuador,* Excepciones Preliminares, Fondo, Reparaciones y Costas, sentencia de 1 de septiembre de 2015, serie C N° 298, párr. 184, se sostiene que "… el deber de supervisión y fiscalización es del Estado, aun cuando el servicio de salud lo preste una entidad privada. El Estado mantiene la obligación de proveer servicios públicos y de proteger el bien público respectivo. Al respecto, la Corte ha establecido que "cuando la atención de salud es pública, es el Estado el que presta el servicio directamente a la población […]. El servicio de salud público […] es primariamente ofrecido por los hospitales públicos; sin embargo, la iniciativa privada, de forma complementaria, y mediante la firma de convenios o contratos, también provee servicios de salud bajo los auspicios del [Estado]. En ambas situaciones, ya sea que el paciente esté internado en un hospital público o en un hospital privado que tenga un convenio o contrato […], la persona se encuentra bajo cuidado del […] Estado". Por otra parte, la Corte ha citado al Tribunal Europeo de Derechos Humanos para señalar que el Estado mantiene el deber de otorgar licencias y ejercer supervisión y el control sobre instituciones privadas. Además, se ha señalado que la obligación de fiscalización estatal comprende tanto a servicios prestados por el Estado, directa o indirectamente, como a los ofrecidos por particulares".

4 Corte IDH, *Caso Granier y otros (Radio Caracas Televisión) vs. Venezuela,* Excepciones Preliminares, Fondo, Reparaciones y Costas, sentencia de 22 de junio de 2015, serie C N° 293, párr. 197, se pronuncia sobre la desviación de poder en los siguientes términos: "La Corte concluye entonces, como lo ha hecho en otros casos, que los hechos del presente caso implicaron *una desviación de poder, ya que se hizo uso de una facultad permitida del Estado con el objetivo de alinear editorialmente al medio de comunicación con el gobierno.* La anterior afirmación se deriva a partir de las dos conclusiones principales a las cuales puede arribar este Tribunal a partir de lo descrito anteriormente, a saber, que la decisión se encontraba tomada con anterioridad y que se fundaba en las molestias generadas por la línea editorial de RCTV, sumado al contexto sobre el "deterioro a la protección a la libertad de expresión", que fue probado en el presente caso (supra párr. 61)" y en el párr. 198 sostiene "Asimismo, este Tribunal considera necesario resaltar que la desviación de poder aquí declarada tuvo un impacto en el ejercicio de la libertad de expresión, no sólo

incumplimiento del procedimiento administrativo[5]-[6]-[7], -por citar algunos ejemplos-, que patentiza el progreso de la consolidación del Derecho de la Convencionalidad y de la garantía de su vigencia a través del control de convencionalidad, que se manifiesta en sus dos modalidades: Por una parte, el que ha realizado desde su creación la Corte Interamericana de Derechos Humanos, de manera concentrada en sede contenciosa o en ejercicio de la función consultiva[8]; por la otra, el que de manera paulatina vienen realizando los tribunales nacionales, en concreto aquellos que integran el orden jurisdiccional administrativo, de manera difusa[9]. Es así como el Derecho de la Convencionalidad y su garantía han alumbrado en todos los países signatarios de la Convención Americana sobre Derechos Humanos y del resto

---

en los trabajadores y directivos de RCTV, sino además en la dimensión social de dicho derecho (supra párr. 136), es decir, en la ciudadanía que se vio privada de tener acceso a la línea editorial que RCTV representaba. En efecto, la finalidad real buscaba acallar voces críticas al gobierno, las cuales se constituyen junto con el pluralismo, la tolerancia y el espíritu de apertura, en las demandas propias de un debate democrático que, justamente, el derecho a la libertad de expresión busca proteger".

5 Corte IDH, *Caso Baena Ricardo y otros vs. Panamá,* Fondo, Reparaciones y Costas, sentencia de 2 de febrero de 2001, serie C N° 72, párr. 126, ha sostenido que "En cualquier materia, inclusive en la laboral y la administrativa, la discrecionalidad de la administración tiene límites infranqueables, siendo uno de ellos el respeto a los derechos humanos. Es importante que la actuación de la administración se encuentre regulada, y ésta no puede invocare orden público para reducir discrecionalmente las garantías de los administrados. Por ejemplo, no puede la administración dictar actos administrativos sin otorgar a los sancionados la garantía del debido proceso" y el párr. 127 agrega "Es un derecho humano el obtener todas las garantías que permitan alcanzar decisiones justas, no estando la administración excluida de cumplir con este deber. Las garantías mínimas deben respetarse en el procedimiento administrativo y en cualquier otro procedimiento cuya decisión pueda afectar los derechos de las personas".

6 Corte IDH, *Caso Comunidad indígena Yakye Axa vs. Paraguay,* Fondo, Reparaciones y Costas, sentencia de 17 de junio de 2005, serie C N° 125, párr. 62 sostuvo que "En este sentido, la Corte ha considerado que el debido proceso legal debe respetarse en el procedimiento administrativo y en cualquier otro procedimiento cuya decisión pueda afectar los derechos de las personas".

7 Corte IDH, *Caso Granier y otros (Radio Caracas Televisión) vs. Venezuela,* Excepciones Preliminares, Fondo, Reparaciones y Costas, sentencia de 22 de junio de 2015, serie C N° 293, párrs. 199, 252-253. En concreto el párr. 252 señala que "... era necesario que los procedimientos administrativos continuaran para efectos de definir si se aceptaba o no la transformación o renovación de la concesión. Asimismo, la Corte resalta que de haberse seguido dichos procedimientos con apego a la normativa interna y respetando las salvaguardas mínimas que dichas normas establecen, se habría podido evitar la arbitrariedad en la decisión. Por ello, el Tribunal considera que la existencia de dichos procedimientos y que se haya decidido no aplicarlos es justamente un efecto más de la finalidad real e ilegítima que ya fue declarada en la presente Sentencia (supra párrs. 198 y 199)".

8 Corte IDH, *Informes de la Comisión Interamericana de Derechos Humanos,* la Opinión Consultiva OC-15/97, de 14 de noviembre de 1997, serie A N° 15, párrs. 25-27.

9 Brewer-Carías, Allan R., Sobre el marco conceptual del control de convencionalidad: Antecedentes, derecho de amparo y Derecho Administrativo, *Estudios sobre el Control de Convencionalidad,* Editorial Jurídica Venezolana, Caracas, 2015, pp. 111-112.

del bloque de la convencionalidad, un vicio invalidante común a todos los ordenamientos jurídicos, el vicio de inconvencionalidad.

Esto permite apreciar que en la realidad jurídico administrativa americana, se reconoce un vicio invalidante cuya originalidad, introduce unas características que ameritan un estudio concreto, con respecto a la tradicional categorización de los vicios invalidantes de los actos administrativos.

En el presente trabajo se pretende efectuar una aproximación al vicio de inconvencionalidad como uno de los vicios del acto administrativo, que exige un estudio diferenciado de los otros vicios invalidantes, en virtud de su reciente reconocimiento, su potencial asimilación en los ordenamientos jurídicos nacionales, la necesidad de constatar si existe una regulación idónea para su aplicación y la atribución de las potestades a las autoridades administrativas o los poderes a los órganos jurisdiccionales administrativos, que les permitan resolver aquellos asuntos en que se encuentre presente un vicio de inconvencionalidad.

Para una mayor claridad en la exposición de las ideas, dividiré el presente estudio en varios subepígrafes, en que se abordarán los siguientes aspectos: El fundamento de la convencionalidad (II); la autonomía del vicio de inconvencionalidad (III); la legitimación para denunciar la inconvencionalidad (IV); el órgano competente para conocer la denuncia de inconvencionalidad (V); el lapso para la denuncia del vicio de inconvencionalidad (VI); la teoría de las nulidades y el vicio de inconvencionalidad (VII); el procedimiento administrativo y el vicio de inconvencionalidad (VIII); el proceso administrativo y el vicio de inconvencionalidad (IX); y las conclusiones (X).

II. El fundamento de la convencionalidad

Aunque se ha dicho anteriormente, resulta pertinente recordar que el origen de la Convención Americana sobre Derechos Humanos es internacional, constituye un pacto de mínimos en materia de derechos humanos, al que se comprometieron los países signatarios en el continente americano.

Se trata de una fuente de Derecho de jerarquía idéntica o equiparable a la Constitución, en la medida que los textos constitucionales nacionales, le fueron reconociendo de manera expresa rango y jerarquía suprema normativa, lo que generó como consecuencia que en muchos ordenamientos jurídicos pasara a integrar el bloque de la constitucionalidad[10]; y en aquellos que tienen jerarquía infraconstitucional, pero supralegal, ocupan un espacio destacado en el bloque de legalidad[11], debiendo reconocerse su importancia normativa en el sistema de fuentes del ordenamiento jurídico nacional.

---

10 Ayala Corao, Carlos, *Del diálogo jurisprudencial al control de convencionalidad,* Editorial Jurídica Venezolana, Caracas, 2012. pp. 90-102.

11 Brewer-Carías, Allan R., Sobre el marco conceptual del control de convencionalidad: Antecedentes, derecho de amparo y Derecho Administrativo, *Estudios sobre el Control de Convencionalidad,* Editorial Jurídica Venezolana, Caracas, 2015, p. 110.

Ello se proyecta respecto a las obligaciones que tienen todos los órganos que ejercen el Poder Público y de los órganos extra-poder dentro del Estado, pues su actuación debe realizarse con sujeción al bloque de constitucionalidad o legalidad, según sea el caso.

En tal virtud, la integración de la Convención Americana y del resto del *corpus iuris* de la convencionalidad[12], al bloque de la constitucionalidad o de la legalidad, condiciona la actuación de los órganos que ejercen el Poder Público y de los extra-poder, al estricto respeto de los derechos humanos reconocidos por el Derecho de la Convencionalidad, que constituyen límites al ejercicio de las potestades públicas, en el marco de una sociedad auténticamente democrática.

Es así como la Corte Interamericana ha interpretado que "la protección a los derechos humanos, en especial los derechos civiles y políticos recogidos en la Convención, parte de la afirmación de la existencia de ciertos atributos inviolables de la persona humana que no pueden ser legítimamente menoscabados por el ejercicio del poder público. Se trata de esferas individuales que el Estado no puede vulnerar o en las que sólo puede penetrar limitadamente. Así, en la protección a los derechos humanos, está necesariamente comprendida la noción de la *restricción al ejercicio del poder estatal*"[13].

El fundamento de la protección de los derechos humanos encuentra sus directrices en los artículos 1 y 2 de la Convención Americana, que deben ser leídas y aplicadas conforme a los artículos 31 y 32 de la Convención de Viena sobre el Derecho de los Tratados[14] y a los criterios hermenéuticos establecidos en el artículo 29 de la Convención Americana[15], así como a los principios *pro*

---

12 Corte IDH, *El derecho a la información sobre la asistencia consular en el marco de las garantías del debido proceso legal,* Opinión Consultiva OC-16/99, de 1° de octubre de 1999, serie A N° 16, párr. 115, señala que "El *corpus juris* del Derecho Internacional de los Derechos Humanos está formado por un conjunto de instrumentos internacionales de contenido y efectos jurídicos variados (tratados, convenios, resoluciones y declaraciones). Su evolución dinámica ha ejercido un impacto positivo en el Derecho Internacional, en el sentido de afirmar y desarrollar la aptitud de este último para regular las relaciones entre los Estados y los seres humanos bajo sus respectivas jurisdicciones. Por lo tanto, esta Corte debe adoptar un criterio adecuado para considerar la cuestión sujeta a examen en el marco de la evolución de los derechos fundamentales de la persona humana en el derecho internacional contemporáneo".

13 Corte IDH, *La Expresión "Leyes" en el Artículo 30 de la Convención Americana sobre Derechos Humanos,* Opinión Consultiva OC-6/86, de 9 de mayo de 1986, serie A N° 6, párr. 21.

14 Corte IDH, *Restricciones a la pena de muerte,* Opinión Consultiva OC-3/83, de 8 de septiembre de 1983, serie A N° 3, párrs. 47-59; Corte IDH, *El Habeas Corpus bajo suspensión de garantías,* Opinión Consultiva OC-8/87, de 30 de enero de 1987, serie A N° 8, párrs. 14-16; Corte IDH, *Caso Trabajadores de la Hacienda Brasil Verde vs. Brasil,* Excepciones Preliminares, Fondo, Reparaciones y Costas, sentencia de 20 de octubre de 2016, serie C N° 318, párr. 246.

15 Artículo 29 de la Convención Americana sobre Derechos Humanos, señala que:

"Ninguna disposición de la presente Convención puede ser interpretada en el sentido de:

homine[16], con efecto útil[17] y de no regresividad[18] a los fines de hacer eficaz el respeto, garantía y protección de los derechos inherentes a la dignidad de la persona humana[19], que han sido reconocidos en este instrumento y el resto de los que integran el *corpus iuris* de la convencionalidad[20].

III. La autonomía del vicio de inconvencionalidad

Una vez precisado el fundamento normativo y la jerarquía que tiene el Derecho Convencional, como fuente del ordenamiento jurídico, corresponde analizar de dónde emerge el vicio de inconvencionalidad.

---

a) permitir a alguno de los Estados Partes, grupo o persona, suprimir el goce y ejercicio de los derechos y libertades reconocidos en la Convención o limitarlos en mayor medida que la prevista en ella;

b) limitar el goce y ejercicio de cualquier derecho o libertad que pueda estar reconocido de acuerdo con las leyes de cualquiera de los Estados Partes o de acuerdo con otra convención en que sea parte uno de dichos Estados;

c) excluir otros derechos y garantías que son inherentes al ser humano o que se derivan de la forma democrática representativa de gobierno, y

d) excluir o limitar el efecto que puedan producir la Declaración Americana de Derechos y Deberes del Hombre y otros actos internacionales de la misma naturaleza".

16 Corte IDH, *La Colegiación Obligatoria de Periodistas (Arts. 13 y 29 Convención Americana sobre Derechos Humanos),* Opinión Consultiva OC-5/85, de 13 de noviembre de 1985, serie A N° 5, párr 52; Corte IDH, *Condición jurídica y derechos de los migrantes indocumentados,* Opinión Consultiva OC-18/03, de 17 de septiembre de 2003, serie A N° 18, párr. 156; Corte IDH, *Caso Boyce y otros vs. Barbados,* Excepciones Preliminares, Fondo, Reparaciones y Costas, sentencia de 20 de noviembre de 2007, serie C N° 169, párr. 52; Corte IDH, *Caso Dacosta Cadogan vs. Barbados,* Excepciones Preliminares, Fondo, Reparaciones y Costas, sentencia de 24 de septiembre de 2009, serie C N° 204, párr. 49; Corte IDH, *Caso Wo Ho Wing vs. Perú,* Excepción Preliminar, Fondo, Reparaciones y Costas, sentencia de 30 de junio de 2015, serie C N° 297, párr. 126.

17 Corte IDH, *Caso Almonacid Arellano y otros vs. Chile,* Excepciones Preliminares, Fondo, Reparaciones y Costas, sentencia de 26 de septiembre de 2006, serie C N° 154, párr. 124; Corte IDH, *Caso Aguado Alfaro y otros (Trabajadores Cesados del Congreso) vs. Perú,* Excepciones Preliminares, Fondo, Reparaciones y Costas, sentencia de 24 de noviembre de 2006, serie C N° 158, párr. 128; Corte IDH, *Caso Radilla Pacheco vs. México,* Excepciones Preliminares, Fondo, Reparaciones y Costas, sentencia de 23 de noviembre de 2009, serie C N° 209, párr. 339; Corte IDH, *Caso Gelman vs. Uruguay,* Fondo y Reparaciones, sentencia de 24 de febrero de 2011, serie C N° 221, párr. 194; Corte IDH, *Caso Cabrera García y Montiel Flores vs. México,* Excepción Preliminar, Fondo, Reparaciones y Costas, sentencia de 26 de noviembre de 2010, serie C N° 220, párr. 225.

18 Fernández Anglada, Gloriana, Los derechos humanos como fuente de Derecho costarricense, *Revista Fidélitas* N° 6, San José, 2016, p. 90.

19 Corte IDH, *Caso I.V. vs. Bolivia,* Excepción preliminar, Fondo, Reparaciones y Costas, sentencia de 30 de noviembre de 2016, serie C N° 329, párrs. 149 y 150.

20 Sagüés, Néstor Pedro, El control de convencionalidad. En particular sobre las constituciones nacionales, *La Ley,* Año LXXIII, N° 35, Buenos Aires, de 19 de febrero de 2009, p. 2.

El vicio de inconvencionalidad puede ser analizado en dos vertientes: Una objetiva, que consiste en la ignorancia, el desconocimiento o la transgresión del bloque de la convencionalidad, considerado desde el punto de vista del estándar mínimo de obligaciones asumidas por los Estados nacionales, que establece el Derecho convencional; y otra subjetiva, que implica una afectación tangible, concreta, individualizada o colectiva a los derechos humanos de las personas[21].

Ello se puede producir por cualquier acto jurídico expedido por los órganos que ejercen el Poder Público o los extra-poder, pudiendo estar afectados por vicios de inconvencionalidad las normas de los textos constitucionales[22], los legales[23], los reglamentarios, los demás actos administrativos generales e individuales[24], los contractuales, así como los actos jurisdiccionales[25] (sentencias, fallos o autos) y cualesquiera otros actos equivalentes y que tengan fuerza de tales (laudos arbitrales).

Esto se infiere del criterio establecido por la Corte Interamericana en ejercicio de la función consultiva, cuando ha sostenido lo siguiente:

> "1. Que la expedición de una ley manifiestamente contraria a las obligaciones asumidas por un Estado al ratificar o adherir a la Convención, constituye una violación de ésta y, en el caso de que esa violación afecte derechos y libertades protegidos respecto de individuos determinados, genera la responsabilidad internacional de tal Estado. 2. Que el cumplimiento por parte de agentes o funcionarios del Estado de una ley manifiestamente violatoria de la

---

21 Corte IDH, *Caso Suárez Rosero vs. Ecuador*, Fondo, sentencia de 12 de noviembre de 1997, serie C N° 35, párr. 98, ha sostenido que "La Corte considera que esa excepción despoja a una parte de la población carcelaria de un derecho fundamental en virtud del delito imputado en su contra y, por ende, lesiona intrínsecamente a todos los miembros de dicha categoría de inculpados. En el caso concreto del señor Suárez Rosero esa norma ha sido aplicada y le ha producido un perjuicio indebido. La Corte hace notar, además, que, a su juicio, esa norma *per se* viola el artículo 2 de la Convención Americana, independientemente de que haya sido aplicada en el presente caso".

22 Corte IDH, *Caso Olmedo Bustos (La Última Tentación de Cristo) vs. Chile,* Fondo y Reparaciones, sentencia de 5 de febrero de 2001, serie C N° 73, punto resolutivo 4; Corte IDH, *Caso Hilaire, Constantine y Benjamin y otros vs. Trinidad y Tobago,* Fondo, Reparaciones y Costas, sentencia de 21 de junio de 2002, serie C N° 94, párr. 212 y punto resolutivo 8.

23 Corte IDH, *Caso Barrios Altos vs. Perú,* Fondo, sentencia de 14 de marzo de 2001, serie C N° 75, párrs. 41-44; Corte IDH, *Caso Boyce y otros vs. Barbados,* Excepciones preliminares, Fondo, Reparaciones y Costas, sentencia de 20 de noviembre de 2007, serie C N° 169, párrs. 79-80; Corte IDH, *Caso Cabrera García y Montiel Flores vs. México,* Excepción preliminar, Fondo, Reparaciones y Costas, sentencia de 26 de noviembre de 2010, serie C N° 220, párr. 233.

24 Santofimio Gamboa, Jaime Orlando, *El concepto de convencionalidad. Vicisitudes para la construcción sustancial en el sistema interamericano de derechos humanos. Ideas fuerza rectoras.* 2ª ed., Universidad Externado de Colombia, Bogotá, 2018, pp. 614-616.

25 Corte IDH, *Caso Fontevecchia y D'Amico vs. Argentina,* Fondo, Reparaciones y Costas, sentencia de 29 de noviembre de 2011, serie C N° 238, párrs. 105 y 108; Corte IDH, *Caso Artavia Murillo y otros ("fecundación in vitro") vs. Costa Rica,* Excepciones preliminares, Fondo, Reparaciones y Costas, sentencia de 28 de noviembre de 2012, serie C N° 257, párrs. 160-162.

> Convención, genera responsabilidad internacional para el Estado. En caso de que el acto de cumplimiento constituya *per se* un crimen internacional, genera también la responsabilidad internacional de los agentes o funcionarios que ejecutaron el acto"[26].

Esta opinión consultiva permite sostener -cambiando lo que hay que cambiar-, que la mera expedición de un acto administrativo que contravenga el bloque de la convencionalidad constituye una inconvencionalidad objetiva y si además afecta a personas determinadas en los derechos y las libertades que le reconoce el *corpus iuris* de la convencionalidad, produce una inconvencionalidad subjetiva y la consecuente responsabilidad del Estado, que en principio deberán establecer los órganos que ejercen el Poder Público a nivel nacional y en caso que ello no ocurra, entonces se verá comprometida la responsabilidad internacional del Estado, que corresponderá establecer a la Corte Interamericana de Derechos Humanos.

En segundo lugar, es posible advertir que el cumplimiento o ejecución por los funcionarios del Estado, de un acto administrativo que manifiestamente viola el *corpus iuris* de la convencionalidad, constituye una inconvencionalidad objetiva y si además afecta derechos y libertades reconocidos en el bloque de convencionalidad respecto a personas concretas, produce una inconvencionalidad subjetiva, que genera responsabilidad del Estado. Esta deberá ser reconocida por los órganos que ejercen el Poder Público a nivel nacional y de no producirse dicho reconocimiento, entonces deberá exigirse la responsabilidad internacional del Estado[27], que deberá ser determinada por la Corte Interamericana de Derechos Humanos.

En el supuesto que el cumplimiento o la ejecución del acto administrativo constituya la materialización de un crimen internacional, además de la responsabilidad del Estado, se compromete la responsabilidad penal personal de los funcionarios que lo ejecutaron, que se podrá establecer por los tribunales penales nacionales o por los internacionales[28].

---

26 Corte IDH, *Responsabilidad internacional por expedición y aplicación de leyes violatorias de la Convención (arts. 1 y 2 Convención Americana sobre Derechos Humanos)*, Opinión Consultiva OC-14/94, de 9 de diciembre de 1994, serie A N° 14, puntos de la opinión 1 y 2.

27 Corte IDH, *Caso Almonacid Arellano y otros vs. Chile*, Excepciones Preliminares, Fondo, Reparaciones y Costas, sentencia de 26 de septiembre de 2006, serie C N° 154, párr. 123, afirma que "El cumplimiento por parte de agentes o funcionarios del Estado de una ley violatoria de la Convención produce responsabilidad internacional del Estado, y es un principio básico del derecho de la responsabilidad internacional del Estado, recogido en el Derecho Internacional de los Derechos Humanos, en el sentido de que todo Estado es internacionalmente responsable por actos u omisiones de cualesquiera de sus poderes u órganos en violación de los derechos internacionalmente consagrados, según el artículo 1.1 de la Convención Americana".

28 El artículo 1 del Estatuto de Roma de la Corte Penal Internacional, adoptado el 17 de julio de 1998, establece lo siguiente: "Se instituye por el presente una Corte Penal Internacional ("la Corte"). La Corte será una institución permanente, estará facultada para ejercer su jurisdicción sobre personas respecto de los crímenes más graves de trascendencia internacional de conformidad con el presente Estatuto y *tendrá carácter complementario*

Tal como se puede apreciar, el vicio de inconvencionalidad constituye un vicio autónomo del acto administrativo, que con independencia que se encuentre reconocido expresamente en una norma jurídica nacional, causa la invalidez de tal acto que deberá declarar la autoridad pública competente, cuando concurran los supuestos antes analizados y sin tener que acudir al auxilio de otros vicios para lograr dicha invalidez.

IV. La legitimación para denunciar la inconvencionalidad

Conforme a los ordenamientos jurídicos nacionales, son los interesados quienes tienen reconocimiento constitucional y legal para solicitar la invalidez de un acto administrativo, que a los efectos que se analizan haya sido expedido en desconocimiento de la Convención Americana sobre Derechos Humanos o del resto del bloque de la convencionalidad.

No obstante, hay que destacar que el concepto de interesado limitado a los titulares de derechos subjetivos o intereses jurídicos personales, se ha ampliado con la introducción por vía constitucional o legal del reconocimiento de la legitimación, a quienes representan derechos o intereses supraindividuales.

Conforme a ello tanto los derechos o intereses colectivos, que se identifican con aquellos que son representados por asociaciones u organizaciones que agrupan a personas que tienen determinados vínculos profesionales, académicos, sociales, culturales, etc.; como los derechos o intereses difusos, que pueden ser representados por cualquier persona, pero que tienen incidencia sobre todas las personas que integran una sociedad, sin necesidad de que se encuentren organizadas o agrupadas en asociaciones, han ido adquiriendo reconocimiento y protección en los ordenamientos jurídicos nacionales.

Es así como en el contexto del Derecho de la Convencionalidad, se consideran como interesados a las personas físicas víctimas de violación de derechos humanos, que son titulares de auténticos derechos subjetivos frente al acto administrativo inconvencional que los afecta; así como sus familiares, que no siendo titulares de tales derechos, si tienen un interés jurídico actual, en que cese la lesión y se restablezca la situación jurídica lesionada, que también ha podido afectarlos[29].

---

de las jurisdicciones penales nacionales. La competencia y el funcionamiento de la Corte se regirán por las disposiciones del presente Estatuto".

29 Corte IDH, *Titularidad de derechos de las personas jurídicas en el Sistema Interamericano de Derechos Humanos (interpretación y alcance del artículo 1.2, en relación con los artículos 1.1, 8, 11.2, 13, 16, 21, 24, 25, 29, 30, 44, 46 y 62.3 de la Convención Americana sobre Derechos Humanos, así como del artículo 8.1.a y b del Protocolo de San Salvador)*, Opinión Consultiva OC-22/16, de 26 de febrero de 2016, serie A N° 22, párr. 70, sostuvo que conforme a la Convención de Viena sobre el Derecho de los Tratados, del término "persona" que emplea la Convención Americana sobre Derechos Humanos, "se desprende con claridad que las personas jurídicas no son titulares de derechos convencionales, por lo que no pueden ser consideradas como presuntas víctimas en el marco de los procesos contenciosos ante el sistema interamericano"; no obstante advierte en el párr. 120, que "...debido a las múltiples formas que pueden surgir de la figura de personas jurídicas, tales como empresas o sociedades comerciales, partidos políticos, asociaciones religiosas u organizaciones no gubernamentales, no es viable establecer una fórmula única que sirva para reconocer la

Además son interesados para acudir en sede administrativa a exigir el cumplimiento de la convencionalidad, cualquier persona que habita en el espacio geográfico en que el Estado ejerce sus competencias, en función de que en ese ordenamiento jurídico se reconozca la acción popular en defensa del bloque de la constitucionalidad o de legalidad según el ordenamiento jurídico respectivo, que sirven de paraguas para permitir la defensa del bloque de la convencionalidad, en la medida que este integra parte de aquellos. Este supuesto se situaría en el escenario de la defensa de la convencionalidad objetiva.

También serían interesados, las comunidades indígenas y tribales[30], las asociaciones u organizaciones que tienen por objeto la protección de los derechos humanos en general y en particular de los grupos más vulnerables, que en el caso concreto actuarían en defensa de los derechos o intereses colectivos[31]; e igualmente se pueden considerar interesados a aquellas personas que no siendo los destinatarios de un acto administrativo cuyos efectos se proyectan sobre terceros, se ven afectados en sus derechos humanos de manera similar, al resto de los integrantes de la sociedad en la que viven.

En función de la afectación a sus derechos humanos, los interesados pueden solicitar tanto la invalidez del acto administrativo inconvencional, como la reparación integral del daño experimentado.

---

existencia del ejercicio de derechos de personas naturales a través de su participación en una persona jurídica, de manera como lo ha realizado con el derecho a la propiedad y a la libertad de expresión", por lo que concluye que ello debe hacerse en cada caso concreto.

30 Corte IDH, *Titularidad de derechos de las personas jurídicas en el Sistema Interamericano de Derechos Humanos (interpretación y alcance del artículo 1.2, en relación con los artículos 1.1, 8, 11.2, 13, 16, 21, 24, 25, 29, 30, 44, 46 y 62.3 de la Convención Americana sobre Derechos Humanos, así como del artículo 8.1.a y b del Protocolo de San Salvador)*, Opinión Consultiva OC-22/16, de 26 de febrero de 2016, serie A N° 22, párrs. 83 y 84, señalan que "las comunidades indígenas y tribales, por encontrarse en una situación particular, deben ser consideras como titulares de ciertos derechos humanos. Adicionalmente, ello se explica en atención a que, en el caso de los pueblos indígenas su identidad y ciertos derechos individuales, como por ejemplo el derecho a la propiedad o a su territorio, solo pueden ser ejercidos por medio de la colectividad a la que pertenecen", sin que sea necesario que cada uno de sus integrantes, se presenten individualmente para tal fin.

31 Corte IDH, *Titularidad de derechos de las personas jurídicas en el Sistema Interamericano de Derechos Humanos (interpretación y alcance del artículo 1.2, en relación con los artículos 1.1, 8, 11.2, 13, 16, 21, 24, 25, 29, 30, 44, 46 y 62.3 de la Convención Americana sobre Derechos Humanos, así como del artículo 8.1.a y b del Protocolo de San Salvador)*, Opinión Consultiva OC-22/16, de 26 de febrero de 2016, serie A N° 22, párr. 105, señala que "la Corte ha concluido la titularidad de los derechos establecidos en el artículo 8.1.a del Protocolo de los sindicatos, las federaciones y las confederaciones, lo cual les permite presentarse ante el sistema interamericano en defensa de sus propios derechos. Ahora bien, en este punto la Corte considera relevante recordar que en razón de lo dispuesto por el artículo 44 de la Convención Americana, los sindicatos, las federaciones y las confederaciones legalmente reconocidos en uno o más Estados Parte de la Convención, formen o no parte del Protocolo de San Salvador, pueden presentar peticiones individuales ante la Comisión Interamericana en representación de sus asociados, en caso de una presunta violación de los derechos de sus miembros por un Estado Parte de la Convención Americana".

V. El órgano nacional competente para conocer la denuncia de inconvencionalidad

Con fundamento en los artículos 26 de la Convención de Viena sobre el Derecho de los Tratados[32] y 2 de la Convención Americana sobre Derechos Humanos, todos los órganos que ejercen el Poder Público tienen un doble grupo de obligaciones: Por una parte, garantizar el respeto y garantía de los mencionados derechos y libertades; y por la otra, deben adoptar las medidas necesarias para hacer efectivos tales derechos y libertades[33]. Se trata de medidas interrelacionadas, complementarias y que deben ser efectivas[34], en cuanto conllevan a la supresión de las normas, políticas, prácticas, usos o costumbres que constituyan violaciones o potenciales violaciones de los derechos y libertades reconocidos en la Convención; y a la adopción de normas, políticas, prácticas, usos o costumbres, actos administrativos o decisiones judiciales, que garanticen el efectivo respeto de los derechos[35], las libertades y el cumplimiento de la Convención[36].

En este orden de ideas, dentro del Estado son competentes para garantizar y proteger el efectivo ejercicio de los derechos y libertades reconocidos en el bloque de la convencionalidad, los órganos que ejercen el Poder legislativo, el Poder ejecutivo, el Poder judicial y los extra-poder, cada uno de ellos actuando con sujeción plena al principio de legalidad o imperio de la ley.

---

32 Corte IDH, *Caso Almonacid Arellano y otros vs. Chile*, Excepciones Preliminares, Fondo, Reparaciones y Costas, sentencia de 26 de septiembre de 2006, serie C N° 154, párr. 125; Corte IDH, *Caso La Cantuta vs. Perú,* Fondo, Reparaciones y Costas, sentencia de 29 de noviembre de 2006, serie C N° 162, párr. 173; Corte IDH, *Caso Boyce y otros vs. Barbados,* Excepciones Preliminares, Fondo, Reparaciones y Costas, sentencia de 20 de noviembre de 2007, serie C N° 169, párr. 78.

33 Corte IDH, *Caso Gangaram Panday vs. Surinam,* Excepciones Preliminares, sentencia de 4 de diciembre de 1991, serie C N° 12, párr. 50; y Corte IDH, *Responsabilidad internacional por expedición y aplicación de leyes violatorias de la Convención (arts. 1 y 2 Convención Americana sobre Derechos Humanos),* Opinión Consultiva OC-14/94, de 9 de diciembre de 1994, serie A N° 14, párr. 48.

34 Corte IDH, *Caso Garrido y Baigorria vs. Argentina,* Reparaciones y costas, sentencia de 27 de agosto de 1998, serie C N° 39, párrs. 68 y 69.

35 Corte IDH, *Caso Castillo Petruzzi y otros vs. Perú,* Fondo, Reparaciones y Costas, sentencia de 30 de mayo de 1999, serie C N° 52, párr. 207; Corte IDH, *Caso Durand y Ugarte vs. Perú,* Fondo, sentencia de 16 de agosto de 2000, serie C N° 68, párr. 137; Corte IDH, *Caso Cantoral Benavides vs. Perú,* Fondo, sentencia de 18 de agosto de 2000, serie C N° 69, párr. 178; Corte IDH, *Caso Almonacid Arellano y otros vs. Chile,* Excepciones preliminares, Fondo, Reparaciones y Costas, sentencia de 26 de septiembre de 2006, serie C N° 154, párr. 118; Corte IDH, *Caso La Cantuta vs. Perú,* Fondo, Reparaciones y Costas, sentencia de 29 de noviembre de 2006, serie C N° 162, párr. 172; Corte IDH, *Caso Heliodoro Portugal vs. Panamá,* Excepciones Preliminares, Fondo, Reparaciones y Costas, sentencia de 12 de agosto de 2008, serie C N° 186, párr. 180.

36 Corte IDH, *Caso Comunidad Indígena Yakye Axa vs. Paraguay,* Fondo, Reparaciones y Costas, sentencia 17 de junio de 2005, serie C N° 125, párr. 101.

Así lo ha reconocido la Corte Interamericana de Derechos Humanos al desarrollar su jurisprudencia sobre el control difuso de convencionalidad. En efecto, en su primera sentencia sobre el tema estableció[37]:

> "...los jueces y tribunales internos están sujetos al imperio de la ley, y por ello, están obligados a aplicar las disposiciones vigentes en el ordenamiento jurídico. Pero cuando un Estado ha ratificado un tratado internacional como la Convención Americana, sus jueces, como parte del aparato del Estado, también están sometidos a ella, lo que obliga a velar porque los efectos de las disposiciones de la Convención no se vean mermadas por la aplicación de leyes contrarias a su objeto y fin, y que desde un inicio carecen de efectos jurídicos. En otras palabras, el Poder Judicial debe ejercer una especie de 'control de convencionalidad' entre las normas jurídicas internas que aplican en los casos concretos y la Convención Americana sobre Derechos Humanos. En esta tarea, el Poder Judicial debe tener en cuenta no solamente el tratado, sino también la interpretación que del mismo ha hecho la Corte Interamericana, intérprete última de la Convención Americana".

Posteriormente, la Corte Interamericana dio un paso adicional, al señalar que no constituye una responsabilidad exclusiva del Poder Judicial, garantizar el cumplimiento de la Convención Americana sobre Derechos Humanos, sino que "todos los órganos" del Estado son responsables, actuando con sujeción a la legalidad, cada uno en el ámbito de sus respectivas competencias. En tal sentido ha expresado[38]:

> "Este Tribunal ha establecido en su jurisprudencia que es consciente de que las autoridades internas están sujetas al imperio de la ley y, por ello, están obligadas a aplicar las disposiciones vigentes en el ordenamiento jurídico. Pero cuando un Estado es Parte de un tratado internacional como la Convención Americana, todos sus órganos, incluidos sus jueces, también están sometidos a aquél, lo cual les obliga a velar por que los efectos de las disposiciones de la Convención no se vean mermados por la aplicación de normas contrarias a su objeto y fin".

---

37 Corte IDH, *Caso Almonacid Arellano y otros vs. Chile*, Excepciones Preliminares, Fondo, Reparaciones y Costas, sentencia de 26 de septiembre de 2006, serie C N° 154, párr. 124.

38 Corte IDH, *Caso Cabrera García y Montiel Flores vs. México*, Excepción Preliminar, Fondo, Reparaciones y Costas, sentencia de 26 de noviembre de 2010, serie C N° 220, párr. 225; Corte IDH, *Caso Gelman vs. Uruguay*, Fondo y Reparaciones, sentencia de 24 de febrero de 2011, serie C N° 221, párr. 193; Corte IDH, *Caso de personas dominicanas y haitianas expulsadas vs. República Dominicana*, Excepciones Preliminares, Fondo, Reparaciones y Costas, sentencia de 28 de agosto de 2014, serie C 282, párrs. 311 y 471; Corte IDH, *Caso Rochac Hernández y otros vs. El Salvador*, Fondo, Reparaciones y Costas, sentencia de 14 de octubre de 2014, serie C N° 285, párr. 213.

En consecuencia, la interpretación que debe darse a la Convención Interamericana sobre Derechos Humanos lleva a sostener que tanto los órganos que ejercen el Poder Público en la rama judicial, como aquellos de las ramas legislativa y ejecutiva, incluida la Administración Pública tienen el deber convencional, con sujeción al principio del imperio de la ley, de realizar sus actuaciones para garantizar, proteger y de ser el caso reparar las violaciones a los derechos humanos reconocidos en el bloque la convencionalidad.

VI. EL LAPSO PARA FORMULAR LA DENUNCIA DEL VICIO DE INCONVENCIONALIDAD

En principio, los ordenamientos jurídicos nacionales no contemplan expresamente el vicio de inconvencionalidad, razón por la que no deberían tener lapsos para formular las denuncias de contravención al bloque de convencionalidad y a la eventual afectación a los derechos humanos.

De allí, que al no existir un lapso jurídicamente establecido para denunciar el vicio de inconvencionalidad ante las autoridades nacionales, -lo que por otra parte resulta ser lo más recomendable, en virtud de la imprescriptibilidad de las violaciones a las convenciones internacionales y a los derechos humanos-, la formulación de la denuncia en sede administrativa o jurisdiccional puede realizarse en cualquier oportunidad, dado que ni el transcurso del tiempo, ni la voluntad expresa de la Administración Pública, de un órgano jurisdiccional o incluso de las víctimas o sus familiares, pueden convalidar o subsanar los actos administrativos viciados de inconvencionalidad.

VII. LA TEORÍA DE LAS NULIDADES Y EL VICIO DE INCONVENCIONALIDAD

La tradicional teoría de los vicios del acto administrativo permite distinguir entre los vicios invalidantes y los vicios intrascendentes, siendo que estos últimos no afectan la validez del acto administrativo; mientras que los primeros pueden derivar en dos potenciales consecuencias: La nulidad absoluta, de pleno derecho o radical, que no puede ser subsanada y es imprescriptible; y la nulidad relativa o anulabilidad, que admite subsanación y puede prescribir por el transcurso del tiempo.

Como se ha señalado anteriormente, el vicio de inconvencionalidad tiene virtud invalidante y constituye un vicio autónomo de los otros vicios que producen similar consecuencia jurídica, pero comparte con los vicios de nulidad absoluta, el hecho que no puede ser subsanado y que es imprescriptible, en virtud de que el acto administrativo viciado de inconvencionalidad, supone un desconocimiento del bloque de constitucionalidad o de legalidad, conforme se ha explicado anteriormente. Este desconocimiento del Derecho de la Convencionalidad puede producirse por ignorancia de su existencia, errónea interpretación y aplicación del mismo, por negarle aplicación a una convención en vigor o aplicar una convención que no esté vigente, o por una grosera violación de los derechos humanos de determinadas personas.

Lo anterior supone que el *test* de conformidad con la juridicidad -entendida en sentido amplio-, lleve a constatar la conformidad del acto administrativo con el bloque de la convencionalidad, el bloque de la constitucionalidad –en algunos países el primero forma parte del segundo- o el bloque de la legalidad

-en otros países el primero forma parte de este-, lo que conduce a plantear las hipótesis y a partir de allí, los posibles vicios y las consecuencias a que son reconducibles en las legislaciones nacionales, que se pasan a describir de la siguiente manera:

1. Que sea constitucional, legal y convencional. Válido.
2. Que sea constitucional, ilegal y convencional. Inválido: Nulidad absoluta o relativa.
3. Que sea constitucional, legal e inconvencional. Inválido: Nulidad absoluta.
4. Que sea constitucional, ilegal e inconvencional. Inválido: Nulidad absoluta.
5. Que sea inconstitucional, legal y convencional. Inválido: Nulidad absoluta.
6. Que sea inconstitucional, ilegal y convencional. Inválido: Nulidad absoluta.
7. Que sea inconstitucional, legal e inconvencional. Inválido: Nulidad absoluta.
8. Que sea inconstitucional, ilegal e inconvencional. Inválido: Nulidad absoluta.

En consecuencia, aunque el vicio de inconvencionalidad no se encuentre tipificado en los ordenamientos jurídicos nacionales, es un vicio invalidante que produce las mismas consecuencias que los vicios de nulidad absoluta[39], que sí se encuentran expresamente reconocidos en los ordenamientos jurídicos nacionales.

VIII. El procedimiento administrativo y el vicio de inconvencionalidad

Una de las mayores expresiones de la libertad de configuración del legislador, se proyecta dentro de la regulación del procedimiento administrativo, que siendo una materia de reserva legal, no puede desconocer el núcleo duro o contenido esencial del derecho, lo que permite que este establezca tantos procedimientos administrativos como se consideren pertinentes, para los distintos asuntos que deben ser resueltos por la Administración Pública.

En la mayoría de los países del continente americano, donde existe leyes de procedimientos administrativos, estos han sido configurados por el legislador en dos grados: El primero, atiende al procedimiento administrativo constitutivo, que debe finalizar con la expedición de un acto administrativo, que generalmente se denomina definitivo; y el segundo atiende al procedimiento administrativo de revisión, que deberá finalizar con la emisión de un acto administrativo, que pongan fin a la vía administrativa.

---

39 Jinesta Lobo, Ernesto, Control de convencionalidad difuso ejercido por las jurisdicciones constitucional y contencioso administrativa, *Estudios sobre el Control de Convencionalidad*, Editorial Jurídica Venezolana, Caracas, 2015, pp. 134-135.

Es en el contexto de estos procedimientos, en los cuales vamos a analizar la presencia del vicio de inconvencionalidad.

El reconocimiento del vicio de inconvencionalidad de un acto administrativo no tiene un procedimiento administrativo especialmente previsto en los ordenamientos jurídicos nacionales, en virtud de lo cual a los fines de establecer su reconocimiento, se deberá tramitar por el procedimiento administrativo ordinario o común que establezca la legislación en cada Estado, el cual deberá sujetarse a los estándares de la Convención Americana sobre Derechos Humanos[40].

El procedimiento administrativo se podrá iniciar a instancia de la Administración Pública competente, que se encuentra sujeta al imperio de la ley, en virtud de lo establecido en el artículo 2 de la Convención Americana sobre Derechos Humanos y a la interpretación realizada por la Corte Interamericana de Derechos Humanos[41].

También se podrá iniciar el procedimiento administrativo por iniciativa de los interesados, mediante una solicitud o a través de un recurso administrativo, conforme a lo que disponga la legislación nacional en cada caso.

Una vez tramitado el procedimiento administrativo, se deberán resolver todos los asuntos planteados o incluso aquellos que no se hayan propuesto inicialmente por los interesados, pero que siendo relevantes surjan del asunto analizado, sobre lo que se deberá pronunciar la Administración Pública al momento de expedir el acto administrativo.

Esta resolución se debe emitir en el plazo legalmente establecido para ello, pues en caso de no hacerlo, operarían las consecuencias de la ausencia de decisión oportuna, establecida en cada ordenamiento jurídico nacional.

El reconocimiento del vicio de inconvencionalidad del acto administrativo es uno de los aspectos que deberá involucrar la resolución administrativa, bien sea por haberlo planteado algún interesado o porque haya surgido de oficio[42], por la iniciativa de la Administración Pública -en cuyo caso deberá notificarlo a los interesados antes de decidir, para que presenten sus alegatos y medios probatorios-; pero además, en caso de haberse producido una violación de derechos humanos a personas concretas, entonces también

40 Corte IDH, *Caso Flor Freire vs. Ecuador*, Excepción preliminar, Fondo, Reparaciones y Costas, sentencia de 31 de agosto de 2016, serie C N° 315, párr. 165, recuerda que "Este Tribunal ha señalado que las garantías contempladas en el artículo 8.1 de la Convención son aplicables en los supuestos en que una autoridad no judicial adopte decisiones que afecten la determinación de los derechos de las personas, tomando en cuenta que no le son exigibles aquellas propias de un órgano jurisdiccional, pero sí debe cumplir con aquellas destinadas a asegurar que la decisión no sea arbitraria".

41 Corte IDH, *Caso Cabrera García y Montiel Flores vs. México,* Excepción preliminar, Fondo, Reparaciones y Costas, sentencia de 26 de noviembre de 2010, serie C N° 220, párr. 225.

42 Corte IDH, *Caso Aguado Alfaro y otros (Trabajadores Cesados del Congreso) vs. Perú,* Excepciones Preliminares, Fondo, Reparaciones y Costas, sentencia de 24 de noviembre de 2006, serie C N° 158, párr. 128; Corte IDH, *Caso Gelman vs. Uruguay,* Fondo y Reparaciones, sentencia de 24 de febrero de 2011, serie C N° 221, párr. 193; Corte IDH, *Caso Rochac Hernández y otros vs. El Salvador,* Fondo, Reparaciones y Costas, sentencia de 14 de octubre de 2014, serie C N° 285, párr. 213.

deberán establecerse las modalidades de reparación integral de los derechos humanos afectados.

IX. El proceso administrativo y el vicio de inconvencionalidad

En su origen, los órganos jurisdiccionales administrativos nacieron como controladores de la sujeción de la Administración Pública, al bloque de legalidad.

Con la constitucionalización del Derecho Administrativo, los órganos jurisdiccionales administrativos avanzaron en el control de la Administración Pública, al constatar la sujeción de su actividad e inactividad al Derecho, valga decir, al bloque de constitucionalidad, al bloque de legalidad y a los Principios generales del Derecho.

La convencionalización del Derecho Administrativo produjo la ampliación del control que ejercen los órganos jurisdiccionales administrativos, extendiéndolo a la verificación de la sujeción de la actividad o inactividad administrativa, al *corpus iuris* o bloque de la convencionalidad.

En cualquiera de los escenarios señalados, los órganos jurisdiccionales administrativos ejercerán su competencia de control objetivo, ante la hipotética violación de la legalidad, la constitucionalidad o la convencionalidad; y de control subjetivo, ante el supuesto que se haya generado una lesión o afectación a derechos subjetivos, de naturaleza legal, constitucional o convencional, que impone una reparación integral, es decir, idónea, adecuada y eficaz.

En las demandas ante los órganos jurisdiccionales, se pueden formular pretensiones declarativas, constitutivas o de condena, según los ordenamientos jurídicos nacionales y estas se tramitarán a través de un único proceso administrativo o de diversos procesos administrativos, en atención a los tipos de pretensiones y de procesos que contemple cada realidad nacional.

Las demandas incoadas contra el acto administrativo viciado de inconvencionalidad pueden oscilar entre pretender la anulación del acto administrativo[43] y solicitar además la condena a la reparación de los derechos humanos afectados por el acto inconvencional o limitarse a la pretensión de la reparación de los daños causados por la expedición o ejecución, que han afectado los derechos humanos.

No obstante, cabe señalar que la Corte Interamericana ha reconocido que el órgano jurisdiccional nacional, no se encuentra limitado a las pretensiones que le formulen las partes, por lo que podrá incluso actuar de oficio, en ejercicio del control difuso de convencionalidad. Al respecto ha expresado que[44]:

---

43 Jinesta Lobo, Ernesto, Control de convencionalidad difuso ejercido por las jurisdicciones constitucional y contencioso administrativa, *Estudios sobre el Control de Convencionalidad*, Editorial Jurídica Venezolana, Caracas, 2015, pp. 131-132.

44 Corte IDH, *Caso Aguado Alfaro y otros (Trabajadores Cesados del Congreso) vs. Perú*, Excepciones Preliminares, Fondo, Reparaciones y Costas, sentencia de 24 de noviembre de 2006, serie C N° 158, párr. 128; Corte IDH, *Caso Gelman vs. Uruguay*, Fondo y Reparaciones, sentencia de 24 de febrero de 2011, serie C N° 221, párr. 193; Corte IDH, *Caso Rochac Hernández y*

"... los órganos del Poder Judicial deben ejercer no sólo un control de constitucionalidad, sino también de convencionalidad *ex officio*, entre las normas internas y la Convención Americana, evidentemente en el marco de sus respectivas competencias y de las regulaciones procesales pertinentes. Esta función no debe quedar limitada exclusivamente por las manifestaciones o actos de los accionantes en cada caso concreto, aunque tampoco implica que ese control deba ejercerse siempre, sin considerar otros supuestos formales y materiales de admisibilidad y procedencia de este tipo de acciones".

Es importante destacar que la Corte Interamericana reconoce que la actuación de control de convencionalidad de oficio, que se le reconoce al órgano jurisdiccional nacional no es absoluta e ilimitada, sino que encuentra como condicionantes, que éste la realiza en el ejercicio de las competencias legalmente establecidas y con sujeción a las reglas procesales correspondientes, formales y materiales.

Un tema fundamental está relacionado con la tempestividad de la denuncia del vicio de inconvencionalidad y que lleva al órgano jurisdiccional administrativo, a efectuar el control difuso de convencionalidad.

Cabe señalar que en ejercicio del derecho a la acción, los legitimados para acudir al proceso administrativo deberían formular la denuncia del vicio de inconvencionalidad del acto administrativo, al momento de presentar la demanda que contendrá las diversas pretensiones.

No obstante, de no hacerlo en esa oportunidad procesal, ello no constituye óbice para que formulen la denuncia de inconvencionalidad del acto administrativo durante la tramitación del proceso, mientras no se haya producido sentencia firme.

En el supuesto, que las partes no hayan alegado durante el proceso el vicio de inconvencionalidad, pero sea advertido por el órgano jurisdiccional administrativo, este deberá proceder de oficio, comenzando por comunicárselo a las partes que intervienen en el proceso administrativo, antes de que se produzca la sentencia sobre el mérito o fondo de la controversia[45].

Resulta necesario acotar que el vicio de inconvencionalidad del acto administrativo puede ser alegado por las partes en el primer o segundo grado de jurisdicción y eventualmente en el proceso de casación administrativa e igualmente el órgano jurisdiccional puede advertirlo de oficio, en cualquier estado y grado del proceso[46], así como incluso proceder a la casación de oficio de la sentencia recurrida, al detectar el vicio de inconvencionalidad en el

---

otros vs. El Salvador, Fondo, Reparaciones y Costas, sentencia de 14 de octubre de 2014, serie C N° 285, párr. 213.

45 Jinesta Lobo, Ernesto, Control de convencionalidad difuso ejercido por las jurisdicciones constitucional y contencioso administrativa, *Estudios sobre el Control de Convencionalidad,* Editorial Jurídica Venezolana, Caracas, 2015, p. 135.

46 Jinesta Lobo, Ernesto, Ob. Cit., p. 136.

acto administrativo, que no fue alegado por las partes, ni advertido por los órganos jurisdiccionales de instancia.

En cualquiera de los supuestos anteriores, se debe garantizar el derecho de todas las partes a presentar los alegatos y los medios probatorios, respecto a la presunta inconvencionalidad del acto administrativo objeto de la pretensión procesal.

La expedición de los actos administrativos como toda actividad administrativa es de rango sublegal, por lo que el órgano jurisdiccional administrativo no se limita a verificar la juridicidad del mismo, sino que debe constatar que la ley que le sirve de fundamento es conforme al bloque de convencionalidad, pues en caso contrario, deberá pronunciarse en primer lugar sobre la inconvencionalidad de la ley[47] y en virtud del control difuso proceder a su inaplicación en caso de estar afectada por el vicio de inconvencionalidad[48] y por vía de consecuencia, a la declaración de nulidad del acto administrativo inconvencional, expedido con fundamento en una ley inconvencional[49].

En lo que respecta a la reparación integral producto de la expedición o ejecución de un acto administrativo declarado inconvencional, el órgano jurisdiccional administrativo debe tener presente que toda violación de derechos humanos comporta el deber de reparación, que debe estar relacionada por "un nexo causal con los hechos del caso, las violaciones declaradas, los daños acreditados, así como las medidas solicitadas para reparar los daños respectivos"[50], debiendo tener en cuenta con respecto a la acreditación que "no es necesario que se pruebe la responsabilidad del Estado más allá de toda duda razonable, ni que se identifique individualmente a los agentes a los cuales se atribuyen los hechos violatorios, sino que es suficiente demostrar que se han verificado acciones u omisiones que hayan permitido la

47 Sostiene la doctrina científica que cuando el órgano jurisdiccional administrativo tiene por delante una ley presuntamente inconvencional, deberá según el modelo de justicia constitucional nacional, proceder en los siguientes términos "a) En un sistema concentrado de control de constitucionalidad, deberá desaplicar, para el caso concreto la ley «inconvencional» y aplicar preferentemente, el parámetro de convencionalidad y b) En un sistema de control difuso de constitucionalidad, el juez contencioso-administrativo podrá declarar «inconvencional» la respectiva ley. En cualquiera de los supuestos, la conducta administrativa debe ser, entonces, declarada absolutamente nula por el vicio gravísimo de «inconvencionalidad»". Jinesta Lobo, Ernesto, Ob. Cit., p. 138.

48 Corte IDH, *Caso Almonacid Arellano y otros vs. Chile*, Excepciones preliminares, Fondo, Reparaciones y Costas, sentencia de 26 de septiembre de 2006, serie C N° 154, párr. 123; Corte IDH, *Caso Liakat Ali Alibux vs. Suriname*, Excepciones preliminares, Fondo, Reparaciones y Costas, sentencia de 30 de enero de 2014, serie C N° 276, párr. 124.

49 Brewer-Carías, Allan R., Sobre el marco conceptual del control de convencionalidad: Antecedentes, derecho de amparo y Derecho Administrativo, *Estudios sobre el Control de Convencionalidad*, Editorial Jurídica Venezolana, Caracas, 2015, pp. 110-111.

50 Corte IDH, *Caso Miembros de la Aldea Chichupac y comunidades vecinas del Municipio de Rabinal vs. Guatemala*, Excepciones Preliminares, Fondo, Reparaciones y Costas, sentencia de 30 de noviembre de 2016, serie C N° 328, párr. 267.

perpetración de esas violaciones o que exista una obligación del Estado que haya sido incumplida por éste, en los términos expuestos supra"[51].

Un punto que no se puede soslayar, es que el órgano jurisdiccional administrativo al resolver la pretensión procesal, dirigida contra el acto administrativo inconvencional que ha conculcado derechos humanos reconocidos en el bloque de la convencionalidad y conforme a la interpretación de la misma que ha efectuado la Corte Interamericana, deberá adoptar todas las previsiones que sean necesarias para garantizar la no repetición de estas violaciones, por futuros actos administrativos[52].

En lo que respecta al cumplimiento de la sentencia que se pronuncia sobre el vicio de inconvencionalidad del acto administrativo, ésta se deberá ejecutar voluntariamente por la Administración Pública perdidosa; pero en caso, de requerirse la ejecución forzosa, entonces se deberá recurrir a los medios de ejecución de sentencia que contemple el ordenamiento jurídico nacional[53], para garantizar la tutela judicial efectiva.

Es en estos términos que lo contempla el artículo 68 de la Convención Americana sobre Derechos Humanos, al referirse a la ejecución de sentencias de la propia Corte Interamericana de Derechos Humanos, cuando expresa:

> "1. Los Estados partes en la Convención se comprometen a cumplir la decisión de la Corte en todo caso en que sean partes.
>
> 2. La parte del fallo que disponga indemnización compensatoria se podrá ejecutar en el respectivo país por el procedimiento interno vigente, para la ejecución de sentencias contra el Estado".

En conclusión, la forma de ejecución de la sentencia en el proceso administrativo en que se declara la invalidez de un acto administrativo viciado de inconvencionalidad e incluso que ordena la reparación a las víctimas o sus familiares, por la lesión a los derechos humanos, deberá producirse conforme a lo que disponga cada ordenamiento jurídico nacional, para el cumplimiento de las sentencias declarativas, constitutivas o de condena.

X. Consideraciones finales

La constitucionalización del bloque de la convencionalidad, le ha otorgado al Derecho Convencional el rango equivalente a la norma jurídica de mayor jerarquía y por tanto de fuente de todo el ordenamiento jurídico del Estado.

---

51 Corte IDH, *Caso Tenorio Roca y otros vs. Perú*, Excepciones Preliminares, Fondo, Reparaciones y Costas, sentencia de 22 de junio de 2016, serie C N° 314, párr. 144.

52 Londoño Lázaro, María Carmelina, *Las garantías de no repetición en la jurisprudencia interamericana*, Universidad de La Sabana-Tirant lo Blanc, México, 2014, pp. 197-198.

53 Sobre los medios procesales internos para la ejecución de sentencias en la reciente legislación continental, -además de España-, se puede consultar el análisis crítico de Torrealba Sánchez, Miguel Ángel, *La ejecución de sentencias en el proceso administrativo iberoamericano (España, Perú, Costa Rica, Colombia y Venezuela)*, Instituto Nacional de Administración Pública, Madrid, 2017.

Ello tiene un impacto directo en el Derecho Administrativo nacional, pues todos los actos jurídicos de los órganos que ejercen el Poder legislativo, ejecutivo y judicial y de los órganos extra-poder, deben orientarse a cumplir y hacer cumplir el bloque de constitucionalidad, -salvo en los países que se considera que integra el bloque de la legalidad- y por ende el Derecho de la Convencionalidad, bien sea porque éste forme parte de aquél o por las obligaciones internacionales asumidas conforme al Derecho de los tratados.

Esto también permite señalar que el poder legislativo, el poder ejecutivo y el poder judicial y las autoridades extra-poder de cada Estado, son órganos del control difuso de la convencionalidad en materia de derechos humanos y en consecuencia gozan de la condición de autoridades públicas convencionales del Sistema Interamericano de Derechos Humanos, que operan en el nivel nacional para garantizar y proteger los derechos humanos.

Lo anterior permite sostener que la Administración Pública nacional es una autoridad pública convencional del Sistema Interamericano de Derechos Humanos, en cada uno de sus respectivos países y tiene la obligación de defender el bloque de la convencionalidad, así como garantizar, proteger y reparar a las víctimas de violación de los derechos humanos, conforme a las competencias que tienen atribuidas en el ordenamiento jurídico nacional[54].

Según esto, la Administración Pública en el contexto de sus competencias legalmente establecidas puede reconocer la invalidez de un acto administrativo inconvencional, de oficio o a solicitud de parte interesada y en caso de haberse concretado una violación de derechos humanos a determinadas personas, proceder a reparar integralmente a las víctimas, por las lesiones infligidas a sus derechos.

Por su parte, los órganos jurisdiccionales administrativos tienen la posibilidad de ejercer el control difuso de convencionalidad sobre las leyes que consideren inconvencionales, desaplicarlas en el caso concreto e incluso en ejercicio de este control pueden establecer la invalidez del acto administrativo expedido en contravención del *corpus iuris* de la convencionalidad.

En caso que la expedición o la ejecución de tal acto administrativo, haya causado lesiones a los derechos humanos reconocidos en el bloque de la convencionalidad, el órgano jurisdiccional administrativo deberá establecer la reparación integral a los interesados.

Es así como el *Ius Commune Administrativo* continental se consolida, producto del control difuso de convencionalidad, que conforme al principio de legalidad o imperio de la ley, deben realizar los órganos que ejercen el Poder Público en el ámbito nacional y que en caso de no producirse éste, abrirá la puerta para el acceso al control concentrado de convencionalidad.

---

54 Hernández-Mendible, Víctor R., El control de convencionalidad como expresión del control de constitucionalidad. Originalidad y desaciertos, *Estudios sobre el Control de Convencionalidad*, Editorial Jurídica Venezolana, Caracas, 2015, pp. 146-150.

La convencionalización de la potestad administrativa sancionatoria

I. Introducción

La más prestigiosa doctrina científica del Derecho Administrativo durante aproximadamente un siglo ha elaborado las teorías que sustentan el Derecho Administrativo Sancionador y en concreto los alcances y límites de la potestad administrativa sancionatoria, estableciendo las características que permiten diferenciarlo tanto del Derecho Penal, como de la potestad jurisdiccional penal.

En la búsqueda de establecer la autonomía de las distintas manifestaciones del *Ius Puniendi* del Estado, se han formulado matizaciones a los principios de legalidad, de reserva de ley, de tipicidad e incluso al debido proceso legal en el ámbito penal y en el ámbito administrativo, que se han pretendido justificar en distintos argumentos filosóficos, ideológicos, teóricos y prácticos, pero que desde la perspectiva del Estado constitucional algunos de ellos requieren ser revisados por su falta de encaje constitucional.

A ello se suma el hecho, de que la convencionalización del Derecho Público ha llevado a replantear los criterios tradicionales sobre el Derecho Administrativo Sancionador, teniendo en consideración que los tratados internacionales en materia de derechos humanos imponen a los Estados el respeto y protección de éstos en sus respectivas jurisdicciones, para lo cual les insta a adoptar las decisiones legislativas o de cualquier otro carácter, es decir, administrativas o jurisdiccionales, que sean necesarias para hacer efectivos los derechos y las libertades[1].

Es el estudio de la Convención Americana sobre Derechos Humanos y del resto del *corpus iuris* de la convencionalidad, lo que ocupará este análisis con la finalidad de determinar, si los criterios doctrinales sobre el Derecho Administrativo Sancionador, así como algunas prácticas administrativas nacionales resisten una evaluación jurídica satisfactoria, a partir de los estándares que ha establecido la Corte Interamericana de Derechos Humanos.

Concretamente interesa conocer ¿si la Convención Americana sobre Derechos Humanos al reconocer la necesidad de protección efectiva de los derechos humanos, brinda algún criterio que permita a los operadores jurídicos diferenciar cómo debe operar el Estado en ejercicio del *Ius Puniendi* en ámbitos distintos como el penal y el administrativo?.

---

1 Artículo 2 de la Convención Americana sobre Derechos Humanos.

En aras de una mayor claridad en la exposición de las ideas, se dividirá el presente trabajo en los siguientes temas: El concepto de la potestad sancionatoria (II); los fundamentos materiales de la potestad sancionatoria (III); las garantías formales frente a la potestad sancionatoria (IV); el poder de revisión administrativo y derecho a recurrir la resolución sancionatoria (V); y las consideraciones finales (VI).

II. Concepto de potestad sancionatoria

El ejercicio de la potestad sancionatoria por parte del Estado, supone que la actuación de las autoridades públicas se ejecute con absoluto apego al ordenamiento jurídico y en respeto de los derechos humanos que constituyen un límite a la actividad estatal, pues cualquier manifestación de los órganos que ejercen el poder público que viole los derechos reconocidos en la Convención Americana, incluida las garantías mínimas del debido procedimiento a las personas sujetas a su autoridad es ilícita[2].

Es importante tener presente que aun cuando el artículo 8 de la Convención Americana hace referencia a las garantías judiciales, su aplicación no es restrictiva, sino que también se aplica al conjunto de requisitos que deben observar las autoridades públicas en las distintas instancias procesales, con la finalidad de que las personas puedan defenderse adecuadamente frente a cualquier actuación de los órganos que ejercen el Poder Público, que eventualmente pueda afectar sus libertades y derechos[3].

Estas garantías están destinadas a proteger, asegurar y hacer efectiva la titularidad de los derechos, se trata de un "sistema de garantías que condicionan el ejercicio del *ius puniendi* del Estado y que buscan asegurar que el inculpado o imputado no sea sometido a decisiones arbitrarias"[4], de allí que toda persona sometida a un procedimiento de cualquier naturaleza ante los órganos que ejercen el Poder Público, debe tener la garantía que éste actúa con sujeción al procedimiento legalmente establecido para el conocimiento y resolución del asunto de su competencia[5].

Lo anterior es la consecuencia de que todos los órganos que ejercen el Poder Público, en el ámbito de sus respectivas competencias deben actuar con sujeción al imperio de la ley y deben ser capaces de asegurar el libre y pleno

---

2 Corte IDH, *Caso del Tribunal Constitucional vs. Perú,* Fondo, Reparaciones y Costas, sentencia de 31 de enero de 2001, serie C N° 71, párr. 68.

3 Corte IDH, *Caso del Tribunal Constitucional vs. Perú,* Fondo, Reparaciones y Costas, sentencia de 31 de enero de 2001, serie C N° 71, párr. 69.

4 Corte IDH, *Caso Mohamed vs. Argentina,* Excepción Preliminar, Fondo, Reparaciones y Costas, sentencia de 23 de noviembre de 2012, serie C N° 255, párr. 80.

5 Corte IDH, *Caso Mohamed vs. Argentina,* Excepción Preliminar, Fondo, Reparaciones y Costas, sentencia de 23 de noviembre de 2012, serie C N° 255, párr. 80.

ejercicio de los derechos humanos[6], llegando incluso al escenario de tener que ejercer el control difuso de convencionalidad[7].

III. Fundamentos materiales de la potestad sancionatoria

3.1. Principio de Legalidad

Las leyes a que se refiere el artículo 30 de la Convención Americana son aquellos actos normativos, emanados de los órganos que ejercen el Poder Legislativo, democráticamente elegidos y que son promulgados por el órgano del Poder Ejecutivo, constituyéndose en las únicas capaces de restringir el goce o ejercicio de los derechos reconocidos por la Convención (Ley formal)[8], es decir, solo las leyes expedidas por los órganos democráticamente elegidos y constitucionalmente facultados, como manifestación de la voluntad general y que se orientan a garantizar el bien común, pueden restringir el goce y ejercicio de los derechos y libertades de la persona humana[9].

Es así como a los efectos de la Convención Americana sobre Derechos Humanos, se considera que la ley es la "norma jurídica de carácter general, ceñida al bien común, emanada de los órganos legislativos constitucionalmente previstos y democráticamente elegidos, y elaborada según el procedimiento establecido por las constituciones de los Estados Partes para la formación de las leyes", lo que lleva a señalar que en un Estado de Derecho, sólo el Poder Legislativo puede regular a través de leyes, tanto los derechos fundamentales como la competencia de los órganos que ejercen el Poder Público[10].

El principio de legalidad se encuentra reconocido en casi todas las constituciones americanas de finales del siglo XIX y es consustancial con el desarrollo del Derecho en el mundo democrático, encontrando como corolario la reserva de ley, conforme a la cual "los derechos fundamentales sólo pueden ser restringidos por ley, en cuanto expresión legítima de la voluntad de la nación"[11].

Esta reserva de ley es exigible respecto a todos los actos de intervención en la esfera de la libertad y es un elemento esencial para que los derechos de las

---

6 Corte IDH, *Caso Velásquez Rodríguez vs Honduras,* Fondo, sentencia de 29 de julio de 1988, serie C N° 4, párr. 166; Corte IDH, *Caso Godínez Cruz vs. Honduras,* sentencia de 20 de enero de 1989, serie C N° 5, párr. 175, Corte IDH, *Excepciones al Agotamiento de los Recursos Internos (arts. 46.1, 46.2.a y 46.2.b, Convención Americana sobre Derechos Humanos)*, Opinión Consultiva OC-11/90, de 10 de agosto de 1990, serie A N° 11, párr. 24.

7 Corte IDH, *Caso Cabrera García y Montiel Flores vs. México,* Excepción Preliminar, Fondo, Reparaciones, Costas, sentencia de 26 de noviembre de 2010, serie C N° 220, párr. 225.

8 Corte IDH, La Expresión "Leyes" en el Artículo 30 de la Convención Americana Sobre Derechos Humanos, Opinión Consultiva OC-6/86, de 9 de mayo 1986, serie A, N° 6, párr. 35.

9 Corte IDH, La Expresión "Leyes" en el Artículo 30 de la Convención Americana Sobre Derechos Humanos, Opinión Consultiva OC-6/86, de 9 de mayo 1986, serie A, N° 6, párr. 37.

10 Corte IDH, *Caso Barreto Leiva vs. Venezuela,* Fondo, Reparaciones y Costas, sentencia de 17 de noviembre de 2009, serie C N° 205, párr. 76.

11 Corte IDH. La Expresión "Leyes" en el Artículo 30 de la Convención Americana Sobre Derechos Humanos, Opinión Consultiva OC-6/86, de 9 de mayo 1986, serie A, N° 6, párr. 23.

personas puedan estar jurídicamente protegidos y existir plenamente en la realidad. Con la finalidad de que los principios de legalidad y reserva de ley constituyan una garantía efectiva de los derechos y libertades de la persona, se requiere no sólo su proclamación formal, sino la existencia de un régimen que garantice eficazmente su aplicación y un control adecuado del ejercicio de las competencias de los órganos que ejercen el Poder Público[12].

El principio de legalidad sancionatoria y penal impone en la elaboración de los tipos penales y administrativos sancionatorios, el empleo de términos estrictos y unívocos, que acoten claramente las conductas punibles. Esto implica una clara definición de la conducta antijurídica y de la determinación de sus elementos, que permitan diferenciar los comportamientos no punibles y las conductas ilícitas que sean sancionables con medidas penales o administrativas[13].

La ambigüedad en la formulación de los tipos penales o administrativos genera dudas y abre el campo al arbitrio de la autoridad, lo que resulta particularmente indeseable cuando se trata de establecer la responsabilidad penal o administrativa de las personas y de sancionarlos con penas que afectan severamente derechos fundamentales, como la vida, la libertad o la propiedad[14]. Cuando las normas legales no delimitan estrictamente las conductas infractoras o delictuosas, deben considerarse violatorias del principio de legalidad establecido en el artículo 9 de la Convención Americana[15].

Esta norma obliga al Estado a definir las acciones u omisiones antijurídicas, de la forma más clara y precisa posible, dado que en un Estado de Derecho, "los principios de legalidad e irretroactividad presiden la actuación de todos los órganos del Estado, en sus respectivas competencias, particularmente cuando viene al caso el ejercicio de su poder punitivo". Ello es consecuencia de la existencia de una sociedad democrática, en la que es preciso extremar las precauciones para que las sanciones se adopten con estricto respeto de los derechos fundamentales de las personas, luego de una cuidadosa verificación de la efectiva existencia de la conducta ilícita[16].

---

12 Corte IDH. La Expresión "Leyes" en el Artículo 30 de la Convención Americana Sobre Derechos Humanos, Opinión Consultiva OC-6/86, de 9 de mayo 1986, serie A, N° 6, párr. 24.

13 Corte IDH, *Caso Castillo Petruzzi y otros vs. Perú,* Fondo, Reparaciones y Costas, sentencia de 30 de mayo de 1999, serie C N° 52, párr. 121; Corte IDH, *Caso Usón Ramírez vs. Venezuela,* Excepción Preliminar, Fondo, Reparaciones y Costas, sentencia de 20 de noviembre de 2009, serie C N° 207, párr. 55.

14 Corte IDH, *Caso Castillo Petruzzi y otros vs. Perú,* Fondo, Reparaciones y Costas, sentencia de 30 de mayo de 1999, serie C N° 52, párr. 127; Corte IDH, *Caso Cantoral Benavides vs. Perú,* Fondo, sentencia de 18 de agosto de 2000, serie C N° 69, párr. 157; Corte IDH, *Caso Usón Ramírez vs. Venezuela,* Excepción Preliminar, Fondo, Reparaciones y Costas, sentencia de 20 de noviembre de 2009, serie C N° 207, párr. 56.

15 Corte IDH, *Caso Castillo Petruzzi y otros vs. Perú,* Fondo, Reparaciones y Costas, sentencia de 30 de mayo de 1999, serie C N° 52, párr. 121; Corte IDH, *Caso Kimel vs. Argentina,* Fondo, Reparaciones y Costas, sentencia de 2 de mayo de 2008, serie C N° 177, párr. 63.

16 Corte IDH, Caso *Yvon Neptune vs. Haití,* Fondo, Reparaciones y Costas, sentencia de 6 de mayo de 2008, serie C N° 180, párr. 125.

Es así como corresponde a la autoridad competente al momento de la aplicación de la ley, atenerse estrictamente a lo dispuesto por ésta y observar con el mayor rigor en la adecuación, la conducta de la persona incriminada al tipo sancionatorio, de forma tal que no incurra en la sanción o penalización de conductas no contempladas como contrarias al ordenamiento jurídico[17].

Si bien se planteó la duda respecto a si el artículo 9 de la Convención Americana es aplicable a la materia sancionatoria administrativa, además de serlo evidentemente a la penal, la respuesta ha sido positiva, pues la calificación de un hecho como ilícito y la fijación de sus efectos jurídicos deben ser preexistentes a la conducta del sujeto al que se considera infractor. De lo contrario, las personas no podrían orientar su comportamiento conforme al ordenamiento jurídico vigente, en el que se expresan el reproche social y las consecuencias de éste. Estos son los fundamentos de los principios de legalidad y de irretroactividad desfavorable de una norma punitiva[18].

Los principios de legalidad e irretroactividad en un Estado de Derecho presiden la actuación de todos los órganos del Estado, en el marco de sus respectivas competencias y particularmente cuando viene al caso el ejercicio del poder punitivo en el que se manifiesta con máxima fuerza, una de las más graves e intensas funciones del Estado frente a la persona humana: la represión[19]. En lo que concierne al principio de legalidad, la Ley debe contener un concepto muy restringido y preciso sobre posibles conductas ilícitas[20]; y en lo que atiende al principio de irretroactividad desfavorable, no se pueden aplicar consecuencias jurídicas a las personas por la ejecución de actos realizados con anterioridad a una ley, que no existía al momento de los hechos[21].

El principio de legalidad constituye uno de los elementos centrales de la persecución penal y administrativa en una sociedad democrática y preside la actuación de todos los órganos del Estado, en sus respectivas competencias, particularmente cuando viene al caso el ejercicio del poder punitivo.

Este principio de legalidad es aplicable a la materia sancionatoria administrativa y a la materia disciplinaria. Al respecto es preciso tomar en cuenta que las sanciones administrativas y las sanciones disciplinarias son como las penales, una expresión del poder punitivo del Estado y que tienen en ocasiones, naturaleza similar a la de éstas, puesto que unas y otras implican menoscabo, privación o alteración de los derechos fundamentales de las personas, como consecuencia de una conducta ilícita. En consecuencia, en

17 Corte IDH, *Caso Yvon Neptune vs. Haití,* Fondo, Reparaciones y Costas, sentencia de 6 de mayo de 2008, serie C N° 180, párr. 125.

18 Corte IDH, *Caso Baena Ricardo y otros vs. Panamá,* Fondo, Reparaciones y Costas, sentencia de 2 de febrero de 2001, serie C N° 72, párr. 106.

19 Corte IDH, *Caso Baena Ricardo y otros vs. Panamá,* Fondo, Reparaciones y Costas, sentencia de 2 de febrero de 2001, serie C N° 72, párr. 107.

20 Corte IDH, *Caso Baena Ricardo y otros vs. Panamá,* Fondo, Reparaciones y Costas, sentencia de 2 de febrero de 2001, serie C N° 72, párr. 108.

21 Corte IDH, *Caso Baena Ricardo y otros vs. Panamá,* Fondo, Reparaciones y Costas, sentencia de 2 de febrero de 2001, serie C N° 72, párr. 109.

un sistema democrático es preciso extremar las precauciones para que dichas medidas se adopten con estricto respeto a los derechos fundamentales de las personas y previa una cuidadosa verificación de la efectiva existencia de la conducta ilícita.

3.2. *Principio de Tipicidad*

En aras de la seguridad jurídica es indispensable que la norma punitiva exista y resulte conocida o pueda serlo antes de que ocurra la acción o la omisión que la contravienen y que se pretende sancionar[22]. La calificación de un hecho como ilícito y la fijación de sus efectos jurídicos deben ser preexistentes a la conducta de la persona a la que se considera infractor, ya que antes de que una conducta sea tipificada como delito o infracción, la misma no reviste el carácter de ilícita para efectos penales o administrativos. Si esto no fuera así, las personas no podrían orientar su comportamiento dentro de un ordenamiento jurídico, al no tener certeza de su vigencia, ni conocer el reproche social y las consecuencias de éste. Estos son los fundamentos de los principios de tipicidad y de irretroactividad desfavorable de una norma punitiva[23].

En relación con lo anterior, conviene analizar si el artículo 9 de la Convención es aplicable a la materia sancionatoria administrativa, además de serlo, evidentemente a la penal, pues los términos utilizados en dicho precepto parecen referirse exclusivamente a esta última. Sin embargo, es preciso tomar en cuenta que las sanciones administrativas son como las penales, una expresión del poder punitivo del Estado y que tienen en ocasiones, naturaleza similar a la de éstas. Unas y otras implican menoscabo, privación o alteración de los derechos de las personas, como consecuencia de una conducta ilícita[24].

La tipificación de una infracción o un delito debe formularse en forma expresa, precisa, taxativa y previa, más aún cuando el derecho penal o sancionatorio administrativo es el medio más restrictivo y severo para establecer responsabilidades respecto de una conducta ilícita, teniendo en cuenta que el marco legal debe brindarle seguridad jurídica a las personas[25].

Por lo tanto, en un sistema democrático es preciso extremar las precauciones para que dichas medidas se adopten con estricto respeto a los derechos

22 Corte IDH, *Caso Maldonado Ordoñez vs Guatemala,* Excepción Preliminar, Fondo, Reparaciones y Costas, sentencia de 3 de mayo de 2016, serie C N° 311, párr. 89; Corte IDH, *Caso Flor Freire vs Ecuador,* Excepción preliminar, Fondo, Reparaciones y Costas, sentencia de 31 de agosto de 2016, serie C N° 315, párr. 146.

23 Corte IDH, *Caso De la Cruz Flores vs. Perú,* Fondo, Reparaciones y Costas, sentencia de 18 de noviembre de 2004, serie C N° 115, párr. 104; Corte IDH, *Caso García Asto y Ramírez Rojas vs. Perú,* Fondo, Reparaciones, Costas, sentencia 25 de noviembre de 2005, serie C N° 137, párr. 206; Corte IDH, *Caso Vélez Loor vs. Panamá,* Excepciones Preliminares, Fondo, Reparaciones, Costas, sentencia de 23 de noviembre de 2010, serie C N° 218, párr. 183.

24 Corte IDH, *Caso Baena Ricardo y otros vs. Panamá,* Fondo, Reparaciones y Costas, sentencia de 2 de febrero de 2001, serie C N° 72, párr. 106.

25 Corte IDH, *Caso Usón Ramírez vs. Venezuela,* Excepción Preliminar, Fondo, Reparaciones y Costas, sentencia de 20 de noviembre de 2009, serie C N° 207, párr. 55.

fundamentales de las personas y previa una cuidadosa verificación de la efectiva existencia de la conducta ilícita. Asimismo, en pro de la seguridad jurídica es indispensable que la norma punitiva sea penal o administrativa exista y resulte conocida o pueda serlo, antes de que ocurran la acción o la omisión que la contravienen y que se pretende sancionar[26].

En conclusión, este principio implica que una persona no pueda ser penada por un hecho que no era infracción o delito o no era sancionable, punible o perseguible cuando ocurrió o fue cometido[27].

3.3. *PRINCIPIO DE CULPABILIDAD*

El Estado tiene la obligación de garantizar que las investigaciones se desarrollen y finalicen exitosamente y que se impongan las sanciones a quienes sean encontrados culpables, dentro de los límites y conforme a los procedimientos que permiten preservar tanto la seguridad jurídica, como los derechos fundamentales de la persona humana[28].

En este orden de ideas, la jurisprudencia interamericana es pacífica al sostener que corresponde al Estado a través de los órganos competentes actuar como acusador y en consecuencia cumplir con el deber de demostrar mediante plena prueba la culpabilidad de la persona investigada y establecer la subsecuente responsabilidad que de ella se deriva[29], es decir, que el investigado y acusado no puede ser sancionado, mientras no haya sido demostraba su culpabilidad[30], que deberá quedar plasmada en una sentencia o decisión administrativa que quede firme[31].

---

26 Corte IDH, *Caso Maldonado Ordoñez vs Guatemala*, Excepción Preliminar, Fondo, Reparaciones y Costas, sentencia de 3 de mayo de 2016, serie C N° 311, párr. 89.

27 Corte IDH, *Caso De la Cruz Flores vs. Perú*, Fondo, Reparaciones y Costas, sentencia de 18 de noviembre de 2004, serie C N° 115, párr. 105.

28 Corte IDH, *Caso Barreto Leiva vs. Venezuela*, Fondo, Reparaciones y Costas, sentencia de 17 de noviembre de 2009, serie C N° 205, párr. 53.

29 Corte IDH, *Caso Suárez Rosero vs. Ecuador*, Fondo, sentencia de 12 de noviembre de 1997, serie C N° 35, párr. 77; Corte IDH, *Caso Acosta Calderón vs. Ecuador*, Fondo, Reparaciones, Costas, sentencia de 24 de junio de 2005, serie C N° 129, párr. 111; Corte IDH, *Caso Barreto Leiva vs. Venezuela*, Fondo, Reparaciones y Costas, sentencia de 17 de noviembre de 2009, serie C N° 205, párr. 121; Corte IDH, *Caso Cabrera García y Montiel Flores vs. México*, Excepción Preliminar, Fondo, Reparaciones y Costas, sentencia de 26 de noviembre de 2010, serie C N° 220, párr. 184; Corte IDH, *Caso López Mendoza vs. Venezuela*, Fondo, Reparaciones y Costas, sentencia de 1° de septiembre de 2011, serie C N° 233, párr. 128.

30 Corte IDH, *Caso Cantoral Benavides vs. Perú*, Fondo, sentencia de 18 de agosto de 2000, serie C, N° 69, párr. 120; Corte IDH, *Caso Ricardo Canese vs. Paraguay*, Fondo, Reparaciones y Costas, sentencia de 31 de agosto de 2004, serie C N° 111, párr. 153.

31 Corte IDH, *Caso Ricardo Canese vs. Paraguay*, Fondo, Reparaciones y Costas, sentencia de 31 de agosto de 2004, serie C N° 111, párr. 154; Corte IDH, *Caso Cabrera García y Montiel Flores vs. México*, Excepción Preliminar, Fondo, Reparaciones y Costas, sentencia de 26 de noviembre de 2010, serie C N° 220, párrs. 182-183.

3.4. *Principio de Irretroactividad*

En un Estado de Derecho, el principio irretroactividad preside la actuación de todos los órganos del Estado, en sus respectivas competencias, particularmente cuando viene al caso el ejercicio de su poder punitivo[32].

De conformidad con el principio de irretroactividad de la ley penal o administrativa desfavorable, el Estado no debe ejercer su poder punitivo aplicando de modo retroactivo tales leyes que aumenten las penas o las sanciones, establezcan circunstancias agravantes o creen figuras agravadas de delitos o infracciones. Este principio implica que una persona no pueda ser penada por un hecho que no era delito o infracción o no era sancionable, punible o perseguible cuando ocurrió[33].

Por lo que hace al principio de irretroactividad desfavorable, si la ley entró en vigor con posterioridad a los hechos que únicamente a partir de su vigencia se encuentran calificados como ilícitos, la sanción que se impuso a las personas por los hechos ocurridos con anterioridad contraviene el principio de irretroactividad desfavorable[34].

3.5. *Prohibición de Ne bis in ídem*

El principio de "cosa juzgada" implica la intangibilidad de una decisión o sentencia sólo cuando se llega a ésta respetándose el debido proceso, tal como lo ha establecido la jurisprudencia interamericana. Específicamente en relación con la figura de la cosa juzgada, se ha precisado que el principio *ne bis in ídem* o *non bis in ídem* no resulta aplicable cuando el procedimiento que culmina con el sobreseimiento de la causa o la absolución del responsable de una violación a los derechos humanos y sustrae al acusado de su responsabilidad, no se ha instruido de forma independiente o imparcialmente, de conformidad con las debidas garantías procesales o cuando no hay la intención real de someter al responsable a la acción de la justicia[35].

En lo que toca al principio *ne bis in ídem*, aun cuando es un derecho humano reconocido en el artículo 8.4 de la Convención Americana, no es un derecho absoluto y por tanto no resulta aplicable cuando: i) la actuación de la autoridad que conoció el caso, decidió sobreseer o absolver al responsable de una violación a los derechos humanos o al derecho internacional, obedeciendo al propósito de sustraer al acusado de su responsabilidad; ii) el procedimiento no fue instruido independiente o imparcialmente de conformidad con las debidas garantías procesales, o iii) no hubo la intención real de someter al responsable

---

32 Corte IDH, *Caso Lori Berenson Mejía vs. Perú*, Fondo, Reparaciones y Costas, sentencia de 25 de noviembre de 2004, serie C N° 119, párr. 126.

33 Corte IDH, *Caso De la Cruz Flores vs. Perú*, Fondo, Reparaciones y Costas, sentencia de 18 de noviembre de 2004, serie C N° 115, párr. 105.

34 Corte IDH, *Caso Baena Ricardo y otros vs. Panamá*, Fondo, Reparaciones y Costas, sentencia de 2 de febrero de 2001, serie C N° 72, párr. 109.

35 Corte IDH, *Caso Nadege Dorzema y otros vs. República Dominicana*, Fondo, Reparaciones y Costas, sentencia de 24 de octubre de 2012, serie C N° 251, párr.195.

a la acción de la justicia. Una decisión pronunciada en las circunstancias indicadas produce una cosa juzgada "aparente" o "fraudulenta". A lo anterior se suma, que si aparecen nuevos hechos o pruebas que puedan permitir la determinación de los responsables de violaciones a los derechos humanos y más aún, de los responsables de crímenes de lesa humanidad puedan ser reabiertas las investigaciones, incluso si existe una decisión con calidad de cosa juzgada, puesto que las exigencias de la justicia, los derechos de las víctimas, así como la letra y espíritu de la Convención Americana desplaza la protección del *ne bis in ídem*[36].

El desarrollo de la legislación y de la jurisprudencia internacional ha permitido el examen de la llamada "cosa juzgada fraudulenta" que resulta de un juicio en el que no se han respetado las reglas del debido proceso o cuando los jueces o las autoridades administrativas, no obraron con independencia e imparcialidad[37].

Al producirse decisiones que no resuelven el fondo, no existe el supuesto de hecho imprescindible para declarar que se ha afectado el principio *ne bis in ídem*[38].

Una sentencia o decisión administrativa con carácter de cosa juzgada tiene que ser necesariamente cumplida, debido a que en ella se adopta una decisión de forma definitiva, otorgando certeza sobre el derecho o controversia discutida en el caso concreto y tiene como uno de sus efectos la obligatoriedad. Por ello únicamente puede discutirse la autoridad de cosa juzgada de una decisión, cuando ésta afecta derechos de personas protegidas por la Convención y se demuestra que existe una causal de cuestionamiento de la cosa juzgada[39].

La Convención Americana rechaza la multiplicidad de sanciones a una persona, por una misma acción u omisión que previamente haya sido proscrita por una o varias normas legales, pues a cada una corresponde una única sanción o pena, es decir, una única acción, un único delito o infracción y una única pena o sanción[40], es decir, conforme al artículo 8.4 de la Convención Americana, la prohibición de imposición de una pluralidad de sanciones distintas a un sujeto, por la misma acción u omisión, que tienen el mismo fundamento e identidad de hechos constituye una garantía judicial, para que

36 Corte IDH, *Caso Almonacid Arellano y otros vs. Chile*, Excepciones Preliminares, Fondo, Reparaciones y Costas, sentencia de 26 de septiembre de 2006, serie C N° 154, párr. 154.

37 Corte IDH, *Caso Carpio Nicolle y otros vs. Guatemala*, Fondo, Reparaciones y Costas, sentencia de 22 de noviembre 2004, serie C N° 117, párr. 131.

38 Corte IDH, *Caso Lori Berenson Mejía vs. Perú*, Fondo, Reparaciones y Costas, sentencia de 25 de noviembre de 2004, serie C N° 119, párr. 208.

39 Corte IDH, *Caso Acevedo Jaramillo y otros vs. Perú*, Excepciones Preliminares, Fondo, Reparaciones y Costas, sentencia de 7 de febrero de 2006, serie C N° 144, párr. 167.

40 Corte IDH, *Caso Rosadio Villavicencio vs. Perú*, Excepciones Preliminares, Fondo, Reparaciones y Costas, sentencia de 14 de octubre de 2019, serie C N° 388, párrs. 93, 95, 97 y 101.

esa persona no sea sometida a múltiples procesos y sanciones, por esa única acción u omisión[41].

En tanto, la instauración, el procesamiento o el enjuiciamiento y la sanción con respecto a un mismo sujeto, por los mismos hechos y en relación con el mismo objeto o bien jurídico tutelado, a través de un procedimiento administrativo disciplinario, así como en procesos penales (ordinario o militar) no constituye *per se* una violación del principio *ne bis in ídem*[42].

En principio, la sanción penal en general no excluye la posibilidad de que una misma conducta, sea sancionada por aplicación de normas de otra rama jurídica. Es así como no se excluye la posibilidad de la determinación de la responsabilidad civil, dado que la reparación civil y la pena persiguen objetivos diferentes, siendo que cada responsabilidad se determinada conforme a sus propios principios. De manera similar sucede con las responsabilidades políticas, que consisten en la separación del cargo de la persona sometida a un proceso político, lo que no obsta a la posible imposición de una pena en el ámbito penal y a la reparación en el ámbito civil[43].

Cabe precisar que la finalidad de la sanción en el derecho disciplinario tiene por objeto la preservación del orden interno de una institución, es decir, se reserva respecto a sujetos que se encuentran en una situación jurídica especial dentro de la institución, con la finalidad de mantener la disciplina entre ellos, pudiendo llegarse a la exclusión de la persona de tal institución, porque su conducta se considera incompatible con ese orden. Este objetivo de la sanción administrativa nada tiene que ver con el penal, al punto de que aunque el comportamiento del presunto transgresor hubiese sido penalmente censurable, ello no constituiría obstáculo para la imposición de una eventual sanción disciplinaria, que aun cuando tenga su objetivo y naturaleza diversa de la penal, responde a criterios propios de responsabilidad[44].

Por tanto, cuando dos sanciones no persiguen el mismo objetivo (penal y disciplinario), no se puede considerar que se incurre en una violación al principio *ne bis in ídem* establecido en el artículo 8.4 de la Convención[45].

3.6. *Sanciones*

Las sanciones administrativas como las penales son una expresión del poder punitivo del Estado y tienen en ocasiones naturaleza similar a la de éstas. En una sociedad democrática el poder punitivo sólo se ejerce en la medida

41 Corte IDH, *Caso Rosadio Villavicencio vs. Perú*, Excepciones Preliminares, Fondo, Reparaciones y Costas, sentencia de 14 de octubre de 2019, serie C N° 388, párrs. 105 y 107.

42 Corte IDH, *Caso Rosadio Villavicencio vs. Perú*, Excepciones Preliminares, Fondo, Reparaciones y Costas, sentencia de 14 de octubre de 2019, serie C N° 388, párr. 109.

43 Corte IDH, *Caso Rosadio Villavicencio vs. Perú*, Excepciones Preliminares, Fondo, Reparaciones y Costas, sentencia de 14 de octubre de 2019, serie C N° 388, párr. 114.

44 Corte IDH, *Caso Rosadio Villavicencio vs. Perú*, Excepciones Preliminares, Fondo, Reparaciones y Costas, sentencia de 14 de octubre de 2019, serie C N° 388, párr. 115.

45 Corte IDH, *Caso Rosadio Villavicencio vs. Perú*, Excepciones Preliminares, Fondo, Reparaciones y Costas, sentencia de 14 de octubre de 2019, serie C N° 388, párr. 116.

estrictamente necesaria, para proteger bienes jurídicos fundamentales de los ataques más graves que los dañen o pongan en peligro, por ello la detención de personas por incumplimiento de las leyes migratorias nunca debe ser con fines punitivos. Se consideran arbitrarias las políticas migratorias cuyo eje central es la detención obligatoria de los migrantes irregulares, sin que las autoridades competentes verifiquen en cada caso en particular y mediante una evaluación individualizada, la posibilidad de utilizar medidas menos restrictivas, que sean efectivas para alcanzar aquellos fines[46].

IV. Garantías formales frente a la potestad sancionatoria

4.1. *Garantía del debido procedimiento administrativo*

Pacíficamente se ha interpretado que el artículo 8 de la Convención Americana al referirse al debido proceso, establece un bloque de garantías procesales que gozan de pleno reconocimiento convencional y que condicionan el ejercicio del *Ius Puniendi* del Estado, con la finalidad de asegurar que el inculpado o imputado no sea sometido a decisiones arbitrarias. Estas debidas garantías se deben observar para asegurar, según el procedimiento de que se trate, el derecho al debido proceso. Es así como desde el inicio de las primeras diligencias de un proceso deben concurrir las máximas garantías procesales para salvaguardar el derecho del imputado a la defensa y además deben concurrir los elementos necesarios para que exista el mayor equilibrio entre las partes, para la debida defensa de sus derechos e intereses, lo que implica entre otras cosas, que impere el principio de contradictorio[47].

4.1.1. *Autoridad administrativa competente*

El derecho a ser oído exige que toda persona pueda tener acceso al tribunal u órgano estatal competente, encargado de determinar sus derechos y obligaciones[48].

Se había advertido al inicio de este estudio, que el respeto a los derechos humanos constituye un límite a la actividad estatal, lo cual vale para todo órgano o funcionario que se encuentre en una situación de poder, en razón

---

46 Corte IDH, *Caso Pacheco Tineo vs. Bolivia,* Excepciones Preliminares, Fondo, Reparaciones y Costas, sentencia de 25 de noviembre de 2013, serie C N° 272, párr. 131.

47 Corte IDH, *Condición Jurídica y Derechos Humanos del Niño,* Opinión Consultiva OC-17/02, de 28 de agosto de 2002, serie A N° 17, párr. 132: Corte IDH, *Caso Ruano Torres y otros vs. El Salvador,* Fondo, Reparaciones y Costas, sentencia de 5 de octubre de 2015 serie C N° 303, párr. 152; Corte IDH, *Caso Valenzuela Ávila vs. Guatemala,* Fondo, Reparaciones y Costas, sentencia de 11 de octubre de 2019, serie C N° 386, párr. 110; Corte IDH, *Caso Rodríguez Revolorio y otros vs. Guatemala,* Excepción Preliminar, Fondo, Reparaciones y Costas, sentencia de 14 de octubre de 2019, serie C N° 387, párr. 104; Corte IDH, *Caso Girón y otro vs. Guatemala,* Excepción Preliminar, Fondo, Reparaciones y Costas, sentencia de 15 de octubre de 2019, serie C N° 390, párr. 96;

48 Corte IDH, *Caso Apitz Barbera y otros ("Corte Primera de lo Contencioso Administrativo") vs. Venezuela,* Excepciones Preliminares, Fondo, Reparaciones y Costas, sentencia de 5 de agosto de 2008, serie C N° 182, párr. 72.

de su carácter oficial respecto de las demás personas. Un ejercicio de los órganos que ejercen el Poder Público que viole los derechos reconocidos por la Convención es ilícita. Esto es aún más importante cuando el Estado ejerce su poder sancionatorio, pues éste no sólo presupone la actuación de las autoridades con un total apego al ordenamiento jurídico, sino que además implica la concesión de las garantías mínimas del debido proceso a todas las personas que se encuentran sujetas a su jurisdicción, bajo las exigencias establecidas en la Convención[49].

Según el principio de separación de los órganos que ejercen el Poder Público en un Estado de Derecho, la función jurisdiccional compete preeminentemente al Poder Judicial, pero ello no obsta para que otros órganos o autoridades públicas puedan ejercer funciones del mismo tipo, es decir, que cuando la Convención se refiere al derecho de toda persona a ser oída por un "juez o tribunal competente" para la "determinación de sus derechos", esta expresión alude a cualquier autoridad pública, sea administrativa, legislativa o judicial, que a través de sus resoluciones determine derechos y obligaciones de las personas. En razón de ello se considera, que cualquier órgano del Estado que ejerza funciones de carácter materialmente jurisdiccional tiene la obligación de adoptar resoluciones apegadas a las garantías del debido proceso legal, en los términos del artículo 8 de la Convención Americana[50].

Las personas sujetas a juicio de cualquier naturaleza ante un órgano del Estado, del que pueda derivarse su responsabilidad deberán contar con la garantía de que dicho órgano sea competente, independiente e imparcial y actúe dentro de los términos del procedimiento legalmente previsto para el conocimiento y la resolución del caso que se le somete a su consideración[51].

El artículo 8.1 de la Convención Americana no se aplica solamente a jueces y tribunales judiciales, sino que las garantías que establece esta norma deben ser observadas en los distintos procedimientos en que los órganos estatales adoptan decisiones, sobre la determinación de los derechos de las personas, ya que el Estado también otorga a autoridades administrativas, colegiadas o unipersonales, la función de adoptar decisiones que determinan derechos[52], tomando en cuenta que no le son exigibles aquellas propias de un órgano jurisdiccional, pero sí debe cumplir con aquellas garantías destinadas a asegurar que la decisión no sea arbitraria[53].

---

49 Corte IDH, *Caso del Tribunal Constitucional vs. Perú*, Fondo, Reparaciones y Costas, sentencia de 31 de enero de 2001, Serie C N° 71, párr. 68.

50 Corte IDH, *Caso del Tribunal Constitucional vs. Perú*, Fondo, Reparaciones y Costas, sentencia de 31 de enero de 2001, serie C N° 71, párr. 71.

51 Corte IDH, *Caso del Tribunal Constitucional vs. Perú*, Fondo, Reparaciones y Costas, sentencia de 31 de enero de 2001, serie C N° 71, párr. 77.

52 Corte IDH, *Caso Barbani Duarte y Otros vs. Uruguay*, Excepciones Preliminares, Fondo, Reparaciones y Costas, sentencia de 26 de junio de 2012, serie C N° 243, párr. 118; Corte IDH, *Caso Álvarez Ramos vs. Venezuela*, Excepción Preliminar, Fondo, Reparaciones y Costas, sentencia de 30 de agosto de 2019, serie C N° 380, párr. 143.

53 Corte IDH, *Caso Barbani Duarte y Otros vs. Uruguay*, Excepciones Preliminares, Fondo, Reparaciones y Costas, sentencia de 26 de junio de 2012, serie C N° 243, párr. 119.

La garantía de ser juzgado por "un tribunal competente [...] establecido con anterioridad a la ley", se relaciona con el concepto de juez natural, que constituye una de las garantías del debido proceso, a las que inclusive se ha reconocido, por cierto sector de la doctrina, como un presupuesto de aquél. Esto implica que las personas tienen derecho a ser juzgadas, en general, por tribunales ordinarios o autoridades administrativas competentes, con arreglo a procedimientos legalmente establecidos[54].

El juez natural deriva su existencia y competencia de la ley, por lo que en un Estado de Derecho sólo el Poder Legislativo puede regular a través de ésta, la competencia de los juzgadores, sean estos jurisdiccionales o administrativos[55].

4.1.2. Separación de la autoridad instructora y la autoridad sancionadora

En virtud de la distribución competencial que debe existir entre quien está llamado a instruir la investigación y quien debe resolver sobre lo investigado, se infiere que la decisión cautelar no debe tener ningún efecto sobre aquella de la autoridad que debe determinar la responsabilidad del procesado, dado que esta decisión debe ser tomada por un autoridad judicial o administrativa diferente, a la que finalmente debe tomar la decisión sobre el fondo[56].

4.1.3. Principio de imparcialidad

El derecho a ser juzgado por un juez o tribunal imparcial es una garantía fundamental del debido proceso, es decir, se debe garantizar que el juez o tribunal en el ejercicio de su función como juzgador cuente con la mayor objetividad para enfrentar el juicio. Esto permite a su vez, que los tribunales inspiren la confianza necesaria a las partes en el caso, así como a los ciudadanos que viven en una sociedad democrática[57]. La jurisprudencia interamericana ha reconocido que la garantía de imparcialidad es aplicable a las autoridades que tramitan los procedimientos administrativos, conforme al artículo 8.1 de la Convención[58].

---

54 Corte IDH, *Caso Barreto Leiva vs. Venezuela,* Fondo, Reparaciones y Costas, sentencia de 17 de noviembre de 2009, serie C N° 205, párr. 75.

55 Corte IDH, *Caso Barreto Leiva vs. Venezuela,* Fondo, Reparaciones y Costas, sentencia de 17 de noviembre de 2009, serie C N° 205, párr. 76; Corte IDH, *Caso Colindres Schonenberg vs. El Salvador,* Fondo, Reparaciones y Costas, sentencia de 4 de febrero de 2019, serie C N° 373, párrs. 82 y 85.

56 Corte IDH, *Caso Romero Feris vs. Argentina,* Fondo, Reparaciones y Costas, sentencia de 15 de octubre de 2019, serie C N° 391, párr. 95.

57 Corte IDH, *Caso Herrera Ulloa vs. Costa Rica,* Excepciones Preliminares, Fondo, Reparaciones y Costas, sentencia de 2 de julio de 2004, serie C N° 107, párr. 171; Corte IDH, *Caso Rosadio Villavicencio vs. Perú,* Excepciones Preliminares, Fondo, Reparaciones y Costas, sentencia de 14 de octubre de 2019, serie C N° 388, párr. 186.

58 Corte IDH, *Caso Flor Freire vs Ecuador,* Excepción Preliminar, Fondo, Reparaciones y Costas. Sentencia de 31 de agosto de 2016, serie C N° 315, párr. 169.

La imparcialidad exige que el funcionario competente para intervenir en la resolución de una contienda concreta, con capacidad de decisión, se aproxime desde el punto de vista subjetivo, a los hechos de la causa careciendo de todo prejuicio y desde el punto de vista objetivo, ofreciendo garantías suficientes que permitan desterrar toda duda que el justiciable o la comunidad puedan albergar respecto de la ausencia de imparcialidad. La imparcialidad personal o subjetiva se presume a menos que exista prueba en contrario y la imparcialidad objetiva consiste en determinar, si el referido funcionario cuestionado brindó elementos convincentes que permitan eliminar temores legítimos o fundadas sospechas de parcialidad sobre su persona. Esto es así, porque quien decide sobre los derechos de una persona debe aparecer actuando sin estar sujeto a influencia, aliciente, presión, amenaza o intromisión, directa o indirecta, sino única y exclusivamente con sujeción al Derecho[59].

Uno de los presupuestos del debido proceso consiste en que el juez o autoridad competente que interviene en una contienda concreta, se aproximen a los hechos de la causa de modo imparcial, es decir, careciendo, de manera subjetiva, de todo prejuicio personal y ofreciendo garantías suficientes de índole objetiva que permitan desterrar toda duda que el justiciable o la comunidad puedan albergar respecto de la ausencia de imparcialidad. Es así como una de las formas de garantizar la conducción imparcial del proceso es mediante el instituto procesal de la excusa, la cual debe invocar el juzgador o autoridad competente cuando se estima impedido para conocer de un determinado asunto, por considerarse incurso en alguna de las causales previstas por la ley para ello y que podrían afectar su imparcialidad[60].

La autoridad a cargo de un proceso de destitución de un funcionario debe conducirse imparcialmente, en el procedimiento establecido para el efecto y permitir el ejercicio del derecho de defensa. Ello es así toda vez que la libre remoción de funcionarios judiciales fomenta la duda objetiva, sobre la posibilidad efectiva de aquellos de decidir controversias concretas sin temor a represalias[61], es decir, la autoridad a cargo del proceso de destitución de un juez debe conducirse imparcialmente, en el procedimiento establecido para el efecto y permitir el ejercicio del derecho de defensa[62].

59 Corte IDH, *Caso Flor Freire vs Ecuador*, Excepción Preliminar, Fondo, Reparaciones y Costas. Sentencia de 31 de agosto de 2016, serie C N° 315, párr. 168; Corte IDH, *Caso Álvarez Ramos vs. Venezuela*, Excepción Preliminar, Fondo, Reparaciones y Costas, sentencia de 30 de agosto de 2019, serie C N° 380, párr. 150; Corte IDH, *Caso Rodríguez Revolorio y otros vs. Guatemala*, Excepción Preliminar, Fondo, Reparaciones y Costas, sentencia de 14 de octubre de 2019, serie C N° 387, párr. 107; Corte IDH, *Caso Rosadio Villavicencio vs. Perú*, Excepciones Preliminares, Fondo, Reparaciones y Costas, sentencia de 14 de octubre de 2019, serie C N° 388, párr. 186.

60 Corte IDH, *Caso Ibsen Cárdenas e Ibsen Peña vs. Bolivia*, Fondo, Reparaciones y Costas, sentencia de 1° de septiembre de 2010, serie C N° 217, párr. 177.

61 Corte IDH, *Caso Chocrón Chocrón vs. Venezuela*, Excepción Preliminar, Fondo, Reparaciones y Costas, sentencia de 1° de julio de 2011, serie C N° 227, párr. 99.

62 Corte IDH, *Caso del Tribunal Constitucional vs. Perú*, Fondo, Reparaciones y Costas, sentencia de 31 de enero de 2001, serie C N° 71, párr. 74.

4.1.4. *Procedimiento administrativo sancionador: el procedimiento ordinario*

Todo proceso está integrado por actos jurídicos que guardan entre sí relación cronológica, lógica y teleológica. Unos son soporte o supuesto de los otros y todos se ordenan a un fin supremo y común: la solución de la controversia por medio de una decisión o sentencia. Los actos procesales corresponden al género de los actos jurídicos y por ello se encuentran sujetos a las reglas que determinan su aparición y los efectos de aquéllos. Por tanto, cada acto debe ajustarse a las normas que presiden su creación y le confieren valor jurídico, presupuesto para que produzca efectos de este carácter y si ello no ocurre, el acto carecerá de esa validez y no producirá tales efectos. La validez de cada uno de los actos jurídicos influye sobre la validez del conjunto, puesto que en éste cada uno se halla sustentado en otro precedente y es a su turno, sustento de otros más. La culminación de esa secuencia de actos es la decisión o sentencia, que dirime la controversia y establece la verdad jurídica con autoridad de cosa juzgada[63].

Si los actos en que se sostiene la decisión o sentencia están afectados por vicios graves, que los privan de la eficacia que debieran tener en condiciones normales, la decisión o sentencia no subsistirá. Carecerá de su soporte necesario, que no es otro que un proceso realizado conforme a Derecho. Es bien conocida la figura de la reposición del procedimiento, que acarrea la invalidación de diversos actos y la repetición de las actuaciones a partir de aquélla en que se cometió la violación que determina dicha invalidación. Esto implica, en su caso que se dicte nueva decisión o sentencia. La validez del proceso es condición de la validez de la decisión o sentencia[64].

El derecho al debido proceso se refiere al conjunto de requisitos que deben observarse en las instancias procesales, a efectos de que las personas estén en condiciones de defender adecuadamente sus derechos ante cualquier acto del Estado que pueda afectarlos[65]. Estas garantías mínimas del debido proceso legal se aplican en la determinación de derechos y obligaciones de orden "civil, laboral, fiscal o de cualquier otro carácter", es decir, "cualquier actuación u omisión de los órganos estatales dentro de un proceso, sea administrativo sancionatorio o jurisdiccional, debe respetar el debido proceso legal"[66].

---

63 Corte IDH, *Caso Castillo Petruzzi y otros vs. Perú,* Fondo, Reparaciones y Costas, sentencia de 30 de mayo de 1999, serie C N° 52, párr. 218.

64 Corte IDH, *Caso Castillo Petruzzi y otros vs. Perú,* Fondo, Reparaciones y Costas, sentencia de 30 de mayo de 1999, serie C N° 52, párr. 219.

65 Corte IDH, *Caso Nadege Dorzema y otros vs. República Dominicana,* Fondo, Reparaciones y Costas, sentencia de 24 de octubre de 2012, serie C N° 251, párr. 156; Corte IDH, *Caso Rodríguez Revolorio y otros vs. Guatemala,* Excepción Preliminar, Fondo, Reparaciones y Costas, sentencia de 14 de octubre de 2019, serie C N° 387, párr. 103.

66 Corte IDH, *Caso Nadege Dorzema y otros vs. República Dominicana,* Fondo, Reparaciones y Costas, sentencia de 24 de octubre de 2012, serie C N° 251, párr. 157; Corte IDH, *Caso López y otros vs. Argentina,* Excepciones Preliminares, Fondo, Reparaciones y Costas, sentencia de 25 de noviembre de 2019, serie C N° 396, párr. 200.

El obtener todas las garantías que permitan alcanzar decisiones justas es un derecho humano y deben respetarse tanto en el procedimiento administrativo, como en cualquier otro procedimiento cuya decisión pueda afectar los derechos de las personas[67].

En este orden de ideas se ha dicho que para que en un proceso existan verdaderas garantías judiciales, es preciso que en él se observen todos los requisitos que sirven "para proteger, asegurar o hacer valer la titularidad o el ejercicio de un derecho", es decir, las "condiciones que deben cumplirse para asegurar la adecuada defensa de aquéllos cuyos derechos u obligaciones están bajo consideración judicial"[68].

Las garantías judiciales son de observancia obligatoria en todo proceso en el que las libertades fundamentales de una persona están en juego. Los principios y actos del debido proceso legal constituyen un conjunto irreductible y estricto que puede ampliarse en virtud de los nuevos avances en el Derecho de los derechos humanos[69]. Incluso en sus opiniones consultivas la Corte Interamericana ha precisado[70]:

> "... el proceso es un medio para asegurar, en la mayor medida posible, la solución justa de una controversia. A ese fin atiende el conjunto de actos de diversas características generalmente reunidos bajo el concepto de debido proceso legal. El desarrollo histórico del proceso, consecuente con la protección del individuo y la realización de la justicia, ha traído consigo la incorporación de nuevos derechos procesales. Son ejemplo de este carácter evolutivo del proceso los derechos a no autoincriminarse y a declarar en presencia de abogado, que hoy día figuran en la legislación y en la jurisprudencia de los sistemas jurídicos más avanzados. Es así como se ha establecido, en forma progresiva, el aparato de las garantías judiciales que recoge el artículo 14 del Pacto Internacional de Derechos Civiles y Políticos, al que pueden y deben agregarse, bajo el mismo concepto, otras garantías aportadas por diversos instrumentos del Derecho Internacional".

---

67 Corte IDH, *Caso Baena Ricardo vs. Panamá,* Fondo, Reparaciones y Costas, sentencia de 2 de febrero de 2001, serie C N° 72, párr. 127; Corte IDH, *Caso Maldonado Ordóñez vs. Guatemala,* Excepción Preliminar, Fondo, Reparaciones y Costas, sentencia de 3 de mayo de 2016, serie C N° 311, párr. 25; Corte IDH, *Caso López y otros vs. Argentina,* Excepciones Preliminares, Fondo, Reparaciones y Costas, sentencia de 25 de noviembre de 2019, serie C N° 396, párr. 200.

68 Corte IDH, *Caso Hilaire, Constantine y Benjamin y otros vs. Trinidad y Tobago,* Fondo, Reparaciones y Costas, sentencia de 21 de junio de 2002, serie C N° 94, párr. 147; Corte IDH, *Caso López y otros vs. Argentina,* Excepciones Preliminares, Fondo, Reparaciones y Costas, sentencia de 25 de noviembre de 2019, serie C N° 396, párr. 199.

69 Corte IDH, *Condición Jurídica y Derechos Humanos del Niño,* Opinión Consultiva OC-17/02 de 28 de agosto de 2002, serie A N° 17, párr. 115.

70 Corte IDH, *El derecho a la información sobre la asistencia consular en el marco de las garantías del debido proceso legal,* Opinión Consultiva OC-16/99, de 1° de octubre de 1999, serie A N° 16, párr. 117; Corte IDH, *Condición Jurídica y Derechos Humanos del Niño,* Opinión Consultiva OC-17/02, de 28 de agosto de 2002, serie A N° 17, párr. 115.

En consecuencia, resulta exigible a cualquier autoridad pública, sea administrativa, legislativa o judicial, cuyas decisiones puedan afectar los derechos de las personas, que adopten dichas decisiones con pleno respeto de las garantías del debido proceso legal. Al respecto, el artículo 8 de la Convención Americana reconoce los lineamientos mínimos del debido proceso legal, el cual está compuesto por un conjunto de requisitos que deben observarse en las instancias procesales, a efectos de que las personas estén en condiciones de defender adecuadamente sus derechos ante cualquier tipo de acto del Estado que pueda afectarlos. Cabe recordar que "cualquier órgano del Estado que ejerza funciones de carácter materialmente jurisdiccional, tiene la obligación de adoptar resoluciones apegadas a las garantías del debido proceso legal en los términos del artículo 8 de la Convención Americana", es decir, que en "cualquier materia, inclusive en la laboral y la administrativa, la discrecionalidad de la administración tiene límites infranqueables, siendo uno de ellos el respeto de los derechos humanos. Es importante que la actuación de la administración se encuentre regulada, y ésta no puede invocar el orden público para reducir discrecionalmente las garantías de los administrados"[71].

Si bien el artículo 8 de la Convención Americana se titula "Garantías Judiciales", su aplicación no se limita a los recursos judiciales en sentido estricto, "sino al conjunto de requisitos que deben observarse en las instancias procesales", a efecto de que las personas puedan defenderse adecuadamente ante cualquier tipo de acto emanado del Estado, que pueda afectar sus derechos[72].

Es pacífico el criterio de la jurisprudencia interamericana en el sentido de que, aun cuando el citado artículo no especifica garantías mínimas en materias que conciernen a la determinación de los derechos y obligaciones de orden civil, laboral, fiscal, administrativo o de cualquier otro carácter, el elenco de garantías mínimas establecido en el numeral 2 del artículo 8 de la Convención Americana se aplica también a esos órdenes y por ende en ese tipo de materias, la persona tiene también el derecho al debido proceso que se aplica en materia penal[73].

La Convención Americana no establece un sistema procesal penal o sancionatorio en particular, dejando que conforme al margen de apreciación nacional los Estados tengan la libertad para determinar el que consideren más adecuado, siempre que respeten las garantías establecidas en la propia Convención, en su derecho nacional, en otros tratados internacionales

---

71 Corte IDH, *Caso Chocrón Chocrón vs. Venezuela,* Excepción Preliminar, Fondo, Reparaciones y Costas, sentencia de 1° de julio de 2011, serie C N° 227, párr.115.

72 Corte IDH, *Caso del Tribunal Constitucional vs. Perú,* Fondo, Reparaciones y Costas, sentencia de 31 de enero de 2001, serie C N° 71, párr. 69; Corte IDH, *Caso López y otros vs. Argentina,* Excepciones Preliminares, Fondo, Reparaciones y Costas, sentencia de 25 de noviembre de 2019, serie C N° 396, párr. 198.

73 Corte IDH, *Excepciones al Agotamiento de los Recursos Internos (arts. 46.1, 46.2.a y 46.2.b, Convención Americana sobre Derechos Humanos),* Opinión Consultiva OC-11/90, de 10 de agosto de 1990, serie A N° 11, párr. 28; Corte IDH, *Caso del Tribunal Constitucional vs. Perú,* Fondo, Reparaciones y Costas, sentencia de 31 de enero de 2001, serie C N° 71, párr. 70; Corte IDH, *Condición Jurídica y Derechos de los Migrantes Indocumentados,* Opinión Consultiva OC-18/03, de 17 de septiembre de 2003, serie A N° 18, párr. 124.

aplicables, en las normas consuetudinarias y en las disposiciones imperativas de derecho internacional[74].

La justicia realizada a través del debido proceso legal, como verdadero valor jurídicamente protegido, se debe garantizar en todo procedimiento disciplinario y los Estados no pueden sustraerse de esta obligación argumentando que no se aplican las debidas garantías del artículo 8 de la Convención Americana en el caso de sanciones disciplinarias y no penales, pues permitirle a los Estados dicha interpretación, equivaldría a dejar a su libre voluntad la aplicación o no del derecho de toda persona a un debido proceso[75].

Aunque los directores generales y las juntas directivas de las empresas estatales no son jueces o tribunales en un sentido estricto; sin embargo pueden adoptar decisiones que afecten derechos de los trabajadores, por lo que resulta indispensable que dichas autoridades cumplan con lo estipulado en el artículo 8 de la Convención[76].

En cualquier circunstancia en que se imponga una sanción administrativa a un trabajador debe resguardarse el debido proceso legal. Al respecto es importante distinguir entre las facultades discrecionales de que podrían disponer los gobiernos para remover personal en función de las estrictas necesidades del servicio público y las atribuciones relacionadas con el poder sancionatorio, porque estas últimas sólo pueden ser ejercidas con sujeción al debido proceso[77].

Las garantías procesales contempladas en el artículo 8 de la Convención Americana hacen parte del elenco de garantías mínimas que deben ser respetadas para adoptar una decisión que no sea arbitraria y que resulte ajustada al debido proceso. En consecuencia, cuando el pase a retiro tiene la naturaleza de una medida disciplinaria, el procedimiento administrativo sancionatorio debe respetar las susodichas garantías[78].

En conclusión, es importante tener presente que el derecho humano a obtener todas las garantías que permitan alcanzar decisiones justas, también debe ser respetado por la Administración Pública, es así, como las garantías mínimas deben respetarse en el procedimiento administrativo y en cualquier otro procedimiento cuya decisión pueda afectar los derechos de las personas[79].

---

74 Corte IDH, *Caso Fermín Ramírez vs. Guatemala,* Fondo, Reparaciones y Costas, sentencia de 20 de junio de 2005, serie C N° 126, párr. 66.

75 Corte IDH, *Caso Baena Ricardo y otros vs. Panamá,* Fondo, Reparaciones y Costas, sentencia de 2 de febrero de 2001, serie C N° 72, párr. 129.

76 Corte IDH, *Caso Baena Ricardo y otros vs. Panamá,* Fondo, Reparaciones y Costas, sentencia de 2 de febrero de 2001, serie C N° 72, párr. 130.

77 Corte IDH, *Caso Baena Ricardo y otros vs. Panamá,* Fondo, Reparaciones y Costas, sentencia de 2 de febrero de 2001, serie C N° 72, párr. 131.

78 Corte IDH, *Caso Rosadio Villavicencio vs. Perú,* Excepciones Preliminares, Fondo, Reparaciones y Costas, sentencia de 14 de octubre de 2019, serie C N° 388, párr. 126.

79 Corte IDH, Caso *Condición Jurídica y Derechos de los Migrantes Indocumentados,* Opinión Consultiva OC-18/03, de 17 de septiembre de 2003, serie A N° 18, párr. 125.

4.1.5. *Principio de publicidad*

Una de las principales características que debe reunir el proceso penal o administrativo durante su sustanciación es su carácter de público. El derecho a un proceso público se encuentra protegido por diversos instrumentos internacionales como elemento esencial de las garantías judiciales. En la Convención Americana el artículo 8.5 establece que "el proceso penal debe ser público, salvo en lo que sea necesario para preservar los intereses de la justicia"[80].

El derecho al proceso público reconocido en el artículo 8.5 de la Convención es un elemento esencial de los sistemas procesales penales o administrativos acusatorios de un Estado democrático y se garantiza a través de la realización de una etapa oral en la que el acusado pueda tener inmediación con el juez o autoridad competente, a las pruebas y que además se facilite el acceso al público[81].

La publicidad del proceso tiene la función de proscribir la administración de justicia secreta, someterla al escrutinio de las partes y del público, así como se relaciona con la necesidad de la transparencia e imparcialidad de las decisiones que se tomen. Es un medio por el cual se fomenta la confianza en los tribunales de justicia o en las autoridades públicas. La publicidad hace referencia específica al acceso a la información del proceso que tengan las partes e incluso los terceros[82].

Cuando se trata de procedimientos en los que se examinan cuestiones relativas a menores de edad, que trascienden en la vida de éstos, procede fijar ciertas limitaciones al amplio principio de publicidad que rige en otros casos, no por lo que toca al acceso de las partes a las pruebas y resoluciones, sino en lo que atañe a la presencia del público en la realización de los actos procesales. Estos límites atienden al interés superior del niño, en la medida en que lo preservan de apreciaciones, juicios o estigmatizaciones que pueden gravitar sobre su vida futura[83].

80 Corte IDH, *Caso Palamara Iribarne vs. Chile*, Fondo, Reparaciones y Costas, sentencia de 22 de noviembre de 2005, serie C N° 135, párr. 166; Corte IDH, *Caso Girón y otro vs. Guatemala*, Excepción Preliminar, Fondo, Reparaciones y Costas, sentencia de 15 de octubre de 2019, serie C N° 390, párr. 120.

81 Corte IDH, *Caso Palamara Iribarne vs. Chile*, Fondo, Reparaciones y Costas, sentencia de 22 de noviembre de 2005, serie C N° 135, párr. 167; Corte IDH, *Caso Girón y otro vs. Guatemala*, Excepción Preliminar, Fondo, Reparaciones y Costas, sentencia de 15 de octubre de 2019, serie C N° 390, párr. 120.

82 Corte IDH, *Caso Palamara Iribarne vs. Chile*, Fondo, Reparaciones y Costas, sentencia de 22 de noviembre de 2005, serie C N° 135, párr. 168; Corte IDH, *Caso Girón y otro vs. Guatemala*, Excepción Preliminar, Fondo, Reparaciones y Costas, sentencia de 15 de octubre de 2019, serie C N° 390, párr. 120.

83 Corte IDH, *Condición Jurídica y Derechos Humanos del Niño*, Opinión Consultiva OC-17/02, de 28 de agosto de 2002, serie A, N° 17, párr. 134.

4.1.6. Prohibición de las sanciones sin procedimiento

La jurisprudencia interamericana considera que el elenco de garantías mínimas del debido proceso legal se aplica en la determinación de derechos y obligaciones de orden "civil, laboral, fiscal o de cualquier otro carácter", es decir, "cualquier actuación u omisión de los órganos estatales dentro de un proceso, sea administrativo sancionatorio o jurisdiccional, debe respetar el debido proceso legal"[84].

4.1.7. Prohibición de medidas preventivas administrativas autónomas

Por su naturaleza la decisión cautelar no puede operar como una pena, con carácter sancionatorio, pues aunque su objeto está íntimamente relacionado con el desarrollo del proceso, de otorgársele tal virtud sancionatoria terminaría contrariando la presunción de inocencia[85].

Una medida cautelar restrictiva de una libertad no debe ser arbitraria y por tanto es necesario que "i. se presenten presupuestos materiales relacionados con la existencia de un hecho ilícito y con la vinculación de la persona procesada a ese hecho; ii. esas medidas cumplan con los cuatro elementos del "test de proporcionalidad", es decir con la finalidad de la medida que debe ser legítima (compatible con la Convención Americana), idónea para cumplir con el fin que se persigue, necesaria y estrictamente proporcional, y iii. la decisión que las impone contenga una motivación suficiente que permita evaluar si se ajusta a las condiciones señaladas".[86]

Corresponde a la autoridad jurisdiccional o administrativa imponer medidas de naturaleza cautelar, únicamente cuando acredite que "i) la finalidad de las medidas que priven o restrinjan la libertad sea compatible con la Convención; ii) que las medidas adoptadas sean las idóneas para cumplir con el fin perseguido; iii) que sean necesarias, en el sentido de que sean absolutamente indispensables para conseguir el fin deseado y que no exista una medida menos gravosa respecto al derecho intervenido entre todas aquellas que cuentan con la misma idoneidad para alcanzar el objetivo propuesto, y iv) que resulten estrictamente proporcionales, de tal forma que el sacrificio inherente a la restricción del derecho o la libertad no resulte exagerado o desmedido frente a las ventajas que se obtienen mediante tal restricción y el cumplimiento de la finalidad perseguida; v) cualquier restricción a la libertad que no contenga una motivación suficiente que permita evaluar si se ajusta a las condiciones señaladas será arbitraria" y por tanto contraria a la Convención[87].

---

84 Corte IDH, *Caso Nadege Dorzema y otros vs. República Dominicana,* Fondo, Reparaciones y Costas, sentencia de 24 de octubre de 2012, serie C N° 251, párr. 157.

85 Corte IDH, *Caso Romero Feris vs. Argentina,* Fondo, Reparaciones y Costas, sentencia de 15 de octubre de 2019, serie C N° 391, párr. 82.

86 Corte IDH, *Caso Romero Feris vs. Argentina,* Fondo, Reparaciones y Costas, sentencia de 15 de octubre de 2019, serie C N° 391, párr. 92.

87 Corte IDH, *Caso Argüelles y otros vs. Argentina,* Excepciones Preliminares, Fondo, Reparaciones y Costas, sentencia de 20 de noviembre de 2014, serie C N° 288, párr.

Las autoridades nacionales son las encargadas de valorar la pertinencia o no del mantenimiento de las medidas cautelares que emiten conforme a su propio ordenamiento jurídico. Al realizar esta tarea deben ofrecer la fundamentación suficiente que permita a los interesados conocer los motivos por los cuales se mantiene la restricción de la libertad o derecho. Para determinar lo anterior, es necesario analizar si las actuaciones procesales garantizaron no solamente la posibilidad formal de interponer alegatos, sino la forma en que sustantivamente el derecho de defensa se manifestó como verdadera salvaguarda de los derechos del procesado, de tal suerte que implicara una respuesta motivada y oportuna por parte de las autoridades en relación con los descargos. Al respecto, se ha resaltado que las decisiones que adopten los autoridades nacionales que puedan afectar derechos humanos deben estar debidamente fundamentadas, pues de lo contrario serían decisiones arbitrarias[88].

4.1.8. Principio de proporcionalidad

El principio general es la elección de la norma más favorable para interpretar la Convención Americana, de manera que siempre se elija la alternativa más favorable para la tutela de los derechos protegidos por dicho tratado, es decir, si a una situación son aplicables dos normas distintas, "debe prevalecer la norma más favorable a la persona humana"[89].

Una medida cautelar se encuentra limitada por el principio de proporcionalidad, en virtud del cual una persona considerada inocente no debe recibir igual o peor trato que una persona condenada o sancionada. El Estado debe evitar que la medida de coerción procesal sea igual o más gravosa para el acusado o imputado que la sanción o pena que se espera, en caso de ser declarada responsable. Esto quiere decir que no se debe autorizar la privación cautelar de un derecho o una libertad, en supuestos en los que no sería posible aplicar la pena de prisión o extinción del derecho y que aquélla debe cesar cuando se ha excedido la duración razonable de dicha medida. El principio de proporcionalidad implica, además, una relación racional entre la medida cautelar y el fin perseguido, de tal forma que el sacrificio inherente a la restricción de la libertad o derecho, no resulte exagerado o desmedido frente a las ventajas que se obtienen mediante tal restricción[90], es decir,

120; Corte IDH, *Caso Mujeres Víctimas de Tortura Sexual en Atenco vs. México*, Excepción Preliminar, Fondo, Reparaciones y Costas, sentencia de 28 de noviembre de 2018, serie C N° 371, párr. 251; Corte IDH, *Caso Romero Feris vs. Argentina*, Fondo, Reparaciones y Costas, sentencia de 15 de octubre de 2019, serie C N° 391, párr. 98; Corte IDH, *Caso Hernández vs. Argentina*, Excepción Preliminar, Fondo, Reparaciones y Costas, sentencia de 22 de noviembre de 2019, serie C N° 395, párr. 107.

88 Corte IDH, *Caso Chaparro Álvarez y Lapo Íñiguez vs. Ecuador*, Excepciones preliminares, Fondo, Reparaciones y Costas, sentencia de 21 de noviembre de 2007, serie C N° 170, párr. 107.

89 Corte IDH, Caso *Ricardo Canese vs. Paraguay*, Fondo, Reparaciones y Costas, sentencia de 31 de agosto de 2004, serie C N° 111, párr. 181.

90 Corte IDH, *Caso Barreto Leiva vs. Venezuela*, Fondo, Reparaciones y Costas, sentencia de 17 de noviembre de 2009, serie C N° 205, párr. 122; Corte IDH, *Caso Chocrón Chocrón vs.*

que las medidas cumplan con el requisito de "necesidad en una sociedad democrática" establecido en el artículo 16.2 de la Convención[91].

En este mismo orden de ideas, se observa que las autoridades públicas deben basar sus decisiones preventivas en elementos objetivos, que acrediten el fundado temor de la materialización efectiva de los peligros procesales que se buscan precaver con la adopción de tales medidas preventivas, pues lo contrario carecerían de la fundamentación que demandan la necesidad y proporcionalidad, para adoptar este tipo de restricción de derechos, al no existir otro menos gravosos[92].

Adicionalmente se ha señalado que el Estado únicamente puede restringir el derecho a la defensa, siempre que actúe apegado al principio de legalidad y por tanto debe perseguir un fin legítimo y demostrar que el medio empleado para ello es el más idóneo, necesario y estrictamente proporcional, porque de lo contrario la restricción sería inconvencional. En todo caso dicha restricción debe ser contrabalanceada por la autoridad pública, para que no se produzca la negación del contradictorio o de igualdad de armas, cumpliendo así la obligación de garantizar el tiempo y medios adecuados[93].

4.1.9. Decisión motivada y fundada en Derecho

El deber de motivar las decisiones que afectan los derechos fundamentales ha llevado a la jurisprudencia interamericana a sostener que la motivación "es la exteriorización de la justificación razonada que permite llegar a una conclusión". El deber de motivar las resoluciones es una garantía vinculada con la correcta administración de justicia, que protege el derecho de las personas a ser juzgados por las razones que el Derecho suministra y otorga credibilidad a las decisiones jurídicas en el marco de una sociedad democrática. Por tanto, las decisiones que adopten los órganos que ejercen el Poder Público, que puedan afectar derechos humanos deben estar debidamente fundamentadas, pues de lo contrario serían decisiones arbitrarias. En este sentido, la argumentación de un fallo y de ciertos actos administrativos debe permitir conocer cuáles fueron los hechos, motivos y normas en que se basó la autoridad para tomar su decisión, a fin de descartar cualquier indicio de arbitrariedad. La motivación demuestra a las partes que éstas han sido oídas y en aquellos casos en que las decisiones son recurribles, les proporciona la posibilidad de criticar la resolución y lograr un nuevo examen de la cuestión ante las instancias superiores. Por todo ello, el deber de motivación es una

---

Venezuela, Excepción Preliminar, Fondo, Reparaciones y Costas, sentencia de 1° de julio de 2011, serie C N° 227, párr. 122.

91 Corte IDH, *Caso Baena Ricardo y otros vs. Panamá,* Fondo, Reparaciones y Costas, sentencia de 2 de febrero de 2001, serie C N° 72, párr. 172.

92 Corte IDH, *Caso Álvarez Ramos vs. Venezuela,* Excepción Preliminar, Fondo, Reparaciones y Costas, sentencia de 30 de agosto de 2019, serie C N° 380, párrs. 176, 177 y 179.

93 Corte IDH, *Caso Álvarez Ramos vs. Venezuela,* Excepción Preliminar, Fondo, Reparaciones y Costas, sentencia de 30 de agosto de 2019, serie C N° 380, párr. 155.

de las "debidas garantías" incluidas en el artículo 8.1 de la Convención Americana para salvaguardar el derecho a un debido proceso[94].

Teniendo en cuenta estos alcances del deber de motivar tanto en el derecho internacional como en el derecho interno, se considera que la facultad de dejar sin efecto el nombramiento de funcionarios públicos con base en "observaciones" debe encontrarse mínimamente justificada y regulada, por lo menos en cuanto a la precisión de los hechos que sustentan dichas observaciones y a que la motivación respectiva no sea de naturaleza disciplinaria o sancionatoria; y si efectivamente se tratase de una sanción disciplinaria, la exigencia de motivación sería aún mayor que la de cualquier acto administrativo, ya que el control disciplinario tiene como objeto valorar la conducta, idoneidad y desempeño del funcionario y por tanto el órgano jurisdiccional o la autoridad administrativa deben analizar la gravedad de la conducta y la proporcionalidad de la sanción. En el ámbito disciplinario es imprescindible la indicación precisa de aquello que constituye una falta y el desarrollo de argumentos que permitan concluir que las conductas reprochadas tienen la suficiente entidad, para justificar que la persona no puede permanecer en el cargo. La discrecionalidad no fundamentada transforma el acto administrativo de remoción en un acto arbitrario, al afectar indebidamente el derecho a la estabilidad en el cargo[95].

De otra parte, al tratarse de supuestas faltas disciplinarias las razones por las cuales se infringe la norma en cuestión deben reflejarse de manera expresa, precisa, clara y sin ambigüedades, de forma tal que permita a la persona ejercer plenamente su derecho a la defensa, al momento de recurrir dicha decisión. Por tanto, la carencia de una adecuada motivación de las decisiones disciplinarias puede tener un efecto directo en la capacidad de las personas de ejercer una defensa adecuada en los recursos posteriores[96].

No existe una motivación debidamente justificada y razonada para la destitución, cuando no se señala con claridad la manera en que la conducta

---

94 Corte IDH, *Caso Apitz Barbera y otros ("Corte Primera de lo Contencioso Administrativo") vs. Venezuela*, Excepciones Preliminares, Fondo, Reparaciones y Costas, sentencia de 5 de agosto de 2008, serie C N° 182, párrs. 77-78; Corte IDH, *Caso Chocrón Chocrón vs. Venezuela*, Excepción Preliminar, Fondo, Reparaciones y Costas, sentencia de 1° de julio de 2011, serie C N° 227, párr. 118; Corte IDH, *Caso López Mendoza vs. Venezuela*, Fondo, Reparaciones y Costas, sentencia de 1° de septiembre de 2011, serie C N° 233, párr. 141, Corte IDH, *Caso Maldonado Ordoñez vs Guatemala*, Excepción Preliminar, Fondo, Reparaciones y Costas, sentencia de 3 de mayo de 2016, serie C N° 311, párr. 87; Corte IDH, *Caso Flor Freire vs Ecuador*, Excepción Preliminar, Fondo, Reparaciones y Costas, sentencia de 31 de agosto de 2016, serie C N° 315, párr.182; Corte IDH, *Caso Rosadio Villavicencio vs. Perú*, Excepciones Preliminares, Fondo, Reparaciones y Costas, sentencia de 14 de octubre de 2019, serie C N° 388, párr. 154; Corte IDH, *Caso López y otros vs. Argentina*, Excepciones Preliminares, Fondo, Reparaciones y Costas, sentencia de 25 de noviembre de 2019, serie C N° 396, párr. 214.

95 Corte IDH, *Caso Chocrón Chocrón vs. Venezuela*, Excepción Preliminar, Fondo, Reparaciones y Costas, sentencia de 1° de julio de 2011, serie C N° 227, párr.120; Corte IDH, *Caso Flor Freire vs Ecuador*, Excepción Preliminar, Fondo, Reparaciones y Costas, sentencia de 31 de agosto de 2016, serie C N° 315, párr. 184.

96 Corte IDH, *Caso Flor Freire vs Ecuador*, Excepción Preliminar, Fondo, Reparaciones y Costas, sentencia de 31 de agosto de 2016, serie C N° 315, párr.185.

del funcionario se ajustaría al supuesto de las normas invocadas como fundamento de la destitución y no se realizó ningún análisis de los contenidos en dichas normas, lo que constituye una violación al deber de motivación contenido en el artículo 8.1 de la Convención Americana[97].

Los procesos deben ser examinados como un todo, es decir, realizándose un análisis de todas sus etapas y no mediante una evaluación aislada de una fase defectuosa, salvo que sus efectos permeen todo el proceso y no hubieren sido subsanadas en una etapa posterior. El deber de motivación dependerá de la naturaleza de los procesos y materias sobre las cuales se pronuncian. Este no exige una respuesta detallada a todos y cada uno de los argumentos de las partes, pero la autoridad administrativa debe dar una respuesta a los argumentos principales y esenciales al objeto de la controversia, que permitan garantizar a las partes que han sido oídas en el marco del proceso[98] y no simplemente remitirse a las previas declaraciones de responsabilidad[99].

Dados los alcances de la restricción al sufragio pasivo implicados en una inhabilitación para ser candidato, la autoridad pública tiene un deber de motivación explícita de la decisión, tanto en lo cualitativo como en lo cuantitativo y tiene que desarrollar razones y fundamentos específicos sobre la gravedad y entidad de la falta presuntamente cometida por el sancionado y sobre la proporcionalidad de la sanción adoptada. Una motivación adecuada para la imposición de la inhabilitación permite verificar si la autoridad pública ha realizado una evaluación concreta y autónoma, sin remisión a lo determinado por otra autoridad previamente, respecto a los alegatos y evidencias que dieron origen a la declaración de responsabilidad. Sin una motivación adecuada y autónoma, la sanción de inhabilitación para postularse a un cargo de elección popular opera en forma casi automática, a través de un incidente procesal que termina siendo de mero trámite[100].

Los problemas en la ausencia de motivación de una sanción accesoria que impone la inhabilitación política tienen un impacto negativo en el ejercicio del derecho a la defensa, pues tal falta de motivación impide un reexamen a profundidad sobre la argumentación o evidencia, directamente relacionada con la imposición de una restricción al sufragio pasivo, que incluso puede llegar a ser notablemente más gravosa que la sanción principal. Por ello, se considera que la motivación demuestra a las partes que éstas han sido oídas y en aquellos casos en que las decisiones son recurribles, les proporciona la posibilidad de criticar la resolución y lograr un nuevo examen de la cuestión,

---

97 Corte IDH, *Caso Maldonado Ordoñez vs Guatemala*, Excepción Preliminar, Fondo, Reparaciones y Costas, sentencia de 3 de mayo de 2016, serie C N° 311, párr. 88.

98 Corte IDH, *Caso Flor Freire vs Ecuador*, Excepción Preliminar, Fondo, Reparaciones y Costas, sentencia de 31 de agosto de 2016, serie C N° 315, párr. 186.

99 Corte IDH, *Caso López Mendoza vs. Venezuela*, Fondo, Reparaciones y Costas, sentencia de 1° de septiembre de 2011, serie C N° 233, párr.146.

100 Corte IDH, *Caso López Mendoza vs. Venezuela*, Fondo, Reparaciones y Costas, sentencia de 1° de septiembre de 2011, serie C N° 233, párr. 147.

ante las instancias superiores del órgano jurisdiccional o administrativo que deberá evaluar sus méritos[101].

Si la autoridad estatal administrativa encargada de resolver una solicitud de información, no adoptó una decisión escrita debidamente fundamentada, que pudiera permitir conocer cuáles fueron los motivos y normas en que se basó para no entregar parte de la información en el caso concreto y determinar si tal restricción era compatible con lo dispuesto en la Convención Americana, cabe concluir que dicha decisión fue arbitraria y no cumplió con la garantía de encontrarse debidamente fundamentada, según lo exige el artículo 8.1 de la Convención[102].

La Corte Interamericana ha establecido que una persona no pueda ser condenada o sancionada mientras no exista prueba plena de su responsabilidad penal o administrativa. Si obra contra ella prueba incompleta o insuficiente, no es procedente condenarla o sancionarla, sino absolverla[103].

Conforme a los principios de sana crítica y unidad de la prueba, la autoridad pública debe realizar un estudio concatenado y racional de todo el acervo probatorio que se haya incorporado al proceso, para extraer la convicción respecto a algún hecho y siempre que ello sea acorde con las garantías procesales, como el contradictorio, la presunción de inocencia y el derecho a la defensa. Es por ello que se le exige a la autoridad pública que al motivar la decisión, fundamente las causas y razones que respalden la apreciación de los elementos probatorios que tuvo a su disposición[104].

Por constituir el principio de coherencia o correlación un corolario indispensable del derecho de defensa, se considera que aquél constituye una garantía fundamental del debido proceso en materia penal o administrativa sancionatoria, que los Estados deben observar al expedir sus decisiones, en cumplimiento de las obligaciones previstas en los incisos b) y c) del artículo 8.2 de la Convención[105].

4.1.10. Plazo razonable para tramitar el procedimiento

El artículo 8.1 de la Convención se refiere al plazo razonable, que jamás ha sido concepto de sencilla definición. Esta disposición es similar al artículo 6 del Convenio para la Protección de Derechos Humanos y de las Libertades Fundamentales, por lo que la Corte Interamericana se ha apoyado en la jurisprudencia de la Corte Europea a los fines de precisar el concepto,

---

101 Corte IDH, *Caso López Mendoza vs. Venezuela,* Fondo, Reparaciones y Costas, sentencia de 1° de septiembre de 2011, serie C N° 233, párr.147.

102 Corte IDH, *Caso Claude Reyes y otros vs. Chile,* Fondo, Reparaciones y Costas, sentencia de 19 de septiembre de 2006, serie C N° 151, párr. 122.

103 Corte IDH, *Condición Jurídica y Derechos Humanos del Niño,* Opinión Consultiva OC-17/02, de 28 de agosto de 2002, serie A, N° 17, párr. 127.

104 Corte IDH, *Caso Rodríguez Revolorio y otros vs. Guatemala,* Excepción Preliminar, Fondo, Reparaciones y Costas, sentencia de 14 de octubre de 2019, serie C N° 387, párr. 121.

105 Corte IDH, *Caso Fermín Ramírez vs. Guatemala,* Fondo, Reparaciones y Costas, sentencia de 20 de junio de 2005, serie C N° 126, párr. 68.

señalando inicialmente que se deben tomar en cuenta tres elementos, para determinar la razonabilidad del plazo en el cual se desarrolla el proceso: a) la complejidad del asunto; b) la actividad procesal del interesado; y c) la conducta de las autoridades judiciales[106].

Posteriormente, la Corte Interamericana abundando en el análisis ha señalado que además de tomar en cuenta los tres elementos indicados para determinar la razonabilidad del plazo, es pertinente tomar en cuenta la afectación generada por la duración del procedimiento en la situación jurídica de la persona involucrada en el mismo, considerando entre otros aspectos la materia objeto de controversia. Si el paso del tiempo incide de manera relevante en la situación jurídica de la persona, resultará necesario que el procedimiento corra con más diligencia, a fin de que el caso se resuelva en un tiempo breve[107].

Es así como se introduce un cuarto elemento en el sistema interamericano, en cuanto a la razonabilidad en el plazo para el desarrollo de la investigación, en tanto puede constituir en principio y por sí misma una violación de las garantías judiciales, que supone evaluar: i) complejidad del asunto; ii) actividad procesal del interesado; iii) conducta de las autoridades judiciales; y iv) afectación generada en la situación jurídica de la persona involucrada en el proceso[108].

No obstante, la pertinencia de aplicar esos criterios para determinar la razonabilidad del plazo de un proceso depende de las circunstancias de cada caso, pues en algunos casos el deber del Estado de satisfacer plenamente los requerimientos de la justicia prevalece sobre la garantía del plazo razonable.

---

106 Corte IDH, *Caso Genie Lacayo vs. Nicaragua*, Fondo, Reparaciones y Costas, sentencia de 29 de enero de 1997, serie C N° 30, párr. 77; Corte IDH, *Caso Heliodoro Portugal vs. Panamá,* Excepciones Preliminares, Fondo y Reparaciones, sentencia de 12 de agosto de 2008, serie C N° 186, párr. 149; Corte IDH, *Caso Bayarri vs. Argentina,* Excepción Preliminar, Fondo, Reparaciones y Costas, sentencia de 30 de agosto de 2008, serie C N° 187, párr. 107.

107 Corte IDH, *Caso Valle Jaramillo y otros vs. Colombia,* Fondo, Reparaciones y Costas, sentencia de 27 de noviembre de 2008, serie C N° 192, párr. 155; Corte IDH, *Caso Garibaldi vs. Brasil,* Excepciones Preliminares, Fondo, Reparaciones y Costas, sentencia de 22 de septiembre de 2009, serie C N° 203, párr. 138.

108 Corte IDH, *Caso Kawas Fernández vs. Honduras,* Fondo, Reparaciones y Costas, sentencia de 3 de abril de 2009, serie C N° 196, párr. 112; Corte IDH, *Caso Anzualdo Castro vs. Perú,* Excepción Preliminar, Fondo, Reparaciones y Costas, sentencia de 22 de septiembre de 2009, serie C N° 202, párr. 156; Corte IDH, *Caso Forneron e hija vs. Argentina*, Fondo, Reparaciones y Costas, sentencia de 27 de abril de 2012, serie C N° 242, párr. 66; Corte IDH, *Caso Comunidad Garífuna Triunfo de la Cruz y sus miembros vs. Honduras,* Fondo, Reparaciones y Costas, sentencia de 8 de octubre de 2015, serie C N° 305, párr. 250; Corte IDH, *Caso Masacre de Santo Domingo vs. Colombia,* Excepciones Preliminares, Fondo y Reparaciones, sentencia de 30 de noviembre de 2012, serie C N° 259, párr. 164; Corte IDH, *Caso Perrone y Preckel vs. Argentina,* Excepciones Preliminares, Fondo, Reparaciones y Costas, sentencia de 8 de octubre de 2019, serie C N° 384, párr. 142; Corte IDH, *Caso Asociación Nacional de Cesantes y Jubilados de la Superintendencia Nacional de Administración Tributaria (ANCEJUB-SUNAT) vs. Perú,* Excepciones Preliminares, Fondo, Reparaciones y Costas, sentencia de 21 de noviembre de 2019, serie C N° 394, párr. 135; Corte IDH, *Caso López y otros vs. Argentina*, Excepciones Preliminares, Fondo, Reparaciones y Costas, sentencia de 25 de noviembre de 2019, serie C N° 396, párr. 106.

En todo caso, corresponde al Estado demostrar las razones por las cuales un proceso o conjunto de procesos han tomado un período que exceda los límites del plazo razonable y si no lo demuestra, la Corte Interamericana tiene amplias atribuciones para hacer su propia estimación al respecto[109].

Para que la investigación sea conducida de manera seria, imparcial y como un deber jurídico propio, se requiere que se haga efectiva la determinación de los hechos que se investigan en tiempo razonable. Este "plazo razonable" al que se refiere el artículo 8.1 de la Convención Americana se debe apreciar en relación con la duración total del procedimiento que se desarrolla hasta que se dicta la sentencia o decisión definitiva. Una demora prolongada constituye en principio y por sí misma, una violación a las garantías judiciales[110].

La razonabilidad del plazo a que se refiere ese precepto, se debe apreciar en relación con la duración total del proceso, desde el primer acto procesal hasta que se dicte sentencia o decisión definitiva[111].

Con fundamento en las consideraciones precedentes, al realizar un estudio global del procedimiento en la jurisdicción interna, se advierte que dicho procedimiento duró más de 50 meses, lo que excede en mucho el principio de plazo razonable consagrado en la Convención Americana[112].

El principio de "plazo razonable" al que hacen referencia los artículos 7.5 y 8.1 de la Convención Americana tiene como finalidad impedir que los acusados permanezcan largo tiempo bajo acusación y asegurar que ésta se decida prontamente[113].

Es así como se concluye que una demora prolongada puede llegar a constituir por sí misma, en ciertos casos, una violación de las garantías judiciales y corresponde al Estado exponer y probar la razón por lo que se ha requerido más tiempo que el que sería razonable, en principio para dictar sentencia o decisión definitiva en un caso concreto, de conformidad con los criterios indicados[114].

4.2. *Garantía del Derecho a la defensa*

La jurisprudencia interamericana ha sostenido que el derecho a la defensa constituye un componente central del debido proceso, que le impone la obligación al Estado de tratar a cada persona como un auténtico sujeto del

---

109 Corte IDH, *Caso Anzualdo Castro vs. Perú,* Excepciones Preliminares, Fondo, Reparaciones y Costas, sentencia de 22 de septiembre de 2009, serie C N° 202, párr. 156.

110 Corte IDH, *Caso García y Familiares vs. Guatemala,* Fondo Reparaciones y Costas, sentencia de 29 noviembre de 2012, serie C N° 258, párr. 152.

111 Corte IDH, *Caso Tibi vs. Ecuador,* Excepciones Preliminares, Fondo, Reparaciones y Costas, sentencia de 7 de septiembre de 2004, serie C N° 114, párr. 168.

112 Corte IDH, *Caso Suárez Rosero vs. Ecuador,* Fondo, sentencia de 12 de noviembre de 1997, serie C N° 35, párr. 73.

113 Corte IDH, *Caso Suárez Rosero vs. Ecuador,* Fondo, sentencia de 12 de noviembre de 1997, serie C N° 35, párr. 70.

114 Corte IDH, *Caso Hilaire, Constantine y Benjamin y otros vs. Trinidad y Tobago,* Fondo, Reparaciones y Costas, sentencia de 21 de junio de 2002, serie C N° 94, párr. 145.

proceso, en el sentido más amplio y no como objeto del mismo. Por tanto, el derecho a la defensa necesariamente debe ejercerse desde el momento en que se señala a una persona como el posible autor o participe de un hecho antijurídico y tal ejercicio cesa al momento en que finaliza el proceso, lo que incluye además de la decisión, su ejecución en los casos en que ello proceda[115].

El derecho de defensa supone que esta sea eficaz, oportuno, realizada por personas calificadas técnicamente, para que permita fortalecer la protección de las garantías procesales del imputado y no como un simple medio para cumplir formalmente con las exigencias del proceso. De allí que cualquier forma de defensa aparente resultaría violatoria de la Convención Americana[116].

Este derecho se proyecta en dos fases: una, a través de los propios actos del inculpado, contando con la posibilidad de rendir una declaración libre sobre los hechos que se le atribuyen; y la otra, mediante la defensa técnica ejercida por un profesional del derecho, quien cumple la función de asesorar al investigado sobre sus derechos y deberes, así como de realizar un control crítico y de legalidad sobre la producción de los medios de pruebas[117].

4.2.1. Prohibición de secreto sumarial

Si conforme a la ley, la información recaudada mientras duraba el sumario era siempre secreto para el investigado, aunque no estuviese privado de su libertad u otro derecho, ello supuso que el derecho a la defensa del investigado siempre estuvo supeditado, siendo irrelevante para la ley y por mandato de ésta para el juez o autoridad administrativa, las características del caso concreto[118].

La normativa que establece como regla que en la jurisdicción penal o administrativa el sumario sea secreto, salvo las excepciones establecidas por la ley, es contraria al derecho de defensa del imputado, ya que le imposibilita el acceso efectivo al expediente y a las pruebas que se recaban en su contra, lo cual le impide defenderse adecuadamente, en contravención de lo dispuesto en el artículo 8.2.c) de la Convención Americana[119].

---

115 Corte IDH, *Caso Barreto Leiva vs. Venezuela*, Fondo, Reparaciones y Costas, sentencia de 17 de noviembre de 2009, serie C N° 205, párr. 29; Corte IDH, *Caso Ruano Torres y otros vs. El Salvador*, Fondo, Reparaciones y Costas, sentencia de 5 de octubre de 2015, serie C N° 303, párr. 153; Corte IDH, *Caso Ruiz Fuentes y otra vs. Guatemala*, Excepción Preliminar, Fondo, Reparaciones y Costas, sentencia de 10 de octubre de 2019, serie C N° 385, párr. 151.

116 Corte IDH, *Caso Girón y otro vs. Guatemala*, Excepción Preliminar, Fondo, Reparaciones y Costas, sentencia de 15 de octubre de 2019, serie C N° 390, párr. 99.

117 Corte IDH, *Caso Valenzuela Ávila vs. Guatemala*, Fondo, Reparaciones y Costas, sentencia de 11 de octubre de 2019, serie C N° 386, párr. 111; Corte IDH, *Caso Girón y otro vs. Guatemala*, Excepción Preliminar, Fondo, Reparaciones y Costas, sentencia de 15 de octubre de 2019, serie C N° 390, párr. 97.

118 Corte IDH, *Caso Barreto Leiva vs. Venezuela*, Fondo, Reparaciones y Costas, sentencia de 17 de noviembre de 2009, serie C N° 205, párr. 56.

119 Corte IDH, *Caso Palamara Iribarne vs. Chile*, Fondo, Reparaciones y Costas, sentencia de 22 de noviembre de 2005, serie C N° 135, párr. 170.

4.2.2. *Formación del expediente*

El Estado tiene la potestad de construir un expediente en búsqueda de la verdad de los hechos, adoptando las medidas necesarias para impedir que dicha labor se vea afectada por la destrucción u ocultamiento de pruebas. Sin embargo, esta potestad debe armonizarse con el derecho de defensa del investigado, que supone la posibilidad de conocer los hechos que se le imputan[120].

Ello así, el acceso al expediente es requisito *sine qua non* de la intervención procesal en la causa de la persona. Si bien es admisible que en ciertos casos exista reserva de las diligencias adelantadas durante la investigación preliminar en el proceso penal o administrativo para garantizar la eficacia de la administración de justicia, en ningún caso la reserva puede invocarse para impedir a la persona el acceso al expediente de una causa penal o administrativa[121]. La potestad del Estado de evitar la difusión del contenido del proceso, de ser el caso, debe ser garantizada adoptando las medidas necesarias compatibles con el ejercicio de los derechos procesales de las personas[122].

Una de las garantías inherentes al derecho de defensa es contar con el tiempo y los medios adecuados para preparar la defensa, lo cual obliga al Estado a permitir el acceso del inculpado al conocimiento del expediente llevado en su contra[123].

4.2.3. *Formulación motivada de cargos al presunto infractor*

Al determinar el alcance de las garantías contenidas en el artículo 8.2 de la Convención, se observa que la "acusación" en el debido proceso penal o administrativo conlleva la descripción material de la conducta imputada, que deberá contener los datos fácticos recogidos en la acusación, que constituyen la referencia indispensable para el ejercicio de la defensa del imputado y la consecuente consideración del juzgador en la sentencia o de la autoridad administrativa en su decisión. De ahí que el imputado tiene derecho a conocer, a través de una descripción clara, detallada y precisa, los hechos que se le imputan. La calificación jurídica de éstos puede ser modificada durante el proceso por el órgano acusador o por el juzgador, sin que ello atente contra el derecho de defensa, cuando se mantengan sin variación los mismos hechos y se observen las garantías procesales previstas en la ley para llevar a cabo la

120 Corte IDH, *Caso Barreto Leiva vs. Venezuela*, Fondo, Reparaciones y Costas, sentencia de 17 de noviembre de 2009, serie C N° 205, párr. 45.

121 Corte IDH, *Caso Barreto Leiva vs. Venezuela*, Fondo, Reparaciones y Costas, sentencia de 17 de noviembre de 2009, serie C N° 205, párr. 45.

122 Corte IDH, *Caso Radilla Pacheco vs. México*, Excepciones Preliminares, Fondo, Reparaciones y Costas, sentencia de 23 de noviembre de 2009, serie C N° 209, párr. 252; Corte IDH, *Caso González Medina y familiares vs. República Dominicana*, Excepciones Preliminares, Fondo, Reparaciones y Costas, sentencia de 27 de febrero de 2012, serie C N° 240, párr. 253.

123 Corte IDH, *Caso Cabrera García y Montiel Flores vs. México*, Excepción Preliminar, Fondo, Reparaciones y Costas, sentencia de 26 de noviembre de 2010, serie C N° 220, párr. 156.

nueva calificación. El llamado "principio de coherencia o de correlación entre acusación y sentencia" implica que la sentencia puede versar únicamente sobre hechos o circunstancias contemplados en la acusación[124].

En las imputaciones contra una persona que es señalada como posible autor o partícipe de un hecho punible o ilícito administrativo, debe mencionarse expresa y claramente los hechos constitutivos del presunto delito o infracción y la calificación jurídica, para permitirle ejercer plenamente su derecho a la defensa, desde que se inicia la investigación en su contra o desde que la autoridad dispone o ejecuta actos que impliquen afectación de derechos, lo que potencia los poderes investigativos del Estado, en desmedro de derechos fundamentales de la persona investigada. El derecho a la defensa obliga al Estado a tratar a la persona en todo momento como un verdadero sujeto del proceso, en el más amplio sentido de este concepto y no simplemente como objeto del mismo[125].

4.2.4. Notificación de los cargos

El artículo 7.4 de la Convención Americana exige que toda persona detenida o retenida deba ser informada de las razones de su detención y notificada, sin demora, del cargo o cargos formulados en su contra; y el artículo 8.2.b) exige que la comunicación al inculpado de la acusación formulada en su contra sea "previa y detallada"[126] a la realización del proceso, con una descripción clara y precisa y específica de los hechos que se le imputan, las razones por las cuales se le acusa y los delitos o faltas por los cuales se le pretende atribuir responsabilidad[127].

De estas normas se infiere que el Estado tiene el deber de informar al interesado no solamente de la causa de la acusación, esto es, las acciones u omisiones que se le imputan, sino también las razones que le llevan a formular la imputación, los fundamentos probatorios de ésta y la caracterización legal que se da a esos hechos. Toda esta información debe ser expresa, clara, integral y suficientemente detallada para permitir que el acusado ejerza plenamente su derecho a la defensa y muestre al órgano jurisdiccional o administrativo

124 Corte IDH, *Caso Fermín Ramírez vs. Guatemala,* Fondo, Reparaciones y Costas, sentencia de 20 de junio de 2005, serie C N° 126, párr. 67.

125 Corte IDH, *Caso Barreto Leiva vs. Venezuela,* Fondo, Reparaciones y Costas, sentencia de 17 de noviembre de 2009, serie C N° 205, párr. 29; Corte IDH, *Caso Cabrera García y Montiel Flores vs. México,* Excepción Preliminar, Fondo, Reparaciones y Costas, sentencia de 26 de noviembre de 2010, serie C N° 220, párr. 154; Corte IDH, *Caso Chocrón Chocrón vs. Venezuela,* Excepción Preliminar, Fondo, Reparaciones y Costas, sentencia de 1° de julio de 2011, serie C N° 227, párr. 121; Corte IDH, *Caso López Mendoza vs. Venezuela,* Fondo, Reparaciones y Costas, sentencia de 1° de septiembre de 2011, serie C N° 233, párr.117; Corte IDH, *Caso Vélez Loor vs. Panamá,* Excepciones Preliminares, Fondo, Reparaciones, Costas, sentencia de 23 de noviembre de 2010, serie C N° 218, párr. 145.

126 Corte IDH, *Caso Palamara Iribarne vs. Chile,* Fondo, Reparaciones y Costas, sentencia de 22 de noviembre de 2005, serie C N° 135, párr. 224.

127 Corte IDH, *Caso Rosadio Villavicencio vs. Perú,* Excepciones Preliminares, Fondo, Reparaciones y Costas, sentencia de 14 de octubre de 2019, serie C N° 388, párr. 127.

su versión de los hechos, según la interpretación del artículo 8.2.b de la Convención Americana[128].

Por todo ello, este artículo rige incluso antes de que se formule una "acusación" en sentido estricto y para su satisfacción es necesario que la notificación ocurra previamente a que el inculpado rinda su primera declaración ante cualquier autoridad pública[129].

Evidentemente, el contenido de la notificación variará de acuerdo al avance de las investigaciones, correspondiendo como mínimo al investigado conocer con el mayor detalle posible los hechos que se le atribuyen y llegando a su punto máximo cuando se produce la presentación formal y definitiva de cargos[130]. El investigado antes de declarar tiene que conocer de manera oficial cuáles son los hechos que se le imputan, no sólo deducirlos de las preguntas que se le formulan[131].

La transición entre "investigado" y "acusado" -y en ocasiones incluso "condenado"- puede producirse de un momento a otro. No puede esperarse a que la persona sea formalmente acusada o que se encuentre privada de la libertad u otro derecho, para proporcionarle la información de la que depende el oportuno ejercicio del derecho a la defensa[132].

El hecho de que la persona hubiese podido conocer por los medios de comunicación o por su declaración previa ante otra autoridad pública, el tema de la investigación que se estaba realizando, no releva al Estado de cumplir con lo dispuesto en el artículo 8.2.b de la Convención. El investigado antes de declarar, tiene que conocer de manera oficial cuáles son los hechos que se le imputan, no sólo deducirlos de la información pública o de las preguntas que se le formulan. De esta forma su respuesta podrá ser efectiva y sin el margen de error que las conjeturas producen; se garantizará el principio de congruencia, según el cual debe mediar identidad entre los hechos de los que se informa al inculpado y aquellos por los que se le procesa, acusa, se asegura el derecho a la defensa y finalmente se declara responsable o absuelve[133].

El artículo 8.2.b de la Convención Americana ordena a las autoridades judiciales o administrativas competentes notificar al inculpado la acusación formulada en su contra, sus razones y los delitos, las infracciones o las faltas por los cuales se le pretende atribuir responsabilidad, todo ello de forma previa a la realización del proceso. Para que este derecho opere en plenitud

128 Corte IDH, *Caso Barreto Leiva vs. Venezuela*, Fondo, Reparaciones y Costas, sentencia de 17 de noviembre de 2009, serie C N° 205, párr. 28.

129 Corte IDH, *Caso Barreto Leiva vs. Venezuela*, Fondo, Reparaciones y Costas, sentencia de 17 de noviembre de 2009, serie C N° 205, párr. 30.

130 Corte IDH, *Caso Barreto Leiva vs. Venezuela*, Fondo, Reparaciones y Costas, sentencia de 17 de noviembre de 2009, serie C N° 205, párr. 31.

131 Corte IDH, *Caso Rosadio Villavicencio vs. Perú*, Excepciones Preliminares, Fondo, Reparaciones y Costas, sentencia de 14 de octubre de 2019, serie C N° 388, párr. 128.

132 Corte IDH, *Caso Barreto Leiva vs. Venezuela*, Fondo, Reparaciones y Costas, sentencia de 17 de noviembre de 2009, serie C N° 205, párr. 46.

133 Corte IDH, *Caso Barreto Leiva vs. Venezuela*, Fondo, Reparaciones y Costas, sentencia de 17 de noviembre de 2009, serie C N° 205, párr. 47.

y satisfaga los fines que le son inherentes, es necesario que esa notificación ocurra antes de que el inculpado rinda su primera declaración. Sin esta garantía, se vería conculcado el derecho de aquél a preparar debidamente su defensa[134].

Incluso la aplicación de esta garantía debe ocurrir desde el momento en que se adoptan medidas que restringen derechos o libertades[135], es decir, que la norma convencional rige incluso antes de que se formule una "acusación" en sentido estricto[136], pues de lo contrario se produce una restricción al derecho a la defensa, que impide presentar adecuadamente los correspondientes descargos a las imputaciones que se presentaban en su contra, como ocurre por una parte, cuando los inculpados no tienen conocimiento oportuno y completo de los cargos que se les formulan; o por el otro, se les limita el acceso al acervo probatorio[137].

La notificación o la comunicación previa de las acusaciones recae sobre el Estado, por ser quien las debe ejecutar a través de sus funcionarios y por ello también tiene la carga de la prueba al estar en mejor posición procesal para proveerla, demostrando como el investigado ha tenido conocimiento previo a su comparecencia, de la acusación en su contra[138].

En el momento en que unas personas se presentan ante la autoridad administrativa y ésta inicia las gestiones para su expulsión del país, sin formalmente notificarles la apertura del procedimiento administrativo en su contra, ni permitirles el conocimiento expreso de los cargos administrativos que se les imputaban, ni tampoco comunicarle sus derechos, para otorgarles la posibilidad de exponer ampliamente las razones que los asisten en contra de una eventual expulsión relacionada con su situación migratoria, se produjo por parte de dicha autoridad una actuación en contravención del derecho reconocido en la Convención Americana[139].

---

134 Corte IDH, *El derecho a la información sobre la asistencia consular en el marco de las garantías del debido proceso legal,* Opinión Consultiva OC-16/99, de 1° de octubre de 1999, serie A N° 16, párr. 118; Corte IDH, *Caso Tibi vs. Ecuador,* Excepciones Preliminares, Fondo, Reparaciones y Costas, sentencia de 7 de septiembre de 2004, serie C N° 114, párr. 187; Corte IDH, *Caso Caso Palamara Iribarne vs. Chile*, Fondo, Reparaciones y Costas, sentencia de 22 de noviembre de 2005, serie C N° 135, párr. 225.

135 Corte IDH, *Caso Palamara Iribarne vs. Chile,* Fondo, Reparaciones y Costas, sentencia de 22 de noviembre de 2005, serie C N° 135, párr. 225.

136 Corte IDH, *Caso Barreto Leiva vs. Venezuela*, Fondo, Reparaciones y Costas, sentencia de 17 de noviembre de 2009, serie C N° 205, párr. 30.

137 Corte IDH, *Caso del Tribunal Constitucional vs. Perú,* Fondo, Reparaciones y Costas, sentencia de 31 de enero de 2001, Serie C N° 71, párr. 83.

138 Corte IDH, *Caso Rosadio Villavicencio vs. Perú,* Excepciones Preliminares, Fondo, Reparaciones y Costas, sentencia de 14 de octubre de 2019, serie C N° 388, párr. 130.

139 Corte IDH, *Caso Pacheco Tineo vs. Bolivia,* Excepciones preliminares, Fondo, Reparaciones y Costas, sentencia de 25 de noviembre de 2013, serie C N° 272, párr.162.

4.2.5. *Asistencia jurídica para preparar la defensa*

La defensa pública corresponde a una función estatal que debe gozar de la autonomía necesaria para ejercerse adecuadamente, mediante la asesoría según su mejor juicio profesional y en atención a las garantías procesales del imputado. Por ello, parte del deber estatal de garantizar una idónea defensa pública impone la implementación de adecuados procesos de selección de los defensores públicos, desarrollo de controles sobre su labor y brindarles capacitaciones periódicas[140]. A tal fin, es necesario que la institución de la defensa pública, como medio a través del cual el Estado garantiza el derecho irrenunciable de todo inculpado de ser asistido por un defensor, sea dotada de garantías suficientes para su actuación eficiente y en igualdad de armas con el poder punitivo del Estado[141].

Por tanto, el Estado debe organizar y crear las estructuras necesarias para la garantía de los derechos como la asistencia jurídica, a que se refiere el artículo 8 de la Convención Americana[142].

Los literales d) y e) del artículo 8.2 de la Convención expresan que el inculpado tiene derecho de defenderse personalmente o de ser asistido por un defensor de su elección y que si no lo hiciere tiene el derecho irrenunciable de ser asistido por un defensor proporcionado por el Estado, remunerado o no según la legislación interna. Ello así, un inculpado puede defenderse personalmente, aunque es necesario entender que esto es válido solamente si la legislación interna se lo permite y cuando no quiere o no puede hacer su defensa personalmente, tiene derecho de ser asistido por un defensor de su elección. En los casos en los cuales no se defienda a sí mismo o no nombre defensor dentro del plazo establecido por la ley, tiene el derecho de que el Estado le proporcione uno, que será remunerado o no según lo establezca la legislación interna. En tales términos la Convención garantiza el derecho de asistencia jurídica en los procedimientos penales o administrativos[143].

La asistencia jurídica se impone cuando ésta es necesaria para que se pueda hablar de debidas garantías y el Estado que no la provea gratuitamente a una persona que no puede pagarla, luego no podrá argüir que dicho proceso existe pero que no fueron agotados los recursos internamente[144]. Incluso en aquellos

140 Corte IDH, *Caso Girón y otro vs. Guatemala*, Excepción Preliminar, Fondo, Reparaciones y Costas, sentencia de 15 de octubre de 2019, serie C N° 390. párr. 100.

141 Corte IDH, *Caso Girón y otro vs. Guatemala*, Excepción Preliminar, Fondo, Reparaciones y Costas, sentencia de 15 de octubre de 2019, serie C N° 390. párr. 101.

142 Corte IDH, *Excepciones al Agotamiento de los Recursos Internos (arts. 46.1, 46.2.a y 46.2.b, Convención Americana sobre Derechos Humanos)*, Opinión Consultiva OC-11/90, de 10 de agosto de 1990, serie A N° 11, párr. 24.

143 Corte IDH, *Excepciones al Agotamiento de los Recursos Internos (arts. 46.1, 46.2.a y 46.2.b, Convención Americana sobre Derechos Humanos)*, Opinión Consultiva OC-11/90, de 10 de agosto de 1990, serie A N° 11, párr. 25; Corte IDH, *Caso Vélez Loor vs. Panamá*, Excepciones Preliminares, Fondo, Reparaciones, Costas, sentencia de 23 de noviembre de 2010, serie C N° 218, párr. 145.

144 Corte IDH, *Excepciones al Agotamiento de los Recursos Internos (arts. 46.1, 46.2.a y 46.2.b, Convención Americana sobre Derechos Humanos)*, Opinión Consultiva OC-11/90, de 10 de agosto de 1990, serie A N° 11, párr. 26.

casos en los cuales un acusado se ve obligado a defenderse a sí mismo porque no puede pagar asistencia jurídica, podría presentarse una violación del artículo 8 de la Convención, si puede probarse que esa circunstancia afectó el debido proceso a que tiene derecho[145].

No es la ausencia de asistencia jurídica lo único que puede impedir que una persona agote los recursos internos. Puede suceder incluso, que el Estado provea asistencia jurídica gratuita, pero no los costos que sean necesarios para que el proceso debido se desarrolle como lo ordena el artículo 8 de la Convención y en tal supuesto la excepción es aplicable, pero hay que tener en cuenta las circunstancias de cada caso y de cada sistema legal específico[146].

La defensa jurídica suministrada por el Estado debe ser efectiva, para lo que debe adoptar todas las medidas adecuadas. Si el derecho a la defensa surge desde el momento en que se ordena investigar a una persona, el investigado debe tener acceso a la defensa técnica desde ese mismo momento, sobre todo en la diligencia en la que se recibe su declaración. Impedir a éste contar con la asistencia de su abogado defensor es limitar severamente el derecho a la defensa, lo que ocasiona desequilibrio procesal y deja al individuo sin tutela frente al ejercicio del poder punitivo[147]. Sin embargo, el nombrar un defensor de oficio con el sólo objeto de cumplir con una formalidad procesal, equivaldría a no contar con defensa técnica, por lo que es imperativo que dicho defensor actúe de manera diligente con el fin de proteger las garantías procesales del acusado y evite así que sus derechos se vean lesionados[148].

La asistencia jurídica debe ser ejercida por un profesional del Derecho, para que se pueda satisfacer el requisito de la defensa técnica a través de la cual se asesore a la persona sometida a proceso, como sería la posibilidad de ejercer recursos contra actos que afecten derechos. Si el derecho a la defensa surge desde el momento en que se ordena investigar a una persona o la autoridad dispone o ejecuta actos que implican afectación de derechos, la persona sometida a un procedimiento administrativo sancionatorio debe tener acceso a la defensa técnica desde ese mismo momento, pues de lo contrario se

145 Corte IDH, *Excepciones al Agotamiento de los Recursos Internos (arts. 46.1, 46.2.a y 46.2.b, Convención Americana sobre Derechos Humanos)*, Opinión Consultiva OC-11/90, de 10 de agosto de 1990, serie A N° 11, párr. 27.

146 Corte IDH, *Excepciones al Agotamiento de los Recursos Internos (arts. 46.1, 46.2.a y 46.2.b, Convención Americana sobre Derechos Humanos)*, Opinión Consultiva OC-11/90, de 10 de agosto de 1990, serie A N° 11, párr. 29.

147 Corte IDH, *Caso Nadege Dorzema y otros vs. República Dominicana,* Fondo, Reparaciones y Costas, sentencia de 24 de octubre de 2012, serie C N° 251, párr.164; Corte IDH, *Caso Rosadio Villavicencio vs. Perú,* Excepciones Preliminares, Fondo, Reparaciones y Costas, sentencia de 14 de octubre de 2019, serie C N° 388, párr. 143.

148 Corte IDH, *Caso Cabrera García y Montiel Flores vs. México*, Excepción Preliminar, Fondo, Reparaciones y Costas, sentencia de 26 de noviembre de 2010, serie C N° 220, párr. 155; Corte IDH, *Caso Girón y otro vs. Guatemala,* Excepción Preliminar, Fondo, Reparaciones y Costas, sentencia de 15 de octubre de 2019, serie C N° 390, párr. 101.

limitaría severamente el derecho a la defensa, lo que ocasiona desequilibrio procesal y deja al individuo sin tutela frente al ejercicio del poder punitivo[149].

La defensa técnica tiene que ser ejercida por un profesional del derecho dado que significa una garantía del debido proceso y que el investigado será asesorado sobre sus deberes y derechos, así como que ello será respetado. El abogado puede realizar un control crítico y de legalidad en la producción de pruebas y puede compensar adecuadamente la situación de vulnerabilidad de las personas afectadas en derechos y libertades, en relación con el acceso efectivo a la justicia en términos igualitarios[150].

Por tanto, si las personas no cuentan con una designación de defensa desde el inicio del proceso, que además garantice una defensa idónea, capacitada y eficaz y si por el contrario ésta recae en estudiantes de Derecho que no cuentan con la experiencia, idoneidad y capacidad para ejercer la defensa de los acusados, en lugar de un profesional del Derecho formado para enfrentar un proceso penal o administrativo que podría culminar con la imposición de la pena de muerte o de una sanción administrativa de máxima gravedad, se debe concluir que el Estado es responsable de la violación de la Convención Americana[151].

La incomunicación a la que se puede ver sometido el inculpado le impide preparar debidamente su defensa y al no contar con el patrocinio letrado de un abogado de su elección o de un defensor público, así como el no poder comunicarse de forma libre y privada con él, contraviene lo establecido en el artículo 8.2 de la Convención Americana[152].

La acusación puede ser enfrentada y contradicha por el inculpado a través de sus propios actos, con la declaración que rinda sobre los hechos que se le atribuyen y a través de la defensa técnica, ejercida por un profesional del Derecho, quien asesorará al investigado sobre sus deberes y derechos, como lo constituyen un control crítico y de legalidad en la producción de las pruebas[153].

El privar a los defensores de las condiciones adecuadas para el eficaz desempeño de su trabajo, como supone el restringir el acceso al expediente al día anterior a la resolución del asunto o privarlo de la posibilidad de presentar pruebas, convierte su presencia en una actuación meramente formal, por

149 Corte IDH, *Caso Barreto Leiva vs. Venezuela*, Fondo, Reparaciones y Costas, sentencia de 17 de noviembre de 2009, serie C N° 205, párr. 62; Corte IDH, *Caso Vélez Loor vs. Panamá*, Excepciones Preliminares, Fondo, Reparaciones, Costas, sentencia de 23 de noviembre de 2010, serie C N° 218, párr. 132.

150 Corte IDH, *Caso Girón y otro vs. Guatemala*, Excepción Preliminar, Fondo, Reparaciones y Costas, sentencia de 15 de octubre de 2019, serie C N° 390, párr. 102.

151 Corte IDH, *Caso Girón y otro vs. Guatemala*, Excepción Preliminar, Fondo, Reparaciones y Costas, sentencia de 15 de octubre de 2019, serie C N° 390, párr. 112.

152 Corte IDH, *Caso Suárez Rosero vs. Ecuador*, Fondo, sentencia de 12 de noviembre de 1997, serie C N° 35, párr. 83.

153 Corte IDH, *Caso Barreto Leiva vs. Venezuela*, Fondo, Reparaciones y Costas, sentencia de 17 de noviembre de 2009, serie C N° 205, párr. 61.

lo que no se puede sostener que los inculpados contaron con una defensa adecuada[154].

El tiempo otorgado a un abogado para preparar la defensa técnica de su representado debe ser suficiente, considerando las circunstancias que cada uno de los procesados posee, sus características y complejidades particulares, lo que amerita que el tiempo sea suficiente para poder analizar el caso de manera exhaustiva y diseñar la estrategia de defensa adecuada[155].

El derecho a la defensa técnica no puede ser satisfecho por quien realizará la acusación. La acusación afirma la pretensión punitiva y la defensa la responde y rechaza a través de la pretensión absolutoria. Por tanto, no es razonable depositar funciones naturalmente antagónicas en una sola persona[156].

En procedimientos administrativos o judiciales en los cuales se pueda adoptar una decisión que implique la deportación, expulsión o privación de libertad, la prestación de un servicio público gratuito de defensa jurídica a favor de las personas es necesaria, para evitar la vulneración del derecho a las garantías del debido proceso[157].

4.2.6. *Tiempo para presentar descargos de defensa*

En todo proceso deben concurrir los elementos necesarios para "que exista el mayor equilibrio entre las partes, para la debida defensa de sus intereses y derechos. Esto implica, entre otras cosas, que rija el principio contradictorio"[158].

El derecho a ser oído exige que toda persona pueda tener acceso al tribunal u órgano estatal encargado de determinar sus derechos y obligaciones[159].

Una de las garantías inherentes al derecho de defensa es contar con el tiempo y los medios adecuados para preparar la defensa, lo cual obliga al Estado a permitir el acceso del inculpado al conocimiento del expediente llevado en su contra[160].

El derecho a ser oído reconocido en el artículo 8.1 de la Convención Americana, comprende el derecho de toda persona a tener acceso al tribunal

---

154 Corte IDH, Caso *Castillo Petruzzi y otros vs. Perú*, Fondo, Reparaciones y Costas, sentencia de 30 de mayo de 1999, serie C N° 52, párr. 141.

155 Corte IDH, *Caso Ruiz Fuentes y otra vs. Guatemala*, Excepción Preliminar, Fondo, Reparaciones y Costas, sentencia de 10 de octubre de 2019, serie C N° 385, párr. 155.

156 Corte IDH, *Caso Barreto Leiva vs. Venezuela*, Fondo, Reparaciones y Costas, sentencia de 17 de noviembre de 2009, serie C N° 205, párr. 63.

157 Corte IDH, *Caso Vélez Loor vs. Panamá*, Excepciones Preliminares, Fondo, Reparaciones, Costas, sentencia de 23 de noviembre de 2010, serie C N° 218, párr. 146.

158 Corte IDH, *Caso Palamara Iribarne vs. Chile*, Fondo, Reparaciones y Costas, sentencia de 22 de noviembre de 2005, serie C N° 135, párr. 178.

159 Corte IDH, *Caso Apitz Barbera y otros ("Corte Primera de lo Contencioso Administrativo") vs. Venezuela*, Excepciones Preliminares, Fondo, Reparaciones y Costas, sentencia de 5 de agosto de 2008, serie C N° 182, párr. 72.

160 Corte IDH, *Caso Cabrera García y Montiel Flores vs. México*, Excepción Preliminar, Fondo, Reparaciones y Costas, sentencia de 26 de noviembre de 2010, serie C N° 220, párr. 156.

u órgano estatal encargado de determinar sus derechos y obligaciones, el cual en cierto tipo de procesos debe ejercerse de manera oral; e implica el deber estatal de garantizar que las personas tengan "amplias posibilidades de ser oídos" en todas las etapas de los respectivos procesos, para que puedan formular sus pretensiones y presentar elementos probatorios, así como que éstos sean analizados de forma completa y seria por las autoridades, antes de que se deba resolver sobre hechos, responsabilidades, penas y reparaciones[161].

Este derecho a ser oído implica, por un lado, un ámbito formal y procesal de asegurar el acceso al órgano competente para que determine el derecho que se reclama, en apego a las debidas garantías procesales, tales como la presentación de alegatos y la aportación de las pruebas; y por otra parte, ese derecho abarca un ámbito de protección material, que implica que el Estado garantice que la decisión que se produzca a través del procedimiento satisfaga el fin para el cual fue establecido. Esto último no significa que siempre deban ser acogidos los alegatos y pruebas, sino que se debe garantizar su capacidad para producir el resultado para el que fue concebido[162].

A las personas contra quienes cursa una investigación no se les puede restringir el derecho de defensa, para presentar los descargos correspondientes a las imputaciones que se presentan en su contra, como ocurre cuando los inculpados no tuvieron conocimiento oportuno y completo de los cargos que se les hacían y se les limitó el acceso al acervo probatorio; se les otorgó un plazo para ejercer su defensa extremadamente corto, considerando la necesidad del examen de la causa y la revisión del acervo probatorio a que tiene derecho cualquier imputado y no se les permitió contrainterrogar a los testigos, en cuyos testimonios se habían basado las autoridades administrativas para iniciar el procedimiento de acusación y concluir con la consecuente sanción[163].

Uno de esos derechos fundamentales que se debe garantizar a toda persona es el derecho a contar con el tiempo y los medios adecuados para preparar la defensa, que obliga al Estado a permitir el acceso del inculpado al conocimiento del expediente llevado en su contra y a respetar el principio del contradictorio, que garantiza la intervención de aquél, en el análisis de la prueba[164].

Si el Estado pretende limitar este derecho, debe respetar el principio de legalidad y argüir de manera fundada cuál es el fin legítimo que pretende conseguir y demostrar que el medio a utilizar para llegar a ese fin es idóneo,

---

161 Corte IDH, *Caso Barbani Duarte y Otros vs. Uruguay*, Excepciones Preliminares, Fondo, Reparaciones y Costas, sentencia de 26 de junio de 2012, serie C N° 243, párr. 120.

162 Corte IDH, *Caso Barbani Duarte y Otros vs. Uruguay*, Excepciones Preliminares, Fondo, Reparaciones y Costas, sentencia de 26 de junio de 2012, serie C N° 243, párr. 122; Corte IDH, *Caso Rosadio Villavicencio vs. Perú*, Excepciones Preliminares, Fondo, Reparaciones y Costas, sentencia de 14 de octubre de 2019, serie C N° 388, párr. 146.

163 Corte IDH, *Caso del Tribunal Constitucional vs. Perú*, Fondo, Reparaciones y Costas, sentencia de 31 de enero de 2001, serie C N° 71, párr. 83.

164 Corte IDH, *Caso Barreto Leiva vs. Venezuela*, Fondo, Reparaciones y Costas, sentencia de 17 de noviembre de 2009, serie C N° 205, párr. 54.

necesario y estrictamente proporcional, pues en caso contrario, la restricción del derecho de defensa de la persona será contraria a la Convención[165].

La defensa suministrada por el Estado debe ser efectiva, para lo cual el Estado debe adoptar todas las medidas adecuadas. Si el derecho a la defensa surge desde el momento en que se ordena investigar a una persona, el investigado debe tener acceso a la defensa técnica desde ese mismo momento, sobre todo en la diligencia en la que se recibe su declaración. Impedir a éste contar con la asistencia de su abogado defensor es limitar severamente el derecho a la defensa, lo que ocasiona desequilibrio procesal y deja al individuo sin tutela frente al ejercicio del poder punitivo. Sin embargo, el nombrar un defensor de oficio con el sólo objeto de cumplir con una formalidad procesal, equivaldría a no contar con defensa técnica, por lo que es imperante que dicho defensor actúe de manera diligente con el fin de proteger las garantías procesales del acusado y evite así que sus derechos se vean lesionados[166].

4.2.7. *Proposición y práctica de los medios probatorios*

La Convención Americana en el artículo 8.2.f) reconoce que con la finalidad de defenderse, los acusados tienen derecho a interrogar a los testigos presentados contra ellos, así como a aquéllos que declaran a su favor, bajo las mismas condiciones que el Estado[167].

En el proceso hay actos que poseen o a los que se atribuye especial trascendencia para la definición de ciertas consecuencias jurídicas, que afectan la esfera de derechos y responsabilidades de las personas. A esta categoría corresponde la confesión, que es la declaración que hace el imputado de reconocer los hechos que se le atribuyen, lo cual no necesariamente significa que ese reconocimiento alcance a todas las cuestiones que pudieran vincularse con aquellos hechos o sus efectos. Igualmente se ha entendido que la confesión pudiera entrañar un acto de disposición de los bienes o los derechos, sobre los que existe contienda[168].

La situación de indefensión y vulnerabilidad en la que se encuentran las personas a quienes en el momento de ser detenidas se les somete a tratos crueles, inhumanos y degradantes con el objeto de suprimir su resistencia psíquica y forzarla a autoinculparse pueden producir sentimientos de

165 Corte IDH, *Caso Barreto Leiva vs. Venezuela*, Fondo, Reparaciones y Costas, sentencia de 17 de noviembre de 2009, serie C N° 205, párr. 55.

166 Corte IDH, *Caso Cabrera García y Montiel Flores vs. México*, Excepción Preliminar, Fondo, Reparaciones y Costas, sentencia de 26 de noviembre de 2010, serie C N° 220, párr. 155; Corte IDH, *Caso Rosadio Villavicencio vs. Perú*, Excepciones Preliminares, Fondo, Reparaciones y Costas, sentencia de 14 de octubre de 2019, serie C N° 388, párr. 143.

167 Corte IDH, *Caso Dacosta Cadogan vs. Barbados*, Excepciones Preliminares, Fondo, Reparaciones y Costas, sentencia de 24 de septiembre de 2009, serie C N° 204, párr. 84.

168 Corte IDH, *Condición Jurídica y Derechos Humanos del Niño*, Opinión Consultiva OC-17/02 de 28 de agosto de 2002, serie A N° 17, párr. 128.

miedo, angustia e inferioridad, capaz de humillar y devastar a una persona y posiblemente quebrar su resistencia física y moral[169].

La jurisprudencia interamericana ha señalado que la regla o principio de exclusión de pruebas, obtenidas mediante la tortura o tratos crueles e inhumanos ha sido reconocida por diversos tratados y órganos internacionales de protección de derechos humanos, que han establecido que dicha regla es intrínseca a la prohibición de tales actos, que ostenta un carácter absoluto e inderogable[170]. Por tanto, la confesión obtenida mediante tortura es absolutamente inválida y no puede ser utilizada como prueba en una sentencia o decisión administrativa condenatoria[171].

La anulación de los actos procesales derivados de la tortura o tratos crueles constituye una medida efectiva, para hacer cesar las consecuencias de una violación a las garantías judiciales. El principio o regla de exclusión no se aplica sólo a casos en los cuales se haya cometido tortura o tratos crueles, pues el artículo 8.3 de la Convención Americana es claro al señalar que "la confesión del inculpado solamente es válida si es hecha sin coacción de ninguna naturaleza", es decir, que no se limita el supuesto de hecho a que se haya perpetrado un acto de tortura o trato cruel, sino que se extiende a cualquier tipo de coacción capaz de quebrantar la expresión espontánea de la voluntad de la persona, lo que implica necesariamente la obligación de excluir la evidencia respectiva del proceso judicial o administrativo. Esta anulación es un medio necesario para desincentivar el uso de cualquier modalidad de coacción[172].

La Corte Interamericana ha sostenido que las declaraciones obtenidas mediante coacción no suelen ser veraces, ya que la persona intenta aseverar lo necesario para lograr que los tratos crueles o la tortura cesen. Por ello, no se puede aceptar o dar valor probatorio a declaraciones o confesiones obtenidas mediante coacción, que afecten a la persona interrogada o a un tercero, por constituir a su vez una infracción a un proceso justo. El carácter absoluto de la regla de exclusión, se ve reflejado en la prohibición de otorgarle valor probatorio no sólo a la prueba obtenida directamente mediante coacción, sino también a la evidencia que se desprende de dicha acción. En consecuencia, la exclusión de la prueba que haya sido encontrada o derivada de la información obtenida mediante coacción, garantiza de manera adecuada la regla de exclusión[173].

---

169 Corte IDH, *Caso Cabrera García y Montiel Flores vs. México*, Excepción Preliminar, Fondo, Reparaciones y Costas, sentencia de 26 de noviembre de 2010, serie C N° 220, párr. 174.

170 Corte IDH, *Caso Cabrera García y Montiel Flores vs. México*, Excepción Preliminar, Fondo, Reparaciones y Costas, sentencia de 26 de noviembre de 2010, serie C N° 220, párr. 165; Corte IDH, *Caso Pollo Rivera y otros vs. Perú*, Fondo, Reparaciones y Costas, sentencia de 21 de octubre de 2016, serie C N° 319, párr. 176.

171 Corte IDH, *Caso Valenzuela Ávila vs. Guatemala*, Fondo, Reparaciones y Costas, sentencia de 11 de octubre de 2019, serie C N° 386, párr. 110.

172 Corte IDH, *Caso Cabrera García y Montiel Flores vs. México*, Excepción Preliminar, Fondo, Reparaciones y Costas, sentencia de 26 de noviembre de 2010, serie C N° 220, párr. 166.

173 Corte IDH, *Caso Cabrera García y Montiel Flores vs. México*, Excepción Preliminar, Fondo, Reparaciones y Costas, sentencia de 26 de noviembre de 2010, serie C N° 220, párr. 167.

El inculpado tiene derecho a examinar a los testigos que declaran en su contra y a su favor, en las mismas condiciones que los agentes del Estado, con el objeto de ejercer su defensa[174]. Por tanto, si la legislación aplicable imposibilita el derecho a interrogar a los testigos que sirvieron de fundamento para la acusación, al prohibir el interrogatorio de agentes tanto de la policía como del ejército que participaron en las diligencias de investigación e impedir la intervención del abogado defensor hasta el momento en que fue a declarar el inculpado, produce que no se puedan controvertir las pruebas recabadas y asentadas en el acta policial[175].

4.2.8. Acceso al expediente y las pruebas

La restricción a la labor de los abogados defensores y la escasa posibilidad de presentación de pruebas de descargo por los inculpados, quienes no tuvieron conocimiento oportuno y completo de los cargos que se les hacían, produjo que las condiciones en que actuaron los defensores fueran absolutamente inadecuadas para su eficaz desempeño y sólo tuvieron acceso al expediente el día anterior a la resolución del asunto. En consecuencia, la presencia y actuación de los defensores fueron meramente formales y no se puede sostener que los inculpados contaron con una defensa adecuada[176].

Igualmente, la imposibilidad de tener acceso al expediente y a los medios de pruebas que sirven para la ampliación de la acusación y la resolución de la investigación constituye un impedimento para defenderse adecuadamente, que resulta inconvencional[177].

4.3. Derecho a la presunción de inocencia

El derecho a la presunción de inocencia constituye una de las garantías procesales, en virtud de las cuales se puede considerar que una persona es inocente hasta que su culpabilidad sea demostrada. Por tanto, constituye una obligación estatal no restringir la libertad del inculpado más allá de los límites estrictamente necesarios, para asegurar que no impedirá el desarrollo eficiente de las investigaciones y que no eludirá la acción de la justicia[178].

---

174 Corte IDH, *Caso Palamara Iribarne vs. Chile*, Fondo, Reparaciones y Costas, sentencia de 22 de noviembre de 2005, serie C N° 135, párr. 178.

175 Corte IDH, Caso *Castillo Petruzzi y otros vs. Perú*, Fondo, Reparaciones y Costas, sentencia de 30 de mayo de 1999, serie C N° 52, párrs. 153, 155; Corte IDH, *Caso del Tribunal Constitucional vs. Perú*, Fondo, Reparaciones y Costas, sentencia de 31 de enero de 2001, serie C N° 71, párr. 83.

176 Corte IDH, Caso *Castillo Petruzzi y otros vs. Perú*, Fondo, Reparaciones y Costas, sentencia de 30 de mayo de 1999. serie C N° 52, párr. 141.

177 Corte IDH, *Caso Álvarez Ramos vs. Venezuela*, Excepción Preliminar, Fondo, Reparaciones y Costas, sentencia de 30 de agosto de 2019, serie C N° 380, párrs. 156 y 160.

178 Corte IDH, *Caso Suárez Rosero vs. Ecuador*, Fondo, sentencia de 12 de noviembre de 1997, serie C N° 35, párr. 77; Corte IDH, *Caso Acosta Calderón vs. Ecuador*, Fondo, Reparaciones, Costas, sentencia de 24 de junio de 2005, serie C N° 129, párr. 111; Corte IDH, *Caso Barreto*

4.3.1. DISTRIBUCIÓN DE LA CARGA DE LA PRUEBA

La presunción de inocencia implica que el acusado no tiene la carga de demostrar que no ha cometido el delito o la infracción que se le atribuye, ya que la carga de la prueba corresponde a quien acusa[179]. La demostración fehaciente de la culpabilidad constituye un requisito indispensable para la sanción penal o administrativa, de modo que la carga de la prueba recae en la parte acusadora y no en el acusado. Por otro lado, la falta de prueba plena de la responsabilidad en una sentencia o decisión administrativa condenatoria constituye una violación al principio de presunción de inocencia, el cual es un elemento esencial para la realización efectiva del derecho a la defensa y acompaña al acusado durante toda la tramitación del proceso hasta que una sentencia o decisión administrativa condenatoria que determine su culpabilidad, quede firme. El principio de presunción de inocencia implica que las autoridades competentes no inicien el proceso con una idea preconcebida de que el acusado ha cometido el delito o la infracción que se le imputa, por lo que la carga de la prueba está a cargo de quien acusa y cualquier duda debe ser usada en beneficio del acusado. La presunción de inocencia se vulnera si antes de que el acusado sea encontrado culpable, una decisión judicial o administrativa relacionada con él, anticipa el juicio de que es culpable[180], contribuyendo así a formar opinión pública en su contra, sin haberse acreditado conforme a la ley la responsabilidad penal o administrativa[181].

Cualquier restricción a la libertad o un derecho que no contenga una motivación suficiente que permita evaluar si se ajusta a las condiciones señaladas en la ley será arbitraria y por tanto inconvencional. Ello así, para que se respete la presunción de inocencia, al ordenarse medidas cautelares restrictivas de la libertad u otro derecho es preciso que la autoridad judicial o administrativa fundamente y acredite de manera clara y motivada, en cada caso concreto la existencia de los referidos requisitos exigidos por la Convención, porque proceder de otro modo equivaldría a anticipar la pena, lo que contraviene principios generales del derecho y en concreto el principio de presunción de inocencia.[182]

Leiva vs. Venezuela, Fondo, Reparaciones y Costas, sentencia de 17 de noviembre de 2009, serie C N° 205, párr. 121.

179 Corte IDH, *Caso Valenzuela Ávila vs. Guatemala*, Fondo, Reparaciones y Costas, sentencia de 11 de octubre de 2019, serie C N° 386, párr. 114.

180 Corte IDH, *Caso Cabrera García y Montiel Flores vs. México*, Excepción Preliminar, Fondo, Reparaciones y Costas, sentencia de 26 de noviembre de 2010, serie C N° 220, párr. 184; Corte IDH, *Caso López Mendoza vs. Venezuela*, Fondo, Reparaciones y Costas, sentencia de 1° de septiembre de 2011, serie C N° 233, párr. 128.

181 Corte IDH, *Caso Rodríguez Revolorio y otros vs. Guatemala*, Excepción Preliminar, Fondo, Reparaciones y Costas, sentencia de 14 de octubre de 2019, serie C N° 387, párr. 109.

182 Corte IDH, *Caso Suárez Rosero vs. Ecuador*, Fondo, sentencia de 12 de noviembre de 1997, serie C N° 35, párr. 77; Corte IDH, *Caso Romero Feris vs. Argentina*, Fondo, Reparaciones y Costas, sentencia de 15 de octubre de 2019, serie C N° 391, párr. 110; Corte IDH, *Caso Hernández vs. Argentina*, Excepción Preliminar, Fondo, Reparaciones y Costas, sentencia de 22 de noviembre de 2019, serie C N° 395, párr. 116.

El artículo 8.2 de la Convención exige que una persona no pueda ser condenada mientras no exista prueba plena de su responsabilidad penal o administrativa. Si la prueba que obra en su contra es incompleta o insuficiente, no es procedente condenarla, sino absolverla, en virtud del principio de presunción de inocencia, conforme al cual una persona es inocente hasta que su culpabilidad sea demostrada[183], mediante una sentencia o decisión administrativa que quede firme. Este derecho implica que el acusado no debe demostrar que no ha cometido el delito o infracción que se le atribuye, ya que la carga de la prueba le corresponde a quien lo acusa[184].

El derecho a la presunción de inocencia exige que el Estado no condene informalmente a una persona o emita juicio ante la sociedad, contribuyendo así a formar una opinión pública, mientras no se acredite conforme a la ley la responsabilidad penal o administrativa de aquella[185].

4.3.2. GARANTÍA DE NO AUTOINCULPACIÓN

El debido proceso legal supone que la persona pueda hacer valer sus derechos y defender sus intereses en forma efectiva y en condiciones de igualdad procesal con otras personas. El proceso es un medio para asegurar la solución justa de una controversia. En la evolución del proceso se ha reconocido la incorporación de nuevos derechos procesales, como el derecho a no autoincriminarse o a declarar en presencia de abogado[186].

Cuando una persona ha sido obligada a autoinculparse, mediante el sometimiento a tortura por parte de agentes estatales, con el propósito de doblegar su resistencia psíquica, en el marco de sus actuaciones capaces de acarrearle eventuales consecuencias procesales desfavorables, se viola el artículo 8.2 y 8.3 de la Convención Americana[187].

---

183 Corte IDH, *Caso Cantoral Benavides vs. Perú*, Fondo, sentencia de 18 de agosto de 2000, serie C N° 69, párr. 120; Corte IDH, *Caso Ricardo Canese vs. Paraguay*, Fondo, Reparaciones y Costas, sentencia de 31 de agosto de 2004, serie C N° 111, párr. 153.

184 Corte IDH, *Caso Ricardo Canese vs. Paraguay*, Fondo, Reparaciones y Costas, sentencia de 31 de agosto de 2004, serie C N° 111, párr. 154; Corte IDH, *Caso Cabrera García y Montiel Flores vs. México*, Excepción Preliminar, Fondo, Reparaciones y Costas, sentencia de 26 de noviembre de 2010, serie C N° 220, párrs. 182-183.

185 Corte IDH, *Caso Lori Berenson Mejía vs. Perú*, Fondo, Reparaciones y Costas, sentencia de 25 de noviembre de 2004, serie C N° 119, párr. 160.

186 Corte IDH, *El Derecho a la Información sobre la Asistencia Consular en el Marco de las Garantías del Debido Proceso Legal*, Opinión Consultiva OC-16/99, de 1° de octubre de 1999, serie A N° 16, párr. 117.

187 Corte IDH, *Caso Maritza Urrutia vs. Guatemala*, Fondo, Reparaciones y Costas, sentencia de 27 de noviembre de 2003, serie C N° 103, párr. 121; Corte IDH, *Caso Tibi vs. Ecuador*, Excepciones Preliminares, Fondo, Reparaciones y Costas, sentencia de 7 de septiembre de 2004, serie C N° 114, párr. 198.

4.3.3. *Inejecutabilidad de las sanciones administrativas que no son firmes*

Una sentencia o decisión administrativa con carácter de cosa juzgada tiene que ser necesariamente cumplida, debido a que en ella se adopta una decisión de forma definitiva, otorgando certeza sobre el derecho o controversia discutida en el caso concreto y tiene como uno de sus efectos la obligatoriedad. Únicamente puede discutirse la autoridad de cosa juzgada de una sentencia o decisión cuando ésta afecta derechos de individuos protegidos por la Convención Americana y se demuestra que existe una causal de cuestionamiento de la cosa juzgada[188].

Para satisfacer el derecho de acceso a un recurso efectivo es preciso que existan mecanismos eficaces para ejecutar las sentencias o decisiones administrativas, de manera que se protejan efectivamente los derechos declarados. Uno de los efectos de la cosa juzgada es su obligatoriedad y la ejecución de las sentencias o decisiones administrativas debe ser considerada como parte integrante del derecho de acceso al recurso, que abarque también el cumplimiento pleno de la decisión respectiva. Lo contrario supone la negación misma de este derecho[189].

En consecuencia, mientras se ejerce el derecho al recurso y éste no se resuelve, la sentencia o decisión administrativa no han quedado firmes y por tanto no pueden ser ejecutadas, sin desconocer la presunción de inocencia que ampara a toda persona hasta que la decisión ha adquirido firmeza[190].

V. Poder de revisión administrativo y derecho a recurrir la resolución sancionatoria

5.1. *Inexistencia de un régimen convencional de impugnación*

La Corte Interamericana considera que no se contraviene la Convención Americana, cuando en el derecho interno los Estados establecen que en determinados procedimientos, ciertos actos de trámite no son objeto de recursos, en la medida que la ausencia de impugnación de dichos actos de trámite no afecta la posibilidad de impugnar actos posteriores, ni impide en su conjunto la debida defensa respecto a las sanciones administrativas, que le fueren impuestas a la persona[191].

---

188 Corte IDH, *Caso Acevedo Jaramillo y otros vs. Perú*, Excepciones Preliminares, Fondo, Reparaciones y Costas, sentencia de 7 de febrero de 2006, serie C N° 144, párr. 167.

189 Corte IDH, *Caso Acevedo Jaramillo y otros vs. Perú*, Excepciones Preliminares, Fondo, Reparaciones y Costas, sentencia de 7 de febrero de 2006, serie C N° 144, párr. 220.

190 Corte IDH, *Caso Cabrera García y Montiel Flores vs. México*, Excepción Preliminar, Fondo, Reparaciones y Costas, sentencia de 26 de noviembre de 2010, serie C N° 220, párr. 184; Corte IDH, *Caso López Mendoza vs. Venezuela*, Fondo, Reparaciones y Costas, sentencia de 1° de septiembre de 2011, serie C N° 233, párr. 128.

191 Corte IDH, *Caso López Mendoza vs. Venezuela*, Fondo, Reparaciones y Costas, sentencia de 1° de septiembre de 2011, serie C N° 233, párr. 120.

5.2. *Interdicción del principio* solve et repete

El principio *solve et repete* o "paga y después repite" es una regla que exige que la persona que quiera discutir la juridicidad de una sanción, se encuentre condicionada al cumplimiento del pago previo de la misma o a constituir una garantía, para poder intentar el acceso a la revisión en sede administrativa o jurisdiccional. Esta regla no puede ser aplicada en ningún caso que se impongan obligaciones económicas a las personas y concretamente cuando sean sancionados con resoluciones, cuya ejecución implica el pago previo de una suma de dinero para poder recurrir la decisión, por ser ello discriminatorio[192], ya que reduciría el ejercicio del derecho a un recurso efectivo únicamente a las personas que tuviesen los medios económicos para pagar u otorgar la garantía que le permitiese ejercer el derecho y de eventualmente obtener el reconocimiento de su pretensión, aspirar a lograr luego la devolución de lo pagado indebidamente. Esta conclusión se deduce de la interpretación armónica de los artículos 1.1, 24 y 25 de la Convención Americana.

5.3. *Revisión rogada en sede administrativa*

Ya se ha señalado que las garantías mínimas de una persona que es sometida a una investigación y proceso penal o administrativo, comprenden las etapas de investigación, acusación, juzgamiento y condena[193].

Ahora bien, considerando que tales garantías pretenden que quien esté incurso en un proceso no sea sometido a decisiones arbitrarias, se entiende que el derecho a recurrir del fallo o la decisión administrativa no podría ser efectivo si no se garantiza respecto de todo aquél que es condenado, ya que la condena es la manifestación del ejercicio del poder punitivo del Estado. Por ello se considera contrario al propósito de ese derecho específico, que no sea garantizado frente a quien es condenado mediante una sentencia o decisión administrativa que revoca una decisión absolutoria, pues ello supondría dejar al condenado desprovisto de un recurso contra la condena. Se trata de una garantía de la persona frente al Estado y no solamente una guía, que orienta el diseño de los sistemas de impugnación en los ordenamientos jurídicos de los Estados que son partes de la Convención[194].

---

192 Corte IDH, *Caso Propuesta de modificación de la Constitución Política de Costa Rica relacionada con la naturalización*, Opinión Consultiva OC 4/84, de 19 de enero de 1984, serie A N° 4, párr. 53; Corte IDH, *Caso Duque vs. Colombia*, Excepciones Preliminares, Fondo, Reparaciones y Costas, sentencia de 26 de febrero de 2016, serie C N° 210, párr. 93; Corte IDH, *Caso San Miguel Sosa y otras vs. Venezuela*, Fondo, Reparaciones y Costas, sentencia de 8 de febrero de 2018, serie C N° 348, párr. 110.

193 Corte IDH, *Caso Mohamed vs. Argentina*, Excepción Preliminar, Fondo, Reparaciones y Costas, sentencia de 23 de noviembre de 2012, serie C N° 255, párr. 91.

194 Corte IDH, *Caso Mohamed vs. Argentina*, Excepción Preliminar, Fondo, Reparaciones y Costas, sentencia de 23 de noviembre de 2012, serie C N° 255, párr. 92; Corte IDH, *Caso Ruiz Fuentes y otra vs. Guatemala*, Excepción Preliminar, Fondo, Reparaciones y Costas, sentencia de 10 de octubre de 2019, serie C N° 385, párr. 157; Corte IDH, *Caso Rodríguez*

Aunque los Estados tienen un margen de apreciación para regular el ejercicio de ese recurso, no pueden establecer restricciones o requisitos que infrinjan la esencia misma del derecho de recurrir del fallo o decisión administrativa. La posibilidad de "recurrir del fallo" debe ser accesible, sin requerir mayores complejidades que tornen ilusorio este derecho[195], es decir, los criterios de admisibilidad son compatibles con las disposiciones de la Convención Americana, en tanto no tornen nugatorio el derecho a impugnar[196].

En cuanto a los requisitos de procedibilidad de un reclamo judicial o administrativo, por razones de seguridad jurídica para la correcta y funcional administración de justicia y del procedimiento administrativo respecto a la efectiva protección de los derechos de las personas, los Estados pueden y deben establecer presupuestos y criterios de admisibilidad de los recursos internos, de carácter judicial o de cualquier otra índole. De tal manera, que si bien esos recursos internos deben estar disponibles para el interesado y resolver efectiva y fundadamente el asunto planteado, así como eventualmente proveer la reparación que proceda, no cabría considerar que siempre y en cualquier caso los órganos jurisdiccionales o administrativos nacionales deban resolver el fondo del asunto que les es planteado, sin que importe la verificación de los presupuestos formales de admisibilidad y procedencia del particular recurso intentado[197].

El Estado puede establecer fueros especiales para el enjuiciamiento de altos funcionarios públicos y ellos en principio son compatibles con la Convención Americana. Sin embargo, aun en estos supuestos, el Estado debe permitir que la persona contra quien se produce la condena, cuente con la posibilidad de recurrir del fallo condenatorio[198].

Es así como se considera que el derecho de recurrir del fallo o decisión administrativa es una garantía primordial, que se debe respetar en el marco del debido proceso legal, con la finalidad de permitir que una sentencia

---

Revolorio y otros vs. Guatemala, Excepción Preliminar, Fondo, Reparaciones y Costas, sentencia de 14 de octubre de 2019, serie C N° 387, párr. 126.

195 Corte IDH, *Caso Herrera Ulloa vs. Costa Rica*, Excepciones Preliminares, Fondo, Reparaciones y Costas, sentencia de 2 de julio de 2004, serie C N° 107, párr. 164; Corte IDH, *Caso Vélez Loor vs. Panamá*, Excepciones Preliminares, Fondo, Reparaciones, Costas, sentencia de 23 de noviembre de 2010, serie C N° 218, párr. 179.

196 Corte IDH, *Caso Romero Feris vs. Argentina*, Fondo, Reparaciones y Costas, sentencia de 15 de octubre de 2019, serie C N° 391, párr. 174.

197 Corte IDH, *Caso Trabajadores Cesados del Congreso (Aguado Alfaro y otros) vs. Perú*, Excepciones Preliminares, Fondo, Reparaciones y Costas, sentencia de 24 de noviembre de 2006, serie C N° 158, párr. 126; Corte IDH, *Caso Trabajadores Cesados de Petroperú y otros vs. Perú*, Excepciones Preliminares, Fondo, Reparaciones y Costas, sentencia de 23 de noviembre de 2017, serie C N° 344, párr. 153; Corte IDH, *Caso Romero Feris vs. Argentina*, Fondo, Reparaciones y Costas, sentencia de 15 de octubre de 2019, serie C N° 391, párr. 136; Corte IDH, *Caso Hernández vs. Argentina*, Excepción Preliminar, Fondo, Reparaciones y Costas, sentencia de 22 de noviembre de 2019, serie C N° 395, párr. 143; Corte IDH, *Caso López y otros vs. Argentina*, Excepciones Preliminares, Fondo, Reparaciones y Costas, sentencia de 25 de noviembre de 2019, serie C N° 396, párr. 211.

198 Corte IDH, *Caso Barreto Leiva vs. Venezuela*, Fondo, Reparaciones y Costas, sentencia de 17 de noviembre de 2009, serie C N° 205, párrs. 90 y 100.

o decisión administrativa adversa pueda ser revisada por un tribunal o autoridad administrativa distinta y de superior jerarquía orgánica[199]. La doble conformidad judicial o administrativa expresada mediante el acceso a un recurso, que otorgue la posibilidad de una revisión íntegra del fallo o decisión administrativa condenatoria, confirma el fundamento y otorga mayor credibilidad al acto jurisdiccional o administrativo del Estado y al mismo tiempo brinda mayor seguridad y tutela a los derechos del condenado. Lo importante es que el recurso garantice la posibilidad de un examen integral de la decisión recurrida[200].

El derecho de interponer un recurso contra el fallo o decisión administrativa debe ser garantizado antes de que una y otra adquieran la calidad de cosa juzgada. Con la impugnación del fallo o decisión administrativa se busca proteger el derecho de defensa, en la medida en que otorga la posibilidad de interponer un recurso para evitar que quede firme una decisión adoptada con vicios y que contiene errores, que ocasionarán un perjuicio indebido a los intereses de una persona[201].

Se debe tratar de un recurso ordinario, accesible y eficaz, por lo que debe ser garantizado antes de que la sentencia o decisión administrativa adquiera la calidad de cosa juzgada. La eficacia del recurso implica que deben procurar resultados o respuestas adecuadas a los fines para el cual fue concebido[202] y la condición de accesible, exige que no se requieran mayores complejidades que tornen nugatorio este derecho. Por ello las formalidades requeridas para que el recurso sea admitido deben ser mínimas y no deben constituir un obstáculo para que el recurso cumpla con su fines de impulsar el examen y resolución de los agravios sustentados por el recurrente[203].

Independientemente del régimen o sistema recursivo que adopten los Estados y de la denominación que den al medio de impugnación de la sentencia o decisión administrativa condenatoria, para que éste sea eficaz debe

---

199 Corte IDH, *Caso Valenzuela Ávila vs. Guatemala*, Fondo, Reparaciones y Costas, sentencia de 11 de octubre de 2019, serie C N° 386, párr. 119.

200 Corte IDH, *Caso Herrera Ulloa vs. Costa Rica*, Excepciones Preliminares, Fondo, Reparaciones y Costas, sentencia de 2 de julio de 2004, serie C N° 107, párr. 165; Corte IDH, *Caso Barreto Leiva vs. Venezuela*, Fondo, Reparaciones y Costas, sentencia de 17 de noviembre de 2009, serie C N° 205, párr. 99; Corte IDH, *Caso Mohamed vs. Argentina*, Excepción Preliminar, Fondo, Reparaciones y Costas, sentencia de 23 de noviembre de 2012, serie C N° 255, párr. 97.

201 Corte IDH, *Caso Herrera Ulloa vs. Costa Rica*, Excepciones Preliminares, Fondo, Reparaciones y Costas, sentencia de 2 de julio de 2004, serie C N° 107, párr. 158; Corte IDH, *Caso Barreto Leiva vs. Venezuela*, Fondo, Reparaciones y Costas, sentencia de 17 de noviembre de 2009, serie C N° 205, párr. 98; Corte IDH, *Caso Vélez Loor vs. Panamá*, Excepciones Preliminares, Fondo, Reparaciones, Costas, sentencia de 23 de noviembre de 2010, serie C N° 218, párr. 179; Corte IDH, *Caso Mohamed vs. Argentina*, Excepción preliminar, Fondo, Reparaciones y Costas, sentencia de 23 de noviembre de 2012, serie C N° 255, párr. 98.

202 Corte IDH, *Caso Herrera Ulloa vs. Costa Rica*, Excepciones Preliminares, Fondo, Reparaciones y Costas, sentencia de 2 de julio de 2004, serie C N° 107, párr. 161.

203 Corte IDH, *Caso Mohamed vs. Argentina*, Excepción Preliminar, Fondo, Reparaciones y Costas, sentencia de 23 de noviembre de 2012, serie C N° 255, párr. 99; Corte IDH, *Caso Rodríguez Revolorio y otros vs. Guatemala*, Excepción Preliminar, Fondo, Reparaciones y Costas, sentencia de 14 de octubre de 2019, serie C N° 387, párr. 127.

constituir un medio adecuado para procurar la corrección de una condena errónea, es decir, que permita el análisis de las cuestiones fácticas, probatorias y jurídicas en que se basa la sentencia o decisión administrativa impugnada, puesto que en la actividad jurisdiccional o administrativa sancionatoria existe una interdependencia entre las determinaciones fácticas y la aplicación del derecho, de forma tal que una errónea determinación de los hechos implica una errada o indebida aplicación del derecho. Por tanto, las causales de procedencia del recurso deben posibilitar un control amplio de los aspectos impugnados de la sentencia o decisión administrativa condenatoria[204] y permitir la resolución de los asuntos relevantes y necesarios respecto a los agravios planteados por el recurrente, lo cual no implica que deba realizarse un nuevo juicio oral[205].

El derecho de recurrir el fallo o decisión administrativa reconocido por la Convención Americana, no se satisface con la mera existencia de un órgano de grado superior al que juzgó y condenó al inculpado, ante el que éste tenga o pueda tener acceso; para que haya una verdadera revisión de la sentencia o decisión administrativa, en el sentido requerido por la Convención es preciso que el órgano superior reúna las características jurisdiccionales que lo legitiman para conocer del caso concreto. Conviene subrayar que el proceso penal y el administrativo sancionatorio son uno solo a través de sus diversas etapas, incluyendo la tramitación de los recursos ordinarios que se interpongan contra la sentencia o decisión administrativa[206].

La falta de notificación es en sí misma violatoria del artículo 8 de la Convención, pues coloca a la persona en un estado de incertidumbre respecto de su situación jurídica y torna impracticable el ejercicio del derecho a recurrir la decisión sancionatoria, se trata de una situación de impedimento fáctico para asegurar un acceso real al derecho a recurrir y de una ausencia de garantías al no poder acudir a un órgano revisor de grado superior con características jurisdiccionales, así como de contar con un recurso amplio que permitiera un análisis o examen omnicomprensivo e integral de todas las cuestiones debatidas y analizadas ante la autoridad que emitió el acto que se impugna[207].

---

204 Corte IDH, *Caso Mohamed vs. Argentina*, Excepción Preliminar, Fondo, Reparaciones y Costas, sentencia de 23 de noviembre de 2012, serie C N° 255, párr. 100; Corte IDH, *Caso Ruiz Fuentes y otra vs. Guatemala*, Excepción Preliminar, Fondo, Reparaciones y Costas, sentencia de 10 de octubre de 2019, serie C N° 385, párr. 158; Corte IDH, *Caso Valenzuela Ávila vs. Guatemala*, Fondo, Reparaciones y Costas, sentencia de 11 de octubre de 2019, serie C N° 386, párr. 120.

205 Corte IDH, *Caso Mohamed vs. Argentina*, Excepción Preliminar, Fondo, Reparaciones y Costas, sentencia de 23 de noviembre de 2012, serie C N° 255, párr. 101.

206 Corte IDH, *Caso Herrera Ulloa vs. Costa Rica*, Excepciones Preliminares, Fondo, Reparaciones y Costas, sentencia de 2 de julio de 2004, serie C N° 107, párr. 159; Corte IDH, *Caso Vélez Loor vs. Panamá*, Excepciones Preliminares, Fondo, Reparaciones y Costas, sentencia de 23 de noviembre de 2010, serie C N° 218, párr. 179.

207 Corte IDH, *Caso Vélez Loor vs. Panamá*, Excepciones Preliminares, Fondo, Reparaciones, Costas, sentencia de 23 de noviembre de 2010, serie C N° 218, párr. 180.

5.4. Revisión en sede judicial

El artículo 25 de la Convención Americana permite identificar dos responsabilidades concretas del Estado. La primera, para garantizar el debido ejercicio de los recursos efectivos ante las autoridades competentes, que amparen a todas las personas bajo su jurisdicción, contra actos que violen sus derechos fundamentales o que conlleven a la determinación de los derechos y obligaciones de éstas. La segunda, para garantizar los medios para ejecutar las respectivas sentencias definitivas emitidas por los órganos jurisdiccionales, de manera que se protejan efectivamente los derechos declarados o reconocidos[208]. A la vista de lo anterior, el Estado tiene la responsabilidad no solo de diseñar y consagrar normativamente un recurso eficaz, sino también de asegurar la debida aplicación de dicho recurso por parte de las autoridades judiciales[209], de manera que se protejan efectivamente los derechos reconocidos[210].

El proceso debe tender a la materialización de la protección del derecho reconocido en el pronunciamiento judicial y la efectividad de las sentencias depende de su ejecución. Una sentencia con carácter de cosa juzgada otorga certeza sobre el derecho o controversia discutida en el caso concreto y tiene como uno de sus efectos la obligatoriedad y necesidad de cumplimiento. Lo contrario supone la negación misma del derecho involucrado[211].

Para que el Estado cumpla con lo dispuesto en la Convención, no basta con que los recursos existan formalmente, sino que los mismos deben tener

---

208 Corte IDH, *Caso Baena Ricardo y otros vs. Panamá,* Competencia, sentencia de 28 de noviembre de 2003, serie C N° 104, párr. 79; Corte IDH, *Caso Muelle Flores vs. Perú,* Excepciones Preliminares, Fondo, Reparaciones y Costas, sentencia de 6 de marzo de 2019, serie C N° 375, párr. 123; Corte IDH, *Caso Romero Feris vs. Argentina,* Fondo, Reparaciones y Costas, sentencia de 15 de octubre de 2019, serie C N° 391, párr. 134; Corte IDH, *Caso Asociación Nacional de Cesantes y Jubilados de la Superintendencia Nacional de Administración Tributaria (ANCEJUB-SUNAT) vs. Perú,* Excepciones Preliminares, Fondo, Reparaciones y Costas, sentencia de 21 de noviembre de 2019, serie C N° 394, párr. 102.

209 Corte IDH, *Caso Castillo Páez vs. Perú,* Fondo, sentencia de 3 de noviembre de 1997, serie C N° 34, párr. 83; Corte IDH, *Caso de los "Niños de la Calle" (Villagrán Morales y otros) vs. Guatemala,* Fondo, sentencia de 19 de noviembre de 1999, serie C N° 63, párr. 237; Corte IDH, *Caso Favela Nova Brasilia vs. Brasil,* Excepciones Preliminares, Fondo, Reparaciones y Costas, sentencia de 16 de febrero de 2017, serie C N° 333, párr. 234; Corte IDH, *Caso Romero Feris vs. Argentina,* Fondo, Reparaciones y Costas, sentencia de 15 de octubre de 2019, serie C N° 391, párr. 134; Corte IDH, *Caso López y otros vs. Argentina,* Excepciones Preliminares, Fondo, Reparaciones y Costas, sentencia de 25 de noviembre de 2019, serie C N° 396, párr. 209.

210 Corte IDH, *Caso San Miguel Sosa y otras vs. Venezuela,* Fondo, Reparaciones y Costas, sentencia de 8 de febrero de 2018, serie C N° 348, párr. 208; Corte IDH, *Caso Muelle Flores vs. Perú,* Excepciones Preliminares, Fondo, Reparaciones y Costas, sentencia de 6 de marzo de 2019, serie C N° 375, párr. 125; Corte IDH, *Caso Hernández vs. Argentina,* Excepción Preliminar, Fondo, Reparaciones y Costas, sentencia de 22 de noviembre de 2019, serie C N° 395, párr. 130.

211 Corte IDH, *Caso Pueblo Indígena Kichwa de Sarayaku vs. Ecuador,* Fondo y Reparaciones, sentencia de 27 de junio de 2012, serie C N° 245, párr. 263; Corte IDH, *Caso Furlan y Familiares vs. Argentina,* Excepciones Preliminares, Fondo, Reparaciones y Costas, sentencia de 31 de agosto de 2012, serie C N° 246, párr. 209.

efectividad[212]. En lo que refiere a esa efectividad del recurso debe tenerse en cuenta la posibilidad real de acceder a un recurso judicial, para que una autoridad competente y capaz de emitir una decisión vinculante, determine si ha habido o no una violación a algún derecho de la persona que reclama considera se le debe proteger. De constatarse la violación, el recurso debe ser útil para restituir al interesado en el goce de su derecho y repararlo[213].

Lo anterior no implica que se evalúe la efectividad de un recurso en función de que éste produzca un resultado favorable a los intereses de quien lo interpone[214], sino a la capacidad de la decisión judicial que lo resuelve de remediar y reparar la situación alegada en caso de encontrarse probada[215]. No pueden considerarse efectivos aquellos recursos que por las condiciones generales del país o incluso por las circunstancias particulares de un caso dado resulten ilusorios[216]. Ello puede ocurrir, por ejemplo, cuando su inutilidad haya quedado demostrada por la práctica, porque falten los medios para ejecutar sus decisiones o por cualquier otra situación que configure un cuadro de denegación de justicia. Por tanto, el proceso debe tender a la materialización de la protección del derecho reconocido en el pronunciamiento judicial, mediante la ejecución idónea de dicho pronunciamiento[217].

---

212 Corte IDH, *Caso Pueblo Indígena Kichwa de Sarayaku vs. Ecuador,* Fondo y Reparaciones, sentencia de 27 de junio de 2012, serie C N° 245, párr. 263.

213 Corte IDH, *Garantías judiciales en estados de emergencia (Arts. 27.2, 25 y 8 Convención Americana sobre Derechos Humanos)*, Opinión Consultiva OC-9/87, de 6 de octubre de 1987, serie A N° 9 párr. 24; Corte IDH, *Caso Castañeda Gutman vs. México*, Excepciones preliminares, fondo, reparaciones y costas, sentencia de 6 de agosto de 2008, serie C N° 184, párr. 100; Corte IDH, *Caso Pueblo Indígena Kichwa de Sarayaku vs. Ecuador,* Fondo y reparaciones, sentencia de 27 de junio de 2012, serie C N° 245, párr. 261; Corte IDH, *Caso Rico vs. Argentina*, Excepción Preliminar y Fondo, sentencia de 2 de septiembre de 2019, serie C N° 383, párr. 88; Corte IDH, *Caso Romero Feris vs. Argentina*, Fondo, Reparaciones y Costas, sentencia de 15 de octubre de 2019, serie C N° 391, párr. 135; Corte IDH, *Caso López y otros vs. Argentina*, Excepciones Preliminares, Fondo, Reparaciones y Costas, sentencia de 25 de noviembre de 2019, serie C N° 396, párr. 210.

214 Corte IDH, *Caso Velásquez Rodríguez vs. Honduras*, Fondo, sentencia de 29 de julio de 1988, serie C N° 4, párr. 67; Corte IDH, *Caso Rico vs. Argentina*, Excepción Preliminar y Fondo, sentencia de 2 de septiembre de 2019, serie C N° 383, párr. 88; Corte IDH, *Caso Hernández vs. Argentina*, Excepción Preliminar, Fondo, Reparaciones y Costas, sentencia de 22 de noviembre de 2019, serie C N° 395, párrs. 121 y 137.

215 Corte IDH, *Caso Romero Feris vs. Argentina*, Fondo, Reparaciones y Costas, sentencia de 15 de octubre de 2019, serie C N° 391, párrs. 135 y 147.

216 Corte IDH, *Caso Ivcher Bronstein vs. Perú,* Fondo, Reparaciones y Costas, sentencia de 6 de febrero de 2001, serie C N° 74, párr. 137; Corte IDH, *Caso Álvarez Ramos vs. Venezuela,* Excepción Preliminar, Fondo, Reparaciones y Costas, sentencia de 30 de agosto de 2019, serie C N° 380, párr. 184.

217 Corte IDH, *Caso Las Palmeras vs. Colombia*, Reparaciones y Costas, sentencia de 26 noviembre de 2002, serie C N° 96, párr. 58; Corte IDH, *Caso Baena Ricardo y otros vs. Panamá, Competencia*, sentencia de 28 de noviembre de 2003, serie C N° 104, párr. 73; Corte IDH, *Caso Colindres Schonenberg vs. El Salvador*, Fondo, Reparaciones y Costas, sentencia de 4 de febrero de 2019, serie C N° 373, párr. 101; Corte IDH, *Caso Romero Feris vs. Argentina,* Fondo, Reparaciones y Costas, sentencia de 15 de octubre de 2019, serie C N° 391, párr. 135;

La ejecución de las sentencias debe ser regida por los estándares que permitan hacer efectivos los principios de tutela judicial, debido proceso, seguridad jurídica, independencia y Estado de Derecho. En tal sentido, para lograr plenamente la efectividad de la sentencia, la ejecución debe ser completa, perfecta, integral y sin demora[218].

El artículo 25.2.c de la Convención Americana, reconoce el derecho a la tutela judicial efectiva, el cual demanda que los procesos de ejecución sean accesibles para las partes, sin obstáculos o demoras indebidas, a fin de que alcancen su objetivo de manera rápida, sencilla e integral. Además es necesario que las normas que rigen la independencia de los órganos del Poder Judicial estén formuladas de manera idónea, para asegurar la efectiva ejecución de las sentencias, sin que exista interferencia por los órganos de poder del Estado y debe garantizar el carácter vinculante y obligatorio de las decisiones de última instancia. En un ordenamiento basado sobre el principio del Estado de Derecho todas las autoridades públicas, dentro del marco de su competencia deben acatar las decisiones judiciales, así como dar impulso y ejecución a las mismas sin obstaculizar el sentido y alcance de la decisión, ni retrasar indebidamente su ejecución[219].

VI. Consideraciones finales

El estudio de la Convención Americana sobre Derechos Humanos, la jurisprudencia y las opiniones consultivas de la Corte Interamericana de Derechos Humanos permiten dar una respuesta sólida y contundente a la pregunta formulada en la introducción de este trabajo, acerca de la posible existencia de dualidad de estándares para la protección de los derechos humanos por los Estados, según sea que estos ejerzan el *Ius Puniendi* en el ámbito penal o en el ámbito administrativo.

Cabe afirmar de manera categórica, que los derechos humanos reconocidos en la Convención Americana no ofrecen duda, respecto a que deben ser garantizados y protegidos por los Estados en todos los ámbitos en que ejercen su jurisdicción, conforme a los criterios de interpretación y aplicación señalados por la Corte Interamericana de Derechos Humanos.

Sin llegar a desconocer o incluso confundir las especificidades propias del Derecho Administrativo y el Derecho Penal, así como de sus órganos funcionales como lo son la Administración Pública y los órganos jurisdiccionales penales, que se rigen por leyes y procedimientos distintos

---

Corte IDH, *Caso López y otros vs. Argentina*, Excepciones Preliminares, Fondo, Reparaciones y Costas, sentencia de 25 de noviembre de 2019, serie C N° 396, párr. 210.

218 Corte IDH, *Caso Furlan y Familiares vs. Argentina*, Excepciones Preliminares, Fondo, Reparaciones y Costas, sentencia de 31 de agosto de 2012, serie C N° 246, párr. 210; Corte IDH, *Caso Asociación Nacional de Cesantes y Jubilados de la Superintendencia Nacional de Administración Tributaria (ANCEJUB-SUNAT) vs. Perú*, Excepciones Preliminares, Fondo, Reparaciones y Costas, sentencia de 21 de noviembre de 2019, serie C N° 394, párr. 103.

219 Corte IDH, *Caso Furlan y Familiares vs. Argentina*, Excepciones Preliminares, Fondo, Reparaciones y Costas, sentencia de 31 de agosto de 2012, serie C N° 246, párr. 211.

cuando ejercen el *Ius Puniendi* del Estado, corresponde a la doctrina científica revisar sus planteamientos tradicionales sobre el Derecho Administrativo Sancionador, a partir de los paradigmas convencionales y formular la valoración que le merezca el nuevo Derecho Administrativo Sancionador, que sin duda tendrá como límites además de los institucionales tradicionales del Estado de Derecho, la garantía del efectivo ejercicio y la menor afectación de los derechos humanos.

La convencionalización de la responsabilidad del Estado

I. Introducción

La esencia de las obligaciones de los Estados signatarios de la Convención Americana sobre Derechos Humanos, se encuentran previstas en una moneda cuya cara frontal exige el respeto y garantía de los mencionados derechos[1] y la cara dorsal impone la adopción de las medidas necesarias para hacer efectivos los derechos[2]. Se trata de medidas interrelacionadas, complementarias y que deben ser efectivas[3], en cuanto conllevan a la supresión de las normas, políticas, prácticas, usos o costumbres que constituyan violaciones o potenciales violaciones de los derechos reconocidos en la Convención; y a la adopción de normas, políticas, prácticas, usos o costumbres que garanticen el efectivo respeto de los derechos[4], las libertades y el cumplimiento de la Convención[5].

---

1 Artículo 1 de la Convención Americana sobre Derechos Humanos señala que "1. Los Estados Partes en esta Convención se comprometen a respetar los derechos y libertades reconocidos en ella y a garantizar su libre y pleno ejercicio a toda persona que esté sujeta a su jurisdicción, sin discriminación alguna por motivos de raza, color, sexo, idioma, religión, opiniones políticas o de cualquier otra índole, origen nacional o social, posición económica, nacimiento o cualquier otra condición social. 2. Para los efectos de esta Convención, persona es todo ser humano".

2 Corte IDH, *Caso Gangaram Panday vs. Surinam,* Excepciones Preliminares, sentencia de 4 de diciembre de 1991, serie C N° 12, párr. 50; y Corte IDH, *Responsabilidad internacional por expedición y aplicación de leyes violatorias de la Convención (arts. 1 y 2 Convención Americana sobre Derechos Humanos),* Opinión Consultiva OC-14/94, de 9 de diciembre de 1994, serie A N° 14, párr. 48.

3 Corte IDH, *Caso Garrido y Baigorria vs. Argentina,* Reparaciones y costas, sentencia de 27 de agosto de 1998, serie C N° 39, párrs. 68 y 69.

4 Corte IDH, *Caso Castillo Petruzzi y otros vs. Perú,* Fondo, Reparaciones y Costas, sentencia de 30 de mayo de 1999, serie C N° 52, párr. 207; Corte IDH, *Caso Durand y Ugarte vs. Perú,* Fondo, sentencia de 16 de agosto de 2000, serie C N° 68, párr. 137; Corte IDH, *Caso Cantoral Benavides vs. Perú,* Fondo, sentencia de 18 de agosto de 2000, serie C N° 69, párr. 178; Corte IDH, *Caso Almonacid Arellano y otros vs. Chile,* Excepciones Preliminares, Fondo, Reparaciones y Costas, sentencia de 26 de septiembre de 2006, serie C N° 154, párr. 118; Corte IDH, *Caso La Cantuta vs. Perú,* Fondo, Reparaciones y Costas, sentencia de 29 de noviembre de 2006, serie C N° 162, párr. 172; Corte IDH, *Caso Heliodoro Portugal vs. Panamá,* Excepciones Preliminares, Fondo, Reparaciones y Costas, sentencia de 12 de agosto de 2008, serie C N° 186, párr. 180.

5 Corte IDH, *Caso Comunidad Indígena Yakye Axa vs. Paraguay,* Fondo, reparaciones y costas, sentencia 17 de junio de 2005, serie C N° 125, párr. 101.

Es así como se puede entender que la concepción de la protección internacional de los derechos humanos, ha encontrado en América una auténtica efectividad gracias al desarrollo del control de convencionalidad[6], que en la teoría están convocados a ejercerlo directamente todos los órganos del Estado que ejercen el Poder Público, en cada uno de los Estados signatarios de la Convención Americana sobre Derechos Humanos[7] y de forma subsidiaria los órganos del Sistema Interamericano de Derechos Humanos, concretamente la Comisión Interamericana de Derechos Humanos y la Corte Interamericana de Derechos Humanos[8]; aunque en la práctica, no siempre ha ocurrido de esta manera.

Se trata de la aplicación de un sistema de protección en dos niveles distintos, el nacional y el internacional, coadyuvantes y complementarios[9]. Hay que

---

6 Corte IDH, *Caso Liakat Ali Alibux vs. Suriname,* Excepciones Preliminares, Fondo, Reparaciones y Costas, sentencia de 30 de enero de 2014, serie C N° 276, párr. 124, sostiene que la "Convención Americana no impone un modelo específico para realizar un control de constitucionalidad o convencionalidad". Sobre la construcción del control de convencionalidad existe una amplia y reconocida literatura, por lo que para una consulta breve se recomienda Burgorgue-Larsen, Laurence, La erradicación de la impunidad: claves para descifrar la política jurisprudencial de la Corte Interamericana de Derechos Humanos, (Coord. Eduardo Ferrer Mac-Gregor), *El control difuso de convencionalidad. Diálogo entre la Corte Interamericana de Derechos Humanos y los jueces nacionales,* Fundap, Querétaro, 2012, pp. 33-62, en concreto pp. 38-43; y para una consulta en extenso y más actualizada, Santofimio Gamboa, Jaime Orlando, *El concepto de convencionalidad. Vicisitudes para su construcción sustancial en el sistema interamericano de Derechos Humanos. Ideas fuerza rectoras,* 2ª ed., Universidad Externado de Colombia, Bogotá, 2018, pp. 519-891.

7 Artículo 2 de la Convención Americana sobre Derechos Humanos, dispone que "Si en el ejercicio de los derechos y libertades mencionados en el artículo 1 no estuviere ya garantizado por disposiciones legislativas o de otro carácter, los Estados partes se comprometen a adoptar, con arreglo a sus procedimientos constitucionales y a las disposiciones de esta Convención, las medidas legislativas o de otro carácter que fueren necesarias para hacer efectivos tales derechos y libertades".

8 Corte IDH, *Caso Las Palmeras vs. Colombia,* Fondo, sentencia de 6 de diciembre de 2001, serie C N° 90, párr. 33 señala que "La Convención Americana es un tratado multilateral mediante el cual los Estados Partes se obligan a garantizar y a hacer efectivos los derechos y libertades previstos en ella y a cumplir con las reparaciones que se dispongan. La Convención es la piedra fundamental del sistema de garantía de los derechos humanos en América. Este sistema consta de un nivel nacional que consiste en la obligación de cada Estado de garantizar los derechos y libertades previstos en la Convención y de sancionar las infracciones que se cometieren. Ahora bien, si un caso concreto no es solucionado en la etapa interna o nacional, la Convención prevé un nivel internacional en la que los órganos principales son la Comisión y esta Corte. Pero, como lo expresa el Preámbulo de la misma Convención Americana, la protección internacional es "coadyuvante o complementaria de la que ofrece el derecho interno de los Estados americanos". En consecuencia, cuando una cuestión ha sido resuelta definitivamente en el orden interno según las cláusulas de la Convención, no es necesario traerla a esta Corte para su "aprobación" o "confirmación". Más reciente, Corte IDH, *Caso Colindres Schonenberg vs. El Salvador,* Fondo, Reparaciones y Costas, sentencia de 4 de febrero de 2019, serie C N° 373, párrs. 73-75.

9 Corte IDH, *Caso Velásquez Rodríguez vs. Honduras,* Fondo, sentencia de 29 de julio de 1988, párr. 61 y 166; Corte IDH, *Caso Godínez Cruz vs. Honduras,* Fondo, sentencia de 20 de enero de 1989, párr. 64; Corte IDH, *Caso Fairén Garbi y Solís Corrales vs. Honduras,* Fondo, sentencia de 15 de marzo de 1989, párr. 85.

tener presente que el segundo entra en funcionamiento de manera subsidiaria, cuando el primero es incapaz de otorgar respuesta satisfactoria y efectiva -preventiva, investigativa, identificadora, sancionatoria, restablecedora y reparadora[10]- a las personas que son potenciales víctimas o han sido víctimas de violación de los derechos humanos.

Algunos de los supuestos en que el nivel nacional no ha funcionado adecuadamente y se ha tenido que acudir a las instancias internacionales, han sido aquellos en que las víctimas concretas de violaciones de derechos humanos o sus familiares, no han obtenido una protección efectiva luego de ocurrida la transgresión, en cuyo caso procedía el restablecimiento y la reparación integralmente considerada, dentro de lo racional.

En concreto, en los casos de aquellos hechos lesivos de derechos humanos ocurridos durante los regímenes dictatoriales -la existencia de un régimen dictatorial *per se* constituye una violación del derecho humano a la democracia[11]- que existieron en el cono sur y que restablecida la democracia, inicialmente se pretendió que no fueran investigados y determinadas las responsabilidades, ni tampoco que las víctimas tuviesen derecho a conocer la verdad[12] y a obtener justicia[13], mediante la efectiva reparación, por mor de la expedición de las leyes de amnistías, punto final, caducidad o perdón a los responsables, que cerraron el acceso a un recurso judicial rápido y efectivo, además que contribuían a amparar la impunidad[14], conduciendo a

---

10 Corte IDH, *Caso Velásquez Rodríguez vs. Honduras,* Fondo, *op. cit.,* párr. 167 y 175; Corte IDH, *Caso Caballero Delgado vs. Colombia,* Fondo, sentencia de 8 de diciembre de 1995, serie C N° 22. párr. 56; Corte IDH, *Caso Castillo Páez vs. Perú,* Fondo, sentencia de 3 de noviembre de 1997, serie C N° 34, párr. 90.

11 Artículo 1 de la Carta Democrática Interamericana señala que "Los pueblos de América tienen derecho a la democracia y sus gobiernos la obligación de promoverla y defenderla. La democracia es esencial para el desarrollo social, político y económico de los pueblos de las Américas". Sobre este derecho, se recomienda, Aguiar, Asdrúbal, *El derecho a la democracia. La democracia en el derecho y la jurisprudencia interamericana. Libertad de expresión, piedra angular de la democracia,* Editorial Jurídica Venezolana, Caracas, 2008; Brewer-Carías, Allan R., El Derecho a la democracia entre las nuevas tendencias del Derecho Administrativo, como punto de equilibrio entre los poderes de la Administración y el Derecho de los administrados, (Coord. Víctor R. Hernández-Mendible), *Desafíos del Derecho Administrativo Contemporáneo. Conmemoración Internacional del Centenario de la Cátedra de Derecho Administrativo en Venezuela,* Tomo 2, Ediciones Paredes, Caracas, 2009, pp. 1417-1439.

12 Durán Martínez, Augusto, La jurisprudencia de la Corte Interamericana de Derechos Humanos en la perspectiva del Derecho Administrativo: especial referencia al caso Gelman vs. Uruguay, *Revista de Investigaçoes Constitucionais,* V. 1, N° 2, Curitiba, 2014, p. 121.

13 Corte IDH, *Caso Radilla Pacheco vs. México,* Excepciones preliminares, Fondo, Reparaciones y Costas, sentencia de 23 de noviembre de 2009, serie C N° 209, párr. 275.

14 La Corte IDH ha definido la impunidad como "la falta en su conjunto de investigación, persecución, captura, enjuiciamiento y condena de los responsables de las violaciones de los derechos protegidos por la Convención Americana, toda vez que el Estado tiene la obligación de combatir tal situación por todos los medios legales disponibles, ya que la impunidad propicia la repetición crónica de las violaciones de derechos humanos y la total indefensión de las víctimas y sus familiares". Corte IDH, *Caso Paniagua Morales y*

las víctimas a la única opción para lograr la justicia negada a nivel nacional, como fue acudir a las instancias internacionales[15].

También existen otros supuestos de desconocimiento de los derechos humanos, producto de la existencia de normas en constituciones políticas o leyes que reconocen la pena de muerte y limitan el ejercicio del derecho de acceso a la justicia o imponen la aplicación de penas de manera automática ante determinados crímenes[16]; así como también se han generado violaciones de derechos humanos, mediante la comisión de los crímenes ocurridos durante los conflictos internos que han tenido lugar en países de Centro América[17] y en Colombia[18].

Lo que subyace en todos estos casos es el derecho de las víctimas y sus familiares[19] a la reparación y la obligación del Estado de erradicar la impunidad

---

otros (Panel Blanca) vs Guatemala, Fondo, sentencia de 8 de marzo de 1998, serie C N° 37, párr. 173.

15 Corte IDH, *Caso Masacre de Santo Domingo vs. Colombia,* Excepciones Preliminares, Fondo, Reparaciones y Costas, sentencia de 30 de octubre de 2012, serie C N° 259, párr. 143; Corte IDH, *Caso Duque vs. Colombia,* Excepciones Preliminares, Fondo, Reparaciones y Costas, sentencia de 26 de febrero de 2016, serie C N° 310, párr. 137; Corte IDH, *Caso Andrade Salmón vs. Bolivia,* Fondo, Reparaciones y Costas, sentencia de 1° de diciembre de 2016, serie C N° 330, párr. 96; Corte IDH, *Caso Amrhein y otros vs. Costa Rica,* Excepciones Preliminares, Fondo, Reparaciones y Costas, sentencia de 25 de abril de 2018, serie C N° 354, párr. 99; Corte IDH, *Caso Colindres Schonenberg vs. El Salvador,* Fondo, Reparaciones y Costas, sentencia de 4 de febrero de 2019, serie C N° 373, párr. 75.

16 Corte IDH, *Caso Hilaire, Constantine y Benjamin y otros vs. Trinidad y Tobago,* Fondo, Reparaciones y Costas, sentencia de 21 de junio de 2002, serie C N° 94, párrs. 118 y 152; Corte IDH, *Caso Fermín Ramírez vs. Guatemala,* Fondo, Reparaciones y Costas, sentencia de 20 de junio de 2005, serie C N° 126, párrs. 81, 90 a 98, 105 a 110; Corte IDH, *Caso Raxcacó Reyes vs. Guatemala,* Fondo, Reparaciones y Costas, sentencia de 15 de septiembre de 2005, serie C N° 133, párrs. 54 a 90; Corte IDH, *Caso Boyce y otros vs. Barbados,* Excepciones preliminares, Fondo, Reparaciones y Costas, sentencia de 20 de noviembre de 2007, serie C N° 169, párrs. 72 y 74; Corte IDH, *Caso Dacosta Cadogan vs. Barbados,* Excepciones preliminares, Fondo, Reparaciones y Costas, sentencia de 24 de septiembre de 2009, serie C N° 204, párrs. 68 a 75.

17 Corte IDH, *Caso Masacre Plan de Sánchez vs. Guatemala,* Fondo, sentencia de 29 de abril de 2004, serie C N° 105; Corte IDH, *Caso de la Masacre de las Dos Erres vs. Guatemala,* Excepciones Preliminares, Fondo, Reparaciones y Costas, sentencia de 24 de noviembre de 2009, serie C N° 211; Corte IDH, *Caso Masacres de El Mozote y lugares aledaños vs. El Salvador,* Fondo, Reparaciones y Costas, sentencia de 25 de octubre de 2012, serie C N° 252.

18 Corte IDH, *Caso de la Masacre de Mapiripán vs. Colombia,* Fondo, Reparaciones y Costas, sentencia de 15 de septiembre de 2005, serie C N° 134; Corte IDH, *Caso de la Masacre de Pueblo Bello vs. Colombia,* Fondo, Reparaciones y Costas, sentencia de 31 de enero de 2006, serie C N° 140; Corte IDH, *Caso de las Masacres de Ituango vs. Colombia,* Excepciones Preliminares, Fondo, Reparaciones y Costas, sentencia de 1 de julio de 2006, serie C N° 148; Corte IDH, *Caso de la Masacre de la Rochela vs. Colombia,* Fondo, Reparaciones y Costas, sentencia de 11 de mayo de 2007, serie C N° 163.

19 La Corte al referirse a los familiares de las víctimas de violaciones de los derechos humanos ha sostenido que "pueden ser, a su vez, víctimas. Este Tribunal ha considerado que se puede declarar violado el derecho a la integridad psíquica y moral de "familiares directos" u otras personas con vínculos estrechos con las víctimas con motivo del sufrimiento adicional que aquéllos han padecido como producto de las circunstancias

de los hechos constitutivos de graves violaciones de derechos humanos, mediante la determinación de la responsabilidad tanto del Estado, como de los agentes responsables (funcionarios o particulares) de los hechos[20].

Conforme a lo antes mencionado, resulta de interés analizar los estándares de convencionalidad establecidos por el Sistema Interamericano de Derechos Humanos, a los fines de valorar cómo estos se constituyen en una guía para los operadores jurídicos y en una referencia para la población de cada país, a los fines de determinar las responsabilidades y de conservar la paz dentro del conglomerado social.

En aras de una mayor claridad en la exposición de las ideas, el presente trabajo se dividirá en los siguientes aspectos a saber: La convencionalidad como estándar de protección de los derechos humanos (II); la convencionalidad ante las disposiciones nacionales que las desconocen (III); las lecciones de la jurisprudencia interamericana (IV); y, las consideraciones finales (V).

II. La convencionalidad como estándar de protección de los derechos humanos

La Convención Americana sobre Derechos Humanos aunque tiene génesis internacional, en varios países del continente constituye una fuente de Derecho de jerarquía idéntica o equiparable a la Constitución, en la medida que los textos constitucionales nacionales, le fueron reconociendo de manera expresa tanto rango como jerarquía suprema normativa, lo que generó como consecuencia que en muchos ordenamientos jurídicos pasara a integrar el bloque de la constitucionalidad[21].

Este hecho tiene una gran relevancia para todos los órganos que ejercen el Poder Público, que se encuentran sujetos al bloque de la constitucionalidad al desplegar la función constituyente derivada, legislativa, de gobierno, administrativa, de control y jurisdiccional. De allí que la ampliación del bloque de la constitucionalidad con la incorporación no solamente de la Convención Americana, sino de todo el *corpus iuris* de la convencionalidad[22],

---

particulares de las violaciones perpetradas contra sus seres queridos, y a causa de las posteriores actuaciones u omisiones de las autoridades estatales frente a estos hechos, tomando en cuenta, entre otros elementos, las gestiones realizadas para obtener justicia y la existencia de un estrecho vínculo familiar". Corte IDH, *Caso Ruiz Fuentes y otra vs. Guatemala*, Excepción Preliminar, Fondo, Reparaciones y Costas, sentencia de 10 de octubre de 2019, serie C N° 385, párr. 188.

20 Corte IDH, *Caso Goiburú y otros vs. Paraguay*, Fondo, Reparaciones y Costas, sentencia de 22 de septiembre de 2006, serie C N° 153, párr. 131.

21 Ayala Corao, Carlos, *Del diálogo jurisprudencial al control de convencionalidad*, Editorial Jurídica Venezolana, Caracas, 2012. pp. 90-102.

22 Corte IDH, *El derecho a la información sobre la asistencia consular en el marco de las garantías del debido proceso legal*, Opinión Consultiva OC-16/99, de 1° de octubre de 1999, serie A N° 16, párr. 115, señala que "El *corpus juris* del Derecho Internacional de los Derechos Humanos está formado por un conjunto de instrumentos internacionales de contenido y efectos jurídicos variados (tratados, convenios, resoluciones y declaraciones). Su evolución dinámica ha ejercido un impacto positivo en el Derecho Internacional, en el

constituye una más intensa limitación al pretendido desarrollo de las potestades públicas sin restricciones, en la medida que los derechos humanos se constituyen en un auténtico freno al ejercicio del Poder, en el marco de una sociedad auténticamente democrática.

En este orden de ideas, la Corte Interamericana ha señalado que "la protección a los derechos humanos, en especial los derechos civiles y políticos recogidos en la Convención, parte de la afirmación de la existencia de ciertos atributos inviolables de la persona humana que no pueden ser legítimamente menoscabados por el ejercicio del poder público. Se trata de esferas individuales que el Estado no puede vulnerar o en las que sólo puede penetrar limitadamente. Así, en la protección a los derechos humanos, está necesariamente comprendida la noción de la *restricción al ejercicio del poder estatal*"[23].

Ahora bien, los estándares de protección de los derechos humanos tienen su caja de resonancia en los artículos 1 y 2 de la Convención Americana, que contienen los criterios hermenéuticos para la aplicación *pro homine*[24] y con efecto útil[25] a los fines de hacer eficaz el respeto, garantía y protección de los derechos inherentes a la dignidad de la persona humana, que han sido reconocidos y conforman el *corpus iuris* de la convencionalidad.

A partir de allí, resulta necesario destacar el énfasis en la protección especial que otorgan los textos convencionales y la jurisprudencia interamericana a las personas que se encuentran en especial situación de vulnerabilidad.

Como una muestra de esta potencial tutela reforzada, se puede mencionar lo relacionado con la obligación de Estado de respetar y brindar protección

---

sentido de afirmar y desarrollar la aptitud de este último para regular las relaciones entre los Estados y los seres humanos bajo sus respectivas jurisdicciones. Por lo tanto, esta Corte debe adoptar un criterio adecuado para considerar la cuestión sujeta a examen en el marco de la evolución de los derechos fundamentales de la persona humana en el derecho internacional contemporáneo".

23 Corte IDH, *La Expresión "Leyes" en el Artículo 30 de la Convención Americana sobre Derechos Humanos,* Opinión Consultiva OC-6/86, de 9 de mayo de 1986, serie A N° 6, párr. 21.

24 Corte IDH, *La Colegiación Obligatoria de Periodistas (Arts. 13 y 29 Convención Americana sobre Derechos Humanos),* Opinión Consultiva OC-5/85, de 13 de noviembre de 1985, serie A N° 5, párr 52; Corte IDH, *Caso Boyce y otros vs. Barbados,* Excepciones preliminares, Fondo, Reparaciones y Costas, sentencia de 20 de noviembre de 2007, serie C N° 169, párr. 52; Corte IDH, *Caso Dacosta Cadogan vs. Barbados,* Excepciones Preliminares, Fondo, Reparaciones y Costas, sentencia de 24 de septiembre de 2009, serie C N° 204, párr. 49; Corte IDH, *Caso Wo Ho Wing vs. Perú,* Excepción Preliminar, Fondo, Reparaciones y Costas, sentencia de 30 de junio de 2015, serie C N° 297, párr. 126.

25 Corte IDH, *Caso Almonacid Arellano y otros vs. Chile,* Excepciones preliminares, Fondo, Reparaciones y Costas, sentencia de 26 de septiembre de 2006, serie C N° 154, párr. 124; Corte IDH, *Caso Aguado Alfaro y otros (Trabajadores Cesados del Congreso) vs. Perú,* Excepciones Preliminares, Fondo, Reparaciones y Costas, sentencia de 24 de noviembre de 2006, serie C N° 158, párr. 128; Corte IDH, *Caso Radilla Pacheco vs. México,* Excepciones Preliminares, Fondo, Reparaciones y Costas, sentencia de 23 de noviembre de 2009, serie C N° 209, párr. 339; Corte IDH, *Caso Cabrera García y Montiel Flores vs. México,* Excepción preliminar, Fondo, Reparaciones y Costas, sentencia de 26 de noviembre de 2010, serie C N° 220, párr. 225.

a las mujeres contra cualquier forma de violencia -obligación genérica que deriva de la Convención Americana sobre Derechos Humanos-, así como a lo dispuesto en la Convención de Belém do Pará -que integra el bloque de la convencionalidad[26] y contiene obligaciones específicas en este sentido-, que exigen un marco jurídico idóneo, efectivo, para que el Estado sea suficientemente diligente y adopte las medidas destinadas a prevenir, sancionar y erradicar la violencia contra la mujer[27].

Sin embargo, es pertinente advertir que el Estado no es responsable por cualquier violación de un derecho humano imputable a un particular y en caso de que ello ocurra, su responsabilidad no es ilimitada, por lo que no podría generarse la responsabilidad del Estado como consecuencia del hecho en sí mismo; sino por la falta de diligencia debida[28] para prevenir la violación de quien se encontraba de una situación de riesgo real e inmediato[29].

En tanto, si sería responsabilidad del Estado las conductas de los particulares violatorias de un derecho humano, cuando lo haya consentido[30] o tolerado[31]

---

26 Hernández-Mendible, Víctor R., El control de convencionalidad como expresión de control de constitucionalidad. Originalidad y desaciertos, *Estudios sobre el control de convencionalidad,* Editorial Jurídica Venezolana, 2015, p. 158.

27 Corte IDH, *Caso González y otras ("Campo Algodonero") vs. México,* Excepción preliminar, Fondo, Reparaciones y Costas, sentencia de 16 de noviembre de 2009, serie C N° 205, párr. 253, 256 y 287.

28 Corte IDH, *Caso del Penal Miguel Castro Castro vs. Perú,* Fondo, Reparaciones y Costas, sentencia de 25 de noviembre de 2006, serie C N° 160, párr. 344.

29 Corte IDH, *Caso González y otras ("Campo Algodonero") vs. México,* Excepción preliminar, Fondo, Reparaciones y Costas, sentencia de 16 de noviembre de 2009, serie C N° 205, párr. 280; Corte IDH, *Caso Familia Barrios vs. Venezuela,* Fondo, Reparaciones y Costas, sentencia de 24 de noviembre de 2011, serie C N° 237, párr. 124; Corte IDH, *Caso Defensor de Derechos Humanos y otros vs. Guatemala,* Excepciones Preliminares, Fondo, Reparaciones y Costas, sentencia de 28 de agosto de 2014, serie C N° 283, párr. 140.

30 Corte IDH, *Caso Blake vs. Guatemala,* Fondo, sentencia de 24 de enero de 1998, serie C N° 36, párr. 78; Corte IDH, *Caso de la Masacre de Mapiripán vs. Colombia,* Fondo, Reparaciones y Costas, sentencia de 15 de septiembre de 2005, serie C N° 134, párrs. 120 y 235; Corte IDH, *Caso de las Masacres de Ituango vs. Colombia,* Excepciones preliminares, Fondo, Reparaciones y Costas, sentencia de 1 de julio de 2006, serie C N° 148, párrs. 153, 163, 180, 260, 272, 303, 323-325; Corte IDH, *Caso Goiburú y otros vs. Paraguay,* Fondo, Reparaciones y Costas, sentencia de 22 de septiembre de 2006, serie C N° 153, párr. 66; Corte IDH, *Caso de la Masacre de la Rochela vs. Colombia,* Fondo, Reparaciones y Costas, sentencia de 11 de mayo de 2007, serie C N° 163, párrs. 78 y 178.

31 Corte IDH, *Caso Velásquez Rodríguez vs. Honduras, op. cit.*, párr. 173; Corte IDH, *Caso Godínez Cruz vs. Honduras,* Fondo, sentencia de 20 de enero de 1989, serie C N° 5, párr. 183; CIDH, *Caso Paniagua Morales y otros (Panel Blanca) vs Guatemala,* Fondo, sentencia de 8 de marzo de 1998, serie C N° 37, párr. 91; Corte IDH, *Caso 19 Comerciantes vs. Colombia, op. cit.*, párr. 141; Corte IDH, *Caso de la Masacre de Mapiripán vs. Colombia,* Fondo, Reparaciones y Costas, sentencia de 15 de septiembre de 2005, serie C N° 134, párrs. 110, 120, 235 y 240; Corte IDH, *Caso de las Masacres de Ituango vs. Colombia, op. cit.*, párrs. 153, 163, 180, 260, 272, 303, 323-325; Corte IDH, *Caso de la Masacre de la Rochela vs. Colombia, op. cit.*, párr. 78.

o que incluso lo haya propiciado[32], mediante la creación del riesgo para las víctimas.

Al fracasar el Estado en la adopción e implementación de las medidas preventivas destinadas a garantizar la protección de los derechos humanos y producirse los hechos que materializan la perpetración de la violación, el Estado tiene la obligación de actuar con una doble finalidad: por una parte para reparar a las víctimas; y por la otra, para establecer la auténtica verdad de lo ocurrido[33] y efectuar la persecución, detención y enjuiciamiento de los autores, a los fines de determinar quiénes son los responsables e imponerles las sanciones que procedan.[34]

Conforme a tales términos, el Estado deberá brindar una reparación adecuada[35], lo que implica una restitución integral o plena, es decir, restablecimiento y reparación –se insiste dentro de lo racionalmente posible- a las víctimas y sus familiares.

Esto es así porque el sistema de protección de derechos humanos no ha sido establecido únicamente con la finalidad de garantizar la convencionalidad en abstracto –lo que no impide que se adopten a nivel nacional, medidas legislativas o de cualquier otro carácter y a nivel internacional, medidas provisionales o de no repetición, para prevenir las potenciales lecciones a los derechos humanos de personas concretas-, a través de los medios que brinda el Derecho Internacional de los derechos humanos; sino que su principal objetivo es brindar una auténtica y efectiva protección, -aunque en muchos casos lamentablemente tardía-, de los derechos y libertades de las personas, que le son inherentes para que puedan vivir realmente con dignidad.

III. La convencionalidad ante las disposiciones nacionales que la desconocen

> La Corte Interamericana en ejercicio de la función consultiva ha sostenido: "1. Que la expedición de una ley manifiestamente contraria a las obligaciones asumidas por un Estado al ratificar o adherir a la Convención, constituye una violación de ésta y, en el caso de que esa violación afecte derechos y libertades protegidos respecto de individuos determinados, genera la responsabilidad internacional de tal Estado. 2. Que el cumplimiento por parte de agentes o funcionarios del Estado de una ley manifiestamente violatoria de la

32 Corte IDH, *Caso 19 Comerciantes vs. Colombia, op. cit.*, párrs. 115 a 124; Corte IDH, *Caso de las Masacres de Ituango vs. Colombia. op. cit.*, párrs. 134, 135; Corte IDH, *Caso de la Masacre de Pueblo Bello vs. Colombia, op. cit.*, párrs. 125 a 127, 139 a 140; Corte IDH, *Caso de la Masacre de la Rochela vs. Colombia, op. cit.*, párr. 78.

33 Corte IDH, *Caso Gomes Lund y otros (Guerrilha do Araguaia) vs. Brasil,* Excepciones Preliminares, Fondo, Reparaciones y Costas, sentencia de 24 de noviembre de 2010, serie C N° 219, párr. 201.

34 Corte IDH, *Caso de la Masacre de Pueblo Bello vs. Colombia, op. cit.*, párr. 143.

35 Corte IDH, *Caso Velásquez Rodríguez vs. Honduras, op. cit.*, párr. 25; Corte IDH, *Caso de los "Niños de la Calle" (Villagrán Morales y otros) vs. Guatemala,* Reparaciones y Costas, sentencia de 26 de mayo de 2001, serie C N° 77, párr. 62.

Convención, genera responsabilidad internacional para el Estado. En caso de que el acto de cumplimiento constituya *per se* un crimen internacional, genera también la responsabilidad internacional de los agentes o funcionarios que ejecutaron el acto"[36].

En atención a estas pautas, se procederá a analizar los casos que han sido sometidos a la competencia de la Corte Interamericana y resueltos por ella de manera evolutiva.

3.1. Respecto a las leyes de amnistías

La jurisprudencia interamericana ha señalado que se consideran "inadmisibles las disposiciones de amnistía, las disposiciones de prescripción y el establecimiento de excluyentes de responsabilidad, que pretendan impedir la investigación y sanción de los responsables de las violaciones graves de los derechos humanos tales como la tortura, las ejecuciones sumarias, extralegales o arbitrarias y las desapariciones forzadas, todas ellas prohibidas por contravenir derechos inderogables reconocidos por el Derecho Internacional de los Derechos Humanos"[37].

Tal afirmación encuentra su justificación en el hecho de que resulta intolerable cualquier norma o práctica que se constituya en un obstáculo al acceso a la justicia, a la investigación impidiendo el derecho de las víctimas y sus familiares a conocer la verdad, a la identificación de los responsables de las violaciones de derechos humanos y a obtener la correspondiente reparación del Estado, así como que este deje impune a los responsables, pues ello es manifiestamente contrario a la Convención[38].

Es así como se considera que cuando se expiden estas leyes, las mismas "carecen de efectos jurídicos y no pueden seguir representando un obstáculo para la investigación de los hechos que constituyen este caso, ni para la identificación y el castigo de los responsables, ni puedan tener igual o similar impacto respecto de otros casos de violación de los derechos consagrados en la Convención Americana acontecidos en el Perú"[39].

En esta línea de argumentación se ha sostenido que los Estados no pueden sustraerse del deber de investigar, determinar y sancionar a los responsables de los crímenes de lesa humanidad, aplicando leyes de amnistía u otro tipo

36 Corte IDH, *Responsabilidad internacional por expedición y aplicación de leyes violatorias de la Convención (arts. 1 y 2 Convención Americana sobre Derechos Humanos)*, Opinión Consultiva OC-14/94, de 9 de diciembre de 1994, serie A N° 14, puntos de la opinión 1 y 2.

37 Corte IDH, *Caso Barrios Altos vs. Perú*, Fondo, sentencia de 14 de marzo de 2001, serie C N° 75, párr. 41; Corte IDH, *Caso Osorio Rivera y familiares vs. Perú*, Excepción Preliminar, Fondo, Reparaciones y Costas, sentencia de 26 de noviembre de 2013, serie C N° 274, párr. 213-217.

38 Corte IDH, *Caso Barrios Altos vs. Perú*, Fondo, sentencia de 14 de marzo de 2001, serie C N° 75, párr. 43.

39 Corte IDH, *Caso Barrios Altos vs. Perú*, Fondo, sentencia de 14 de marzo de 2001, serie C N° 75, párr. 44

de normativa interna de similares efectos, pues para estos delitos no procede la concesión de amnistía[40].

Habiéndose establecido la incompatibilidad de las leyes de amnistía con la Convención Americana y por tanto carentes de cualquier efecto jurídico[41], la Corte Interamericana ha ratificado la inconvencionalidad de estas leyes, por ser contrarias a las obligaciones del Estado asumidas al suscribir dicha Convención.

En consecuencia, los efectos de la declaratoria de inconvencionalidad de una ley de amnistía es *erga omnes*[42], con vigencia temporal *ex tunc*, por lo que en ningún supuesto puede considerarse reducida ni al caso concreto en que se produjo tal declaración, ni a partir del momento en que se realizó, ni menos permitir que se conserve lo ejecutado con anterioridad a la misma, pues ello resultaría contrario al derecho a la igualdad ante las leyes, reconocido por todos los Estados en su ordenamiento jurídico interno y por los distintos textos convencionales.

Conforme a lo establecido en el artículo 2 de la Convención, los Estados deben adoptar todas las medidas necesarias para dejar sin vigor las disposiciones normativas que la contravengan, como sucede con las leyes de amnistía, que impiden la investigación de las graves violaciones a los derechos humanos, pues dichos textos perpetúan la impunidad de los responsables, generan estado de indefensión en las víctimas y le niegan el derecho a ellas y sus familiares a conocer la verdad de los hechos que produjeron tal situación[43].

Por tanto, siendo las leyes de amnistía una barrera para establecer la verdad y disponer las reparaciones, las mismas aplicadas indiscriminadamente se convierten en un auténtico obstáculo para el oportuno acceso y funcionamiento de la justicia, reforzando la impunidad y la arbitrariedad, resquebrajando así los cimientos del Estado de Derecho, situación esta que se agrava cuando la violación de los derechos humanos consiste en la desaparición forzada de personas, pues esto se encuentra expresamente censurado por la Convención Interamericana sobre Desaparición Forzada de Personas. Es por todo ello, que en el marco del Derecho Convencional carecen de efectos jurídicos.[44]

Resulta de particular relevancia para este análisis, el hecho que la ley de amnistía haya sido expedida por un Congreso electo democráticamente

---

40 Corte IDH, *Caso Almonacid Arellano y otros vs. Chile,* Excepciones Preliminares, Fondo, Reparaciones y Costas, sentencia de 26 de septiembre de 2006, serie C N° 154, párr. 114; Corte IDH, *Caso García Lucero y otras vs. Chile*, Excepción Preliminar, Fondo y Reparaciones, sentencia de 28 de agosto de 2013, serie C N° 267, párr. 150-154.

41 Corte IDH, *Caso Almonacid Arellano y otros vs. Chile*, op cit., punto resolutivo 4.

42 Corte IDH, *Caso La Cantuta vs. Perú,* Fondo, Reparaciones y Costas, sentencia de 29 de noviembre de 2006, serie C N° 162, párr. 167.

43 Corte IDH, *Caso Gomes Lund y otros (Guerrilha do Araguaia) vs. Brasil,* Excepciones Preliminares, Fondo, Reparaciones y Costas, sentencia de 24 de noviembre de 2010, serie C N° 219, párr. 173.

44 Corte IDH, *Caso Gelman vs. Uruguay,* Fondo y Reparaciones, sentencia de 24 de febrero de 2011, serie C N° 221, párr. 226.

y posteriormente ratificada popularmente[45]. En este asunto es importante observar que ello no legítima la inconvencionalidad, pues la obligación de los Estados de respeto, garantía y adopción de medidas necesarias para proteger los derechos humanos y más concretamente aquellos de las víctimas, no puede ser desconocida, ignorada o soslayada por la mayor de las minorías, en los espacios que brinda la democracia representativa (Congreso) o de la democracia participativa directa (referendo, plebiscito o consulta popular).

Esto resulta totalmente lógico, pues no se puede invocar ninguna justificación democrática, para pactar, negociar o disponer el desconocimiento o irrespeto a la dignidad de la persona humana y en particular de las víctimas o sus familiares. De allí que la Corte Interamericana considere que la protección de los derechos humanos constituye uno de los mayores frenos a las reglas de las mayorías democráticas, pues su efectiva protección no puede ser sometida a decisión o consulta de las mayorías circunstanciales[46].

Sin desconocer las precedentes declaraciones de incompatibilidad de las leyes de amnistías o figuras similares con la Convención Americana, se ha expresado que cuando se trata de una ley de amnistía general respecto a los hechos acaecidos en el marco de un conflicto interno, el estándar de constatación requiere considerar además de la propia Convención Americana -deberes generales de protección-, lo establecido en el Protocolo II adicional a los Convenios de Ginebra de 1949[47], relativo a la protección de las víctimas de conflictos armados de carácter no internacional -deberes especiales de protección- (Protocolo II)[48], así como de los términos específicos en que se acordó el cese de las hostilidades que pusieron fin a dicho conflicto, pues "según el Derecho Internacional Humanitario aplicable a estas situaciones, se justifica en ocasiones la emisión de leyes de amnistía al cese de las hostilidades en los conflictos armados de carácter no internacional para posibilitar el retorno a la paz"[49]. No obstante, se advierte que la norma no es absoluta, en tanto también existe en el Derecho Internacional Humanitario la obligación de los Estados de investigar y juzgar hechos y crímenes de guerra o contra la humanidad y mediante una actuación ejemplarizante sancionarlos, pues estos no podrán estar cubiertos por una amnistía, como se consideró en el

---

45 Corte IDH, *Caso Gelman vs. Uruguay,* Fondo y Reparaciones, sentencia de 24 de febrero de 2011, serie C N° 221, párr. 238.

46 Corte IDH, *Caso Gelman vs. Uruguay,* Fondo y Reparaciones, sentencia de 24 de febrero de 2011, serie C N° 221, párr. 238.

47 El artículo 6.5 del Protocolo II adicional a los Convenios de Ginebra dispone que "A la cesación de las hostilidades, las autoridades en el poder procurarán conceder la amnistía más amplia posible a las personas que hayan tomado parte en el conflicto armado o que se encuentren privadas de libertad, internadas o detenidas por motivos relacionados con el conflicto armado".

48 Corte IDH, *Caso de la Masacre de Mapiripán vs. Colombia,* Fondo, Reparaciones y Costas, sentencia de 15 de septiembre de 2005, serie C N° 134, párr. 114.

49 Corte IDH, *Caso Masacres de El Mozote y lugares aledaños vs. El Salvador*, Fondo, Reparaciones y Costas, sentencia de 25 de octubre de 2012, serie C N° 252, párr. 285.

caso que analizó precedentemente la propia Corte Interamericana sobre la situación de El Salvador.[50]

3.2. *Respecto a la pena de muerte*

En el caso de leyes que disponen la aplicación automática de la pena de muerte, impidiendo que el juez natural en ejercicio de su competencia y conforme a la autonomía, independencia e imparcialidad de que debe gozar en el desempeño de sus funciones, evalúe las circunstancias del caso para imponer la pena, se ha pronunciado la Corte Interamericana ordenando al Estado abstenerse de aplicar e incluso eliminar las disposiciones legales incompatibles con la Convención[51].

En esta misma línea de interpretación y aplicación de la Convención, se ha sostenido que en caso de existir incompatibilidad entre una norma convencional y una disposición de la constitución política del país, se debe dar preferencia a aquella, estando el Estado obligado a ajustar su ordenamiento jurídico nacional al estándar de convencionalidad[52].

Es de especial relevancia en los países que todavía conservan la pena de muerte, la obligación atribuida al Estado de "asegurar que todas las personas acusadas de un delito, cuya sanción sea la pena de muerte obligatoria, sean debidamente informados, al inicio del procedimiento penal en su contra, de su derecho a obtener una evaluación psiquiátrica por parte de un psiquiatra empleado por el Estado"[53].

3.3. *Respecto a las penas corporales*

La existencia de penas corporales establecidas en las leyes como la flagelación, acompañadas de la prohibición constitucional de impugnarlas es considerada como una violación del derecho humano a la integridad personal y a la prohibición de ser sometido a tortura o a tratos crueles e inhumanos, lo que produce que tanto las leyes como la norma constitucional que prohíbe su impugnación sean inconvencionales. Es por ello que se impone la obligación del Estado de derogar dichas leyes y además el deber de modificar la norma constitucional que contraviene la Convención Americana, al negar la existencia de un recurso judicial rápido y efectivo para impugnar tales leyes incompatibles con el derecho a la integridad de la persona[54].

---

50 Corte IDH, *Caso Masacres de El Mozote y lugares aledaños vs. El Salvador*, op. cit., párr. 286.

51 Corte IDH, *Caso Hilaire, Constantine y Benjamin y otros vs. Trinidad y Tobago,* Fondo, Reparaciones y costas, sentencia de 21 de junio de 2002, serie C N° 94, párr. 212.

52 Corte IDH, *Caso Hilaire, Constantine y Benjamin y otros vs. Trinidad y Tobago,* op. cit.

53 Corte IDH, *Caso Dacosta Cadogan vs. Barbados,* Excepciones Preliminares, Fondo, Reparaciones y Costas, sentencia de 24 de septiembre de 2009, serie C N° 204, punto resolutivo 10.

54 Corte IDH, *Caso Caesar vs. Trinidad y Tobago,* Fondo, Reparaciones y Costas, sentencia de 11 de marzo de 2005, serie C N° 123, párr. 133 y punto resolutivo 4.

La tesis formulada en el asunto precedente será posteriormente ratificada, al considerarse que la prohibición constitucional de impugnar determinadas leyes es incompatible con la Convención Americana al constituir un obstáculo para el acceso a un recurso judicial rápido y efectivo, lo que resulta agravado en el caso de que la ley imponga la pena capital de manera obligatoria[55].

3.4. *Respecto a la censura previa*

En el caso de la censura previa establecida en el ordenamiento jurídico nacional, se ha dispuesto que el Estado debe eliminar la disposición que la contemple y permitir la difusión de una película cuya exhibición había sido censurada en aplicación de dicha norma, por las autoridades públicas antes de su difusión. En este caso la Corte Interamericana ordenó que "el Estado debe modificar su ordenamiento jurídico interno, en un plazo razonable, con el fin de suprimir la censura previa para permitir la exhibición de la película "La Última Tentación de Cristo", y debe rendir a la Corte Interamericana de Derechos Humanos, dentro de un plazo de seis meses a partir de la notificación de la presente Sentencia, un informe sobre las medidas tomadas a ese respecto"[56].

3.5. *Las consecuencias derivadas de los criterios convencionales*

Los órganos que ejercen el Poder Público dentro del Estado deben efectuar las interpretaciones y aplicaciones de los textos constitucionales y legales, adecuados a los principios establecidos en la jurisprudencia de la Corte Interamericana, lo que en principio hace innecesario ordenar la modificación del contenido de alguna disposición constitucional o legal; pero al determinarse la incompatibilidad con la Convención Americana, entonces debería el Tribunal Interamericano ordenar al Estado que en un plazo razonable y conforme a sus procedimientos constitucionales, efectúe las reformas necesarias para compatibilizar las disposiciones pertinentes con la Convención y los estándares internacionales[57].

De la declaración de reconocimiento de la inconvencionalidad de la constitución política y las leyes, se derivan para los órganos que ejercen el Poder Público en el ámbito nacional dos consecuencias inmediatas: La primera es el cese o abstención en la aplicación y ejecución de las disposiciones constitucionales y legales incompatibles con la Convención; y la segunda es la obligación de realizar conforme al procedimiento constitucionalmente establecido, dentro de un plazo razonable, la modificación de la constitución

55 Corte IDH, *Caso Boyce y otros vs. Barbados*, Excepciones Preliminares, Fondo, Reparaciones y Costas, sentencia de 20 de noviembre de 2007, serie C N° 169, punto resolutivo 8; Corte IDH, *Caso Dacosta Cadogan vs. Barbados*, Excepciones Preliminares, Fondo, Reparaciones y Costas, sentencia de 24 de septiembre de 2009, serie C N° 204, puntos resolutivos 9 y 10.

56 Corte IDH, *Caso Olmedo Bustos (La Última Tentación de Cristo) vs. Chile*, Fondo y Reparaciones, sentencia de 5 de febrero de 2001, serie C N° 73, punto resolutivo 4.

57 Corte IDH, *Caso Radilla Pacheco vs. México*, Excepciones Preliminares, Fondo, Reparaciones y Costas, sentencia de 23 de noviembre de 2009, serie C N° 258, párrs. 340-342.

política y de las leyes para adaptarlas a los estándares de protección de derechos humanos, establecidos en el *corpus iuris* o bloque de la convencionalidad[58].

En la primera ocasión en que se dispuso realizar una modificación legislativa[59], como una garantía de no repetición[60], se otorgó un amplio margen de apreciación[61] y cabe "notar que los términos del texto conceden un amplio grado de discrecionalidad para la ejecución de la orden", lo que luego será objeto de marcadas variaciones en el asunto *Olmedo Bustos (La última tentación de Cristo) vs. Chile*[62].

No se puede ignorar que este margen de apreciación ha sido reducido en muchos casos de manera concreta por la Corte Interamericana, al orientar los términos de actuación indicándole al Estado que "Entre las respectivas modificaciones de la legislación debe quedar incluida la referente a la introducción de diversas categorías (tipos penales) de homicidio intencional, que correspondan a la diversa gravedad de los hechos, tomando en cuenta las circunstancias del delito y del justiciable, y se debe establecer una gradación de los niveles de severidad de la pena que guarde relación con la gravedad de los hechos y con la culpabilidad del imputado"[63].

En sentido similar, se ha indicado al Estado la necesidad de reformar su legislación, para suprimir cualquier referencia amplia o vaga que permita su excesivo margen de valoración al juzgador, que tenía la posibilidad de imponer la pena de muerte[64].

En tales términos se ha ordenado a los Estados la modificación de la legislación que regula el recurso de amparo[65] o de *hábeas corpus*[66], para que cumplan con el estándar de garantizar un recurso simple, rápido, adecuado y efectivo para la tutela de los derechos humanos e igual se ha ordenado realizar reformas legislativas en los casos de sanciones administrativas de

---

58 Corte IDH, *Caso Hilaire, Constantine y Benjamin y otros vs. Trinidad y Tobago*, Fondo, Reparaciones y Costas, sentencia de 21 de junio de 2002, serie C N° 94, párr. 212 y punto resolutivo 8.

59 Corte IDH, *Caso Loayza Tamayo vs Perú,* Reparaciones y Costas, sentencia de 27 de noviembre de 1998, serie C N° 42, punto resolutivo 5.

60 Londoño Lazaro, María Carmelina, *Las garantías de no repetición en la jurisprudencia interamericana,* Universidad de La Sabana-Tirant lo Blanc, México, 2014, p. 118.

61 Corte IDH, *Propuesta de modificación a la Constitución política de Costa Rica relacionada con la naturalización,* Opinión Consultiva OC-4/84, de 19 de enero de 1984, serie A N° 4, párrs. 58-59, 62-63.

62 Londoño Lazaro, María Carmelina, op. cit., p. 121.

63 Corte IDH, *Caso Hilaire, Constantine y Benjamin y otros vs. Trinidad y Tobago,* Fondo, Reparaciones y Costas, sentencia de 21 de junio de 2002, serie C N° 94, párr. 212.

64 Corte IDH, *Caso Fermín Ramírez vs. Guatemala*, Fondo, Reparaciones y Costas, sentencia de 20 de junio de 2015, serie C N° 126, punto resolutivo N° 8.

65 Corte IDH, *Caso de la Masacre de las Dos Erres vs. Guatemala,* Excepción Preliminar, Fondo, Reparaciones y Costas, sentencia de 24 de noviembre de 2009, serie C N° 211, párr. 124 y puntos resolutorios 10 y11.

66 Corte IDH, *Caso Blanco Romero y otros vs. Venezuela,* Fondo, Reparaciones, sentencia de 28 de noviembre de 2005, serie C N° 138, párr. 104 y punto resolutivo 9.

inhabilitación política, pues conforme a la Convención, tales sanciones se encuentran reservadas al Poder Judicial[67].

También se han efectuado pronunciamientos dirigidos a reformar la legislación electoral "de manera que regule con claridad las consecuencias del incumplimiento de los requisitos de participación electoral, los procedimientos que debe observar el Consejo Supremo Electoral al determinar tal incumplimiento y las decisiones fundamentadas que al respecto debe adoptar dicho Consejo, así como los derechos de las personas cuya participación se vea afectada por una decisión del Estado"[68].

En este mismo orden de ideas, se ha ordenado modificar las leyes y normas reglamentarias reguladoras del juicio de protección de los derechos ciudadanos para que se ajusten al texto constitucional y se garantice a las personas un recurso judicial efectivo, que permita impugnar la constitucionalidad de las normas, que regulan el ejercicio del derecho político a ser elegido[69].

IV. LAS LECCIONES DE LA JURISPRUDENCIA INTERAMERICANA

En el Derecho Internacional, a partir de la creación de la Corte Internacional de Justicia, se estableció un estándar que fue recogido en el artículo 59 del Estatuto de la Corte Internacional de Justicia, en el cual se dispone que:

> "La decisión de la Corte no es obligatoria sino para las partes en litigio y respecto del caso que ha sido decidido".

Esta norma establece dos pautas concretas con respecto a las decisiones de la Corte: La primera es la fuerza obligatoria que tiene para las partes involucradas en el conflicto que es resuelto por la decisión; y la segunda, que sus efectos y fuerza obligatoria son respecto al caso concreto resuelto, por lo que no tiene proyección en otros asuntos, ni prejuzgan sobre futuros conflictos.

De allí que la citada norma era la referencia que se tenía, a los fines de la aprobación de la Convención Americana sobre Derechos Humanos y del otorgamiento de potestades y efectos a las decisiones, de la Corte Interamericana de Derechos Humanos. Es así como el artículo 68 de la Convención Americana sobre Derechos Humanos, dispuso:

> "1. Los Estados partes en la Convención se comprometen a cumplir la decisión de la Corte en todo caso en que sean partes.

---

67 Corte IDH, *Caso Leopoldo López vs. Venezuela,* Fondo, Reparaciones y Costas, sentencia de 1 de septiembre de 2011, serie C N° 233, párrs. 205-206.

68 Corte IDH, *Caso Yamata vs. Nicaragua,* Excepciones Preliminares, Fondo, Reparaciones y Costas, sentencia de 23 de junio de 2005, serie C N° 127, párr. 258 y punto resolutivo 10.

69 Corte IDH, *Caso Castañeda Gutman vs. México,* Excepción Preliminar, Fondo, Reparaciones y Costas, sentencia de 6 de agosto de 2008, serie C N° 184, párr. 230 y punto resolutivo 6.

2. La parte del fallo que disponga indemnización compensatoria se podrá ejecutar en el respectivo país por el procedimiento interno vigente, para la ejecución de sentencias contra el Estado"[70].

El numeral 1 establece el compromiso de los Estados de cumplir la decisión de la Corte, en aquellos asuntos en que hayan intervenido como partes, lo que debe hacerse conforme a lo dispuesto en los artículos 26 y 27 de la Convención de Viena sobre el Derecho de los Tratados.

Lo anterior permite inferir que las decisiones de la Corte Interamericana deberán ser cumplidas de buena fe por los Estados, en la medida que estos hayan sido parte en el asunto resuelto; no existiendo una obligación formal y expresa de cumplimiento o acatamiento por terceros Estados.

Con respecto a los Estados no involucrados en el asunto resuelto, la decisión de la Corte Interamericana únicamente constituye una referencia para situaciones similares o análogas que se le pudiesen presentar en el futuro, por lo que a lo sumo contiene una suerte de *sotf law*, pues las decisiones no tienen efectos jurídicos vinculantes, ni eficacia obligatoria, pero pueden influir o persuadir las actuaciones de terceros Estados, en la medida que ante casos similares, se tenga la expectativa de que puedan reiterarse las decisiones precedentemente sentadas, respecto a asuntos en que si se encuentren involucrados directamente como partes.

Es conforme a lo anterior que al supervisar el cumplimiento de la sentencia, la Corte Interamericana expresa que "... la Sentencia dictada por la Corte Interamericana tiene carácter de cosa juzgada internacional y es vinculante en su integridad (tanto en sus partes considerativas como dispositivas y resolutivas) para el Estado del Uruguay, por lo cual, en cumplimiento de la misma ..."[71] le indica al Estado que "... todos sus órganos e instituciones, incluyendo el Poder Judicial en todos sus niveles, deben continuar adoptando todas las medidas que sean necesarias para investigar, juzgar y, en su caso, sancionar a los responsables de graves violaciones a los derechos humanos que por su naturaleza sean imprescriptibles, ..."[72].

Por su parte, la doctrina científica uruguaya ha formulado sus argumentos para cuestionar algunos fundamentos de la sentencia *Gelman vs. Uruguay* y más concretamente su forma de cumplimiento por las autoridades nacionales -que pueden considerarse absolutamente válidos bajo el espectro de cada

---

70 Sobre los medios procesales internos para la ejecución de sentencias en la reciente legislación continental, -además de España-, se puede consultar el análisis crítico de Torrealba Sánchez, Miguel Ángel, *La ejecución de sentencias en el proceso administrativo iberoamericano (España, Perú, Costa Rica, Colombia y Venezuela)*, Instituto Nacional de Administración Pública, Madrid, 2017.

71 Corte IDH, *Caso Gelman vs. Uruguay,* Supervisión de cumplimiento de sentencia, resolución de 20 de marzo de 2013, párr. 104; Corte IDH, *Caso Gomes Lund y otros (Guerrilha do Araguaia) vs. Brasil,* Supervisión de cumplimiento de sentencia, resolución de 17 de octubre de 2014, párr. 22.

72 Corte IDH, *Caso Gelman vs. Uruguay,* Supervisión de cumplimiento de sentencia, resolución de 20 de marzo de 2013, punto declarativo 3.

ordenamiento jurídico nacional-, pero hay un punto que genera gran inquietud cuando se señala que "También se equivoca la Corte al pretender aplicar en la especie la Convención Interamericana sobre Desaparición Forzada de Personas, pues es posterior en el tiempo y no puede aplicarse retroactivamente. Su aplicación retroactiva significa la violación de un derecho humano de máximo valor y fuerza: la seguridad, en su especie, seguridad jurídica"[73]. Esta afirmación parece encontrar anclaje -aunque no se cita expresamente- en el artículo 28 de la Convención de Viena sobre el Derecho de los Tratados, que teóricamente es aplicable a cualquier clase de tratados o convenciones, no obstante en lo atinente a la materia de derechos humanos, cabe efectuar una reflexión muy puntual.

La inquietud viene dada porque de aceptarse este planteamiento sin reparos en el marco de los derechos humanos, se debería concluir -sin atender a ninguna otra consideración de carácter ético o filosófico-, sino estrictamente jurídico, que una vez finalizado el adolfato en Europa en mayo de 1945, todos los juicios en los tribunales de Núremberg, sus condenas y ejecuciones resultarían jurídicamente nulas, pues los crímenes cometidos contra la paz, de guerra –salvo que fuesen acusaciones por violaciones a las Convenciones de La Haya y Ginebra- y la humanidad, juzgados en ese momento, no contaban con una tipificación expresa, previa y cierta, ni con un tribunal preestablecido, ni con jueces conocidos con anticipación por los criminales que incurrieron en los hechos que se juzgaron como delitos, los cuales solo fueron tipificados con posterioridad por las Naciones Unidas[74], así como creados los tribunales para su juzgamiento.

Sin embargo, cabe considerar que la razón que justificó los juicios en los tribunales de Núremberg es la misma que justifica invocar la relativamente reciente Convención Interamericana sobre Desaparición Forzada de Personas, pues parafraseando lo que señala la doctrina científica[75], la prohibición de desaparición forzada de personas no constituye una obligación de los Estados a partir de que lo diga una convención determinada, sino que se trata de la obligación del Estado de garantizar el derecho humano a la vida y la integridad de la persona y en caso que se necesite otorgarle un fundamento expreso distinto de los anteriores, podría invocarse el artículo 29.c) de la propia Convención Americana[76]. Siendo la materia prima del Derecho el ser humano, "las reglas de derecho que rigen la sociedad no son solo normas,

73 Durán Martínez, Augusto, La jurisprudencia de la Corte Interamericana de Derechos Humanos en la perspectiva del Derecho Administrativo: especial referencia al caso Gelman vs. Uruguay, *Revista de Investigaçoes Constitucionais* V. 1, N° 2, Curitiba, 2014, p. 124.

74 ONU., Resolución N° 95 (I), de 11 de diciembre de 1946, Confirmación de los Principios de Derecho Internacional reconocidos por el Estatuto del Tribunal de Núremberg.

75 Durán Martínez, Augusto, *op. cit.*, p. 121.

76 El artículo 29 de la Convención Americana sobre Derechos Humanos señala que: "Ninguna disposición de la presente Convención puede ser interpretada en el sentido de:

a) permitir a alguno de los Estados Partes, grupo o persona, suprimir el goce y ejercicio de los derechos y libertades reconocidos en la Convención o limitarlos en mayor medida que la prevista en ella;

sino también principios. Y ante estos, es precisamente el caso de los derechos humanos, [que] en la interpretación jurídica predomina la ponderación sobre la subsunción" y por tanto tal "ponderación, efectuada en el marco de un razonamiento prudencial, debe tener en cuenta la naturaleza humana en toda su plenitud".[77]

Este caso se ha traído como ejemplo respecto a que las decisiones de la Corte Interamericana, en vía contenciosa o consultiva han generado distintas reacciones dentro de los Estados signatarios de la Convención Americana, en cuanto estos hayan sido partes o no, en el proceso en que se han emitido tales decisiones.

Estas reacciones van desde otorgarle un carácter moralizador, de guía o directrices orientadora que sería recomendable seguir[78], pasando por el acatamiento y reconocimiento del carácter vinculante a los criterios establecidos, en especial respecto a aquellos casos de condenas directas frente a ese Estado[79], asumiendo una posición en cierto modo ecléctica[80]-[81] e incluso

---

b) limitar el goce y ejercicio de cualquier derecho o libertad que pueda estar reconocido de acuerdo con las leyes de cualquiera de los Estados Partes o de acuerdo con otra convención en que sea parte uno de dichos Estados;

c) excluir otros derechos y garantías que son inherentes al ser humano o que se derivan de la forma democrática representativa de gobierno, y;

d) excluir o limitar el efecto que puedan producir la Declaración Americana de Derechos y Deberes del Hombre y otros actos internacionales de la misma naturaleza".

77 Durán Martínez, Augusto, *op. cit.*, p. 127.

78 Corte Suprema de Justicia de la Nación (Argentina), caso Giroldi Horacio David y otro, sentencia de 7 de abril de 1995; Suprema Corte de Justicia de la Nación (México), caso Engrose varios, sentencia de 14 de julio de 2011.

79 Corte Suprema de Justicia en Sala Constitucional (Costa Rica), sentencia de 9 de mayo de 1995; Corte Constitucional (Colombia), sentencia T-568 de 1999, de 10 de agosto de 1999; Corte Suprema de Justicia de la Nación (Argentina), caso Videla, Jorge Rafael, sentencia de 21 de agosto de 2003; ratificada en caso Simón, Julio Héctor y otros, sentencia de 14 de junio de 2005; Corte Constitucional (Guatemala), acuerdo de 23 de enero de 2006; Tribunal Constitucional (Perú), sentencia de 19 de junio de 2007.

80 Corte IDH, *Caso Gelman vs. Uruguay*, Fondo y Reparaciones, sentencia de 24 de febrero de 2011, serie C N° 221, que generó el pronunciamiento de la Suprema Corte de Justicia (Uruguay), de 22 de febrero de 2013 y el posterior pronunciamiento de la Corte IDH, *Caso Gelman vs. Uruguay*, Supervisión de cumplimiento de sentencia, resolución de 20 de marzo de 2013, en el punto declarativo 2 señala que "A pesar de determinadas acciones dirigidas al cumplimiento de los puntos resolutivos 9 y 11 de la Sentencia dictada en el presente caso, en particular la expedición del Decreto 323 de 30 de junio de 2011 y la Ley 18.831 de 27 de octubre de 2011, la decisión de 22 de febrero de 2013 de la Suprema Corte de Justicia del Uruguay constituye un obstáculo para el pleno acatamiento de la Sentencia, en los términos de los párrafos considerativos 225 a 246, 253 y 254 de la misma y de los párrafos considerativos 43 a 90, 101 y 102 de esta Resolución".

81 Corte IDH, *Caso Gomes Lund y otros (Guerrilha do Araguaia) vs. Brasil*, resolución de 17 de octubre de 2014, de supervisión de cumplimiento de sentencia de 24 de noviembre de 2010, en la cual se había establecido que "las disposiciones de la Ley de Amnistía brasileña que impiden la investigación y sanción de graves violaciones de derechos humanos son incompatibles con la Convención Americana, carecen de efectos jurídicos y no pueden seguir representando un obstáculo para la investigación de los hechos del

díscola[82] y llegando al extremo del desconocimiento, rechazo y descalificación, en los casos en que se ha establecido condena contra el Estado[83] y de aceptación

presente caso, ni para la identificación y castigo de los responsables" (supra párr. 16); aprecia que con fundamento en una sentencia de 29 de abril de 2010, en que el Supremo Tribunal Federal de Brasil resolvió la improcedencia de la Acción de Incumplimiento del precepto fundamental N° 153 y declaró la validez de la interpretación interna de la Ley de Amnistía, se emitieron cuatro decisiones judiciales del Tribunal Federal de la Primera Región durante los años 2012 y 2013, en las cuales se resolvió asumir el criterio de la sentencia del Supremo Tribunal Federal, admitir la aplicación de la Ley de Amnistía e ignorar la decisión de la Corte IDH, lo que lleva a esta a disponer en el punto quinto lo siguiente: "Declarar que, a pesar de determinadas acciones dirigidas al cumplimiento del punto dispositivo noveno de la Sentencia dictada en el presente caso, la interpretación y aplicación de la Ley de Amnistía en determinadas decisiones judiciales continúa siendo un obstáculo para la investigación de los hechos del presente caso, y para la eventual sanción y castigo de los responsables, en los términos de los párrafos considerativos 9 a 23 de la presente Resolución".

82 Corte IDH, *Caso Niñas Yean y Bosico vs. República Dominicana,* Fondo, Reparaciones y Costas, sentencia de 8 de septiembre de 2005, serie C N° 130; Corte IDH, *Caso Nadege Dorzema y otros vs. República Dominicana,* Fondo, Reparaciones y Costas, sentencia de 24 de octubre de 2012, serie C N° 251; y Corte IDH, *Caso de personas dominicanas y haitianas expulsadas vs. República Dominicana,* Excepciones Preliminares, Fondo, Reparaciones y Costas, sentencia de 28 de agosto de 2014, serie C N° 282. El Estado a través de su Tribunal Constitucional (República Dominicana), primero en la sentencia TC-168/13, de 23 de septiembre de 2013 y finalmente en la sentencia TC/0256/14, de 4 de noviembre de 2014, resolvió desconocer la competencia de la Corte Interamericana de Derechos Humanos. En la doctrina científica dominicana Jorge Prats, Eduardo, señalaba que "La única manera para desvincularse de la competencia de la Corte, es la denuncia de la Convención Americana sobre Derechos Humanos (CADH) como un todo. Pero para ello, se requiere una reforma constitucional que efectivamente nos desvincule del sistema de protección interamericano de derechos humanos, pues la Constitución constitucionaliza la CADH en el artículo 74.3. Por lo tanto, la decisión de nuestros jueces constitucionales especializados no producirá ningún efecto sobre la competencia contenciosa de la Corte IDH. La Corte continuará conociendo los casos que se presenten contra República Dominicana. Así las cosas, si el Estado dominicano no cumple con las decisiones emitidas por la Corte IDH, ello acarrearía su responsabilidad internacional". La vergüenza, *Diario Hoy Digital,* de 7 de noviembre de 2014, http://hoy.com.do/la-verguenza-2/autor/eduardo-jorge-prats/; y Brewer-Carías, Allan. "El juez constitucional como instrumento para el desconocimiento de las sentencias de la Corte Interamericana de Derechos Humanos y para desligar al Estado de la jurisdicción internacional: el caso de la República Dominicana, 7 de noviembre de 2014. http://www.allanbrewer.com/Content/449725d9-f1cb-474b-8ab2-41efb849fea3/Content/Brewer.%20Nota%20sobre%20sentencia%20Trib.%20Const.%20Rep.%20Dominic.%204%20nov%202014.%20Jurisdicci%C3%B3n%20Corte%20CIDH,%207%20nov.%202014.pdf

83 Corte IDH, *Caso Apitz Barbera y otros (Corte Primera de lo Contencioso Administrativo) vs. Venezuela,* Excepción Preliminar, Fondo, Reparaciones y Costas, sentencia de 5 de agosto de 2008, serie C N° 182; Corte IDH, *Caso López Mendoza vs. Venezuela,* Fondo, Reparaciones y Costas, sentencia de 1° de septiembre de 2011, serie C N° 233. El Estado venezolano participó en los procesos, se defendió y fue condenado, pero a los fines de no cumplir las decisiones, el Estado a través de la Sala Constitucional del Tribunal Supremo de Justicia, en sentencias 1939, de 18 de diciembre de 2008 y 1542, de 17 de octubre de 2011, respectivamente declaró inejecutables tales decisiones. Cfr. Hernández-Mendible, Víctor R., El control de convencionalidad como expresión de control de constitucionalidad.

en aquellos donde ese mismo Estado ha logrado que le den la razón[84], en una típica conducta de un Estado forajido, que únicamente reconoce conformidad con su marco constitucional a la justicia internacional cuando lo favorece[85].

Originalidad y desaciertos, *Estudios sobre el control de convencionalidad,* Editorial Jurídica Venezolana, 2015, pp. 162-166.

84 Corte IDH, *Caso Allan Brewer Carías vs. Venezuela,* Excepciones Preliminares, sentencia de 26 de mayo de 2014, serie C N° 278. Cfr. Brewer-Carías, Allan R., *Persecución política y violaciones al debido proceso. Caso CIDH Allan R. Brewer-Carías vs. Venezuela,* Tomos I y II, Editorial Jurídica Venezolana, 2015. Cabe destacar dos hechos especiales insólitos en este caso, el primero es que la Corte IDH efectúa un retroceso en su criterio sobre el agotamiento de los recursos judiciales en la instancia nacional, como condición de acceso al Sistema Interamericano de Derechos Humanos, que había fijado en asuntos resueltos previamente, entre los que destacan: Corte IDH, *Caso Velásquez Rodríguez vs. Honduras,* Fondo, sentencia de 29 de julio de 1988, párrs. 64, 66 y 93; Corte IDH, *Excepciones al Agotamiento de los Recursos Internos (Art. 46.1, 46.2.a y 46.2.b Convención Americana Sobre Derechos Humanos),* Opinión Consultiva OC-11/90, de 10 de agosto de 1990, serie A N° 11, párrs. 17 y 33; Corte IDH, Caso *Ivcher Bronstein vs. Perú,* Reparaciones y Costas, sentencia de 6 de febrero de 2001, serie C N° 74, párrs. 136-137; Corte IDH, *Caso Las Palmeras vs. Colombia,* Fondo, sentencia de 6 de diciembre de 2001, serie C N° 90, párr. 58; el segundo, es que el entonces precandidato a la Secretaría General de la Organización de Estados Americanos (OEA), Diego García Sayán se mantenía como Juez en la Corte IDH al momento de resolver este asunto, a sabiendas que necesitaba los votos del gobierno de Venezuela y su eje de influencia ideológica para lograr el puesto y no se separó de este caso donde se encontraba en contraposición de intereses, entre la función de juzgar de manera imparcial e independiente y su candidatura. No fue sino hasta el día 20 de agosto de 2014, que se excusó de seguir participando en las actividades de la Corte IDH, mientras fuese candidato a la Secretaría General de la Organización de Estados Americanos (OEA), -lo que fue aceptado de manera irregular por el Presidente Humberto Sierra Porto, sin contar con los demás magistrados-, sin embargo, ni siquiera haber incurrido en un supuesto de prevaricación para congraciarse con sus electores fue suficiente para que su candidatura prosperara. Estos hechos son lamentables, pues la Corte IDH fue puesta al servicio de intereses personales y utilizada como instrumento de política internacional, en detrimento de su finalidad de garante de los derechos humanos. No obstante, cabe destacar que acordes con su investidura, los magistrados Manuel Ventura Robles y Eduardo Ferrer Mac-Gregor Poisot, dejaron claramente expuesta su disidencia ante todo lo ocurrido. Cfr. Brewer-Carías, Allan R., *El caso Allan R. Brewer-Carías vs. Venezuela ante la Corte Interamericana de Derechos Humanos. Estudio del caso y análisis crítico de la errada sentencia de la Corte Interamericana de Derechos Humanos N° 277 de 26 de mayo de 2014,* Editorial Jurídica Venezolana, Caracas, 2014.

85 La omisión de cuestionamiento al régimen existente en Venezuela y en particular a la ausencia de independencia del Poder Judicial, sobre la que se abstuvo de pronunciarse la Corte IDH en el caso mencionado en la nota anterior, no ha impedido que las altas cortes nacionales del continente hayan emitido pronunciamientos que ponen en tela de juicio la susodicha independencia. Al respecto pueden verse la decisión de la Corte Suprema de Justicia en Sala Constitucional (Costa Rica), de 31 de julio de 2015 y la sentencia de la Corte Suprema de Justicia (Chile), de 18 de noviembre de 2015.

Más reciente el 27 de octubre de 2016, se produjo el pronunciamiento del Presidente de Perú, en que manifestó que solicitaría en la XXV Cumbre Iberoamericana de Cartagena de Indias, activar la Carta Democrática Interamericana contra Venezuela. http://gestion.pe/politica/ppk-pide-activar-carta-democratica-venezuela-suspenderla-oea-2173401

Sin embargo, más allá de las posiciones coyunturales que hayan asumido algunos Estados desconociendo la Convención de Viena sobre el Derecho de los Tratados, a los fines de incumplir las obligaciones internacionales asumidas en la Convención Americana sobre Derechos Humanos, se pueden extraer algunas lecciones para el futuro de quienes democráticamente si respetan y cumplen los tratados y sus obligaciones internacionales.

Estas lecciones pueden resumirse en el siguiente listado, que es meramente enunciativo y orientado a destacar el tema de la jurisprudencia interamericana como garante de las libertades y los derechos de las víctimas.

1. La obligación de los Estados signatarios de la Convención Americana sobre Derechos Humanos es tanto respetar y garantizar los derechos y libertades, como adoptar las medidas necesarias para hacer efectivos aquellos derechos y estas libertades.
2. Los primeros responsables de la protección y respeto de los derechos humanos reconocidos en la Convención Americana son los órganos que ejercen el Poder Público y los extra-poder, dentro de los Estados signatarios.
3. En los casos que los órganos que ejercen el Poder Público dentro de los Estados no cumplan las obligaciones de la Convención Americana, las víctimas y sus familiares pueden acudir a las instancias internacionales: interamericana y universal.
4. En el marco del Sistema Interamericano de Derechos Humanos, esas instancias son la Comisión Interamericana y la Corte Interamericana.
5. La Corte Interamericana es el garante supremo de los derechos humanos y el último intérprete del bloque de la convencionalidad.
6. La Corte Interamericana además de la función consultiva, realiza la función de control jurisdiccional concentrado de la convencionalidad.
7. Las decisiones de la Corte Interamericana sobre el bloque de convencionalidad son vinculantes para las partes involucradas en el asunto resuelto y deben cumplirse de buena fe.
8. Tales decisiones de la Corte Interamericana sobre el bloque de convencionalidad no tienen efectos jurídicos vinculantes, ni eficacia obligatoria, respecto a terceros Estados.
9. El Juez nacional, independientemente de su jerarquía y los otros órganos nacionales que ejercen el Poder Público y los extra-poder tienen el deber de actuar en el ámbito de sus competencias, con sujeción al principio de legalidad y a los procedimientos establecidos, a los fines de efectuar el control difuso de la convencionalidad.
10. El Juez nacional y los otros órganos que ejercen el Poder Público así como los extra-poder, conforme a lo precedentemente expuesto tienen la obligación de acatar y ejecutar las decisiones de la Corte Interamericana, expedidas en aplicación e interpretación del bloque de la convencionalidad.

11. El juez nacional y los demás órganos que ejercen el Poder Público, incluidos los extra-poder deben conocer el *corpus iuris* de la convencionalidad y en caso de colisión entre el derecho de origen nacional y el derecho de la convencionalidad, deben aplicar este último con preferencia, siempre con sujeción al ordenamiento jurídico nacional.
12. El incumplimiento por los órganos que ejercen el Poder Público y por los extra-poder, de las obligaciones contraídas conforme al Derecho de los Tratados produce responsabilidad internacional.
13. En consecuencia, la actividad e inactividad imputable a los órganos nacionales que ejercen el Poder Público y los extra-poder que desconozcan, violen o menoscaben los derechos humanos reconocidos en el bloque de la convencionalidad generan responsabilidad internacional.
14. Es obligación exclusiva del Estado investigar los hechos, la persecución, la detención y el enjuiciamiento de los presuntos autores, a los fines de determinar quiénes son los responsables e imponerles las sanciones que procedan.
15. Las víctimas y sus familiares tienen derecho a conocer la verdad, a tener acceso a la justicia, al restablecimiento de los derechos conculcados y a la reparación adecuada.
16. Los actos jurídicos de naturaleza constitucional, legal, administrativa o jurisprudencial que dificulten, obstaculicen o impidan la investigación de los hechos u omisiones que constituyan violaciones de los derechos humanos, la determinación de las responsabilidades, la imposición de las sanciones o contribuyan a la perpetuación de la impunidad son inconvencionales.
17. El Derecho Internacional Humanitario admite que en casos de conflictos internos o de conflictos armados de carácter no internacional, para ponerles fin y lograr la paz, que se puedan realizar arreglos o acuerdos, así como que sea posible conceder amnistías, indultos o medidas equivalentes para librar de la persecución penal a los criminales comunes; pero no así a quienes sean responsables de los crímenes de lesa humanidad incluido el genocidio, de crímenes de guerra o graves violaciones de derechos humanos, que por su naturaleza son imprescriptibles.
18. La Corte Interamericana al interpretar el bloque de la convencionalidad, en principio no impone que se establezcan determinados tipos de sanciones o reparaciones, pues ello debe efectuarse conforme al ordenamiento jurídico y dentro del margen de apreciación nacional.
19. Por ello una vez que el Estado ha efectuado la investigación, determinado las responsabilidades, impuesto las sanciones, adoptado las garantías de no repetición y realizado la reparación a las víctimas y sus familiares, estos en pro de la reconciliación y la paz son libres de perdonar públicamente a los victimarios e incluso de solicitar al Estado el perdón jurídico –aunque los crímenes cometidos no son de acción privada- o la conmutación de la pena y según las circunstancias podría llegarse a tal solución.
20. El Estado de Derecho tiene como fin último procurar el bien común y si este Estado además es democrático -que como enseña el filósofo

Jacques Maritain, tiene auténticas raíces cristianas- es posible promover para alcanzarlo, la concesión del perdón de aquellos quienes hayan sido encontrados responsables y sancionados por sus graves crímenes contra la persona humana, en la medida que ello contribuya a la reconciliación, la paz y el futuro bienestar en la sociedad[86]; pero lo que no resulta admisible en un Estado que se dice de Derecho es la reconciliación hipócrita y la falsa paz, que serían aquellas que se promueven a costa de la perpetuación de la impunidad de los crímenes, así como de la indefensión y el abandono a las víctimas y sus familiares.

V. CONSIDERACIONES FINALES

En cualquier situación donde se haya puesto en peligro el respeto a los derechos humanos, los órganos que ejercen el Poder Público a nivel nacional, en cada uno de los países signatarios de la Convención Americana sobre Derechos Humanos deberán actuar en el ámbito de sus respectivas competencias para garantizarlos y conforme a los procedimientos establecidos adoptar las medidas necesarias para lograrlo, pero si aun así se produce la violación, entonces se deberá actuar eficazmente para identificar a los violadores de los derechos humanos, determinar sus responsabilidades en los hechos, establecer las sanciones erradicando así cualquier vestigio de impunidad y proceder a la reparación de las víctimas[87].

Conforme a la jurisprudencia interamericana, no son admisibles como eximentes de responsabilidad por graves violaciones de derechos humanos, la existencia de una norma constitucional, una ley, un decreto o una sentencia de la máxima autoridad jurisdiccional o incluso la confirmación de tales actos por la mayoría de la población a través de un referendo, plebiscito o cualquier otra modalidad de participación democrática[88], en tanto ello conlleve a una contravención de la Convención Americana sobre Derechos Humanos, por

---

86 Como ejemplo de lo señalado se puede mencionar el caso emblemático del perdón de la víctima a su victimario, después de establecida la responsabilidad e impuesta la condena. El día 13 de mayo de 1981, una persona de nacionalidad turca de nombre *Mehmet Ali Ağca* en la plaza de San Pedro, en la ciudad del Vaticano intentó asesinar al Papa Juan Pablo II, disparándole varias veces e impactándolo en cuatro ocasiones, generándole heridas muy graves y que le dejaron consecuencias de por vida, que finalmente precipitarían su muerte el día 2 de abril de 2005. El criminal fue apresado inmediatamente y conforme a la legislación penal de la República de Italia fue sentenciado a cadena perpetua por un tribunal italiano, el día 22 de julio de 1981. Establecida la responsabilidad e impuesta la pena, el Papa visitó por primera vez en la cárcel a Ağca el día 27 de diciembre de 1983, luego le perdonó y le pidió al gobierno de Italia que lo indultará, lo que posteriormente hizo el presidente de la República Ciampi, el día 13 de junio de 2000 y finalmente fue deportado a Turquía en ese mismo año 2000. Como hecho curioso este señor que había intentado matarlo rezó y lamentó públicamente la muerte del Papa, a quien llamó su "hermano espiritual".

87 Corte IDH, *Caso Velásquez Rodríguez vs. Honduras,* Reparaciones y Costas, sentencia de 21 de julio de 1989, serie C N° 7, párr. 172.

88 Corte IDH, *Caso Gelman vs. Uruguay,* Fondo y Reparaciones, sentencia de 24 de febrero de 2011, serie C N° 221, párr. 239.

constituir una negación del derecho a conocer la verdad y a la no reparación de las víctimas y sus familiares.

Toda actuación u omisión imputable a los órganos que ejercen el Poder Público[89] que contribuya a la impunidad y no garantice la efectiva protección de las víctimas[90] y sus familiares resultaría totalmente contraria a la Convención Americana sobre Derechos Humanos y al estar infectada por el vicio de inconvencionalidad, tales órganos que ejercen el Poder Público en el ámbito nacional, en el marco de sus respectivas competencias deberán proceder adoptando las medidas idóneas, adecuadas y eficaces para hacer que prevalezca la vigencia y aplicación del texto convencional, con la consecuente actuación destinada a reparar a las víctimas y sus familiares.

En caso que estos órganos que ejercen el Poder Público no actúen diligentemente y por tanto no reconozcan la inconvencionalidad experimentada por la actividad o inactividad del Estado en el ámbito nacional o interno, mediante la aplicación del control difuso de convencionalidad y seguidamente procedan a reparar íntegramente a las víctimas y sus familiares, entonces estos tienen expedita la vía internacional que establece el Sistema Interamericano de Derechos Humanos, que puede conducir inicialmente a la recomendación de la adopción de medidas de protección que efectúe la Comisión Interamericana de Derechos Humanos[91] y de ser necesario, a la adopción de medidas provisionales mientras se dicta la sentencia que ponga fin al proceso[92] o llegado este, a que se ordene la adopción de medidas de hacer, dejar de hacer o dar que sean idóneas para reparar tanto a las víctimas como a sus familiares, quienes también pueden constituirse en víctimas y garantizar la no repetición de las violaciones, correspondiendo ordenar estas actuaciones a la Corte Interamericana de Derechos Humanos[93].

A lo anterior se suma, que la actividad e inactividad lesiva de derechos humanos imputable a los órganos que ejercen el Poder Público dentro del Estado o imputable a terceros, cuando este no ha sido diligente en la protección de quienes estaban en especial situación de riesgo o vulnerabilidad, genera la responsabilidad internacional del Estado[94].

---

89 Corte IDH, *Caso Velásquez Rodríguez vs. Honduras,* Reparaciones y Costas, sentencia de 21 de julio de 1989, serie C N° 7, párr. 179.

90 Gros Espiell, Héctor, *La Convención Americana y la Convención Europea de Derechos Humanos. Análisis comparativo,* Editorial Jurídica de Chile, Santiago, 1991, p. 65.

91 Comisión IDH, Caso *Freddy Gutiérrez Trejo (Oaxaca),* resolución N° 01-05 de 8 de marzo de 2005; Comisión IDH, *Caso Mery Naranjo vs. Colombia,* resolución de 22 de septiembre de 2006; Comisión IDH, *Caso Internado Judicial de Monagas (La Pica) vs. Venezuela,* resolución de 13 de enero de 2006; Comisión IDH, *Caso Centro Penitenciario Regional Yare I y Yare II (Cárcel de Yare) vs. Venezuela,* resolución de 30 de marzo de 2006.

92 Corte IDH, *Caso El Rodeo II vs. Venezuela,* resolución de 8 de febrero de 2008.

93 Corte IDH, *Caso Las Palmeras vs. Colombia,* Fondo, sentencia de 6 de diciembre de 2001, serie C N° 90, párr. 33.

94 Corte IDH, *Responsabilidad internacional por expedición y aplicación de leyes violatorias de la Convención (arts. 1 y 2 Convención Americana sobre Derechos Humanos),* Opinión Consultiva OC-14/94, de 9 de diciembre de 1994, serie A N° 14, párr. 57; Corte IDH, *Caso Baldeón García vs. Perú,* Fondo, Reparaciones y Costas, sentencia de 6 de abril de 2006, serie C N°

En conclusión, la paz verdadera, permanente y sostenible desde la perspectiva de los estándares establecidos en el Sistema Interamericano sobre Derechos Humanos, exige que se investiguen todas las violaciones de derechos humanos, se determinen quiénes fueron los autores de las mismas, se garantice el derecho inalienable a conocer la verdad, se establezcan las responsabilidades que correspondan según el ordenamiento jurídico nacional, se disponga la reparación a las víctimas y se adopten las garantías de no repetición, sin que se puedan invocar actos jurídicos de ninguna naturaleza como eximentes de responsabilidades, pues la paz con impunidad -que nunca deberá ser confundida con el perdón- y sin justicia, es inconvencional e inmoral y por tanto no se puede considerar tal.

Únicamente el cumplimiento de lo antes expresado evitará la responsabilidad internacional del Estado, en los términos establecidos por la jurisprudencia interamericana.

147, párr. 140; Corte IDH, *Caso Ximenes Lopes vs. Brasil*, Fondo, Reparaciones y Costas, sentencia de 4 de julio de 2006, serie C N° 149, párr. 172; Corte IDH, *Caso Almonacid Arellano y otros vs. Chile*, Excepciones Preliminares, Fondo, Reparaciones y Costas, sentencia de 26 de septiembre de 2006, serie C N° 154, párr. 123.

La convencionalización de los asuntos ambientales

I. Introducción

El derecho ambiental ha experimentado grandes avances jurídicos a nivel regional en el contexto americano, aunque cabe destacar que también se han producido lamentables retrocesos en algunos países.

Dado que esto último ha sido debidamente documentado en publicaciones previas[1], el presente trabajo tiene como objeto abordar el estudio de los textos jurídicos que recientemente han asumido de manera resuelta, brindar una mayor protección al ambiente, en su relación con el Sistema Interamericano de Derechos Humanos[2].

Se considera pertinente tener en cuenta que la doctrina científica había señalado, escasos meses antes del primer pronunciamiento en función consultiva sobre el derecho al ambiente y los derechos humanos, que desde su creación la Corte Interamericana de Derechos Humanos no había resuelto caso alguno en que la protección de un derecho humano fuese consecuencia directa de la contaminación ambiental[3], únicamente de manera eventual y por conexidad con otros derechos humanos, se habían emitido fallos de este tribunal, que habían brindado protección de manera indirecta o refleja a las violaciones del derecho al ambiente[4].

1 Hernández-Mendible, Víctor R., Minería, Derechos Humanos y Ambiente, *Observatorio de Políticas Ambientales 2017*, CIEDA-CIEMAT, Madrid, 2017, pp. 183-215; La nulidad del Decreto del Arco Minero del Orinoco y de los actos jurídicos que lo ejecuten, *Revista Tachirense de Derecho* N° 28, UCAT, San Cristóbal, 2017, pp. 9-35; El Arco Minero del Orinoco y su incompatibilidad con la Opinión Consultiva 23/17, sobre medio ambiente y derechos humanos, de la Corte Interamericana de Derechos Humanos, *Revista Argentina de Derecho de la Energía, Hidrocarburos y Minería* N° 18, agosto-octubre, Ed. Ábaco, Buenos Aires, 2018, pp. 183-206.

2 Artículo 15 de la Carta Interamericana Democrática establece que "El ejercicio de la democracia facilita la preservación y el manejo adecuado del medio ambiente. Es esencial que los Estados del Hemisferio implementen políticas y estrategias de protección del medio ambiente, respetando los diversos tratados y convenciones, para lograr un desarrollo sostenible en beneficio de las futuras generaciones".

3 Briceño Chaves, Andrés M., *Responsabilidad y protección del ambiente: La obligación positiva del Estado*, Universidad Externado de Colombia, Bogotá, 2017, p. 256.

4 Aguilar Cavallo, Gonzalo, Los derechos ambientales en el Sistema Interamericano de Protección de Derechos Humanos, (Eds. Henry Jiménez Guanipa y Javier Tous Chima), *Cambio Climático, Energía y Derechos Humanos, Desafíos y Perspectivas*, Universidad del Norte, Heinrich Böll Stiftung Colombia, Bogotá, 2017, p. 162.

En razón de ello se pretende analizar la vinculación que existe entre la jurisprudencia de la Corte Interamericana de Derechos Humanos y particularmente, los criterios expuestos en la Opinión Consultiva N° 23/17, de 15 de noviembre de 2017, sobre medio ambiente y derechos humanos[5] y el primer tratado regional aprobado por la mayoría de los Estados de América Latina y el Caribe sobre ambos temas.

Luce oportuno recordar que con la Declaración de Río, sobre el Medio Ambiente y el Desarrollo de 1992, se formuló el Principio 10[6], que se considera uno de los fundamentos más sólidos de la denominada "democracia ambiental"[7] y posteriormente con motivo de la Conferencia de las Naciones Unidas sobre el Desarrollo Sostenible (Río+20) de 2012, se produjo la "Declaración sobre la aplicación del principio 10 de la Declaración de Río sobre el Medio Ambiente y el Desarrollo", que servirá de inspiración para que 6 años después y 9 rondas de negociación, se haya llegado al "Acuerdo Regional sobre el Acceso a la Información, la Participación Pública y el Acceso a la Justicia en Asuntos Ambientales en América Latina y el Caribe"[8], que también se conoce por el nombre del lugar en que se firmó como Acuerdo de Escazú, en Costa Rica, el 4 de marzo de 2018 y que constituye el instrumento regional más importante sobre derechos humanos y ambiente.

---

5 Para un análisis crítico véase, Estupiñan Silva, Rosmerlin, Primera opinión interamericana sobre medio ambiente: ¿derecho exigible o decisión ultra vires?, (Coords. Henry Jiménez Guanipa y Eduardo Viedma), *Energía, Cambio Climático y Desarrollo Sostenible. Impacto sobre los Derechos Humanos*, Universität Heidelberg, Universidad Politécnica y Artística del Paraguay, Heinrich Böll Stiftung Colombia, Bogotá, 2018, pp. 295-313.

6 El Principio 10 de la Declaración de Río sobre el Medio Ambiente y el Desarrollo, estableció que "El mejor modo de tratar las cuestiones ambientales es con la participación de todos los ciudadanos interesados, en el nivel que corresponda. En el plano nacional, toda persona deberá tener acceso adecuado a la información sobre el medio ambiente de que dispongan las autoridades públicas, incluida la información sobre los materiales y las actividades que encierran peligro en sus comunidades, así como la oportunidad de participar en los procesos de adopción de decisiones. Los Estados deberán facilitar y fomentar la sensibilización y la participación de la población poniendo la información a disposición de todos. Deberá proporcionarse acceso efectivo a los procedimientos judiciales y administrativos, entre estos el resarcimiento de daños y los recursos pertinentes".

7 El Instituto de Recursos Ambientales (*World Resources Institute*) elabora y publica el Índice de Democracia Ambiental (IDA), que consiste en una plataforma en línea, abierta al público, que tiene por finalidad hacer seguimiento de los avances de los Estados en la elaboración de políticas de transparencia, que garanticen el ejercicio de los derechos de acceso a la información, de participación en la toma de decisiones y acceso a la justicia ambiental. Los Estados son evaluados mediante la medición de 75 indicadores legales y 24 indicadores prácticos, establecidos en función de criterios objetivos establecidos en las Directrices de Bali, del Programa de las Naciones Unidas para el Medio Ambiente (PNUMA).

8 Un antecedente fuera de la región lo constituye el *Convenio sobre acceso a la información, participación del público en la toma de decisiones y acceso a la justicia en materia de medio ambiente*, también conocido como *Convenio de Aarhus*, que fue firmado 20 años atrás, en la ciudad danesa que da nombre al Convenio.

Ahora bien, la ratificación en este Acuerdo de derechos humanos específicos vinculados con el ambiente, lleva a considerar ¿qué sucede en caso que los Estados no los garanticen y protejan de manera efectiva, dentro de las jurisdicciones nacionales?, ¿existe una instancia interamericana o global, a la que se puede acudir para solicitar la protección y eventual reparación por la violación de los derechos humanos, reconocidos en el Acuerdo de Escazú? ¿puede la Corte Interamericana de Derechos Humanos actuar como instancia internacional y regional, de protección de los derechos humanos reconocidos en el Acuerdo de Escazú?.

Con la finalidad de brindar respuesta a estas preguntas y en aras de una mayor claridad en la exposición de las ideas, el presente trabajo se dividirá en las siguientes partes: Los antecedentes regionales normativos y jurisprudenciales del Acuerdo de Escazú (II); el Acuerdo de Escazú (III); la posible competencia de la Corte Interamericana de Derechos Humanos para la protección de los derechos humanos reconocidos en el Acuerdo de Escazú (IV); y las consideraciones finales (V).

II. Los antecedentes regionales normativos y jurisprudenciales del Acuerdo de Escazú

El Acuerdo de Escazú desde la perspectiva de los derechos humanos pivota sobre tres ejes: El acceso a la información, la participación pública en la toma de decisiones y el acceso a la justicia. Cada uno de ellos cuenta con antecedentes precisos en su exigencia y aplicación, dentro del Sistema Interamericano de Derechos Humanos.

Se trata de los denominados derechos instrumentales o de procedimiento, que son aquellos que deben reconocerse y garantizarse, para que se puedan satisfacer o ejercer el resto de los derechos reconocidos en los textos internacionales sobre derechos humanos[9].

A continuación se analizará sucintamente la evolución de cada uno de ellos, en lo que respecta a su incorporación en el Acuerdo de Escazú y su potencial aplicación a los asuntos ambientales.

2.1. El acceso a la información pública

Se debe mencionar que el acceso a la información es un tema que ha suscitado un notable interés en el ámbito del continente americano y cuyo fundamento se sitúa en el artículo 13 de la Convención Americana sobre Derechos Humanos, así como de la interpretación y aplicación efectuada por la Corte Interamericana de Derechos Humanos, que reconocen de manera

9 Corte IDH, *Caso Furlan y familiares vs. Argentina*, Excepciones Preliminares, Fondo, Reparaciones y Costas, sentencia de 31 de agosto de 2012, serie C N° 246, párr. 294; Corte IDH, *Caso I.V. vs. Bolivia*, Excepciones Preliminares, Fondo, Reparaciones y Costas, sentencia de 30 de noviembre de 2016, serie C N° 329, párrs. 156 y 163.

expresa la protección y garantía del derecho a buscar, recibir u obtener información en poder, bajo el control o custodia del Estado[10].

Sin mencionar todos los antecedentes por exceder los límites de este trabajo, resulta importante tener presente la Carta de Santo Domingo, sobre el libre acceso a la información pública, de 31 de julio de 2002, elaborada a iniciativa de la Organización de las Naciones Unidas para la Educación, la Ciencia y la Cultura (UNESCO), en la que se reconoce que el libre acceso de las personas a las fuentes de información pública es un derecho humano universal y un principio democrático inherente al derecho a la información, a la libertad de expresión y de prensa; que el libre acceso a la información pública contribuye a la transparencia de la gestión pública, al combate de la corrupción y de la cultura del secreto como práctica, pues asegura un mayor grado de eficiencia en el manejo de la cosa pública; y, que tal derecho de libre acceso a la información pública garantiza la participación ciudadana en la toma de decisiones de interés público, factor indispensable para la construcción de una cultura democrática. Producto de aquella declaración se formuló la propuesta de *Ley modelo sobre el derecho de acceso de los ciudadanos a la información pública*, que finalmente fue presentada en el año 2004.

Por su parte, la Organización de Estados Americanos (OEA) expidió las resoluciones aprobadas en plenarias de junio de 2003, de junio de 2004, de junio de 2005, de junio de 2006, de junio de 2007, de junio de 2008 y de junio de 2009, las cuales reafirmaron que el acceso a la información pública contribuye al fortalecimiento de la democracia en América y además adoptó los Principios sobre el derecho de acceso a la información, el 7 de agosto de 2008.

Ello llevará a la propuesta formulada por el grupo de expertos sobre acceso a la información, coordinado por el Departamento de Derecho Internacional, de la Secretaría de Asuntos Jurídicos, de conformidad con la resolución AG/RES. 2514 (XXXIX-O/09) de la Asamblea General de la Organización de Estados Americanos, que propuso la *Ley modelo interamericana sobre acceso a la información*, presentada en el año 2010.

Más recientemente, en ejercicio de la función consultiva, a requerimiento de un Estado parte de la Convención Americana, la Corte Interamericana en la Opinión Consultiva N° 23/17, de 15 de noviembre de 2017, ha señalado que[11]:

> "Por tanto, esta Corte considera que los Estados tienen la obligación de respetar y garantizar el acceso a la información relacionada con posibles afectaciones al medio ambiente. Esta obligación debe ser garantizada a toda persona bajo su jurisdicción, de manera accesible, efectiva y oportuna, sin que el individuo solicitante de la información tenga que demostrar un interés específico. Además, en el marco de la protección del medio ambiente, esta obligación

---

10 Corte IDH, *Caso Claude Reyes y otros vs. Chile*, Fondo, Reparaciones y Costas, sentencia de 19 de septiembre de 2006, serie C N° 151, párrs. 86-87.

11 Corte IDH, *Medio Ambiente y Derechos Humanos*, Opinión Consultiva OC-23/17, de 15 de noviembre de 2017, serie A N° 23, párr. 225.

> implica tanto la provisión de mecanismos y procedimientos para que las personas individuales soliciten la información, como la recopilación y difusión activa de información por parte del Estado. Este derecho no es absoluto, por lo que admite restricciones, siempre y cuando estén previamente fijadas por ley, responden a un objetivo permitido por la Convención Americana y sean necesarias y proporcionales para responder a un interés general en una sociedad democrática".

Estos son los antecedentes más relevantes de los artículos 5 y 6 del Acuerdo Regional sobre el Acceso a la Información, la Participación Pública y el Acceso a la Justicia en Asuntos Ambientales en América Latina y el Caribe, que serán analizados posteriormente.

2.2. *La participación en los asuntos públicos*

El derecho a la participación de las personas en los asuntos públicos tiene un doble reconocimiento en el marco del Sistema Interamericano de Derechos Humanos. Por una parte se encuentra de manera general, previsto en el artículo 23.1.a) de la Convención Americana sobre Derechos Humanos, norma que sería suficiente para reconocer sin ningún tipo de distinción este derecho a todas las personas; pero como en ocasiones una norma general no logra brindar las garantías adecuadas al ejercicio de un derecho a todas las personas, se hizo necesario expedir nuevos textos que protegiesen de manera diferenciada y complementaria a los pueblos tribales e indígenas[12].

En el plano jurisprudencial, los criterios de protección del derecho a la participación en los asuntos públicos fueron establecidos por las sentencias de la Corte Interamericana de Derechos Humanos en los casos *Saramaka vs. Surinam*[13], *Sarayaku vs. Ecuador*[14] y *Comunidad Garifuna Triunfo de la Cruz vs Honduras*. Esta última resume las anteriores en los siguientes términos[15]:

> "En este caso corresponde determinar si el Estado cumplió o no la obligación de garantizar el derecho a la consulta de la Comunidad Garífuna Triunfo de la Cruz, tomando en cuenta que algunos de

12 Artículos 1 y 6 del Convenio N° 169 de la Organización Internacional del Trabajo, de 27 de junio de 1989. Este texto será reforzado por las garantías establecidas en los artículos 18 y 19 de la Resolución N° 61/295, que contiene la Declaración de las Naciones Unidas sobre los Derechos de los Pueblos Indígenas, de 13 de septiembre de 2007; y por el artículo XXIII de la Resolución AG/Res. N° 2888 (XLVI-O/16), que contiene la Declaración Americana de Derechos de los Pueblos Indígenas, de la Organización de Estados Americanos, de 14 de junio de 2016.

13 Corte IDH, *Caso del Pueblo Saramaka vs. Surinam*, Excepciones Preliminares, Fondo y Reparaciones, sentencia de 28 de noviembre de 2007, serie C N° 172, párrs. 133-137.

14 Corte IDH, *Caso Pueblo Indígena Kichwa de Sarayaku vs. Ecuador*, Fondo y Reparaciones, sentencia de 27 de junio de 2012, serie C N° 245, párr. 178.

15 Corte IDH, *Caso Comunidad Garifuna Triunfo de la Cruz y sus miembros vs. Honduras*, Fondo, Reparaciones y Costas, sentencia de 8 de octubre de 2015, serie C N° 305, párr. 162.

> los elementos esenciales del referido derecho acorde a la normativa y jurisprudencia interamericana, la práctica de los Estados y la evolución del Derecho Internacional son: a) el carácter previo de la consulta; b) la buena fe y la finalidad de llegar a un acuerdo; c) la consulta adecuada y accesible; d) el estudio de impacto ambiental, y e) la consulta informada".

Posteriormente, otro criterio de la Corte Interamericana que vale la pena valorar es la Opinión Consultiva N° 23/17, de 15 de noviembre de 2017, en la que expresó[16]:

> "Por tanto, esta Corte estima que, del derecho de participación en los asuntos públicos, deriva la obligación de los Estados de garantizar la participación de las personas bajo su jurisdicción en la toma de decisiones y políticas que pueden afectar el medio ambiente, sin discriminación, de manera equitativa, significativa y transparente, para lo cual previamente deben haber garantizado el acceso a la información relevante.

En lo que se refiere al momento de la participación pública, el Estado debe garantizar oportunidades para la participación efectiva desde las primeras etapas del proceso de adopción de decisiones e informar al público sobre estas oportunidades de participación. Finalmente, los mecanismos de participación pública en materia ambiental son variados e incluyen, entre otros, audiencias públicas, notificación y consultas, participación en procesos de formulación y aplicación de leyes, así como mecanismos de revisión judicial".

Estos textos se constituyeron en los antecedentes del artículo 7 del Acuerdo Regional sobre el Acceso a la Información, la Participación Pública y el Acceso a la Justicia en Asuntos Ambientales en América Latina y el Caribe, que será analizado más adelante.

2.3. *El acceso a la justicia*

El artículo 25 de la Convención Americana sobre Derechos Humanos, reconoce el derecho a un recurso sencillo, rápido y efectivo que asegure la tutela judicial efectiva de los derechos fundamentales de las personas.

En este orden de ideas, la Corte Interamericana en función jurisdiccional ha establecido que el artículo 25 de la Convención Americana permite identificar dos responsabilidades concretas del Estado. La primera, para garantizar el debido ejercicio de los recursos efectivos ante las autoridades competentes, que amparen a todas las personas bajo su jurisdicción, contra actos que violen sus derechos fundamentales o que conlleven a la determinación de los derechos y obligaciones de éstas. La segunda, para garantizar los medios para ejecutar las respectivas sentencias definitivas emitidas por los órganos jurisdiccionales, de

---

16 Corte IDH, *Medio Ambiente y Derechos Humanos,* Opinión Consultiva OC-23/17, de 15 de noviembre de 2017, serie A N° 23, párrs. 231-232.

manera que se protejan efectivamente los derechos declarados o reconocidos. El proceso debe tender a la materialización de la protección del derecho reconocido en el pronunciamiento judicial y la efectividad de las sentencias depende de su ejecución. Una sentencia con carácter de cosa juzgada otorga certeza sobre el derecho o controversia discutida en el caso concreto y tiene como uno de sus efectos la obligatoriedad y necesidad de cumplimiento. Lo contrario supone la negación misma del derecho involucrado[17].

Posteriormente, la propia Corte Interamericana en su Opinión Consultiva N° 23/17, de 15 de noviembre de 2017, se ha pronunciado sobre el acceso a la justicia, en los términos siguientes[18]:

> "En este sentido, los Estados deben garantizar que los individuos tengan acceso a recursos, sustanciados de conformidad con las reglas del debido proceso legal, para impugnar cualquier norma, decisión, acto u omisión de las autoridades públicas que contraviene o puede contravenir las obligaciones de derecho ambiental; para asegurar la plena realización de los demás derechos de procedimiento, es decir, el derecho al acceso a la información y la participación pública, y para remediar cualquier violación de sus derechos, como consecuencia del incumplimiento de obligaciones de derecho ambiental".

Tanto la decisión judicial como la opinión consultiva constituyen los antecedentes del artículo 8 del Acuerdo Regional sobre el Acceso a la Información, la Participación Pública y el Acceso a la Justicia en Asuntos Ambientales en América Latina y el Caribe, que será analizado seguidamente.

III. El Acuerdo de Escazú

Tal como se expresó en la introducción, el Acuerdo de Escazú es un tratado regional sobre derechos humanos y ambiente, que por su condición de auténtico convenio o tratado internacional es jurídicamente vinculante entre los países firmantes.

Lo primero que hay que destacar es que el Acuerdo no es un convenio global, sino regional -América Latina y el Caribe[19]-, pero que no se celebra en el contexto de la Organización de Estados Americanos que era la institución natural para impulsarlo, sino en el seno de la Organización de las Naciones Unidas, específicamente de la Comisión Económica para América Latina y el Caribe (CEPAL).

---

17 Corte IDH, *Caso Pueblo Indígena Kichwa de Sarayaku vs. Ecuador,* Fondo y Reparaciones, sentencia de 27 de junio de 2012, serie C N° 245, párr. 263; Corte IDH, *Caso Furlan y Familiares vs. Argentina,* Excepciones Preliminares, Fondo, Reparaciones y Costas, sentencia de 31 de agosto de 2012, serie C N° 246, párr. 209.

18 Corte IDH, *Medio Ambiente y Derechos Humanos,* Opinión Consultiva OC-23/17, de 15 de noviembre de 2017, serie A N° 23, párr. 237.

19 De los 33 países que integran este espacio geográfico, 24 participaron en la negociación del Acuerdo y hasta el presente lo han firmado 22 y se encuentra en proceso de ratificación.

La denominación del tratado resalta los tres derechos humanos principales que se reconocen en el Acuerdo, como lo son el acceso a la información, la participación pública en la toma de decisiones y el acceso a la justicia, todos relacionados con la materia ambiental. Este convenio no se limita a exigir a los Estados la protección de los derechos señalados, sino que además contempla la necesidad de establecer los mecanismos que garanticen la protección de los defensores de derechos humanos en asuntos ambientales[20].

Aunque el Acuerdo es un tratado sobre derechos humanos, no pretende reconocer nuevos derechos humanos, sino reforzar la protección y garantía de los derechos humanos existentes, en su específica relación con el ambiente y el desarrollo sostenible.

Sin embargo es preciso señalar que en el contexto americano, el derecho de las personas a vivir en un ambiente sano[21] goza de reconocimiento y protección como un derecho humano autónomo[22], formalmente desde la entrada en vigor del Protocolo de San Salvador en 1999. La interpretación dada al Protocolo llevó a entender que se trataba de un derecho no justiciable -únicamente se consideraban como tales, la sindicalización y la educación[23]-, ante el Sistema Interamericano de Derechos Humanos; pero luego de la Opinión Consultiva N° 23/17, de 15 de noviembre de 2017, se debe considerar por primera vez, que el mencionado derecho es justiciable directamente ante el Sistema Interamericano de Derechos Humanos, en función de lo dispuesto en el artículo 26 de la Convención Americana sobre Derechos Humanos.[24]

En tanto, el desarrollo sostenible ha sido considerado por la doctrina científica como un derecho de la persona humana[25] y por tanto un derecho subjetivo individual, que como ser social también lo ejerce y disfruta en colectivo. Además ha sido incorporado expresa o implícitamente en las constituciones nacionales en varios países del continente[26].

Expuesto lo anterior, el presente análisis se centrará en el estudio de los derechos humanos procesales reconocidos en el Acuerdo de Escazú, que permiten garantizar los derechos humanos sustantivos relacionados con el ambiente, todo ello de cara a su integración en el *corpus iuris* de la

---

20 Artículo 9 del Acuerdo de Escazú.

21 Artículo 11.1 del Protocolo de San Salvador.

22 Corte IDH, *Medio Ambiente y Derechos Humanos,* Opinión Consultiva OC-23/17, de 15 de noviembre de 2017, serie A N° 23, párrs. 62-63.

23 Artículo 19.6 del Protocolo de San Salvador.

24 Corte IDH, *Medio Ambiente y Derechos Humanos,* Opinión Consultiva OC-23/17, de 15 de noviembre de 2017, serie A N° 23, párr. 57.

25 López Ramón, Fernando, Derechos fundamentales, subjetivos y colectivos al medio ambiente, *Revista Española de Derecho Administrativo* N° 96, Civitas, Madrid, 1997, p. 347.

26 Hernández-Mendible, Víctor R., El paradigma del desarrollo sostenible como condicionante del uso y explotación de los recursos naturales en el MERCOSUR, (Coords. Carlos Tablante y Henry Jiménez Guanipa), *Petróleo. Bendición o Maldición. 100 Años de Zumaque I,* La Hoja del Norte, Caracas, 2014, p. 601.

convencionalidad en materia de derechos humanos, dentro del sistema interamericano[27].

El texto internacional comienza por precisar su objetivo señalando, que el mismo consiste en garantizar la implementación plena y efectiva de los que denomina "derechos de acceso"[28], que no son otros que los derechos de acceso a la información ambiental, la participación pública en la toma de decisiones ambientales y el acceso a la justicia en asuntos ambientales, para lo que propone la creación y el fortalecimiento de las capacidades y la cooperación, que contribuyan a la protección del derecho de cada persona que integran las actuales y futuras generaciones, a vivir en un medio ambiente sano[29] y al desarrollo sostenible[30].

Con el objetivo de alcanzar la efectiva implementación del Acuerdo, los Estados que son parte integrante de mismo se deben guiar por los principios reconocidos en el Derecho Internacional, que informan tanto los derechos humanos como la materia ambiental. Tales principios son los siguientes[31]:

a) Principios de igualdad y de no discriminación.

b) Principios de transparencia y de rendición de cuentas.

c) Principios de no regresión y de progresividad.

d) Principio de buena fe.

e) Principio preventivo o de prevención.

f) Principio precautorio.

g) Principios de equidad intergeneracional.

h) Principio de máxima publicidad.

i) Principio de soberanía permanente de los Estados sobre sus recursos naturales.

j) Principio de igualdad soberana de los Estados.

k) Principio pro persona.

Coherente con lo establecido en el Protocolo de San Salvador[32], los Estados se comprometen a garantizar el derecho de toda persona a vivir en un medio ambiente sano, así como a garantizar el libre ejercicio de los demás derechos humanos reconocidos en el Acuerdo y de los universalmente reconocidos que guarden relación con el tratado.

---

27 Corte IDH, *El derecho a la información sobre la asistencia consular en el marco de las garantías del debido proceso legal*, Opinión Consultiva OC-16/99, de 1° de octubre de 1999, serie A N° 16, párr. 115.

28 Artículo 2.a) del Acuerdo de Escazú.

29 Artículo 4.1 del Acuerdo de Escazú.

30 Artículo 1 del Acuerdo de Escazú.

31 Artículo 3 del Acuerdo de Escazú.

32 Artículo 11.1 del Protocolo de San Salvador.

Conforme a lo establecido en la Convención Americana sobre Derechos Humanos[33], los Estados se comprometen a adoptar las medidas necesarias, de naturaleza legislativa, reglamentaria, administrativa u otras, a los fines de la implementación del Acuerdo[34].

Entre esas otras medidas los Estados se obligan a suministrar información al público, para que tengan conocimientos de los tres derechos de acceso que presiden el tratado e incluso a orientar y asistir al público, demostrando especial atención a las personas en situación de vulnerabilidad, a los fines de que puedan ejercer los antes mencionados derechos de acceso[35].

Además, los Estados deben generar las condiciones idóneas para el trabajo de las personas, las asociaciones, las organizaciones o los grupos que se desempeñan en la defensa del ambiente, así como también deben otorgarles reconocimiento y protección[36].

En aplicación del principio de favorabilidad, las disposiciones del Acuerdo no limitan, ni derogan otros derechos y garantías más favorables establecidos o que puedan establecerse en la legislación de cada Estado o en cualquier otro acuerdo internacional y obligan a éstos a efectuar la interpretación más favorable al goce y respeto de los derechos de acceso y considerando que se trata de estándares mínimos, tampoco se impide que cada Estado pueda establecer los derechos de acceso de manera más amplia a las contempladas en el tratado[37].

Los tres derechos de acceso -en los términos del tratado-, que han sido calificados de procesales o instrumentales -en la expresión de la Corte Interamericana de Derechos Humanos[38]- que reconoce el Acuerdo, para garantizar tanto el derecho a un medio ambiente sano como al desarrollo sostenible, serán analizados seguidamente.

3.1. Derecho de acceso a la información pública

El Acuerdo comienza definiendo lo que se entiende por información ambiental. Como tal se considera cualquier información escrita, visual, sonora, electrónica o registrada en cualquier formato relativa al medio ambiente, sus elementos y los recursos naturales, incluyendo aquella que se encuentre relacionada con los riesgos ambientales y los potenciales impactos adversos que afecten o puedan afectar el ambiente y la salud, así como la relacionada con la protección y la gestión ambientales[39].

---

33 Artículo 2 de la Convención Americana sobre Derechos Humanos.

34 Artículo 4.3 del Protocolo de San Salvador.

35 Artículo 4.5 del Protocolo de San Salvador.

36 Artículo 4.6 del Protocolo de San Salvador.

37 Artículo 4.7 y 4.8 del Protocolo de San Salvador.

38 Corte IDH, *Medio Ambiente y Derechos Humanos,* Opinión Consultiva OC-23/17, de 15 de noviembre de 2017, serie A N° 23, párr. 64.

39 Artículo 2.c del Acuerdo de Escazú.

3.1.1. *Generación y divulgación de la información ambiental*

Los Estados deben garantizar que las autoridades competentes generen, recopilen, pongan a disposición del público y difundan la información ambiental relevante para sus funciones de manera sistemática, proactiva, oportuna, regular, accesible y comprensible, así como que actualicen periódicamente esta información y fomenten la desagregación y descentralización de la misma a nivel subnacional y local, para lo que deberán reforzar la coordinación entre las diferentes autoridades[40].

Las autoridades competentes deben procurar dentro de sus posibilidades, que la información ambiental pueda ser reutilizable, procesable y esté disponible en formatos accesibles, sin que existan restricciones para su reproducción o uso, de conformidad con la legislación nacional[41].

Los sistemas de información ambiental deberán estar actualizados e incluir como mínimo el siguiente contenido[42]:

a) Los textos de tratados y acuerdos internacionales, así como las leyes, reglamentos y actos administrativos sobre el ambiente;

b) Los informes sobre el estado del ambiente;

c) El listado de las entidades públicas con competencia en materia ambiental y, cuando fuera posible, sus respectivas áreas de actuación;

d) El listado de zonas contaminadas, por tipo de contaminante y localización;

e) La información sobre el uso y la conservación de los recursos naturales y servicios ecosistémicos;

f) Los informes, estudios e información científicos, técnicos o tecnológicos en asuntos ambientales elaborados por instituciones académicas y de investigación, públicas o privadas, nacionales o extranjeras;

g) Las fuentes relativas a cambio climático, que contribuyan a fortalecer las capacidades nacionales en esta materia;

h) La información de los procesos de evaluación de impacto ambiental y de otros instrumentos de gestión ambiental, cuando corresponda, y las licencias o permisos ambientales otorgados por las autoridades públicas;

i) Un listado estimado de residuos por tipo y cuando sea posible, desagregado por volumen, localización y año; y

j) La información respecto de la imposición de sanciones administrativas en asuntos ambientales.

Los Estados deben garantizar que los sistemas de información ambiental se encuentren debidamente organizados, sean accesibles para todas las personas y estén disponibles de forma progresiva por medios informáticos y georreferenciados, de ser posible.

40 Artículo 6.1 del Acuerdo de Escazú.

41 Artículo 6.2 del Acuerdo de Escazú.

42 Artículo 6.3 del Acuerdo de Escazú.

También debe establecerse un registro de las emisiones y la transferencia de contaminantes al aire, agua, suelo y subsuelo, de materiales y residuos dentro de la jurisdicción de los Estados, el cual se establecerá progresivamente y se actualizará periódicamente[43].

Además, en el supuesto de amenaza inminente a la salud pública o al ambiente, la autoridad competente deberá divulgar de forma inmediata y por los medios más efectivos, toda la información relevante que se encuentre en su poder y que permita al público tomar medidas para prevenir o mitigar eventuales daños. Adicionalmente, se deberá desarrollar e implementar un sistema de alerta temprana, utilizando las tecnologías disponibles[44].

Con el objeto de facilitar que las personas o grupos en situación de vulnerabilidad accedan a la información que particularmente les afecte, se debe procurar que las autoridades competentes divulguen la información ambiental en los diversos idiomas usados en el país y elaboren formatos alternativos comprensibles para dichos grupos, por medio de canales de comunicación adecuados[45].

Los Estados deben efectuar esfuerzos por publicar y difundir en intervalos regulares no mayores de 5 años, un informe nacional sobre el estado del ambiente, que entre otros aspectos debería tener el siguiente contenido[46]:

a) La información sobre el estado del ambiente y de los recursos naturales, incluidos datos cuantitativos, cuando ello sea posible;
b) Las acciones nacionales para el cumplimiento de las obligaciones legales en materia ambiental;
c) Los avances en la implementación de los derechos de acceso; y
d) Los convenios de colaboración entre los sectores público, social y privado.

Estos informes deberán redactarse de manera que sean de fácil comprensión y estar accesibles al público en diferentes formatos y ser difundidos a través de los medios apropiados, conforme a las realidades culturales.

Se deberán realizar evaluaciones independientes de desempeño ambiental, que tengan en cuenta los criterios y las guías aprobadas nacional o internacionalmente e indicadores comunes, con miras a valorar la eficacia, la efectividad y el progreso de sus políticas nacionales ambientales, en el cumplimiento de sus compromisos nacionales e internacionales. Estas evaluaciones deberán contar con la participación de los distintos actores[47].

El Estado promoverá el acceso a la información ambiental contenida en las concesiones, contratos, convenios o autorizaciones que se hayan otorgado y

43 Artículo 6.4 del Acuerdo de Escazú.

44 Artículo 6.5 del Acuerdo de Escazú.

45 Artículo 6.6 del Acuerdo de Escazú.

46 Artículo 6.7 del Acuerdo de Escazú.

47 Artículo 6.8 del Acuerdo de Escazú.

que involucren el uso de bienes, servicios o recursos públicos, de conformidad con la legislación nacional[48].

También se debe asegurar que los consumidores y los usuarios cuenten con información oficial, pertinente y clara sobre las cualidades ambientales de bienes y servicios, sus efectos en la salud, favoreciendo patrones de consumo y producción sostenibles[49].

Los Estados deben fomentar con sujeción a las leyes y regulaciones administrativas, que las entidades privadas faciliten el acceso a la información ambiental que se encuentre en su poder, bajo su control o custodia, relacionada con sus operaciones y los posibles riesgos y efectos en la salud humana y el ambiente[50].

Además se debe incentivar la elaboración de los informes de sostenibilidad de empresas públicas y privadas, en particular de grandes empresas, que reflejen su desempeño social y ambiental[51].

3.1.2. *Los sujetos de la relación jurídica que nace del derecho a la información*

Los titulares de este derecho de acceso a la información ambiental son las personas físicas o jurídicas, las asociaciones, las organizaciones o los grupos constituidos por personas nacionales o extranjeras sujetas a la jurisdicción de un Estado parte del Acuerdo. Estos son calificados genéricamente como públicos[52].

Los Estados se comprometen a que las personas o grupos en situación de vulnerabilidad, incluidos los pueblos indígenas y grupos étnicos tengan acceso a la información ambiental, para lo que deben establecer procedimientos de asistencia a los fines de formular la petición, seguir el trámite y obtener la respuesta a la solicitud, mediante la entrega de la información requerida[53].

El obligado es el Estado, a través de la autoridad competente que tenga bajo su poder, control o custodia la información ambiental. Esta autoridad es cualquier institución pública que ejerce poder, autoridad y funciones en materia de acceso a la información, dentro de los que se encuentran los órganos, organismos o entidades independientes o autónomas de propiedad del Estado o controlados por él, que actúen en ejecución de las facultades otorgadas por la Constitución y las leyes[54].

---

48 Artículo 6.9 del Acuerdo de Escazú.

49 Artículo 6.10 del Acuerdo de Escazú.

50 Artículo 6.12 del Acuerdo de Escazú.

51 Artículo 6.13 del Acuerdo de Escazú.

52 Artículo 2.d del Acuerdo de Escazú.

53 Artículo 5.3 del Acuerdo de Escazú.

54 Artículo 2.b del Acuerdo de Escazú.

También se consideran autoridad a las instituciones privadas, que reciben fondos o beneficios públicos, directa o indirectamente o que desempeñan funciones y servicios públicos, únicamente en lo que se refiere a los fondos o beneficios públicos recibidos o a las funciones o servicios públicos desempeñados[55].

3.1.3. El contenido del derecho de acceso a la información

El ejercicio del derecho de acceso a la información ambiental, se rige por el principio de máxima publicidad y tiene como contenido esencial, el siguiente[56]:

a) El derecho a solicitar y recibir información de las autoridades competentes, sin necesidad de mencionar, alegar o demostrar un interés especial, no tener que justificar o motivar las razones de la solicitud, así como tampoco el uso o destino que se dará a la información.

b) El derecho a ser informado de manera expedita sobre la información solicitada, se encuentre o no en poder de la autoridad competente que recibe la solicitud.

c) El derecho a ser informado de la posibilidad de impugnar o recurrir, así como de los requisitos que se deben cumplir, cuando se produzca la omisión o la negativa expresa de la autoridad competente que debe suministrar la información.

3.1.4. El deber de actuación de las autoridades competentes

Les corresponde a las autoridades competentes garantizar el acceso a la información ambiental, por lo que deben entregarla en el soporte requerido por el solicitante, en la medida que éste se encuentre disponible[57].

Una vez formulada la petición de información ambiental, las autoridades competentes deberán responder con la máxima celeridad posible, siendo que en cualquier caso el plazo no debe exceder de 30 días hábiles contados a partir de la fecha de la recepción o incluso en un plazo menor, si así lo contempla la legislación nacional[58].

En caso que las autoridades competentes requieran más tiempo para responder, de manera excepcional y siempre que lo permita la legislación nacional, éstas deberán proceder a notificar antes del vencimiento del plazo, a los solicitantes mediante decisión motivada y por escrito, las razones que justifican la extensión del plazo, que no debe exceder de 10 días hábiles[59].

---

55 Artículo 2.b del Acuerdo de Escazú.

56 Artículo 5.1 y 5.2 del Acuerdo de Escazú.

57 Artículo 5.11 del Acuerdo de Escazú.

58 Artículo 5.12 del Acuerdo de Escazú.

59 Artículo 5.13 del Acuerdo de Escazú.

La ausencia de respuesta en los plazos antes indicados, dará lugar a que se pueda ejercer el derecho de acceso a la justicia, por denegación de información en asuntos ambientales[60].

En el caso que las autoridades competentes que reciban la petición no posean la información solicitada, deben proceder a comunicarlo al solicitante con la máxima celeridad posible, indicando en caso de poderlo determinar, la autoridad que pudiera tener la información. En este último supuesto, la petición deberá ser remitida a la autoridad que posea o pudiera tener la información y se debe notificar al solicitante de ello[61].

Si la información solicitada no existe o no ha sido generada al momento de la petición, se debe informar motivadamente al requirente, dentro de los plazos establecidos[62].

. La información ambiental no supondrá costos para el solicitante, en la medida que no sea necesaria su reproducción o envío; pero de proceder alguna de estas circunstancias, el solicitante deberá sufragar tales costos, que serán establecidos conforme a los procedimientos indicados por la autoridad competente, teniendo en consideración los criterios de razonabilidad, que deben informarse previamente. El pago podrá ser objeto de exención en caso que el solicitante se encuentre en situación de vulnerabilidad o que existan circunstancias especiales que así lo justifiquen[63].

3.1.5. Los supuestos de posibles negativas a brindar información ambiental

Aunque el principio es la máxima publicidad[64], el Acuerdo contempla la posibilidad de que la legislación nacional regule los supuestos de excepción a esa publicidad y que pueden dar lugar a la negación de acceso a la información ambiental.

Las autoridades competentes pueden negarse válidamente a no entregar la información solicitada, por estar ésta contemplada en el régimen de excepción establecido en la legislación nacional. En este supuesto la negativa debe producirse por escrito, debe estar debidamente motivada y se debe indicar al solicitante la posibilidad de recurrir la decisión[65].

Si un Estado no tiene contemplado un régimen de excepción en su legislación nacional, el Acuerdo admite que se pueda aplicar alguna de las excepciones siguientes[66]:

60 Artículos 5.14 y 8.2 del Acuerdo de Escazú.

61 Artículo 5.15 del Acuerdo de Escazú.

62 Artículo 5.16 del Acuerdo de Escazú.

63 Artículo 5.17 del Acuerdo de Escazú.

64 Artículo 5.1 del Acuerdo de Escazú.

65 Artículo 5.5 del Acuerdo de Escazú.

66 Artículo 5.6 del Acuerdo de Escazú.

a) Cuando hacer pública la información pueda poner en riesgo la vida, seguridad o salud de una persona física;
b) Cuando hacer pública la información afecte negativamente la seguridad nacional, la seguridad pública o la defensa nacional;
c) Cuando hacer pública la información afecte negativamente la protección del medio ambiente, incluyendo cualquier especie amenazada o en peligro de extinción; o
d) Cuando hacer pública la información genere un riesgo claro, probable y específico de un daño significativo a la ejecución de la ley o a la prevención, investigación y persecución de delitos.

El régimen de excepción debe estar orientado a favorecer el acceso a la información y a garantizar los demás derechos humanos[67].

La negación debe fundarse en motivos legales y taxativamente establecidos con anterioridad, por tanto debidamente definidos y de interpretación restrictiva, teniendo siempre presente el interés público. La autoridad competente para pronunciarse debe realizar un ejercicio de ponderación, entre la necesidad de negar la información y el beneficio resultante de hacerla pública, con fundamento en el principio de proporcionalidad. Es así como ésta es quien tiene la carga de la prueba para producir una negativa[68].

De darse el caso que la información contenida en un archivo o documento no esté exenta en su totalidad por el régimen de excepción, aquella que no esté cubierta por dicho régimen debe ser entregada al solicitante[69].

3.1.6. *El mecanismo de verificación de cumplimiento*

Los Estados deben establecer órganos o instituciones imparciales y con autonomía e independencia, que promuevan la transparencia en el acceso a la información ambiental, fiscalicen el cumplimiento de las normas, así como vigilen, evalúen y garanticen el derecho de acceso a la información[70].

3.2. *Derecho de acceso a la participación pública*

Los Estados se comprometen a asegurar el derecho a la participación del público, mediante la implementación de una participación abierta e inclusiva en los procedimientos de toma de decisiones ambientales, sobre la base de los ordenamientos jurídicos nacionales e internacionales[71].

En este sentido se deben garantizar los mecanismos de participación en los procesos de toma de decisiones, revisiones, reexaminaciones o actualizaciones

---

67 Artículo 5.7 del Acuerdo de Escazú.

68 Artículo 5.8 y 5.9 del Acuerdo de Escazú.

69 Artículo 5.10 del Acuerdo de Escazú.

70 Artículo 5.18 del Acuerdo de Escazú.

71 Artículo 7.1 del Acuerdo de Escazú.

relativos a proyectos y actividades, así como en los procesos de autorizaciones ambientales que tengan o puedan tener un impacto ambiental o que incluso puedan afectar la salud[72]. A tales fines se hará pública de forma gratuita, la siguiente información[73]:

a) La descripción del área de influencia y de las características físicas y técnicas del proyecto o actividad propuesta;

b) La descripción de los impactos ambientales del proyecto o actividad y según corresponda, el impacto ambiental acumulativo;

c) La descripción de las medidas previstas con relación a dichos impactos;

d) Un resumen de los puntos a), b) y c) antes señalados, en lenguaje no técnico y comprensible;

e) Los informes y los dictámenes públicos de los organismos involucrados, dirigidos a la autoridad pública vinculados al proyecto o actividad de que se trate;

f) La descripción de las tecnologías disponibles para ser utilizadas y de los lugares alternativos para realizar el proyecto o actividad sujeto a las evaluaciones, cuando la información esté disponible; y

g) Las acciones de monitoreo de la implementación y de los resultados de las medidas del estudio de impacto ambiental.

Igualmente se debe promover la participación en asuntos ambientales de interés público, como sucede con la ordenación del territorio y la elaboración de políticas, estrategias, planes, programas, normas y reglamentos, que tengan o puedan tener un significativo impacto sobre el ambiente[74].

La participación del público se debe asegurar desde las etapas iniciales del proceso de toma de decisiones, de manera que las observaciones del público sean debidamente consideradas y contribuyan en dichos procesos, para lo que se deberá suministrar la información necesaria, clara, oportuna y comprensible que permita hacer efectivo su derecho a participar en el proceso de toma de decisiones[75].

El procedimiento de participación se realizará en plazos razonables, que comprendan los tiempos adecuados para suministrar la información al público y para que éste pueda participar en forma efectiva[76].

El público tiene derecho a ser informado de forma efectiva, comprensible y oportuna, a través de medios apropiados, que pueden incluir los medios escritos tradicionales, los electrónicos y los orales, en el que como mínimo se deberá indicar[77]:

---

72 Artículo 7.2 del Acuerdo de Escazú.

73 Artículo 7.17 del Acuerdo de Escazú.

74 Artículo 7.3 del Acuerdo de Escazú.

75 Artículo 7.4 del Acuerdo de Escazú.

76 Artículo 7.5 del Acuerdo de Escazú.

77 Artículo 7.6 del Acuerdo de Escazú.

a) El tipo o naturaleza de la decisión ambiental de que se trate y, cuando corresponda, en lenguaje no técnico;
b) La autoridad responsable del proceso de toma de decisiones y otras autoridades e instituciones involucradas;
c) El procedimiento previsto para la participación del público, incluida la fecha de comienzo y de finalización de este, los mecanismos previstos para dicha participación y cuando corresponda, los lugares y las fechas de consulta o audiencia pública; y
d) Las autoridades públicas involucradas a las que se les pueda requerir mayor información sobre la decisión ambiental de que se trate y los procedimientos para solicitar la información.

El derecho a participar en los procesos de toma de decisiones ambientales, incluye la posibilidad de presentar observaciones oportunamente y a través de los medios apropiados y disponibles, conforme a las circunstancias del proceso. La autoridad competente tiene el deber de tomar en consideración los resultados del proceso de participación[78].

Una vez adoptada la decisión, el público deberá ser oportunamente informado de la misma, así como de los motivos y los fundamentos que la sustentan y del modo en que se tuvieron en cuenta las observaciones. Tanto la decisión como sus antecedentes serán públicos y accesibles[79].

La forma de dar a conocer las decisiones que resultan de las evaluaciones de impacto ambiental y de otros procesos de toma de decisiones ambientales, que involucran la participación pública deberá realizarse a través de los medios apropiados, que podrán incluir los escritos, electrónicos u orales, de forma rápida y efectiva. La información que se difunda deberá indicar al público las acciones administrativas y judiciales que proceden contra las decisiones[80].

Los Estados deben establecer las condiciones propicias para que la participación pública pueda adecuarse a las características sociales, económicas, culturales, geográficas y de género del público potencialmente interesado[81].

La autoridad competente velará para que se facilite la comprensión y participación del público, cuando éste hable mayoritariamente idiomas distintos a los oficiales[82].

78 Artículo 7.7 del Acuerdo de Escazú.

79 Artículo 7.8 del Acuerdo de Escazú.

80 Artículo 7.9 del Acuerdo de Escazú.

81 Artículo 7.10 del Acuerdo de Escazú.

82 Artículo 7.11 del Acuerdo de Escazú.

Los Estados de acuerdo con la legislación nacional promoverán la participación del público en foros y negociaciones internacionales[83], así como en las instancias nacionales en materia ambiental[84].

Las autoridades públicas deben trabajar para identificar al público que puede ser afectado directamente por proyectos y actividades que tengan o puedan tener un impacto significativo sobre el ambiente y en especial deben brindar apoyo a las personas o grupos en situación de vulnerabilidad, a los fines de involucrarlos y facilitarles de manera activa, oportuna y efectiva el acceso a los mecanismos de participación[85], así como también se deben garantizar los derechos de los pueblos indígenas y las comunidades locales[86].

3.3. *Derecho de acceso a la justicia ambiental*

Los Estados se comprometieron a garantizar el derecho de acceder a la justicia en asuntos ambientales, con sujeción al debido proceso[87]. Es así como en el contexto de la legislación nacional se debe asegurar el acceso a las instancias administrativas y judiciales para recurrir, tanto el procedimiento como el fondo, en los siguientes supuestos[88]:

a) Cuando se trate de una decisión, acción u omisión relacionada con el acceso a la información ambiental;
b) Cuando se trate de una decisión, acción u omisión relacionada con la participación pública, en procesos de toma de decisiones ambientales; y
c) Cuando se trate de otra decisión, acción u omisión que afecte o pueda afectar de manera adversa al ambiente o contravenir normas jurídicas relacionadas con el ambiente.

Los Estados a los fines de garantizar el derecho de acceso a la justicia en asuntos ambientales, se comprometen a la regulación de[89]:

a) Los órganos estatales competentes, con acceso a conocimientos especializados en materia ambiental;
b) Los procedimientos efectivos, oportunos, públicos, transparentes, imparciales y sin costos prohibitivos;
c) La legitimación activa amplia en defensa del ambiente, de conformidad con la legislación nacional;
d) La posibilidad de disponer medidas cautelares y provisionales para prevenir, hacer cesar, mitigar o recomponer daños al ambiente;

83 Artículo 7.12 del Acuerdo de Escazú.
84 Artículo 7.13 del Acuerdo de Escazú.
85 Artículo 7.14 del Acuerdo de Escazú.
86 Artículo 7.15 del Acuerdo de Escazú.
87 Artículo 8.1 del Acuerdo de Escazú.
88 Artículo 8.2 del Acuerdo de Escazú.
89 Artículo 8.3 del Acuerdo de Escazú.

e) Las medidas para facilitar la producción de la prueba del daño ambiental, cuando corresponda y sea aplicable, como la inversión de la carga de la prueba y la carga dinámica de la prueba;

f) Los mecanismos de ejecución y de cumplimiento oportunos de las decisiones administrativas y judiciales que correspondan; y

g) Los mecanismos de reparación, tales como la restitución al estado previo al daño, la restauración, la compensación o el pago de una sanción económica, la satisfacción, las garantías de no repetición, la atención a las personas afectadas y los instrumentos financieros para apoyar la reparación.

Los Estados con el objeto de facilitar al público el acceso a la justicia en asuntos ambientales, deben establecer[90]:

a) Las medidas para reducir o eliminar barreras al ejercicio del derecho de acceso a la justicia;

b) Los medios de divulgación del derecho de acceso a la justicia y los procedimientos para hacerlo efectivo;

c) Los mecanismos de sistematización y difusión de las decisiones administrativas y judiciales que correspondan; y

d) El uso de la interpretación o la traducción de idiomas distintos a los oficiales, cuando sea necesario para el ejercicio de ese derecho.

Con sujeción al principio de escrituriedad, tanto las decisiones administrativas como las judiciales sobre asuntos ambientales, deben constar por escrito[91].

Los Estados se comprometen a garantizar el efectivo ejercicio del derecho de acceso a la justicia, atendiendo a las necesidades de las personas o grupos en situación de vulnerabilidad, mediante el establecimiento de los mecanismos de apoyo, como la asistencia técnica y jurídica gratuita, de ser necesario[92].

Adicionalmente, los Estados promoverán los medios alternativos de resolución de controversias en asuntos ambientales, cuando ello sea posible, tales como la mediación, la conciliación y otros que permitan prevenir o solucionar las controversias[93].

3.4. Los defensores de derechos humanos en asuntos ambientales

La premisa de la que se parte es de la existencia de la obligación de los Estados de respeto de los derechos y libertades, así como del deber que tienen de adoptar decisiones de cualquier naturaleza para hacerlos efectivos, "*sin*

90 Artículo 8.4 del Acuerdo de Escazú.

91 Artículo 8.6 del Acuerdo de Escazú.

92 Artículo 8.5 del Acuerdo de Escazú.

93 Artículo 8.7 del Acuerdo de Escazú.

discriminación alguna por motivos de raza, color, sexo, idioma, religión, opiniones políticas o de cualquier otra índole, origen nacional o social, posición económica, nacimiento o cualquier otra condición social"[94]. Por tanto, resulta indiferente que se sea un promotor o defensor de los derechos humanos y que ello se realice respecto de asuntos ambientales o no, para que todos los Estados deban garantizar el efectivo ejercicio de dichos derechos, por lo que en principio resultaría innecesario el establecimiento de una cláusula convencional especial para proteger y tutelar los derechos humanos de las personas, que realizan la promoción y defensa del ambiente. No obstante, la insuficiencia de la Convención Americana para garantizarles sus derechos y libertades a las personas que promueven tales derechos en asuntos ambientales, condujo a la necesidad de aprobar la norma que ocupa el interés de estas líneas.

Al estudiar los antecedentes interamericanos de la recién incorporada cláusula convencional de protección de los defensores de derechos en asuntos ambientales, se observa que la Corte Interamericana de Derechos Humanos en el caso que se le planteó respecto a las víctimas de violación de derechos humanos, expresó lo siguiente[95]:

> "... el Tribunal considera que no le corresponde pronunciarse respecto a hechos alegados por los representantes que no fueron planteados como hechos en la demanda de la Comisión, esto es, respecto a las amenazas que habrían sufrido los señores Cabrera y Montiel antes de su detención y después de su salida de la cárcel, la presunta represión que habrían sufrido por su trabajo en defensa del medio ambiente y el sufrimiento que habrían tenido los familiares de las presuntas víctimas. En similar sentido, no procede pronunciarse respecto a las alegadas violaciones a los artículos 5 y 16 de la Convención Americana en relación con dichos hechos".

Ahora, 10 años después de aquel fallo, en desarrollo de los principios y las disposiciones generales, el Acuerdo impone a los Estados la obligación de garantizar un entorno seguro y propicio para que las personas, grupos u organizaciones que promueven y defienden los derechos humanos en asuntos ambientales puedan actuar sin amenazas, restricciones o inseguridad[96].

En tal sentido, dentro de las medidas adecuadas y efectivas se deben adoptar aquellas que les brinden protección a los derechos a la vida, integridad personal, libertad de opinión y de expresión, derecho de reunión, asociación, libre circulación y del ejercicio de los derechos de acceso, que deberán ser configurados en el ordenamiento jurídico nacional[97].

---

94 Artículo 1.1. de la Convención Americana sobre Derechos Humanos.

95 Corte IDH, *Caso Cabrera García y Montiel Flores vs. México*, Excepción Preliminar, Fondo, Reparaciones y Costas, sentencia de 26 de noviembre de 2010, serie C N° 220, párr. 60.

96 Artículo 9.1 del Acuerdo de Escazú.

97 Artículo 9.2 del Acuerdo de Escazú.

Los Estados deben adoptar las medidas efectivas y oportunas para prevenir, investigar y sancionar los ataques, las amenazas o las intimidaciones a los defensores de los derechos humanos en asuntos ambientales, cuando pretendan ejercer los derechos reconocidos en el Acuerdo[98].

3.5. *Medios para la implementación del Acuerdo*

En el contexto regional, los Estados deben establecer un centro de intercambio de información, que será gestionado por la Comisión Económica para América Latina y el Caribe (CEPAL), actuando como secretaría que funcionará de manera virtual y deberá garantizar los derechos de acceso reconocidos en el Acuerdo[99].

En el contexto nacional, cada Estado en función de sus posibilidades y de conformidad con sus prioridades y necesidades, creará, fortalecerá y facilitará los medios de implementación para realizar las actividades necesarias que garanticen cumplir las obligaciones asumidas a través del Acuerdo[100].

Los Estados en función de sus capacidades nacionales podrán adoptar algunas de las siguientes medidas[101]:

a) Formar y capacitar en derechos de acceso en asuntos ambientales a autoridades y funcionarios públicos;

b) Desarrollar y fortalecer programas de sensibilización y creación de capacidades en derecho ambiental y derechos de acceso para el público, funcionarios judiciales y administrativos, instituciones nacionales de derechos humanos y juristas, entre otros;

c) Dotar a las instituciones y organismos competentes con equipamiento y recursos adecuados;

d) Promover la educación, la capacitación y la sensibilización en temas ambientales mediante, la inclusión de módulos educativos básicos sobre los derechos de acceso, para estudiantes en todos los niveles educacionales;

e) Contar con medidas específicas para personas o grupos en situación de vulnerabilidad, como la interpretación o traducción en idiomas distintos al oficial, cuando sea necesario;

f) Reconocer la importancia de las asociaciones, organizaciones o grupos que contribuyan a formar o sensibilizar al público sobre los derechos de acceso; y

g) Fortalecer las capacidades para recopilar, mantener y evaluar la información ambiental.

98 Artículo 9.3 del Acuerdo de Escazú.

99 Artículo 12 del Acuerdo de Escazú.

100 Artículo 13 del Acuerdo de Escazú.

101 Artículo 10.2 del Acuerdo de Escazú.

Los Estados a los fines de afianzar sus capacidades nacionales deberán cooperar en el fortalecimiento de las mismas, para lo que deberán considerar los países menos adelantados, en desarrollo sin litoral y los pequeños Estados insulares en desarrollo dentro de la región. Con tal finalidad se promoverán actividades y mecanismos como[102]:

a) Diálogos, talleres, intercambio de expertos, asistencia técnica, educación y observatorios;
b) Desarrollo, intercambio e implementación de materiales y programas educativos, formativos y de sensibilización;
c) Intercambio de experiencias sobre códigos voluntarios de conducta, guías, buenas prácticas y estándares; y
d) Comités, consejos y plataformas de actores multisectoriales para abordar prioridades y actividades de cooperación.

Los Estados pueden realizar alianzas con Estados de otras regiones, organizaciones intergubernamentales, académicas, instituciones privadas y organizaciones de la sociedad civil y otros actores, que puedan jugar un rol importante en la implementación del Acuerdo[103].

Finalmente se asume el compromiso de promover la cooperación regional y el intercambio de información, respecto a la manifestación de las actividades ilícitas contra el ambiente[104].

IV. La posible competencia de la Corte Interamericana de Derechos Humanos para la protección de los derechos humanos reconocidos en el Acuerdo de Escazú

Luego de analizados los antecedentes interamericanos del Acuerdo de Escazú y el contenido integral del mismo, resulta posible sostener que éste no estableció cuál instancia internacional puede tutelar a las personas los derechos humanos reconocidos en el tratado, en el supuesto en que algún Estado parte no hubiese brindado las garantías de protección y ejercicio efectivo antes las instancias nacionales.

Tampoco existe otro tratado que le atribuya expresamente a una instancia interamericana o global, la facultad de proteger y eventualmente disponer la reparación de los derechos humanos reconocidos en el Acuerdo de Escazú, en caso que estos sean violados o desconocidos por los Estados y no se produzca su reparación ante las instancias nacionales.

Entonces cabe retomar la pregunta, ¿puede la Corte Interamericana de Derechos Humanos actuar como instancia internacional y regional, de protección de los derechos humanos reconocidos en el Acuerdo de Escazú?.

---

102 Artículo 11.3 del Acuerdo de Escazú.

103 Artículo 11.4 del Acuerdo de Escazú.

104 Artículo 11.5 del Acuerdo de Escazú.

La respuesta habría que buscarla en primer lugar, en la Convención Americana sobre Derechos Humanos, pero ésta no dice nada respecto a la competencia de la Corte Interamericana de Derechos Humanos para pronunciarse sobre la eventual violación de los derechos humanos reconocidos en tratados distintos de ésta; lo que sí admite es que se le pueda consultar la interpretación de otros tratados relacionados con la protección de derechos humanos, suscritos por los Estados americanos[105].

No obstante, la propia Corte Interamericana ha establecido tanto a través de la función consultiva como de la función jurisdiccional, el alcance de su competencia para analizar, interpretar y aplicar los tratados internacionales en materia de derechos humanos, diferentes a la Convención Americana sobre Derechos Humanos, en los siguientes términos:

> "En otras oportunidades[106], este Tribunal ha señalado que los tratados de derechos humanos son instrumentos vivos, cuya interpretación tiene que acompañar la evolución de los tiempos y las condiciones de vida actuales. Tal interpretación evolutiva es consecuente con las reglas generales de interpretación establecidas en el artículo 29 de la Convención Americana, así como en la Convención de Viena sobre el Derecho de los Tratados. En este sentido, esta Corte ha afirmado que al dar interpretación a un tratado no sólo se toman en cuenta los acuerdos e instrumentos formalmente relacionados con éste (artículo 31.2 de la Convención de Viena), sino también el sistema dentro del cual se inscribe (artículo 31.3 de mismo instrumento)[107]. Igualmente, este Tribunal ha considerado que podría "abordar la interpretación de un tratado siempre que esté directamente implicada la protección de los derechos humanos en un Estado Miembro del sistema interamericano"[108], aunque dicho instrumento no provenga del mismo sistema regional de

105 Artículo 64.1 de la Convención Americana sobre Derechos Humanos.

106 Corte IDH, *El Derecho a la Información sobre la Asistencia Consular en el Marco de las Garantías del Debido Proceso Legal*, Opinión Consultiva OC-15/97, de 14 de noviembre de 1997, serie A N° 15, párr. 114; Corte IDH, *Caso de los "Niños de la Calle" (Villagrán Morales y otros) vs. Guatemala*, Fondo, sentencia de 19 de noviembre de 1999, serie C N° 63, párr. 193; Corte IDH, *Caso de los Hermanos Gómez Paquiyauri vs Perú*, Fondo, Reparaciones y Costas, sentencia de 8 de julio de 2004, serie C N° 110, párr. 165.

107 Corte IDH, *El Derecho a la Información sobre la Asistencia Consular en el Marco de las Garantías del Debido Proceso Legal*, Opinión Consultiva OC-15/97, de 14 de noviembre de 1997, serie A N° 15, párr. 114; Corte IDH, *Caso de los "Niños de la Calle" (Villagrán Morales y otros) vs. Guatemala*, Fondo, sentencia de 19 de noviembre de 1999, serie C N° 63, párr. 193; Corte IDH, *Caso Bueno Alves vs. Argentina*, Fondo, Reparaciones y Costas, sentencia de 11 de mayo de 2007, serie C N° 164, párr. 78.

108 Corte IDH, *Otros Tratados objeto de la función consultiva de la Corte (art. 64 Convención Americana sobre Derechos Humanos)*, Opinión Consultiva OC-1/82, de 24 de septiembre de 1982, serie A N° 1, párr. 21; Corte IDH, *Interpretación de la Declaración Americana de los Derechos y Deberes del Hombre en el marco del artículo 64 de la Convención Americana sobre Derechos Humanos*, Opinión Consultiva OC-10/89, de 14 de julio de 1989, serie A N° 10, párr. 44; Corte IDH, *Condición Jurídica y Derechos Humanos del Niño*, Opinión Consultiva OC-17/02 de 28 de agosto de 2002, serie A N° 17, párr. 22.

protección[109]. En este sentido, la Corte ha interpretado el artículo 21 de la Convención a la luz de la legislación interna referente a los derechos de los miembros de los pueblos indígenas y tribales en casos de Nicaragua, Paraguay y Surinam, por ejemplo, así como también teniendo en cuenta el Convenio N° 169 de la OIT[110]".

Este criterio reiterado posteriormente permite deducir[111], que siendo el Acuerdo de Escazú un tratado regional en el continente americano en materia de derechos humanos, relacionados con asuntos ambientales -aunque suscrito en el contexto de la Organización de Naciones Unidas- y que la Corte Interamericana ejerce su competencia consultiva y jurisdiccional en materia de derechos humanos, dentro de la región integrada por el continente americano, así como el hecho de que no existe otro tribunal internacional en la región que tenga atribuida competencia sobre derechos humanos, en caso de producirse un supuesto de potencial o efectiva violación o desconocimiento de los derechos humanos reconocidos en el Acuerdo de Escazú, que no hayan sido protegidos y reparados en las instancias nacionales, le corresponderá a la Corte Interamericana de Derechos Humanos conocer del asunto en ejercicio de la función consultiva o de la jurisdiccional y resolver lo que proceda en cuanto a la interpretación o del restablecimiento de los derechos y la reparación a las víctimas en caso que sea procedente, relacionados con los asuntos ambientales.

Las opiniones expuestas en función consultiva y los criterios establecidos en función jurisdiccional llevan a pensar que ante futuras situaciones en las que se produzcan violaciones o desconocimiento de los derechos humanos relacionados con asuntos ambientales, reconocidos en el Acuerdo de Escazú, la Corte Interamericana de Derechos Humanos argumentando más allá de la literalidad de los tratados puede terminar actuando como juez de su propia competencia[112] y proceder con fundamento en los principios

109 Corte IDH, *Condición Jurídica y Derechos humanos del Niño*, Opinión Consultiva OC-17/02 de 28 de agosto de 2002, serie A N° 17, párr. 22; Corte IDH, *El Derecho a la Información sobre la Asistencia Consular en el Marco de las Garantías del Debido Proceso Legal*, Opinión Consultiva OC-15/97, de 14 de noviembre de 1997, serie A N° 15, párr. 109; Corte IDH, *Otros Tratados objeto de la función consultiva de la Corte (art. 64 Convención Americana sobre Derechos Humanos)*, Opinión Consultiva OC-1/82, de 24 de septiembre de 1982, serie A N° 1, párr. 48.

110 Corte IDH, *Caso Pueblo Indígena Kichwa de Sarayaku vs. Ecuador*, Fondo y Reparaciones, sentencia de 27 de junio de 2012, serie C N° 245, párr. 161.

111 Corte IDH, *Caso Hernández vs. Argentina*, Excepción Preliminar, Fondo, Reparaciones y Costas, sentencia de 22 de noviembre de 2019, serie C N° 395, párr. 67.

112 Corte IDH, *Caso Ivcher Bronstein vs. Perú*, Competencia, sentencia de 24 de septiembre de 1999, serie C N° 54, párrs, 32-34; Corte IDH, *Caso Rodríguez Vera y otros (Desaparecidos del Palacio de Justicia) vs. Colombia,* Excepciones Preliminares, Fondo, Reparaciones y Costas, sentencia de 14 de noviembre de 2014, serie C N° 287, párr. 41; Corte IDH, *Caso San Miguel Sosa y otras vs. Venezuela,* Fondo, Reparaciones y Costas, sentencia de 8 de febrero de 2018, serie C N° 348, párr. 220; Corte IDH, *Caso Asociación Nacional de Cesantes y Jubilados de la Superintendencia Nacional de Administración Tributaria (ANCEJUB-SUNAT) vs. Perú,* Excepciones Preliminares, Fondo, Reparaciones y Costas, sentencia de 21 de noviembre

de interdependencia y progresividad, a resolver asuntos en los que están involucrados tantos los derechos humanos sustantivos a la vida, integridad personal, vida privada, salud, agua potable, alimentación, vivienda, participación en la vida cultural, propiedad, no ser desplazado forzadamente, ambiente sano y desarrollo sostenible; como los procesales o de acceso a la información ambiental, a la participación en los asuntos públicos en la toma de decisiones ambientales y de acceso a la justicia ambiental.

Los peligros y las dificultades con que se topará esta actuación de la Corte Interamericana ya han sido advertidos por la doctrina científica[113], no obstante, los recientes pronunciamientos del Tribunal Interamericano en materia de derechos económicos, sociales y culturales[114] llevan a concluir que el único que puede cambiar el rumbo transitado, para eludir o superar solventemente tales peligros o dificultades es el propio Tribunal.

V. CONSIDERACIONES FINALES

El Acuerdo de Escazú como tratado regional de derechos humanos tiene unas raíces suficientemente sólidas, en la jurisprudencia interamericana.

La implementación del Acuerdo supone un inmenso reto para los Estados de la región, pues más allá de los compromisos formalmente adquiridos, se requiere la intención política y jurídica de cumplir el tratado en los términos negociados en este instrumento y con sujeción a lo exigido en la Convención de Viena sobre el Derecho de los Tratados.

Además hay que señalar que los derechos no se obsequian u otorgan graciosamente, sino que hay que luchar para conquistarlos y ello exige que las personas humanas, las organizaciones y las entidades que trabajan por la promoción y defensa de los derechos humanos deban ejercerlos, exigirlos y pretender su restablecimiento y reparación tanto en la jurisdicción nacional como en la internacional, cuando aquella no haya respondido adecuadamente.

---

de 2019, serie C N° 394, párr. 33; Corte IDH, *Caso Jenkins vs. Argentina*, Excepciones Preliminares, Fondo, Reparaciones y Costas, sentencia de 26 de noviembre de 2019, serie C N° 397, párr. 31.

113 Estupiñan Silva, Rosmerlin, Primera opinión interamericana sobre medio ambiente: ¿derecho exigible o decisión ultra vires?, (Coords. Henry Jiménez Guanipa y Eduardo Viedma), *Energía, Cambio Climático y Desarrollo Sostenible. Impacto sobre los Derechos Humanos*, Universität Heidelberg, Universidad Politécnica y Artística del Paraguay, Heinrich Böll Stiftung Colombia, Bogotá, 2018, pp. 311-313.

114 Corte IDH, *Caso Lagos del Campo vs. Perú*, Excepciones Preliminares, Fondo, Reparaciones y Costas, sentencia de 31 de agosto de 2017, serie C N° 340; Corte IDH, *Medio Ambiente y Derechos Humanos*, Opinión Consultiva OC-23/17, de 15 de noviembre de 2017, serie A N° 23; Corte IDH, *Trabajadores Cesados de Petroperú vs, Perú*, Excepciones Preliminares, Fondo, Reparaciones y Costas, sentencia de 23 de noviembre de 2017, serie C N° 344; Corte IDH, *Caso Asociación Nacional de Cesantes y Jubilados de la Superintendencia Nacional de Administración Tributaria (ANCEJUB-SUNAT) vs. Perú*, Excepciones Preliminares, Fondo, Reparaciones y Costas, sentencia de 21 de noviembre de 2019, serie C N° 394.

En este contexto resulta de especial interés conocer, quién tiene la competencia regional en el continente americano, para resolver los conflictos de violaciones o desconocimiento de los derechos humanos, relacionados con asuntos ambientales.

Ante la ausencia de un tribunal especial internacional o regional para conocer de esta situación, cabe señalar que conforme a la jurisprudencia y las opiniones consultivas -ambas recientes- de la Corte Interamericana de Derechos Humanos, este tribunal interamericano surge como el llamado a conocer y resolver las demandas de protección y reparación de los derechos humanos reconocidos en el Acuerdo de Escazú, una vez entre en vigor.

No obstante, esta solución teórica deja un asunto por resolver, cuál será la posición que va a adoptar la Comisión Interamericana de Derechos Humanos como instancia previa y extrajudicial, que debe recibir e investigar las denuncias de violación de derechos humanos, para de ser procedente, presentarlas a la Corte Interamericana de Derechos Humanos. La duda surge en virtud de que su posición tradicional ha sido limitarse a tramitar únicamente las denuncias relacionadas con los derechos humanos civiles y políticos; aunque con la particularidad, que ahora para resolver lo que considere pertinente, no podrá ignorar la reciente posición del Tribunal Interamericano sobre la justiciabilidad directa de los derechos económicos, sociales, culturales y ambientales.

La convencionalización del derecho al agua potable

I. Introducción

La propuesta de declaración de agua potable y el saneamiento como un nuevo derecho humano ha transitado un camino largo y lento, hasta lograr su distinción como dos derechos diferentes pero complementarios. Es así que a partir de la inicial ausencia de mención expresa en los tratados y convenciones en materia de derechos humanos, que integran el sistema universal o el Sistema Interamericano de Derechos Humanos, se comienza a trabajar para su reconocimiento en distintos foros internacionales, entre los que se destacarán aquellos que resultan más relevantes -en especial en época de paz-, para alcanzar el referido reconocimiento, sin perjuicio de aceptar que existen instrumentos y declaraciones globales y regionales, que han sido utilizadas para tratar de inferir los mencionados derechos.

En lo que va del presente siglo, las Naciones Unidas ha realizado un esfuerzo permanente que tiene como punto de partida la Declaración de los Objetivos de Desarrollo del Milenio[1], en los que se establecieron metas específicas en lo que respecta al acceso al agua para el año 2015.

Posteriormente, la Asamblea General de las Naciones Unidas con fundamento en el Informe sobre el desarrollo de los recursos hídricos, proclamó el período de 2005 a 2015[2], como la Década o Decenio Internacional para la acción "El agua, fuente de vida", que dio inicio el día 22 de marzo de 2005, con el Día Mundial del Agua.

Luego se produjeron varios momentos importantes en la transformación internacional del ordenamiento jurídico del agua -y concretamente del agua potable y el saneamiento-, uno de cuyos hitos lo constituye el primer reconocimiento expreso como derecho humano en el año 2010[3].

Finalizada la década anteriormente referida y el período de cumplimiento de las metas y compromisos para alcanzar los Objetivos del Desarrollo del Milenio, se produjeron dos declaraciones de transcendental importancia, como lo constituyen la formulación de los Objetivos del Desarrollo Sostenible[4], que fijan metas a cumplir para el año 2030, a lo que se suman las Directrices

---

1 O.N.U., Declaración de los Objetivos del Desarrollo del Milenio, de 13 de septiembre de 2000.

2 O.N.U., Decenio Internacional para la Acción, "El agua fuente de vida", 2005-2015, de 23 de diciembre de 2003.

3 O.N.U., Resolución N° 64/292, de 28 de julio de 2010.

4 O.N.U., Declaración de los Objetivos del Desarrollo Sostenible, de 25 de septiembre de 2015.

sobre los derechos de los consumidores[5], ambas decisiones adoptadas por la Organización de las Naciones Unidas en el año 2015.

De esta sucinta panorámica se puede apreciar que en menos de 20 años, no ha sido poco lo que ha ocurrido en lo atinente al reconocimiento del agua potable -y el saneamiento- como derecho humano en el contexto jurídico internacional, lo que lleva a estudiar los textos convencionales y a efectuar algunas reflexiones de interés frente a los retos que se tienen en la Agenda 2030.

Todo lo anterior es consecuencia directa del progreso científico y tecnológico, que se orienta a brindar una mejor calidad de vida a las personas y a garantizar plenamente su dignidad, lo que ha generado que hayan adquirido mayor relevancia los derechos inherentes a las personas y que se haya evolucionado hacia su efectivo y formal reconocimiento, así como material protección.

Dos ejemplos a título enunciativo pueden servir de demostración y están íntimamente relacionados, estos son la iniciativa de promover el derecho humano a la energía[6] y el derecho humano al agua potable[7], cuyo reconocimiento formal y expreso por parte de las organizaciones internacionales y por los Estados nacionales es la consecuencia de una confluencia de circunstancias políticas, jurídicas, económicas, sociales, ambientales y culturales a nivel mundial.

A los fines de este trabajo, interesa centrar el estudio de los antecedentes internacionales a nivel global y regional, que sirven de referencia para el reconocimiento convencional del derecho humano al agua potable y su potencial proyección en los ordenamientos jurídicos nacionales.

Ello así, a los fines de una mayor claridad en la exposición de las ideas, el presente trabajo se dividirá de la siguiente manera: El surgimiento y evolución internacional del derecho humano al agua potable (II); los aportes institucionales del sistema convencional interamericano (III); los Objetivos del Desarrollo Sostenible y el acceso universal al agua potable (IV); los derechos de los consumidores y el abastecimiento de agua de calidad (V); y las consideraciones finales (VI).

---

5 O.N.U., Directrices para la protección al consumidor, Resolución 70/186, de 22 de diciembre de 2015.

6 Hernández-Mendible, Víctor R., La energía como derecho humano y su ejercicio ante el cambio climático, (Coautor Sandra P. Orjuela Córdoba) *Energía Eléctrica. Regulación de fuentes convencionales, renovables y sostenibles*, Centro de Estudios de Regulación Económica-Universidad Monteávila, Caracas, 2016, pp. 199-219.

7 Hernández-Mendible, Víctor R., El agua como derecho humano y como servicio público, *Regulación Económica de los Servicios Públicos. Dos décadas de Regulación de los servicios públicos en Iberoamérica. Balance y Perspectivas,* Asociación Iberoamericana de Estudios de Regulación (ASIER), Instituto de Regulación & Finanzas, Universidad ESAN, ARA Editores, Lima, 2010, pp. 892-896.

II. EL SURGIMIENTO Y EVOLUCIÓN INTERNACIONAL DEL DERECHO HUMANO AL AGUA POTABLE

Tal como se señaló antes, la propuesta de declaración de agua potable como un nuevo derecho humano ha transitado un camino largo y lento. De la inicial ausencia de mención expresa en los tratados y convenciones en materia de derechos humanos, se comienza a trabajar para su reconocimiento en distintos foros internacionales.

La primera aproximación a esta declaración formal, se produjo en la Conferencia de la Organización de las Naciones Unidas sobre el Agua, de Mar de Plata, oportunidad en que se estableció el Plan de Acción, en la que se señaló[8]:

> "Todos los pueblos, cualquiera que sea su estado de desarrollo y sus condiciones sociales y económicas, tienen el derecho de disponer de agua potable en cantidad y calidad suficiente para sus necesidades básicas. Es de reconocimiento universal que la disponibilidad de dicho elemento por parte del hombre es imprescindible para la vida y para su desarrollo integral como individuo o como integrante del cuerpo social".

Fue hace más de cuarenta años cuando se planteaba por vez primera en una conferencia gubernamental, aunque sin carácter vinculante, la posibilidad de reconocer como derecho de los pueblos, es decir, como un derecho colectivo, el disponer o acceder al agua potable en cantidad suficiente y calidad aptas para satisfacer las necesidades básicas, por tratarse de un recurso imprescindible para la vida de las personas, para lograr su desarrollo integralmente considerado, es decir, individual y dentro del grupo social al que pertenecen, en fin, para realizarse dignamente como persona.

Dos años más tarde, se aprobó por la Organización de las Naciones Unidas la Convención sobre la Eliminación de Todas las Formas de Discriminación contra la Mujer[9], en cuyo artículo 12.2.h) se señala:

> "2. Los Estados Partes adoptarán todas las medidas apropiadas para eliminar la discriminación contra la mujer en las zonas rurales a fin de asegurar, en condiciones de igualdad entre hombres y mujeres, su participación en el desarrollo rural y en sus beneficios, y en particular le asegurarán el derecho a:
>
> > H) Gozar de condiciones de vida adecuadas, particularmente en las esferas de la vivienda, los servicios sanitarios, la electricidad y el abastecimiento de agua, el transporte y las comunicaciones".

---

8 O.N.U., *Informe de la Conferencia de las Naciones Unidas sobre el Agua*, Mar del Plata, Argentina, del 14 al 25 de marzo de 1977, documento E/CONF.70/29, p. 67.

9 O.N.U., *Convención sobre la Eliminación de Todas las Formas de Discriminación contra la Mujer*, adoptada mediante la Resolución 34/180, de 18 de diciembre de 1979.

Como se puede inferir de la lectura de la convención internacional, se brinda una especial protección a la mujer que habita en las zonas rurales y a los fines de garantizar las condiciones de igualdad entre hombres y mujeres, se impone a los Estados la obligación de asegurar el derecho a disfrutar de condiciones de vida adecuadas, que comprenden el acceso a los servicios sanitarios y el abastecimiento de agua, en dichas zonas rurales.

Posteriormente, se aprobó la Convención sobre los Derechos del Niño[10], que dispone en el artículo 24.2.c), algunas de las actuaciones que deben realizar los Estados, para garantizar el derecho a la salud de los niños:

> "1. Los Estados Partes reconocen el derecho del niño al disfrute del más alto nivel posible de salud y a servicios para el tratamiento de las enfermedades y la rehabilitación de la salud. Los Estados Partes se esforzarán por asegurar que ningún niño sea privado de su derecho al disfrute de esos servicios sanitarios.
>
> 2. Los Estados Partes asegurarán la plena aplicación de este derecho y, en particular, adoptarán las medidas apropiadas para:
>
> c) Combatir las enfermedades y la malnutrición en el marco de la atención primaria de la salud mediante, entre otras cosas, la aplicación de la tecnología disponible y el suministro de alimentos nutritivos adecuados y agua potable salubre, teniendo en cuenta los peligros y riesgos de contaminación del medio ambiente".

Este texto que tiene como finalidad garantizar el derecho humano a la salud, impone la obligación a los Estados de adoptar las medidas adecuadas, para que los niños reciban el suministro de agua potable salubre.

Tres años después, tuvo lugar la Conferencia Internacional sobre el Agua y el Medio Ambiente (CIAMA), que produjo la Declaración de Dublín sobre el Agua y el Desarrollo Sostenible[11], como antesala a la Cumbre de La Tierra. Esta declaración reconoce cuatro grandes principios:

1. El agua es un recurso finito y vulnerable, esencial para sostener la vida, el desarrollo y el medio ambiente.
2. El aprovechamiento y gestión del agua debe inspirarse en un planteamiento basado en la participación de los usuarios, los planificadores y los responsables de las decisiones a todos los niveles.
3. La mujer desempeña un papel fundamental en el abastecimiento, la gestión y la protección del agua.
4. El agua tiene un valor económico en todos sus diversos usos, a los que se destina y debería reconocérsele como un bien económico.

---

10 O.N.U., *Convención sobre los Derechos del Niño*, adoptada mediante la Resolución 44/25, de 20 de noviembre de 1989.

11 Conferencia Internacional sobre el Agua y el Medio Ambiente (CIAMA), celebrada en Dublín, Irlanda, de 26 a 31 de enero de 1992.

De este último principio se infiere la necesidad de reconocimiento del derecho fundamental de toda persona, a tener acceso al agua pura a un precio asequible. Se destaca el hecho de que la ignorancia del valor económico del agua, ha fomentado el derroche y su utilización con efectos perjudiciales para el ambiente.

Por ello se propone una gestión del agua como un bien económico, que constituye un mecanismo para lograr el aprovechamiento eficaz y equitativo, así como favorecer la conservación y la protección de los recursos hídricos.

Estos principios servirán de preámbulo para la Conferencia de las Naciones Unidas sobre Medio Ambiente y Desarrollo, que producirá la Declaración de Río sobre Medio Ambiente y Desarrollo[12], pero en ninguno de sus 27 puntos se efectúa consideración específica sobre el derecho humano al agua.

No obstante, el Programa de la Agenda XXI, en el capítulo 18, se refiere a la "Protección de la calidad y el suministro de los recursos de agua dulce: aplicación de criterios integrados para el aprovechamiento, ordenación y uso de los recursos de agua dulce" y en concreto se fomenta que[13]:

> "18.76 Todos los Estados, según la capacidad y los recursos de que dispongan y mediante la cooperación bilateral o multilateral, incluidas, según proceda, las Naciones Unidas y otras organizaciones competentes, podrían llevar a cabo las actividades siguientes:
>
> a) Abastecimiento de agua y saneamiento para los pobres de las zonas rurales que carezcan de estos servicios:
>
> iv) Promover el acceso de la comunidad a la propiedad de los servicios de abastecimiento de agua y saneamiento y a los derechos sobre ellos".

Sin proponer el reconocimiento formal del agua potable y el saneamiento como derechos humanos, se advierte la importancia de que los Estados protejan y garanticen el suministro de los "servicios" -es la palabra que se emplea expresamente- de agua y saneamiento, en virtud de la importancia que tienen para el desarrollo de la persona humana.

La Declaración de los Objetivos del Mileno por la Organización de las Naciones Unidas, efectuada en Nueva York, -que será analizada en el subepígrafe siguiente- constituyó el marco de preparación de la Cumbre Mundial sobre el Desarrollo Sostenible, Río+10 de Johannesburgo, que dio origen a la Declaración sobre Desarrollo Sostenible en 2002[14], en la que se expresa que la contaminación del agua priva a millones de seres humanos de una vida digna (punto 13) y al formular los compromisos con el desarrollo sostenible se menciona que:

12 O.N.U., *Declaración de Río sobre el Medio Ambiente y el Desarrollo*, de 3 al 14 de junio de 1992.

13 O.N.U., Departamento de Asuntos Económicos y Sociales, División de Desarrollo Sostenible.

14 O.N.U., Declaración de Johannesburgo sobre el Desarrollo Sostenible, de 2 al 4 de septiembre de 2002.

> "18. Nos felicitamos de que la Cumbre de Johannesburgo haya centrado la atención en la universalidad de la dignidad humana y estamos resueltos, no sólo mediante la adopción de decisiones sobre objetivos y calendarios sino también mediante asociaciones de colaboración, a aumentar rápidamente el acceso a los servicios básicos, como el suministro de agua potable, el saneamiento, una vivienda adecuada, la energía, la atención de la salud, la seguridad alimentaria y la protección de la biodiversidad".

Se asume el compromiso de colaborar para incrementar el acceso a los "servicios básicos" y en concreto a los servicios de suministro de agua potable y saneamiento.

En las declaraciones antes mencionadas se hace referencia al agua como bien, recurso y como servicio básico, pero no se efectúa una mención a su consideración como derecho humano.

En ese mismo año 2002, el Comité de Derechos Económicos, Sociales y Culturales de la Organización de las Naciones Unidas, efectúa una interpretación de los artículos 11 y 12 del Pacto Internacional de Derechos Económicos, Sociales y Culturales que no contienen referencia alguna al derecho al agua y deduce la existencia de este derecho en la Observación General N° 15[15]. Se trata de un documento muy bien estructurado, que aporta ideas para diversos debates interdisciplinarios y para avanzar decididamente en el reconocimiento formal y expreso del derecho humano de acceso al agua.

En tal sentido, la Observación comienza por afirmar que "El agua es un recurso natural limitado y un bien público fundamental para la vida y la salud" agregando además que "El derecho humano al agua es indispensable para vivir dignamente y es condición previa para la realización de otros derechos humanos".

A partir de estas premisas, se reconoce que este consiste en "... el derecho de todos a disponer de agua suficiente, salubre, aceptable, accesible y asequible para el uso personal y doméstico. Un abastecimiento adecuado de agua salubre es necesario para evitar la muerte por deshidratación, para reducir el riesgo de las enfermedades relacionadas con el agua y para satisfacer las necesidades de consumo y cocina y las necesidades de higiene personal y doméstica".

En razón de ello el Comité confirma lo asentado en su Observación general N° 3 (1990), respecto a que los Estados Partes tienen la obligación fundamental de asegurar como mínimo la satisfacción de niveles esenciales de cada uno de los derechos enunciados en el Pacto.

Coherente con esta idea, el Comité procede a identificar las que considera serían algunas de las obligaciones básicas de los Estados, en relación con el derecho al agua y que tienen efecto inmediato, destacando las siguientes:

---

15 O.N.U., *Comité de Derechos Económicos, Sociales y Culturales, Observación General Número 15, "El derecho al agua"*, Documento E/C.12/2002/11, aprobado entre el 11 y 29 de noviembre de 2002.

a) La garantía de acceso a la cantidad esencial mínima de agua, que sea suficiente y apta para el uso personal y doméstico, así como para prevenir las enfermedades;

b) El aseguramiento del derecho de acceso al agua y a las instalaciones y servicios de agua sobre una base no discriminatoria, en especial, a los grupos vulnerables o marginados;

c) La garantía de acceso físico a instalaciones o servicios de agua que proporcionen un suministro suficiente y regular de agua salubre; que tengan un número suficiente de salidas de agua, para evitar unos tiempos de espera irracionales y que se encuentren a una distancia proporcional del hogar;

d) La garantía de que no se vea amenazada la seguridad personal, cuando las personas tengan que acudir a obtener el agua;

e) La garantía de una distribución equitativa de todas las instalaciones y servicios de agua disponibles;

f) La adopción y la aplicación de una estrategia y un plan de acción nacionales sobre el agua para toda la población. La estrategia y el plan deberán ser elaborados y revisados periódicamente, en el marco de un proceso participativo y transparente; debiendo elaborarse métodos, como el establecimiento de indicadores y niveles de referencia que permitan seguir de cerca los progresos realizados. El proceso mediante el cual se conciban la estrategia y el plan de acción, así como el contenido de ambos, deberán tener en consideración a todos los grupos vulnerables o marginados;

g) La vigilancia del grado de satisfacción o no, del derecho al agua;

h) La puesta en marcha de programas de aguas destinados a sectores concretos y de costos relativamente bajos, para proteger a los grupos vulnerables y marginados;

i) La adopción de medidas para prevenir, tratar y controlar las enfermedades asociadas al agua, en particular, velando por el acceso a unos servicios de saneamiento adecuados.

En esta ruta de pronunciamientos encaminados al reconocimiento del derecho humano al agua potable, la Organización de las Naciones Unidas aprobó la Convención sobre los derechos de las personas con discapacidad[16], en cuyo artículo 28.2.a) se establece que:

> "2. Los Estados Partes reconocen el derecho de las personas con discapacidad a la protección social y a gozar de ese derecho sin discriminación por motivos de discapacidad, y adoptarán las medidas pertinentes para proteger y promover el ejercicio de ese derecho, entre ellas:
>
> a) Asegurar el acceso en condiciones de igualdad de las personas con discapacidad a servicios de agua potable y su acceso a

16 O.N.U., *Convención sobre los derechos de las personas con discapacidad*, de 13 de diciembre de 2006.

servicios, dispositivos y asistencia de otra índole adecuados a precios asequibles, para atender las necesidades relacionadas con su discapacidad".

En este texto se ratifica la concepción del agua potable como servicio, en lugar que de derecho humano, reconociéndose que se trata de un servicio al que tienen derecho todas las personas, sin discriminación, por lo que debe incluirse a los niños, los adolescentes, los solicitantes de asilo, los desplazados, los refugiados, los migrantes, los habitantes de pueblos indígenas, los integrantes de comunidades aborígenes, aquellos que tengan alguna discapacidad y los prisioneros, tanto en época de paz como de guerra, conforme a los estándares del derecho internacional humanitario[17].

Cuatro años más tarde, la Organización de las Naciones Unidas produce una formulación más resuelta con base en las propuestas que le habían venido realizando distintos sectores académicos, científicos y no gubernamentales de la sociedad internacional. Es así como el día 28 de julio de 2010[18], se pronuncia sobre el derecho humano que motiva este epígrafe, en los siguientes términos:

> "1. *Reconoce* que el derecho al agua potable y el saneamiento es un derecho humano esencial para el pleno disfrute de la vida y de todos los derechos humanos;
>
> 2. *Exhorta* a los Estados y las organizaciones internacionales a que proporcionen recursos financieros y propicien el aumento de la capacidad y la transferencia de tecnología por medio de la asistencia y la cooperación internacional, en particular a los países en desarrollo, a fin de intensificar los esfuerzos por proporcionar a toda la población un acceso económico al agua potable y el saneamiento".

El reconocimiento se circunscribe al derecho al agua para uso humano -y al saneamiento-, aquella apta para la satisfacción de las necesidades básicas de las personas -aprovechamiento personal y doméstico-, lo que no incluye el agua que las personas puedan utilizar para otros fines.

En la Conferencia de las Naciones Unidas sobre Desarrollo Sostenible de 2012, que producirá la Declaración de Río+20, titulada "El Futuro que Queremos"[19], se realiza una discreta referencia al tema, en los términos siguientes:

> "121. Reafirmamos nuestros compromisos relativos al derecho humano al agua potable y el saneamiento, que ha de hacerse

---

17 Rodríguez, Gloria Amparo, Lozano Acosta, Carlos y Gómez Rey, Andrés, *Protección Jurídica del Agua en Colombia*, Universidad del Rosario-Editorial Ibañez, Bogotá, 2011, pp. 120-125.

18 O.N.U., *El derecho humano al agua y el saneamiento*, Resolución A/RES/64/292, de 28 de julio de 2010.

19 O.N.U., *Declaración de Río+20, el Futuro que Queremos*, Río de Janeiro, de 20 a 22 de julio de 2012.

> efectivo gradualmente en beneficio de nuestra población, respetando plenamente nuestra soberanía nacional. Resaltamos también nuestro compromiso con el Decenio Internacional para la Acción "El agua, fuente de vida", 2005-2015".

Al siguiente año se aprobó la Convención Interamericana contra el Racismo, la Discriminación Racial y formas conexas de Intolerancia de 2013[20], cuyo artículo 4 establece que:

> "Los Estados se comprometen a prevenir, eliminar, prohibir y sancionar, de acuerdo con sus normas constitucionales y con las disposiciones de esta Convención, todos los actos y manifestaciones de racismo, discriminación racial y formas conexas de intolerancia, incluyendo:
>
> xiv. La restricción o limitación basada en algunos de los criterios enunciados en el artículo 1.1 de esta Convención, del derecho de todas las personas a acceder o usar sosteniblemente el agua, los recursos naturales, los ecosistemas, la biodiversidad y los servicios ecológicos que forman parte del patrimonio natural de cada Estado, protegido por los instrumentos internacionales pertinentes y por su propia legislación nacional".

En este texto se reconoce el derecho de las personas de acceso y uso sostenible del agua, pero esta es considerada como un recurso -no como un derecho humano-, que se tiene la posibilidad de aprovechar de conformidad con lo que establecen los instrumentos internacionales y lo que dispone la legislación nacional.

La declaración formulada por las Naciones Unidas en 2010, tendrá una nueva edición en 2013 -aumentada y mejorada-, cuando la Organización de Naciones Unidas, renovó el pronunciamiento sobre el derecho humano al agua potable y el saneamiento, en los siguientes términos[21]:

> "Reconociendo la importancia de disponer del igual acceso al agua potable y el saneamiento como componente esencial de la realización de todos los derechos humanos,
>
> 1. Reafirma el reconocimiento de que el derecho al agua potable y el saneamiento es un derecho humano esencial, para el pleno disfrute de la vida y de todos los derechos humanos;
>
> 2. Reconoce la necesidad de dar la debida consideración al derecho humano al agua potable y el saneamiento en la elaboración de la agenda para el desarrollo después de 2015, en particular al definir metas, objetivos e indicadores concretos, teniendo en cuenta

20 O.E.A., *Convención Interamericana contra el Racismo, la Discriminación Racial y formas conexas de Intolerancia,* de 15 de junio de 2013.

21 O.N.U., *El derecho humano al agua y el saneamiento,* Resolución A/RES/68/157, de 18 de diciembre de 2013.

un enfoque que apoye la promoción y protección de los derechos humanos;

3. Acoge con beneplácito la prórroga concedida por el Consejo de Derechos Humanos, al mandato de la Relatora Especial sobre el derecho humano al agua potable y el saneamiento;

4. Acoge con beneplácito también la labor de la Relatora Especial sobre el derecho humano al agua potable y el saneamiento, y toma nota con reconocimiento en particular de sus informes y sus contribuciones a la determinación de la agenda para el desarrollo después de 2015 y a la eliminación progresiva de las desigualdades del acceso al agua potable y el saneamiento;

5. Toma nota de la recomendación que figura en el informe del Grupo de Alto Nivel de Personas Eminentes sobre la Agenda para el Desarrollo después de 2015, encargado por el Secretario General, en el que el Grupo incluye el agua y el saneamiento entre los objetivos ilustrativos de la agenda para el desarrollo después de 2015, y toma nota también del informe del Secretario General titulado "Una vida digna para todos: acelerar el logro de los Objetivos de Desarrollo del Milenio y promover la agenda de las Naciones Unidas para el desarrollo después de 2015", en el que el Secretario General reconoció el derecho humano al agua potable y el saneamiento como uno de los cimientos de una vida digna;

6. Exhorta a los Estados a que:

a) Garanticen la realización progresiva del derecho humano al agua potable y el saneamiento;

b) Vigilen de continuo y analicen periódicamente el estado de realización del derecho humano al agua potable;

c) Den la debida consideración al derecho humano al agua potable y el saneamiento y a los principios de igualdad y no discriminación en la elaboración de la agenda para el desarrollo después de 2015;

d) Garanticen la realización progresiva del derecho humano al agua potable y el saneamiento para todos de manera no discriminatoria, eliminando al mismo tiempo las desigualdades de acceso, por parte de entre otros, quienes pertenecen a grupos vulnerables y marginados, por motivos de raza, sexo, edad, discapacidad, origen étnico, cultura, religión y origen nacional o social o por cualquier otro motivo, y con miras a eliminar progresivamente las desigualdades basadas en factores como la disparidad entre las zonas rurales y urbanas, la residencia en barrios marginales, el nivel de ingresos y otros factores pertinentes;

e) Consulten con las comunidades sobre soluciones adecuadas para asegurar el acceso sostenible al agua potable y el saneamiento;

f) Dispongan mecanismos eficaces de rendición de cuentas para todos los proveedores de servicios de agua potable y saneamiento a fin de que respeten los derechos humanos y no provoquen violaciones o abusos de esos derechos;

7. Invita a las organizaciones regionales e internacionales a que complementen los esfuerzos de los Estados, dirigidos a lograr una realización progresiva del derecho humano al agua potable y el saneamiento;

8. Alienta a los Estados Miembros a que intensifiquen las alianzas mundiales para el desarrollo, como medio para alcanzar y mantener las metas de los Objetivos de Desarrollo del Milenio en materia de agua y saneamiento;

9. Reafirma que los Estados son los principales responsables de garantizar la plena realización de todos los derechos humanos y de tratar de adoptar medidas, tanto por separado como mediante la asistencia y la cooperación internacionales, especialmente económicas y técnicas, hasta el máximo de los recursos de que dispongan, para lograr progresivamente la plena realización del derecho al agua potable y el saneamiento por todos los medios apropiados, incluida en particular, la adopción de medidas legislativas;

10. Subraya la importante función de la cooperación internacional y la asistencia técnica que proporcionan los Estados, los organismos especializados del sistema de las Naciones Unidas y los asociados internacionales y para el desarrollo, así como los organismos donantes, en particular en lo que se refiere al logro de los Objetivos de Desarrollo del Milenio pertinentes en los plazos previstos, e insta a los asociados para el desarrollo a que adopten un enfoque basado en los derechos humanos, al elaborar y poner en marcha programas de desarrollo en apoyo de iniciativas y planes de acción nacionales relacionados con el derecho al agua potable y el saneamiento;

11. Decide seguir examinando la cuestión en su septuagésimo período de sesiones".

Esta declaración ratificatoria viene a consolidar –se advierte que no está expresamente codificado[22]- dentro del derecho internacional general[23] y más concretamente del derecho internacional de los derechos humanos, la tendencia hacia el formal reconocimiento en una convención o protocolo, de la existencia de un nuevo derecho humano como lo constituye el derecho al agua potable y saneamiento, no obstante, el reto no consiste en admitir su existencia de manera expresa, clara e indubitable, sino en garantizar su efectivo ejercicio a todas las personas, conforme a los atributos que integran la esencia del derecho, para que el mismo pueda ser considerado como tal[24].

---

22 Rodríguez, Gloria Amparo, Lozano Acosta, Carlos y Gómez Rey, Andrés, *Protección Jurídica del Agua en Colombia*, Universidad del Rosario-Editorial Ibañez, Bogotá, 2011, p. 129.

23 Thielbörger, Pierre, *The Right to Water. The Multi-Level Governance of a Unique Human Right*, Springer-Verlag Berlin, Heidelberg, 2014, pp. 84-88.

24 Hernández-Mendible, Víctor R., El agua como derecho humano y como servicio público, *Regulación Económica de los Servicios Públicos. Dos décadas de Regulación de los*

Más recientemente, se aprobó la Convención Interamericana sobre la Protección de los Derechos Humanos de las Personas Mayores en 2015[25], que contiene dos disposiciones en las que se efectúa una mención al agua potable y saneamiento, como un servicio público básico. El artículo 12 expresamente dispone:

> "La persona mayor tiene derecho a un sistema integral de cuidados que provea la protección y promoción de la salud, cobertura de servicios sociales, seguridad alimentaria y nutricional, agua, vestuario y vivienda; promoviendo que la persona mayor pueda decidir permanecer en su hogar y mantener su independencia y autonomía".

En tanto el artículo 25.b) de la Convención, estableció:

> "La persona mayor tiene derecho a vivir en un medio ambiente sano y a contar con servicios públicos básicos, a tal fin los Estados Parte adoptarán las medidas pertinentes para salvaguardar y promover el ejercicio de este derecho, entre ellas:
>
> a) Fomentar el desarrollo pleno de la persona mayor en armonía con la naturaleza.
>
> b) Garantizar el acceso de la persona mayor en condiciones de igualdad a servicios públicos básicos de agua potable y saneamiento, entre otros".

Finalmente, la Organización de las Naciones Unidas en 2015, dentro del contexto de interdependencia de los derechos humanos, se pronunció reconociendo que el agua potable y el saneamiento constituyen dos derechos humanos diferenciados, que integran el derecho a un nivel de vida adecuado, esenciales para el pleno disfrute del derecho humano a la vida y de los demás derechos humanos[26]. En este sentido expresamente señaló:

> "1. Afirma que los derechos humanos al agua potable y el saneamiento como componentes del derecho a un nivel de vida adecuado, son esenciales para el pleno disfrute del derecho a la vida y de todos los derechos humanos;
>
> 2. Reconoce que, en virtud del derecho humano al agua potable, toda persona, sin discriminación, tiene derecho a agua suficiente, salubre, aceptable y físicamente accesible y asequible para uso personal y doméstico, y que en virtud del derecho humano al saneamiento, toda persona sin discriminación tiene derecho al acceso, desde el punto de vista físico y económico, en todas las esferas de

---

servicios públicos en Iberoamérica. Balance y Perspectivas, Asociación Iberoamericana de Estudios de Regulación (ASIER), Instituto de Regulación & Finanzas, Universidad ESAN, ARA Editores, Lima, 2010, pp. 892-896.

25 O.E.A., *Convención Interamericana sobre la Protección de los Derechos Humanos de las Personas Mayores,* de 5 de junio de 2015.

26 O.N.U., *Los derechos humanos al agua potable y el saneamiento,* Resolución A/RES/70/157, de 17 de diciembre de 2015.

la vida, a un saneamiento que sea salubre, higiénico, seguro, social y culturalmente aceptable, y que proporcione intimidad y garantice la dignidad, al tiempo que reafirma que ambos derechos son componentes del derecho a un nivel de vida adecuado;

3. Acoge con beneplácito el sexto Objetivo de la Agenda 2030 para el Desarrollo Sostenible, relativo a garantizar la disponibilidad y gestión sostenible del agua y el saneamiento para todas las personas, y que incluye dimensiones importantes en relación con los derechos humanos al agua potable y el saneamiento".

El catálogo de conferencias y textos antes referidos -que se iniciaron hace ocho lustros-, generados dentro del sistema universal y el Sistema Interamericano de Derechos Humanos, concluyen por reconocer la naturaleza del agua potable y saneamiento tanto como derechos humanos diferenciados, aunque asociados; así como de su condición de servicio público, lo que se viene a relacionar con los Objetivos del Desarrollo Sostenible y la Agenda 2030, que serán analizados más adelante.

III. Los aportes institucionales del sistema convencional interamericano

En aplicación del *corpus iuris* de la convencionalidad americana sobre derechos humanos, la Corte Interamericana de Derechos Humanos ha resuelto varios casos, en los cuales ha fijado criterio sobre el agua y su vinculación con los derechos humanos.

Luce pertinente mencionar, que el derecho al agua potable se ubica dentro de los denominados derechos económicos, sociales y culturales, a los que se refiere el artículo 26 de la Convención Americana sobre Derechos Humanos. Al analizar esta norma, la Corte Interamericana ha expresado que estos derechos tienen una dimensión tanto individual como colectiva. Su desarrollo progresivo, se debe medir, -en el criterio de este Tribunal-, en función de la creciente cobertura de los derechos económicos, sociales y culturales en general, y del derecho específico en particular sobre el conjunto de la población, teniendo presentes los imperativos de la equidad social y no en función de las circunstancias de un limitado grupo de personas, no necesariamente representativos de la situación general prevaleciente[27].

Conforme a este criterio, se procederá a estudiar las interpretaciones efectuadas por la Corte Interamericana, con relación al agua potable.

Al analizar el primer caso resuelto por la Corte Interamericana de Derechos Humanos relacionado con el agua potable, ésta impone entre otras obligaciones al Estado, el desarrollo del "sistema de alcantarillado y suministro de agua potable", a las comunidades integradas en su mayoría por indígenas[28].

---

27 Corte IDH, *Caso Cinco Pensionistas vs. Perú*, Fondo, Reparaciones y Costas, sentencia de 28 de febrero de 2003, serie C N° 98, párr. 147.

28 Corte IDH, *Caso Masacre Plan de Sánchez vs. Guatemala*, Reparaciones, sentencia de 19 de noviembre de 2004, serie C N° 116, párr. 110.

Posteriormente, en la segunda decisión en que aborda el asunto, comienza por recordar que conforme al artículo 31 de la Convención de Viena sobre el Derecho de los Tratados, un instrumento convencional no debe interpretarse solamente considerando los acuerdos o dispositivos relacionados con este, sino dentro del sistema en el cual se inscribe[29], lo que lleva a utilizar otros tratados internacionales distintos a la Convención Americana, "tales como el Convenio N° 169 de la OIT, para interpretar sus disposiciones de acuerdo a la evolución del sistema interamericano, habida consideración del desarrollo experimentado en esta materia en el Derecho Internacional de los Derechos Humanos"[30] y el Protocolo Adicional a la Convención Americana en materia de Derechos Económicos, Sociales y Culturales, todo ello orientado a establecer si el Estado había cumplido con sus obligaciones internacionales, con las comunidades indígenas que pretendían ser reconocidas como víctimas de violación de sus derechos humanos. Es así como concretamente en lo atinente al acceso al agua señala[31]:

> "Las afectaciones especiales del derecho a la salud, e íntimamente vinculadas con él, las del derecho a la alimentación y el acceso al agua limpia impactan de manera aguda el derecho a una existencia digna y las condiciones básicas para el ejercicio de otros derechos humanos, como el derecho a la educación o el derecho a la identidad cultural. En el caso de los pueblos indígenas el acceso a sus tierras ancestrales y al uso y disfrute de los recursos naturales que en ellas se encuentran están directamente vinculados con la obtención de alimento y el acceso a agua limpia. Al respecto, el citado Comité de Derechos Económicos, Sociales y Culturales ha destacado la especial vulnerabilidad de muchos grupos de pueblos indígenas cuyo acceso a las tierras ancestrales puede verse amenazado y, por lo tanto, su posibilidad de acceder a medios para obtener alimento y agua limpia".

Cabe destacar que el denominado diálogo entre organizaciones de derechos humanos no se circunscribe a los tribunales internacionales[32] o incluso a estos con las altas cortes nacionales, sino que se proyecta a los Comités del sistema universal de derechos humanos, que en este caso, sirven de referencia para justificar los argumentos de la sentencia de la Corte Interamericana en lo concerniente al acceso al agua para el consumo humano.

Al juzgar lo ocurrido conforme a tales criterios, la Corte Interamericana concluye afirmando que[33]:

---

29 Corte IDH, *Caso Comunidad indígena Yakye Axa vs. Paraguay*, Fondo, Reparaciones y Costas, sentencia de 17 de junio de 2005, serie C N° 125, párr. 126

30 Corte IDH, *Caso Comunidad indígena Yakye Axa vs. Paraguay*, párr. 127.

31 Corte IDH, *Caso Comunidad indígena Yakye Axa vs. Paraguay*, párr. 167.

32 Ayala Corao, Carlos, *Del diálogo jurisprudencial al control de convencionalidad*, Editorial Jurídica Venezolana, Caracas, 2012.

33 Corte IDH, *Caso Comunidad indígena Yakye Axa vs. Paraguay*, párr. 168.

> "En el capítulo anterior, este Tribunal estableció que el Estado no había garantizado el derecho de los miembros de la Comunidad Yakye Axa a la propiedad comunitaria. La Corte considera que este hecho ha afectado el derecho a una vida digna de los miembros de la Comunidad, ya que los ha privado de la posibilidad de acceder a sus medios de subsistencia tradicionales, así como del uso y disfrute de los recursos naturales necesarios para la obtención de agua limpia y para la práctica de la medicina tradicional de prevención y cura de enfermedades".

Por tanto, habiéndose lesionado el derecho de propiedad, se afectó el derecho a la vida digna y se impidió entre otros, el uso y disfrute de los recursos naturales para la obtención de agua limpia. A lo que suma la precariedad en que podrían verse involucradas las personas de edad avanzada, por lo que advierte[34]:

> "En lo que se refiere a la especial consideración que merecen las personas de edad avanzada, es importante que el Estado adopte medidas destinadas a mantener su funcionalidad y autonomía, garantizando el derecho a una alimentación adecuada, acceso a agua limpia y a atención de salud. (...)".

La decisión reitera la importancia de la necesidad que el Estado adopte las medidas positivas idóneas, adecuadas y eficaces para la protección de los derechos humanos y en especial, aquellas que garanticen el acceso al agua limpia.

En este orden de ideas, la Corte Interamericana[35] sostiene que no existe controversia entre las partes respecto a que las condiciones en las que viven los miembros de la Comunidad Sawhoyamaxa son inadecuadas para una existencia digna, ni respecto a la realidad e inminencia del peligro que tales condiciones representan para su vida, siendo realmente lo controvertido, la determinación de si el Estado es responsable de que las presuntas víctimas estén en esas condiciones y si éste ha adoptado las medidas necesarias dentro del ámbito de sus atribuciones para prevenir o evitar el riesgo al derecho a la vida de las potenciales víctimas.

Luego de analizado el caso llega a la conclusión que "el Estado no adoptó las medidas necesarias para que los miembros de la Comunidad dejen el costado de la ruta y, por ende, las condiciones inadecuadas que ponían y ponen en peligro su derecho a la vida". En razón de ello condena al Estado y entre otros aspectos dispone como formas de reparación que:

> "... considera procedente, en equidad, ordenar al Estado la creación de un fondo de desarrollo comunitario en las tierras que se

34 Corte IDH, *Caso Comunidad indígena Yakye Axa vs. Paraguay*, párr. 175.

35 Corte IDH, *Caso Comunidad indígena Sawhoyamaxa vs. Paraguay*, Fondo, Reparaciones y Costas, sentencia de 29 de marzo de 2006, serie C N° 146, párr. 166.

> entreguen a los miembros de la Comunidad, de conformidad con el párrafo 207 de esta Sentencia. El Estado deberá destinar la cantidad de US $1.000.000,00 (un millón de dólares de los Estados Unidos de América), para tal fondo, el cual consistirá en la implementación de proyectos educacionales, habitacionales, agrícolas y de salud, así como de suministro de agua potable y la construcción de infraestructura sanitaria, en beneficio de los miembros de la Comunidad. Estos proyectos deberán ser determinados por un comité de implementación, que se describe a continuación, y deberán ser completados en un plazo de dos años, contados a partir de la entrega de las tierras a los miembros de la Comunidad indígena"[36].

Resulta interesante destacar que en el texto transcrito, la Corte Interamericana reduce el margen nacional de apreciación, mediante una orden destinada a tener repercusión pública general, disponiendo la creación de un fondo que entre otros fines, se orientará a financiar los proyectos de suministros de agua potable a la comunidad.

Teniendo en cuenta que el Estado ha manifestado su voluntad de establecer un puesto de salud, así como la provisión de agua potable, la Corte Interamericana dispone: "... que mientras los miembros de la Comunidad se encuentren sin tierras, el Estado deberá adoptar de manera inmediata, regular y permanente, las siguientes medidas: a) suministro de agua potable suficiente para el consumo y aseo personal de los miembros de la Comunidad ... d) creación de letrinas o cualquier tipo de servicio sanitario adecuado en los asentamientos de la Comunidad, ..."[37] y concluye que "mientras los miembros de la Comunidad indígena Sawhoyamaxa se encuentren sin tierras, el Estado deberá suministrarles los bienes y servicios básicos necesarios para su subsistencia, en los términos del párrafo 230 de la presente Sentencia"[38].

En otra sentencia posterior, la Corte Interamericana al analizar el aprovechamiento de los recursos naturales dentro de las zonas donde habitan comunidades indígenas, efectúa la siguiente consideración[39]:

> "El agua limpia natural, por ejemplo, es un recurso natural esencial para que los miembros del pueblo Saramaka puedan realizar algunas de sus actividades económicas de subsistencia, como la pesca. La Corte observa que este recurso natural se verá probablemente afectado por actividades de extracción relacionadas con otros recursos naturales que no son tradicionalmente utilizados o esenciales para la subsistencia del pueblo Saramaka y, por lo tanto, de sus miembros...".

---

36 Corte IDH, *Caso Comunidad indígena Sawhoyamaxa vs. Paraguay*, párr. 224.

37 Corte IDH, *Caso Comunidad indígena Sawhoyamaxa vs. Paraguay*, párr. 230.

38 Corte IDH, *Caso Comunidad indígena Sawhoyamaxa vs. Paraguay*, resolutivo párr. 9

39 Corte IDH, *Caso del Pueblo Saramaka vs. Surinam*, Excepciones Preliminares, Fondo, Reparaciones y Costas, sentencia de 28 de noviembre de 2007, serie C N° 172, párr. 126.

En la misma línea argumentativa anterior, la Corte Interamericana ha vuelto a pronunciarse sobre el tema del acceso y calidad de las aguas, afirmando lo siguiente[40]:

> "La Corte observa que el agua suministrada por el Estado durante los meses de mayo a agosto de 2009 no supera más de 2.17 litros por persona al día. Al respecto, de acuerdo a los estándares internacionales la mayoría de las personas requiere mínimo de 7.5 litros por persona por día para satisfacer el conjunto de las necesidades básicas, que incluye alimentación e higiene. Además, según los estándares internacionales el agua debe ser de una calidad que represente un nivel tolerable de riesgo. Bajo los estándares indicados, el Estado no ha demostrado que esté brindando agua en cantidad suficiente para garantizar un abastecimiento para los mínimos requerimientos. Es más, el Estado no ha remitido prueba actualizada sobre el suministro de agua durante el año 2010, ni tampoco ha demostrado que los miembros de la Comunidad tengan acceso a fuentes seguras de agua en el asentamiento "25 de Febrero" donde se encuentran radicados actualmente".

Esta decisión es de transcendental relevancia para la configuración del derecho humano al agua potable, pues la Corte Interamericana asume como válidos los siguientes estándares mínimos internacionales:

1. El acceso a las fuentes seguras de agua.
2. La cantidad debe ser mínimo de 7.5 litros por persona diario.
3. La calidad debe representar un nivel tolerable de riesgo.
4. Ella debe ser suficiente y adecuada para satisfacer las necesidades básicas de alimentación e higiene.

Más recientemente, la Corte Interamericana avanza en su línea argumentativa sobre la garantía del acceso al agua potable, señalando:

> "... la Corte dispone que Guatemala deberá implementar en dicho lugar, previa consulta con las víctimas o sus representantes, e independientemente de las demás obras públicas que estén previstas en el presupuesto nacional para la colonia Pacux o para la región en que se encuentra, las siguientes medidas: a) el fortalecimiento del centro de salud de Pacux mediante la dotación de recursos humanos permanentes y calificados en materia de atención a la salud física, psicológica y odontológica, medicamentos y ambulancias equipadas; b) el diseño e implementación de programas de seguridad alimenticia y nutricional; c) la mejora de calles y avenidas dentro de la Colonia; d) *la implementación de un sistema de alcantarillado,*

40 Corte IDH, *Caso Comunidad Indígena Xákmok Kásek vs. Paraguay*, Fondo, Reparaciones y Costas, sentencia de 24 de agosto de 2010, serie C N° 224, párr. 195.

> *tratamiento de aguas negras o residuales y abastecimiento de agua potable*, y e) la reconstrucción o mejora de las escuelas de nivel primario en la Colonia de Pacux y el establecimiento de un programa de educación a nivel secundario bilingüe en español y en maya achí. El Estado debe implementar dichos programas referidos dentro de un plazo de cinco años, contado a partir de la notificación de esta Sentencia. Finalmente, en el plazo de un año, a partir de la notificación de este Fallo, el Estado deberá garantizar la provisión de energía eléctrica a los habitantes de la colonia Pacux a precios asequibles".

Como se puede apreciar, la Corte Interamericana pasa de interrelacionar el agua como una garantía de los derechos humanos a una vida digna, a la salud, la alimentación, la educación, la igualdad, la propiedad y la identidad cultural de las comunidades indígenas[41]; a establecer jurisprudencialmente los estándares de accesibilidad, cantidad y calidad, asequibilidad económica del agua para el consumo humano, lo que sirve de referencia para la conformación del núcleo esencial del derecho humano al agua potable.

Por su parte, la Comisión Interamericana de Derechos Humanos en su informe anual de 2015[42] efectúa las siguientes conclusiones:

1. El *corpus iuris* de la convencionalidad del sistema interamericano de derechos humanos reconoce la obligación de los Estados, de respetar y garantizar el acceso al agua salubre, en calidad y cantidad suficiente, como condición para la satisfacción de otros derechos humanos, como lo son el derecho a la vida, a la integridad personal, a la salud y además con respecto a los pueblos indígenas, el derecho a la propiedad.
2. Aunque el derecho al agua no se encuentra reconocido como derecho autónomo, dentro del sistema interamericano se ha avanzado resueltamente en la protección del acceso al agua, como una garantía ineludible para la satisfacción de otros derechos.
3. El informe advierte sobre las principales barreras que dificultan el acceso al agua en el continente y además deja constancia del impacto negativo que generan las industrias extractivas y otros proyectos de desarrollo, para el acceso al agua, así como la contaminación de las fuentes hídricas, la existencia de actos de hostigamiento a los defensores de derechos humanos y ambientales. Destaca como la falta de acceso al agua potable afecta a las personas y grupos que viven en situación de pobreza y en áreas rurales, y como los cortes de suministro de agua potable afectan a personas que viven en situación de pobreza y en especial en pobreza extrema.

---

41 Corte IDH, *Caso Masacre de Río Negro vs. Guatemala*, Excepción Preliminar, Fondo, Reparaciones y Costas, sentencia de 4 de septiembre de 2012, serie C N° 250, párr. 284.

42 CIDH, Capítulo IV-A, Acceso al agua en las américas una aproximación al derecho humano al agua en el sistema interamericano, *Informe Anual 2015*, Washington D.C., 2015, pp. 481-528.

4. Se ratifica el compromiso de colaborar con los Estados en la búsqueda de soluciones a los problemas, para garantizar el acceso al agua en el continente.

Lo anterior conduce a que la Comisión Interamericana realice las siguientes recomendaciones[43]:

1. El diseño, la implementación y la aplicación efectiva de un marco normativo adecuado para garantizar el acceso al agua apta para el consumo humano, en cantidad suficiente y sin discriminación en el territorio de cada Estado, en particular, con respecto a las personas y grupos históricamente discriminados, a los niños, los adolescentes, las mujeres, las personas con discapacidad y las personas adultas mayores.
2. En lo atinente a las personas en situación de pobreza y pobreza extrema que no puedan cubrir los costos relacionados al suministro de agua potable, se deben instrumentar mecanismos que garanticen el acceso a las cantidades mínimas de agua potable, de conformidad a los estándares internacionales.
3. La prevención, la mitigación y la suspensión de los impactos negativos sobre los derechos humanos y en particular a todos los obstáculos al acceso al agua de las personas, los grupos y las colectividades afectadas por actividades de extracción, desarrollo e inversión.
4. La consulta a los pueblos y las comunidades de forma previa, adecuada, efectiva y con plena sujeción a los estándares internacionales aplicables a la materia, en los supuestos que se proyecten realizar algunas actividades de extracción de recursos naturales, en tierras y territorios indígenas o planes de inversión o desarrollo de cualquier otra índole, que impliquen potenciales afectaciones a su territorio, en particular, con respecto a posibles restricciones al acceso al agua, en calidad y cantidad adecuada para una vida digna.

IV. Los Objetivos del Desarrollo Sostenible y el acceso universal al agua potable

Es preciso mencionar que el antecedente inmediato de los Objetivos del Desarrollo Sostenible se encuentra en los Objetivos de Desarrollo del Milenio, que siendo apenas ocho, habían dedicado el Objetivo 7 al ambiente, una de cuyas metas se relacionaba con el tema del agua.

En tales términos el Objetivo preveía para 2015, el compromiso de "Garantizar la sostenibilidad del medio ambiente", estableciendo como meta la siguiente:

> "7.C. Reducir a la mitad, para el año 2015, el porcentaje de personas sin acceso sostenible al agua potable y a servicios básicos de saneamiento".

---

43 CIDH, Ob. cit., p. 528.

Luego de tres lustros de trabajo a nivel mundial, la Organización de Naciones Unidas presentó el documento "Objetivos de Desarrollo del Milenio. Informe 2015", en cuyo resumen ejecutivo se señala[44]:

> "En 2015, el 91% de la población mundial utiliza una fuente de agua mejorada, en comparación al 76% en 1990.
>
> Desde 1990, de los 2.600 millones de personas que obtuvieron acceso a fuentes de agua potable mejorada, 1.900 millones lo hicieron a través de agua potable suministrada por cañería hasta su propio hogar. Más de la mitad de la población mundial (58%) ahora disfruta de este nivel más alto de servicio.
>
> En todo el mundo, 147 países han cumplido con la meta del acceso a una fuente de agua potable, 95 países han alcanzado la meta de saneamiento y 77 países han cumplido ambas.
>
> A nivel mundial, 2.100 millones de personas han obtenido acceso a saneamiento mejorado. El porcentaje de personas que defecan al aire libre se ha reducido casi a la mitad desde 1990".

Estas conclusiones son los antecedentes que tiene la Organización de las Naciones Unidas, para la aprobación de los Objetivos del Desarrollo Sostenible, que en materia de agua orientan la Agenda 2030, a lo siguiente:

> "Objetivo 6: Garantizar la disponibilidad de agua y su gestión sostenible y el saneamiento para todos".

Con la finalidad de garantizar que todas las personas dispongan de agua potable y de saneamiento, así como que su gestión sea sostenible económica, social y ambientalmente, se han establecido las siguientes metas:

> "Para 2030, lograr el acceso universal y equitativo al agua potable, a un precio asequible para todos".

Esta primera meta propone pasar del 91% de la población mundial, al acceso universal y equitativo en 15 años, es decir, llevar el agua potable a la totalidad de la población mundial, lo que se complementa con la siguiente iniciativa:

> "Para 2030, lograr el acceso equitativo a servicios de saneamiento e higiene adecuados para todos y poner fin a la defecación al aire libre, prestando especial atención a las necesidades de las mujeres y las niñas y las personas en situaciones vulnerables".

Se propone pasar de los 95 países que en 2015 habían alcanzado la meta de saneamiento durante los primeros 15 años de siglo XXI, a que la totalidad

44 O.N.U., *Objetivos de Desarrollo del Milenio. Informe 2015.*

de los países logren ofrecer el acceso equitativo al saneamiento e higiene de todas las personas que habitan en ellos en 2030, dedicando especial atención a las personas en situaciones más vulnerables y con necesidades especiales -con discapacidades y el adulto mayor-, incluyendo la perspectiva de género, que quizás sería mejor considerar como equidad entre los géneros. Siguiendo este orden de ideas se asume:

> "Para 2030, mejorar la calidad del agua mediante la reducción de la contaminación, la eliminación del vertimiento y la reducción al mínimo de la descarga de materiales y productos químicos peligrosos, la reducción a la mitad del porcentaje de aguas residuales sin tratar y un aumento sustancial del reciclado y la reutilización en condiciones de seguridad a nivel mundial".

Se efectúa una apuesta para que se mejore la calidad del agua en general y para uso o consumo humano en especial, en los próximos 15 años, al reducir todos los agentes contaminantes, la eliminación de los vertidos y el incremento del reciclaje y la reutilización en condiciones de seguridad en todo el mundo. A esto se suma como meta:

> "Para 2030, aumentar sustancialmente la utilización eficiente de los recursos hídricos en todos los sectores y asegurar la sostenibilidad de la extracción y el abastecimiento de agua dulce para hacer frente a la escasez de agua y reducir sustancialmente el número de personas que sufren de escasez de agua".

Además se propone el aprovechamiento eficiente de los recursos hídricos en todos los sectores, lo que resulta de especial importancia para el Objetivo 7, que propone "*Garantizar el acceso a una energía asequible, segura, sostenible y moderna para todos*", en consonancia con los objetivos de la Década de la Energía Sostenible para Todos (SE4ALL)[45], que promueven entre las fuentes de energías renovables, el aprovechamiento de las aguas como fuentes hidráulicas y marinas.

Una de las ideas claves aquí consiste en la implementación de esta meta con el Objetivo 13 del Desarrollo Sostenible, que propone "Adoptar medidas urgentes para combatir el cambio climático y sus efectos", entre los que se destaca justamente la afectación a las fuentes de agua, al extremo de generar su escasez, con todas las consecuencias que se derivan de ello, para la vida y la salud y el desarrollo.

De allí que para garantizar el abastecimiento de agua dulce y para hacer frente a la escasez de agua, además de las políticas de aprovechamiento eficiente y gestión integral, se deban adoptar de manera urgente las medidas necesarias para combatir el cambio climático, uno de cuyos principales efectos es la disminución de las fuentes de agua.

---

45 O.N.U., *Reporte del Foro Energía Sostenible para todos*, de 4-6 de junio de 2014, Nueva York, 2014.

Igualmente se propone la reducción de la pobreza, en especial de la pobreza hídrica y la eliminación de la exclusión social de las personas que no tienen acceso al agua y el saneamiento, conforme a lo planteado en el Objetivo 1 del Desarrollo Sostenible. En relación con este asunto, resulta de especial interés:

> "Para 2030, poner en práctica la gestión integrada de los recursos hídricos a todos los niveles, incluso mediante la cooperación transfronteriza, según proceda".

Se ratifica la premisa del desarrollo de la práctica de la gestión integral de los recursos hídricos en todo el ciclo hidrológico, en particular, mediante la protección y aprovechamiento de las cuencas en las zonas fronterizas internacionales, en las que se requerirá la cooperación entre los Estados. Con esto se apunta a una mejor protección del ambiente, en los siguientes términos:

> "Para 2020, proteger y restablecer los ecosistemas relacionados con el agua, incluidos los bosques, las montañas, los humedales, los ríos, los acuíferos y los lagos".

Destacando la importancia de los ecosistemas que contribuyen a la protección de las fuentes de aguas, se propone conservar y restablecer los bosques, las montañas, los humedales (ciénagas, esteros, marismas, manglares, pantanos y turberas), los ríos, los acuíferos y los lagos. Así se vislumbra:

> "Para 2030, ampliar la cooperación internacional y el apoyo prestado a los países en desarrollo para la creación de capacidad en actividades y programas relativos al agua y el saneamiento, incluidos el acopio y almacenamiento de agua, la desalinización, el aprovechamiento eficiente de los recursos hídricos, el tratamiento de aguas residuales y las tecnologías de reciclaje y reutilización".

El fomento de la cooperación y la colaboración internacional entre los países, puede conducir al desarrollo de modalidades de financiación e inversión para el establecimiento de infraestructuras y redes, la gestión de los servicios de agua y saneamiento, así como la constitución de alianzas para la participación público-privada, en concordancia con el Objetivo 17 del Desarrollo Sostenible. En este escenario, no puede olvidarse que el aprovechamiento de los recursos naturales impone:

> "Apoyar y fortalecer la participación de las comunidades locales en la mejora de la gestión del agua y el saneamiento".

Finalmente se ha trazado la meta de garantizar la efectiva participación de las comunidades locales, lo que implica prestar especial importancia a las consultas previas, debidamente informadas, transparentes y oportunas[46], a las comunidades indígenas[47] y las demás comunidades que habitan en los lugares donde deben gestionarse los servicios, tanto en la modalidad de autogestión como de gestión por terceros.

V. LOS DERECHOS DE LOS CONSUMIDORES Y EL ABASTECIMIENTO DE AGUA DE CALIDAD

Conviene iniciar señalando que el término consumidores se emplea en sentido amplio o de manera impropia, para designar a las personas que son consumidores propiamente tales, a los usuarios y a los suscriptores de los servicios de abastecimiento de agua de calidad y de saneamiento.

Igualmente cabe destacar que los consumidores son considerados tanto la persona humana, respecto a la que el acceso al agua potable y el saneamiento también constituyen derechos humanos en los términos antes mencionados; como la persona jurídica, siendo que respecto a ambos existen un conjunto de derechos que el Estado debe garantizar y los operadores satisfacer[48], así como de obligaciones que en su condición de consumidores deben cumplir.

En desarrollo de las políticas de actualización de los temas que han ocupado a la comunidad internacional, la Organización de las Naciones Unidas, aprobó la Resolución N° 70/186, de 22 de diciembre de 2015, que establece las nuevas directrices de las Naciones Unidas para la protección al consumidor y que ha sido distribuida a partir del día 4 de febrero de 2016[49].

En este texto siguiendo la orientación de su predecesor se establecen los lineamientos generales sobre la materia de consumidores, con la incorporación de la evolución experimentada en los últimos 30 años -basta nada más pensar en Internet y el resto del desarrollo tecnológico-; pero a diferencia de la declaración anterior, aquí se hace referencia sectorial a los distintos bienes o servicios que deben ser objeto de regulación y protección en las relaciones entre productores, proveedores y operadores con los consumidores, usuarios y suscriptores.

Según esto, las Directrices de las Naciones Unidas para la protección del consumidor tienen en cuenta "los intereses y las necesidades de los consumidores de todos los Estados miembros, y particularmente de los que

---

46 Artículo 15 del Convenio N° 169, de la Organización Internacional del Trabajo sobre pueblos indígenas y tribales en países independientes, de 7 de junio de 1989.

47 Artículos 5, 18 y 19 de la Resolución N° 61/295, de 13 de septiembre de 2007, que contienen la Declaración de las Naciones Unidas sobre los Derechos de los Pueblos Indígenas, artículos XIV.2 y XXIII de la Resolución AG/Re N° 2888, de 14 de junio de 2016, que contiene la Declaración Americana sobre los Derechos de los Pueblos Indígenas.

48 Hernández-Mendible, Víctor R., La regulación para la consecución de objetivos de interés general en el Estado de Garantía de Prestaciones, *Derecho Administrativo y Regulación Económica. Liber Amicorum Gaspar Ariño Ortíz.* (Coords. Juan Miguel de la Cuétara Martínez, José Luis Martínez López-Muñiz, Francisco J. Villar Rojas), La Ley, Madrid, 2011, pp. 1159-1177.

49 O.N.U., Directrices para la protección al consumidor, Resolución 70/186, de 22 de diciembre de 2015.

están en desarrollo, reconociendo que los consumidores afrontan a menudo desequilibrios en cuanto a capacidad económica, nivel de educación y poder de negociación y teniendo en cuenta que los consumidores deben tener el derecho de acceso a productos que no sean peligrosos, así como la importancia de promover un desarrollo económico y social justo, equitativo y sostenible y la protección del medio ambiente".

Las directrices para la protección del consumidor persiguen los siguientes objetivos:

a) Ayudar a los países a lograr o mantener una protección adecuada de sus habitantes en calidad de consumidores;
b) Facilitar modalidades de producción y distribución que respondan a las necesidades y los deseos de los consumidores;
c) Alentar a quienes se ocupan de la producción de bienes y servicios y de su distribución a los consumidores, a que adopten estrictas normas éticas de conducta;
d) Ayudar a los países a poner freno a las prácticas comerciales abusivas de todas las empresas, a nivel nacional e internacional, que perjudiquen a los consumidores;
e) Facilitar la creación de grupos independientes de defensa del consumidor;
f) Fomentar la cooperación internacional en la esfera de la protección del consumidor;
g) Promover el establecimiento de condiciones de mercado que den a los consumidores, una mayor selección a precios más bajos;
h) Promover un consumo sostenible.

Las directrices se aplican a las transacciones entre empresas y consumidores, incluida la provisión de bienes y servicios a consumidores por empresas estatales.

Los principios de las buenas prácticas comerciales son:

a) Trato justo y equitativo.
b) Conducta comercial.
c) Divulgación y transparencia.
d) Educación y sensibilización.
e) Protección de la privacidad.
f) Controversias y reclamos de los consumidores.

Los anteriores estándares constituyen algunas de las referencias que se deben considerar a los fines de su incorporación en los ordenamientos jurídicos nacionales, en lo que respecta a todos los bienes y servicios en general, así como del servicio de agua potable en particular.

En lo que atañe al agua potable, las Directrices dedican dos párrafos en concreto. El primero señala:

> "72. Agua. En el marco de los objetivos y propósitos enunciados para el Decenio Internacional del Agua Potable y del Saneamiento Ambiental, los Estados Miembros deben formular, mantener o fortalecer políticas nacionales para mejorar el abastecimiento, la distribución y la calidad del agua potable. Debe prestarse la debida atención a la elección de los niveles apropiados de servicio, calidad y tecnología, la necesidad de contar con programas de educación y la importancia de la participación de la comunidad".

El segundo, como complemento del anterior promueve que:

> "73. Los Estados Miembros deben atribuir un alto grado de prioridad a la formulación y aplicación de políticas y programas relacionados con los usos múltiples del agua, teniendo en cuenta que el agua es muy importante para el desarrollo sostenible en general y que es un recurso finito".

Las ideas que surgen de estas directrices no pueden ser más claras, en lo que concierne a las actuaciones que deben realizar los Estados en favor de los consumidores:

1. Los Estados deben diseñar, formular y aplicar políticas y programas para mejorar el abastecimiento, la distribución, usos múltiples y la calidad del agua.
2. En ellas deben contemplarse los niveles apropiados de servicio, calidad y tecnología en el suministro del agua potable.
3. Se deben elaborar y ejecutar los programas de educación sobre el acceso, aprovechamiento y uso del agua potable de manera eficiente.
4. En ningún caso se podrá omitir la participación de las comunidades, en especial, de aquellas que constituyen grupos minoritarios.

Los anteriores constituyen los aspectos más relevantes a considerar desde la perspectiva de los consumidores, en la conformación del nuevo marco jurídico del agua potable -y el saneamiento-, que permiten configurar la existencia de estos derechos.

VI. CONSIDERACIONES FINALES

La precedente exposición lleva a señalar que existe una diáfana y paulatina evolución que alcanza más de cuatro décadas, respecto al progresivo reconocimiento internacional del derecho humano al agua potable.

Las propuestas que se han formulado por organizaciones gubernamentales a nivel internacional, sobre el derecho humano al agua potable -y el saneamiento- plantean la necesidad de revisar las legislaciones nacionales y efectuar los ajustes que sean pertinentes para garantizar el efectivo ejercicio y disfrute al derecho humano, lo que implica que el acceso al agua sea de calidad, segura para la vida y la salud, en cantidad suficiente para satisfacer las necesidades básicas y a precio asequible, garantizando así un nivel de vida digna.

Cumplir los objetivos y metas formuladas, así como los retos asumidos conlleva a redefinir los marcos institucionales, respecto a quienes diseñan las políticas públicas, quienes las ejecutan, así como de aquellos que deben garantizar el acceso y disfrute del derecho humano al agua potable[50] y la prestación del servicio público básico[51].

Se trata de que los Estados canalicen todos los esfuerzos posibles para además de mejorar el actual modelo institucional, en lo concerniente al respeto, protección y disfrute se garanticen las condiciones que permitan satisfacer las necesidades de demanda actual y futura de la población[52], que se traduzca en un acceso eficaz a los recursos hídricos y un suministro eficiente, regular, seguro y de calidad[53], a precio asequible, orientado a superar la pobreza hídrica, especialmente en la población que habita tanto en las zonas urbanas y rurales de menores ingresos como aquella que tiene necesidades especiales.

Por ello se requiere un modelo de gestión sostenible que garantice la gobernanza y el acceso universal y equitativo al derecho humano al agua potable[54] -y al saneamiento e higiene adecuados-, dentro del contexto *Ius Commune Americano,* que se viene proyectando en el Sistema Interamericano de Derechos Humanos. De ello no lograrse a nivel nacional, se abre la posibilidad de acudir a las instancias interamericanas y será en este escenario en que la Corte Interamericana de Derechos Humanos podrá establecer su posición sobre este derecho humano y su justiciabilidad directa, en aplicación

50 Hernández-Mendible, Víctor R., El agua como derecho humano y como servicio público, *Regulación Económica de los Servicios Públicos. Dos décadas de Regulación de los servicios públicos en Iberoamérica. Balance y Perspectivas,* Asociación Iberoamericana de Estudios de Regulación (ASIER), Instituto de Regulación & Finanzas, Universidad ESAN, ARA Editores, Lima, 2010, pp. 892-896.

51 Artículo 11.1 del Protocolo Adicional a la Convención Americana sobre Derechos Humanos en materia de Derechos económicos, sociales y culturales.

52 Hernández-Mendible, Víctor R., El servicio público domiciliario de agua potable y saneamiento, (Coord. Víctor R. Hernández-Mendible), *Los Servicios Públicos Domiciliarios,* Editorial Jurídica Venezolana, FUNEDA y Centro de Estudios de Regulación Económica de la Universidad Monteávila, Caracas, 2012, pp. 43-74.

53 Hernández-Mendible, Víctor R. y Villegas Moreno, José Luis, Ley de Calidad de las Aguas y del Aire, (Coord. Fernando López Ramón), *Observatorio de Políticas Ambientales 2016,* Centro Internacional de Estudios de Derecho Ambiental, Madrid, 2016, pp. 248-269.

54 El papa Francisco señaló que "... cada Estado está llamado a concretar, también con instrumentos jurídicos, cuanto indicado por las Resoluciones aprobadas por la Asamblea General de las Naciones Unidas desde 2010 sobre el derecho humano al agua potable y el saneamiento", *Discurso del Santo padre Francisco, a los participantes en el seminario "derecho humano al agua", organizado por la pontificia academia de las ciencias,* de 24 de febrero de 2017, http://w2.vatican.va/content/francesco/es/speeches/2017/february/documents/papa-francesco_20170224_
workshop-acqua.html

del artículo 26 de la Convención Americana sobre Derechos Humanos y sus recientes pronunciamientos sobre la norma[55].

55 Corte IDH, *Caso Lagos del Campo vs. Perú*, Excepciones Preliminares, Fondo, Reparaciones y Costas, sentencia de 31 de agosto de 2017, serie C N° 340; Corte IDH, *Medio Ambiente y Derechos Humanos*, Opinión Consultiva OC-23/17, de 15 de noviembre de 2017, serie A N° 23; Corte IDH, *Trabajadores Cesados de Petroperú vs, Perú*, Excepciones preliminares, Fondo, Reparaciones y Costas, sentencia de 23 de noviembre de 2017, serie C N° 344; Corte IDH, *Caso Asociación Nacional de Cesantes y Jubilados de la Superintendencia Nacional de Administración Tributaria (ANCEJUB-SUNAT) vs. Perú*, Excepciones Preliminares, Fondo, Reparaciones y Costas, sentencia de 21 de noviembre de 2019, serie C N° 394; Corte IDH, *Caso Hernández vs. Argentina*, Excepción Preliminar, Fondo, Reparaciones y Costas, sentencia de 22 de noviembre de 2019, serie C N° 395.

Bibliografía

Doctrina

Abache Abascal, Serviliano, *La atipicidad de la presunción de legalidad del acto administrativo y la carga de la prueba en el proceso tributario*, Editorial Jurídica Venezolana, Caracas, 2012.

Albanese, Susana (Coord.), *El control de convencionalidad*, Ed. Ediar, Buenos Aires, 2008.

Aguiar, Asdrúbal, *El derecho a la democracia. La democracia en el derecho y la jurisprudencia interamericana. Libertad de expresión, piedra angular de la democracia*, Editorial Jurídica Venezolana, Caracas, 2008.

Aguilar Cavallo, Gonzalo, Los derechos ambientales en el Sistema Interamericano de Protección de Derechos Humanos, (Eds. Henry Jiménez Guanipa y Javier Tous Chima), *Cambio Climático, Energía y Derechos Humanos, Desafíos y Perspectivas*, Universidad del Norte, Heinrich Böll Stiftung Colombia, Bogotá, 2017.

Araujo-Juárez, José, *Derecho Administrativo General, Acto y Contrato Administrativo*, Ediciones Paredes, Caracas, 2011.

Álvarez Chamosa, María Lidia, Irreversibilidad y progresividad de los derechos humanos de la Carta de la OEA y de la Convención Americana de los Derechos Humanos denunciadas por Venezuela y el Estado de Cosas Inconstitucional, (Coord. Víctor Hernández-Mendible y José Luis Villegas Moreno), *Hacia un Derecho Administrativo para volver a la Democracia. Liber Amicorum a José R. Araujo-Juárez*, CERECO-CIDEP, Caracas, 2018.

Ayala Corao, Carlos, *Del diálogo jurisprudencial al control de convencionalidad*, Editorial Jurídica Venezolana, Caracas, 2012.

Bazán Víctor y Nash, Claudio (Eds.), *Justicia Constitucional y derechos Fundamentales. El Control de Convencionalidad*, Centro de Derechos Humanos, Universidad de Chile, Konrad Adenauer Stiftung, Chile, 2011.

Bidart Campos, Germán, *Tratado Elemental de Derecho Constitucional argentino*, T. I, Buenos Aires, 1986.

Brewer-Carías, Allan R., *Las Instituciones Fundamentales del Derecho Administrativo y la Jurisprudencia Venezolana*, Universidad Central de Venezuela, Caracas, 1964.

______________________________, *Jurisprudencia de la Corte Suprema de Justicia 1930-1974 y Estudios de Derecho Administrativo, tomo III, La Actividad*

Administrativa, Vol. 1, Reglamentos, Procedimientos y Actos Administrativos, Editorial Jurídica Venezolana, Caracas, 1976.

____________________, El Derecho a la democracia entre las nuevas tendencias del Derecho Administrativo, como punto de equilibrio entre los poderes de la Administración y el Derecho de los administrados, (Coord. Víctor R. Hernández-Mendible), *Desafíos del Derecho Administrativo Contemporáneo. Conmemoración Internacional del Centenario de la Cátedra de Derecho Administrativo en Venezuela,* Tomo 2, Ediciones Paredes, Caracas, 2009.

____________________, *Tratado de Derecho Administrativo. Derecho Público en Iberoamérica. Tomo III. Los actos administrativos y los contratos administrativos,* Fundación de Derecho Público, Fundación Editorial Jurídica Venezolana y Civitas-Thomson Reuters, Madrid, 2013.

____________________, El control de convencionalidad, su conceptualización y su necesario deslinde respecto del control de constitucionalidad, *Liber Amicorum en honor al Dr. Juan Manuel Pellerano Gómez,* Santo Domingo, 2013.

____________________, *El caso Allan R. Brewer-Carías vs. Venezuela ante la Corte Interamericana de Derechos Humanos. Estudio del caso y análisis crítico de la errada sentencia de la Corte Interamericana de Derechos Humanos N° 277 de 26 de mayo de 2014,* Editorial Jurídica Venezolana, Caracas, 2014.

____________________, El juez constitucional como instrumento para el desconocimiento de las sentencias de la Corte Interamericana de Derechos Humanos y para desligar al Estado de la jurisdicción internacional: el caso de la República Dominicana, 7 de noviembre de 2014. https://allanbrewercarias.com/wp-content/uploads/2014/11/106.-Brewer.-Nota-sobre-sentencia-Trib.-Const.-Rep.-Dominic.-4-nov-2014.-Jurisdicci%C3%B3n-Corte-CIDH-7-nov.-2014.pdf

____________________, *Persecución política y violaciones al debido proceso. Caso CIDH Allan R. Brewer-Carías vs. Venezuela,* Tomos I y II, Editorial Jurídica Venezolana, 2015.

____________________, Sobre el marco conceptual del control de convencionalidad: Antecedentes, derecho de amparo y Derecho Administrativo, *Estudios sobre el Control de Convencionalidad,* Editorial Jurídica Venezolana, Panamá, 2015.

____________________, Sobre el control de convencionalidad ejercido por los tribunales nacionales y el Derecho Administrativo, (Coord. Víctor Hernández-Mendible y José Luis Villegas Moreno), *Hacia un Derecho Administrativo para volver a la Democracia. Liber Amicorum a José R. Araujo-Juárez,* CERECO-CIDEP, Caracas, 2018.

____________________, *Control de Convencionalidad,* Ediciones Olejnik, Santiago, 2019.

____________________, La desaparición del control difuso de convencionalidad en Venezuela, como precio vil para justificar una condena por daños morales contra el portal LaPatilla.com, Revista Tachirense de Derecho N° 30, Universidad Católica del Táchira, San Cristóbal, 2019.

Briceño Chaves, Andrés M., *Responsabilidad y protección del ambiente: La obligación positiva del Estado*, Universidad Externado de Colombia, Bogotá, 2017.

Burgorgue-Larsen, Laurence, La erradicación de la impunidad: claves para descifrar la política jurisprudencial de la Corte Interamericana de Derechos Humanos, (Coord. Eduardo Ferrer Mac-Gregor), *El control difuso de convencionalidad. Diálogo entre la Corte Interamericana de Derechos Humanos y los jueces nacionales*, Fundap, Querétaro, 2012.

Cançado Trindade, Antônio Augusto, *El derecho internacional de los derechos humanos en el siglo XXI*, Editorial Jurídica de Chile, Santiago, 2001.

Castañeda, Mireya, Recepción constitucional de los tratados internacionales de derechos humanos, (Coord. Juan Pablo Pampilio y Manuel Alexandro Munive), *Derecho constitucional de los derechos humanos*, Porrúa, México, 2012.

Castilla Juárez, Julio, El control de convencionalidad. Un nuevo debate en México a partir de la sentencia del caso Radilla Pacheco, (Coord. Eduardo Ferrer McGregor), *El control difuso de convencionalidad*, Fundap, Querétaro, 2012.

Comadira, Julio Rodolfo, La posición de la Administración Pública ante la ley inconstitucional, *Derecho Administrativo*, 2ª ed., Lexis Nexis Abeledo Perrot, Buenos Aires, 2003.

Duque Corredor, Román J., Postulados y Principios. El sistema constitucional de derechos humanos en Venezuela, (Coord. Víctor Hernández-Mendible), *Derecho Administrativo Iberoamericano. 100 Autores en Homenaje al posgrado de Derecho Administrativo de la Universidad Católica Andrés Bello*, Tomo I, Ediciones Paredes, Caracas, 2007.

Durán Martínez, Augusto, La jurisprudencia de la Corte Interamericana de Derechos Humanos en la perspectiva del Derecho Administrativo: especial referencia al caso Gelman vs. Uruguay, *Revista de Investigaçoes Constitucionais*, V. 1, N° 2, Curitiba, 2014.

Estupiñan Silva, Rosmerlin, Primera opinión interamericana sobre medio ambiente: ¿derecho exigible o decisión ultra vires?, (Coords. Henry Jiménez Guanipa y Eduardo Viedma), *Energía, Cambio Climático y Desarrollo Sostenible. Impacto sobre los Derechos Humanos*, Universität Heidelberg, Universidad Politécnica y Artística del Paraguay, Heinrich Böll Stiftung Colombia, Bogotá, 2018.

Favoreu, Louis y Rubio Llorente, Francisco, *El bloque de la constitucionalidad*, Civitas, Sevilla, 1991.

Fernández Anglada, Gloriana, Los derechos humanos como fuente del derecho costarricense, *Revista Fidélitas* N° 6, San José, 2016.

Ferrer Mac-Gregor, Eduardo, El control difuso de convencionalidad en el Estado constitucional, Fix-Zamudio, Héctor y Valadés, Diego (Coordinadores), *Formación y perspectiva del Estado mexicano*, El Colegio Nacional-UNAM, México, 2010.

_______________________, Reflexiones sobre el control difuso de constitucionalidad, *Opus Magna Constitucional*, Tomo III, Instituto de Justicia Constitucional, Guatemala, 2011.

_______________________, Interpretación conforme y control difuso de convencionalidad el nuevo paradigma para el juez mexicano, *Derechos Humanos: Un nuevo modelo constitucional*, UNAM-IIJ, México, 2011.

_______________________, *Panorámica del Derecho Procesal Constitucional y Convencional*, UNAM, México 2013.

García Belaunde, Domingo, El control de convencionalidad y sus problemas, *Pensamiento Constitucional* N° 20, Pontificia Universidad Católica del Perú, Lima, 2015.

García Ramírez, Sergio, El control judicial interno de convencionalidad, *IUS Revista del Instituto de Ciencias Jurídicas de Puebla*, México, Año V, N° 28, 2011.

González Pérez, Jesús, *La dignidad de la persona*, Civitas-Thomson Reuter, 3ª ed., Madrid, 2017.

Gordillo, Agustín, *Tratado de Derecho Administrativo*, T. 1, Fundación de Derecho Administrativo, Buenos Aires, 2009.

Gros Espiell, Héctor, *La Convención Americana y la Convención Europea de Derechos Humanos. Análisis comparativo*, Editorial Jurídica de Chile, Santiago, 1991.

Häberle, Peter, *El Estado Constitucional*, (Tr. Héctor Fix-Fierro), Universidad Nacional Autónoma de México, México, 2001.

Hauriou, Maurice, *Précis de Droit Administratif et de Droit Public*, 12° édition, Sirey, París, 1933.

Hernández-Mendible, Víctor Rafael, La Inconsistencia Argumentativa en el análisis del Derecho a la Defensa (Algunos comentarios acerca de la Argumentación Jurídica), *Revista Tachirense de Derecho*, N° 13, San Cristóbal, 2001.

_______________________, El agua como derecho humano y como servicio público, *Regulación Económica de los Servicios Públicos. Dos décadas de Regulación de los servicios públicos en Iberoamérica. Balance y Perspectivas*, Asociación Iberoamericana de Estudios de Regulación (ASIER), Instituto de Regulación & Finanzas, Universidad ESAN, ARA Editores, Lima, 2010.

_______________________, La regulación para la consecución de objetivos de interés general en el Estado de Garantía de Prestaciones, *Derecho Administrativo y Regulación Económica. Liber Amicorum Gaspar Ariño Ortíz*. (Coords. Juan Miguel de la Cuétara Martínez, José Luis Martínez López-Muñiz, Francisco J. Villar Rojas), La Ley, Madrid, 2011, pp. 1159-1177.

_______________________, El servicio público domiciliario de agua potable y saneamiento, (Coord. Víctor R. Hernández-Mendible), *Los Servicios Públicos Domiciliarios*, Editorial Jurídica Venezolana, FUNEDA y Centro de Estudios de Regulación Económica de la Universidad Monteávila, Caracas, 2012.

________________________, El paradigma del desarrollo sostenible como condicionante del uso y explotación de los recursos naturales en el MERCOSUR, (Coords. Carlos Tablante y Henry Jiménez Guanipa), *Petróleo. Bendición o Maldición. 100 Años de Zumaque I*, La Hoja del Norte, Caracas, 2014.

________________________, El control de convencionalidad como expresión del control de constitucionalidad. Originalidad y desaciertos, AA.VV. *Estudios sobre Control de Convencionalidad*, Editorial Jurídica Venezolana, Panamá, 2015.

________________________, La energía como derecho humano y su ejercicio ante el cambio climático, (coautora Sandra Patricia Orjuela Córdoba) *Energía Eléctrica. Regulación de fuentes convencionales, renovables y sostenibles*, Centro de Estudios de Regulación Económica-Universidad Monteávila, Caracas, 2016.

________________________, La expropiación en Venezuela. Marco constitucional, legal y jurisprudencial, (Ed. Julián Pimiento Echeverri y Héctor Santaella Quintero), *La expropiación forzosa en América y Europa*, Universidad Externado de Colombia, Bogotá, 2017.

________________________, Minería, Derechos Humanos y Ambiente, *Observatorio de Políticas Ambientales 2017*, CIEDA-CIEMAT, Madrid, 2017.

________________________, La nulidad del Decreto del Arco Minero del Orinoco y de los actos jurídicos que lo ejecuten, *Revista Tachirense de Derecho* N° 28, UCAT, San Cristóbal, 2017.

________________________, El Arco Minero del Orinoco y su incompatibilidad con la Opinión Consultiva 23/17, sobre medio ambiente y derechos humanos, de la Corte Interamericana de Derechos Humanos, *Revista Argentina de Derecho de la Energía, Hidrocarburos y Minería* N° 18, agosto-octubre, Ed. Ábaco, Buenos Aires, 2018.

Hernández-Mendible, Víctor R. y Villegas Moreno, José Luis, Ley de Calidad de las Aguas y del Aire, (Coord. Fernando López Ramón), *Observatorio de Políticas Ambientales 2016*, Centro Internacional de Estudios de Derecho Ambiental, Madrid, 2016.

Hitters, Juan Carlos, Control de constitucionalidad y control de convencionalidad. Comparación, *Estudios Constitucionales*, Centro de Estudios Constitucionales de Chile, Universidad de Talca, Año 7, No. 2, 2009.

Jinesta Lobo, Ernesto, Control de convencionalidad ejercido por los Tribunales y Salas Constitucionales, (Coord. Eduardo Ferrer Mc Gregor) *El Control Difuso de Constitucionalidad*, Fundap, Querétaro, 2012.

Jorge Prats, Eduardo, La vergüenza, *Diario Hoy Digital*, de 7 de noviembre de 2014, http://hoy.com.do/la-verguenza-2/autor/eduardo-jorge-prats/

Lares Martínez, Eloy, *Manual de Derecho Administrativo*, 2ª ed., Universidad Central de Venezuela, Caracas, 1970.

Larrieux Rodríguez, Jorge, Control de convencionalidad y constitucionalidad entre el nivel interamericano y el nacional, (Dir. Alejandro Saiz Arnaiz),

Diálogos judiciales en el sistema interamericano de derechos humanos, Tirant lo Blanch, Valencia, 2017.

Londoño Lázaro, María Carmelina, *Las garantías de no repetición en la jurisprudencia interamericana*, Universidad de La Sabana-Tirant lo Blanc, México, 2014.

López Cárdenas, Carlos Mauricio y Acosta Páez, Estefanía, De la teoría clásica del control de legalidad al control de convencionalidad: la construcción de un nuevo paradigma jurídico, (Ed. Manuel Alberto Restrepo Medina), *Derecho Administrativo. Reflexiones Contemporáneas*, Universidad del Rosario, Bogotá, 2017.

López Olvera, Miguel Alejandro, *El control de convencionalidad en la Administración Pública*, Novum, México, 2014.

López Ramón, Fernando, Derechos fundamentales, subjetivos y colectivos al medio ambiente, *Revista Española de Derecho Administrativo* N° 96, Civitas, Madrid, 1997.

Marienhoff, Miguel S., *Tratado de Derecho Administrativo*, T. I, Buenos Aires, 1977.

Mesa Latorre, Alvarado, El control de convencionalidad (un acto racional o irracional), *Estudios Constitucionales*, Año 16, N° 1, Santiago, 2018.

Noguera Alcalá, Humberto, Los desafíos del control de convencionalidad del *corpus iuris interamericano*. Para los tribunales nacionales, en especial, para los Tribunales Constitucionales, Eduardo Ferrer Mac Gregor (Coordinador), *El control difuso de convencionalidad. Diálogo entre la Corte Interamericana de Derechos Humanos y los jueces nacionales), FUNDAp*, Querétaro, México 2012.

Papa Francisco, *Discurso del Santo padre Francisco, a los participantes en el seminario "derecho humano al agua", organizado por la pontificia academia de las ciencias*, de 24 de febrero de 2017, http://w2.vatican.va/content/francesco/es/speeches/2017/february/documents/papa-francesco_20170224_ workshop-acqua.html

Pérez Luciani, Gonzalo, La llamada presunción de legitimidad de los actos administrativos, *Escritos del Doctor Gonzalo Pérez Luciani*, Fundación Bancaribe, Caracas, 2013.

Rey Cantor, Ernesto, Control de Convencionalidad de las Leyes y Derechos Humanos, Homenaje a Héctor Fix-Zamudio, Editorial Porrúa-Instituto Mexicano de Derecho Procesal Constitucional, México, 2008.

Rodríguez, Gloria Amparo, Lozano Acosta, Carlos y Gómez Rey, Andrés, *Protección Jurídica del Agua en Colombia*, Universidad del Rosario-Editorial Ibañez, Bogotá, 2011.

Rodríguez Rodríguez, Libardo, El principio de legalidad: premisa fundamental de la democracia, (Coord. Víctor Hernández-Mendible y José Luis Villegas Moreno), *Hacia un Derecho Administrativo para volver a la Democracia. Liber Amicorum a José R. Araujo-Juárez*, CERECO-CIDEP, Caracas, 2018.

Ruán Santos, Gabriel, La presunción de legitimidad de los actos administrativos, *La justicia constitucional y la justicia administrativa como garantes de los derechos humanos. Homenaje a Gonzalo Pérez Luciani y en el marco del vigésimo aniversario de FUNEDA*, Centro de Estudios de Derecho Procesal Constitucional, Centro de Estudios de Derecho Público y Centro de Estudios de Regulación Económica de la Universidad Monteávila-FUNEDA, Caracas, 2013.

Sagüés, Néstor, *El control de convencionalidad. En particular sobre las Constituciones Nacionales,* La Ley, Año LXXIII, N° 35, Buenos Aires, de 19 de febrero de 2009.

Saiz Arnaiz, Alejandro, La interacción entre los tribunales que garantizan derechos humanos, (Dir. Alejandro Saiz Arnaiz), *Diálogos judiciales en el sistema interamericano de derechos humanos*, Tirant lo Blanch, Valencia, 2017.

Sarmiento García, Jorge, La jefatura administrativa del Presidente de la Nación, *Atribuciones del Presidente Argentino,* Instituto Argentino de Estudios Constitucionales y Políticos, Buenos Aires, 1986.

Santofimio Gamboa, Jaime Orlando, *El concepto de convencionalidad: vicisitudes para su construcción sustancial en el sistema interamericano de derechos humanos. Ideas fuerza rectoras*, 2ª ed., Universidad Externado de Colombia, Bogotá, 2018.

Sousa Duvergé, Luis Antonio, *Control de convencionalidad en República Dominicana*, Ius Novum, Santo Domingo, 2011.

Steiner, Cristian, Fuchs, Marie-Christine y Uribe, Patricia, *Convención Americana sobre Derechos Humanos. Comentario*, 2ª ed., Konrad Adenauer Stiftung, Bogotá, 2019.

Thielbörger, Pierre, *The Right to Water. The Multi-Level Governance of a Unique Human Right,* Springer-Verlag Berlin, Heidelberg, 2014.

Torrealba Sánchez, Miguel Ángel, *La ejecución de sentencias en el proceso administrativo iberoamericano (España, Perú, Costa Rica, Colombia y Venezuela)*, Instituto Nacional de Administración Pública, Madrid, 2017.

Torres Zúñiga, Natalia, Control de normas constitucionales por la Corte Interamericana de Derechos Humanos: Subsidiariedad, deferencia e impacto en la teoría del cambio constitucional, (Dir. Alejandro Saiz Arnaiz), *Diálogos judiciales en el sistema interamericano de derechos humanos*, Tirant lo Blanch, Valencia, 2017.

Weil, Prosper, *Derecho Administrativo*, Civitas, Madrid, 1986.

Instrumentos internacionales americanos

O.E.A., Declaración Americana de Derechos y Deberes del Hombre, de 9 de abril de 1948.

O.E.A., Convención Americana sobre Derechos Humanos "Pacto de San José", de 22 de noviembre de 1969.

O.E.A., Convención Interamericana para prevenir y sancionar la tortura, de 9 de diciembre de 1985.

O.E.A., Protocolo adicional a la Convención Americana sobre Derechos Humanos, en materia de Derechos Económicos, Sociales y Culturales "Protocolo de San Salvador", de 17 de noviembre de 1988.

O.E.A., Protocolo a la Convención Americana sobre Derechos Humanos, relativo a la abolición de la pena de muerte, de 8 de junio de 1990.

O.E.A., Convención Interamericana para prevenir, erradicar y sancionar la violencia contra la mujer, de 9 de junio de 1994.

O.E.A., Convención Interamericana sobre la desaparición forzosa de personas, de 9 de junio de 1994.

O.E.A., Convención Interamericana para la eliminación de todas las formas de discriminación de las personas con discapacidad, de 7 de junio de 1999.

O.E.A., Carta Democrática Interamericana, de 11 de septiembre de 2001.

O.E.A., Convención Interamericana contra el racismo, la discriminación racial y formas conexas de intolerancia, de 5 de junio de 2013.

O.E.A., Convención Interamericana contra toda forma de discriminación e intolerancia, de 5 de junio de 2013.

O.E.A., Convención Interamericana sobre la protección de los Derechos Humanos de las personas mayores, de 15 de junio de 2015.

O.E.A., Declaración Americana de Derechos de los Pueblos Indígenas, de la Organización de Estados Americanos, de 14 de junio de 2016.

Instrumentos internacionales universales

O.I.T., *Convenio N° 169, de la Organización Internacional del Trabajo sobre pueblos indígenas y tribales en países independientes*, de 27 de junio de 1989.

U.N.E.C.E., *Convenio sobre acceso a la información, participación del público en la toma de decisiones y acceso a la justicia en materia de medio ambiente*, también conocido como Convenio de Aarhus, de 25 de junio de 1988.

O.N.U., *Confirmación de los Principios de Derecho Internacional reconocidos por el Estatuto del Tribunal de Núremberg*, Resolución N° 95 (I), de 11 de diciembre de 1946.

O.N.U., *Informe de la Conferencia de las Naciones Unidas sobre el Agua*, Mar del Plata, Argentina, de 14 al 25 de marzo de 1977.

O.N.U., Protocolo I adicional a los Convenios de Ginebra de 1949 relativo a la protección de las víctimas de los conflictos armados internacionales, de 8 de junio de 1977.

O.N.U., Protocolo II adicional a los Convenios de Ginebra de 1949 relativo a la protección de las víctimas de los conflictos armados sin carácter internacional, de 8 de junio de 1977.

O.N.U., *Convención sobre la Eliminación de Todas las Formas de Discriminación contra la Mujer*, adoptada mediante la Resolución 34/180, de 18 de diciembre de 1979.

O.N.U., *Convención sobre los Derechos del Niño*, adoptada mediante la Resolución 44/25, de 20 de noviembre de 1989.

O.N.U., *Conferencia Internacional sobre el Agua y el Medio Ambiente (CIAMA)*, celebrada en Dublín, Irlanda, de 26 a 31 de enero de 1992.

O.N.U., *Declaración de Río sobre el Medio Ambiente y el Desarrollo*, de 3 al 14 de junio de 1992.

O.N.U., *Estatuto de Roma de la Corte Penal Internacional*, de 17 de julio de 1998.

O.N.U., *Declaración de Johannesburgo sobre el Desarrollo Sostenible*, de 2 al 4 de septiembre de 2002.

O.N.U., *Comité de Derechos Económicos, Sociales y Culturales, Observación General Número 15, "El derecho al agua"*, Documento E/C.12/2002/11, aprobado entre el 11 y 29 de noviembre de 2002.

O.N.U., *Convención sobre los derechos de las personas con discapacidad*, de 13 de diciembre de 2006.

O.N.U., *Declaración de las Naciones Unidas sobre los Derechos de los Pueblos Indígenas*, Resolución N° 61/295, de 13 de septiembre de 2007.

O.N.U., *El derecho humano al agua y el saneamiento*, Resolución A/RES/64/292, de 28 de julio de 2010.

O.N.U., *Declaración de Río+20, el Futuro que Queremos*, de 20 al 22 de junio de 2012.

O.N.U., *El derecho humano al agua y el saneamiento*, Resolución A/RES/68/157, de 18 de diciembre de 2013.

O.N.U., *Reporte del Foro Energía Sostenible para todos*, de 4 al 6 de junio de 2014, Nueva York, 2014.

O.N.U., *Objetivos del Desarrollo Sostenible*, de 25 de septiembre de 2015.

O.N.U., *Los derechos humanos al agua potable y el saneamiento*, Resolución A/RES/70/157, de 17 de diciembre de 2015

O.N.U., *Objetivos de Desarrollo del Milenio, Informe 2015.*

O.N.U., *Directrices de Protección del Consumidor*, Resolución 70/186, de 22 de diciembre de 2015.

C.E.P.A.L., *Acuerdo Regional sobre Acceso a la Información, la Participación Pública y el Acceso a la Justicia en Asuntos Ambientales en América Latina y el Caribe*, también conocido como "Acuerdo de Escazú", de 4 de marzo de 2018.

Sentencias

Corte IDH, *Caso Velásquez Rodríguez vs. Honduras*, Excepciones Preliminares, sentencia de 26 de junio de 1987, serie C N° 1.

Corte IDH, *Caso Fairén Garbi y Solís Corrales vs. Honduras*, Excepciones Preliminares, sentencia de 26 de junio de 1987, serie C N° 2.

Corte IDH, *Caso Godínez Cruz vs. Honduras*, Excepciones Preliminares. Sentencia de 26 de junio de 1987, serie C N° 3.

Corte IDH, *Caso Velásquez Rodríguez vs. Honduras*, Fondo, sentencia de 29 de julio de 1988, serie C N° 4.

Corte IDH, *Caso Godínez Cruz vs. Honduras*, Fondo, sentencia de 20 de enero de 1989, serie C N° 5.

Corte IDH, *Caso Fairén Garbi y Solís Corrales vs. Honduras*, Fondo, sentencia de 15 de marzo de 1989, serie C N° 6.

Corte IDH, *Caso Velásquez Rodríguez vs. Honduras*, Reparaciones y Costas, sentencia de 21 de julio de 1989, serie C N° 7.

Corte IDH, *Caso Godínez Cruz Vs. Honduras*, Reparaciones y Costas, sentencia de 21 de julio de 1989, serie C N° 8.

Corte IDH, *Caso Velásquez Rodríguez vs. Honduras*, Interpretación de la sentencia de Reparaciones y Costas, sentencia de 17 de agosto de 1990, serie C N° 9.

Corte IDH, *Caso Godínez Cruz vs. Honduras*, Interpretación de la sentencia de Reparaciones y Costas, sentencia de 17 de agosto de 1990, serie C N° 10.

Corte IDH, *Caso Aloeboetoe y otros vs. Surinam*, Fondo, sentencia de 4 de diciembre de 1991, serie C N° 11.

Corte IDH, *Caso Gangaram Panday vs. Surinam*, Excepciones Preliminares, sentencia de 4 de diciembre de 1991, serie C N° 12.

Corte IDH, *Caso Neira Alegría y otros vs. Perú*, Excepciones Preliminares, sentencia de 11 de diciembre de 1991, serie C N° 13.

Corte IDH, *Caso Cayara vs. Perú*, Excepciones Preliminares, sentencia de 3 de febrero de 1993, serie C N° 14.

Corte IDH, *Caso Aloeboetoe y otros vs. Surinam*, Reparaciones y Costas, sentencia de 10 de septiembre de 1993, serie C N° 15.

Corte IDH, *Caso Gangaram Panday vs. Surinam*, Fondo, Reparaciones y Costas, sentencia de 21 de enero de 1994, serie C N° 16.

Corte IDH, *Caso Caballero Delgado y Santana vs. Colombia*, Excepciones Preliminares, sentencia de 21 de enero de 1994, serie C N° 17.

Corte IDH, *Caso Maqueda vs. Argentina*, Excepciones Preliminares, resolución de 17 de enero de 1995, serie C N° 18.

Corte IDH, *Caso El Amparo vs. Venezuela*, Fondo, sentencia de 18 de enero de 1995, serie C N° 19.

Corte IDH, *Caso Neira Alegría y otros vs. Perú*, Fondo, sentencia de 19 de enero de 1995, serie C N° 20.

Corte IDH, *Caso Genie Lacayo vs. Nicaragua*, Excepciones Preliminares, sentencia de 27 de enero de 1995, serie C N° 21.

Corte IDH, *Caso Caballero Delgado y Santana vs. Colombia*, Fondo, sentencia de 8 de diciembre de 1995, serie C N° 22.

Corte IDH, *Caso de la "Panel Blanca" (Paniagua Morales y otros) vs.* Guatemala, Excepciones Preliminares, sentencia de 25 de enero de 1996, serie C N° 23.

Corte IDH, *Caso Castillo Páez vs. Perú*, Excepciones Preliminares. sentencia de 30 de enero de 1996, serie C N° 24.

Corte IDH, *Caso Loayza Tamayo vs. Perú*, Excepciones Preliminares, sentencia de 31 de enero de 1996, serie C N° 25.

Corte IDH, *Caso Garrido y Baigorria vs. Argentina*, Fondo, sentencia de 2 de febrero de 1996, serie C N° 26.

Corte IDH, *Caso Blake vs. Guatemala*, Excepciones Preliminares, sentencia de 2 de julio de 1996, serie C N° 27.

Corte IDH, *Caso El Amparo vs. Venezuela*, Reparaciones y Costas, sentencia de 14 de septiembre de 1996, serie C N° 28.

Corte IDH, *Caso Neira Alegría y otros vs. Perú*, Reparaciones y Costas, sentencia de 19 de septiembre de 1996, serie C N° 29.

Corte IDH, *Caso Genie Lacayo vs. Nicaragua*, Fondo, Reparaciones y Costas, sentencia de 29 de enero de 1997, serie C N° 30.

Corte IDH, *Caso Caballero Delgado y Santana Vs. Colombia*. Reparaciones y Costas, sentencia de 29 de enero de 1997, serie C N° 31.

Corte IDH, *Caso de los "Niños de la Calle" (Villagrán Morales y otros) vs. Guatemala*, Excepciones Preliminares, sentencia de 11 de septiembre de 1997, serie C N° 32.

Corte IDH, *Caso Loayza Tamayo vs. Perú*, Fondo, sentencia de 17 de septiembre de 1997, serie C N° 33.

Corte IDH, *Caso Castillo Páez vs. Perú*, Fondo, sentencia de 3 de noviembre de 1997, serie C N° 34.

Corte IDH, *Caso Suárez Rosero vs. Ecuador*, Fondo, sentencia de 12 de noviembre de 1997, serie C N° 35.

Corte IDH, *Caso Blake vs. Guatemala*, Fondo, sentencia de 24 de enero de 1998, serie C N° 36.

Corte IDH, *Caso de la "Panel Blanca" (Paniagua Morales y otros) vs. Guatemala*, Fondo, sentencia de 8 de marzo de 1998, serie C N° 37.

Corte IDH, *Caso Benavides Cevallos vs. Ecuador*, Fondo, Reparaciones y Costas, sentencia de 19 de junio de 1998, serie C N° 38.

Corte IDH, *Caso Garrido y Baigorria vs. Argentina*, Reparaciones y Costas, sentencia de 27 de agosto de 1998, serie C N° 39.

Corte IDH, *Caso Cantoral Benavides vs. Perú*, Excepciones Preliminares, sentencia de 3 de septiembre de 1998, serie C N° 40.

Corte IDH, *Caso Castillo Petruzzi y otros vs. Perú*, Excepciones Preliminares, sentencia de 4 de septiembre de 1998, serie C N° 41.

Corte IDH, *Caso Loayza Tamayo vs. Perú*, Reparaciones y Costas, sentencia de 27 de noviembre de 1998, serie C N° 42.

Corte IDH, *Caso Castillo Páez vs. Perú*, Reparaciones y Costas, sentencia de 27 de noviembre de 1998, serie C N° 43.

Corte IDH, *Caso Suárez Rosero vs. Ecuador*, Reparaciones y Costas, sentencia de 20 de enero de 1999, serie C N° 44.

Corte IDH, *Caso Genie Lacayo vs. Nicaragua*, Revisión de la sentencia de Fondo, Reparaciones y Costas, resolución de 13 de septiembre de 1997, serie C N° 45.

Corte IDH, *Caso El Amparo vs. Venezuela*, Interpretación de la sentencia de Reparaciones y Costas, resolución de 16 de abril de 1997, serie C N° 46.

Corte IDH, *Caso Loayza Tamayo vs. Perú*, Interpretación de la sentencia de Fondo, Resolución de 8 de marzo de 1998, serie C N° 47.

Corte IDH, *Caso Blake vs. Guatemala*, Reparaciones y Costas, sentencia de 22 de enero de 1999, serie C N° 48.

Corte IDH, *Caso Cesti Hurtado vs. Perú*, Excepciones Preliminares, sentencia de 26 de enero de 1999, serie C N° 49.

Corte IDH, *Caso Durand y Ugarte vs. Perú*, Excepciones Preliminares, sentencia de 28 de mayo de 1999, serie C N° 50.

Corte IDH, *Caso Suárez Rosero vs. Ecuador*, Interpretación de la sentencia de Reparaciones, sentencia de 29 de mayo de 1999, serie C N° 51.

Corte IDH, *Caso Castillo Petruzzi y otros vs. Perú*, Fondo, Reparaciones y Costas, sentencia de 30 de mayo de 1999, serie C N° 52.

Corte IDH, *Caso Loayza Tamayo vs. Perú*, Interpretación de la sentencia de Reparaciones y Costas, sentencia de 3 de junio de 1999, serie C N° 53.

Corte IDH, *Caso Ivcher Bronstein vs. Perú*, Competencia, sentencia de 24 de septiembre de 1999, serie C N° 54.

Corte IDH, *Caso del Tribunal Constitucional vs. Perú*, Competencia, sentencia de 24 de septiembre de 1999, serie C N° 55.

Corte IDH, *Caso Cesti Hurtado vs. Perú*, Fondo, sentencia de 29 de septiembre de 1999, serie C N° 56.

Corte IDH, *Caso Blake vs. Guatemala*, Interpretación de la sentencia de Reparaciones y Costas, sentencia de 1° de octubre de 1999, serie C N° 57.

Corte IDH, *Caso del Caracazo vs. Venezuela*, Fondo, sentencia de 11 de noviembre de 1999, serie C N° 58.

Corte IDH, *Caso Castillo Petruzzi y otros vs. Perú*, Cumplimiento de sentencia, resolución de 17 de noviembre de 1999, serie C N° 59.

Corte IDH, *Caso Loayza Tamayo vs. Perú*, Cumplimiento de sentencia, resolución del 17 de noviembre de 1999, serie C N° 60.

Corte IDH, *Caso Baena Ricardo y otros vs. Panamá*, Excepciones Preliminares, sentencia de 18 de noviembre de 1999, serie C N° 61.

Corte IDH, *Caso Cesti Hurtado vs. Perú*, Interpretación de la sentencia de Fondo, resolución de 19 de noviembre de 1999, serie C N° 62.

Corte IDH, *Caso de los "Niños de la Calle" (Villagrán Morales y otros) vs. Guatemala*, Fondo, sentencia de 19 de noviembre de 1999, serie C N° 63.

Corte IDH, *Caso Trujillo Oroza vs. Bolivia*, Fondo, sentencia de 26 de enero de 2000, serie C N° 64.

Corte IDH, *Caso Cesti Hurtado vs. Perú*, Interpretación de la sentencia de Fondo, sentencia de 29 de enero de 2000, serie C N° 65.

Corte IDH, *Caso de la Comunidad Mayagna (Sumo) Awas Tingni vs. Nicaragua*, Excepciones Preliminares, sentencia de 1° de febrero de 2000, serie C N° 66.

Corte IDH, *Caso Las Palmeras vs. Colombia*, Excepciones Preliminares, sentencia de 4 de febrero de 2000, serie C N° 67.

Corte IDH, *Caso Durand y Ugarte vs. Perú*, Fondo, sentencia de 16 de agosto de 2000, serie C N° 68.

Corte IDH, *Caso Cantoral Benavides vs. Perú*, Fondo, sentencia de 18 de agosto de 2000, serie C N° 69.

Corte IDH, *Caso Bámaca Velásquez vs. Guatemala*, Fondo, sentencia de 25 de noviembre de 2000, serie C N° 70.

Corte IDH, *Caso del Tribunal Constitucional vs. Perú*, Fondo, Reparaciones y Costas, sentencia de 31 de enero de 2001, serie C N° 71.

Corte IDH, *Caso Baena Ricardo y otros vs. Panamá*, Fondo, Reparaciones y Costas, sentencia de 2 de febrero de 2001, serie C N° 72.

Corte IDH, *Caso "La Última Tentación de Cristo" (Olmedo Bustos y otros) vs. Chile*, Fondo, Reparaciones y Costas, sentencia de 5 de febrero de 2001, serie C N° 73.

Corte IDH, *Caso Ivcher Bronstein vs. Perú*, Fondo, Reparaciones y Costas, sentencia de 6 de febrero de 2001, serie C N° 74.

Corte IDH, *Caso Barrios Altos vs. Perú*, Fondo, sentencia de 14 de marzo de 2001, serie C N° 75.

Corte IDH, *Caso de la "Panel Blanca" (Paniagua Morales y otros) vs. Guatemala*, Reparaciones y Costas, sentencia de 25 de mayo de 2001, serie C N° 76.

Corte IDH, *Caso de los "Niños de la Calle" (Villagrán Morales y otros) vs. Guatemala*, Reparaciones y Costas, sentencia de 26 de mayo de 2001, serie C N° 77.

Corte IDH, *Caso Cesti Hurtado vs. Perú*, Reparaciones y Costas, sentencia de 31 de mayo de 2001, serie C N° 78.

Corte IDH, *Caso de la Comunidad Mayagna (Sumo) Awas Tingni vs. Nicaragua*, Fondo, Reparaciones y Costas, sentencia de 31 de agosto de 2001, serie C N° 79.

Corte IDH, *Caso Hilaire vs. Trinidad y Tobago*, Excepciones Preliminares, sentencia de 1° de septiembre de 2001, serie C N° 80.

Corte IDH, *Caso Benjamin y otros vs. Trinidad y Tobago*, Excepciones Preliminares, sentencia de 1° de septiembre de 2001, serie C N° 81.

Corte IDH, *Caso Constantine y otros vs. Trinidad y Tobago*, Excepciones Preliminares, sentencia de 1° de septiembre de 2001, serie C N° 82.

Corte IDH, *Caso Barrios Altos vs. Perú*, Interpretación de la sentencia de Fondo, sentencia de 3 de septiembre de 2001, serie C N° 83.

Corte IDH, *Caso Ivcher Bronstein vs. Perú*, Interpretación de la sentencia de Fondo, sentencia de 4 de septiembre de 2001, serie C N° 84.

Corte IDH, *Caso Cantos vs. Argentina*, Excepciones Preliminares, sentencia de 7 de septiembre de 2001, serie C N° 85.

Corte IDH, *Caso Cesti Hurtado vs. Perú*, Interpretación de la sentencia de Reparaciones y Costas, sentencia de 27 de noviembre de 2001, serie C N° 86.

Corte IDH, *Caso Barrios Altos vs. Perú*, Reparaciones y Costas, sentencia de 30 de noviembre de 2001, serie C N° 87.

Corte IDH, *Caso Cantoral Benavides vs. Perú*, Reparaciones y Costas, sentencia de 3 de diciembre de 2001, serie C N° 88.

Corte IDH, *Caso Durand y Ugarte vs. Perú*, Reparaciones y Costas, sentencia de 3 de diciembre de 2001, serie C N° 89.

Corte IDH, *Caso Las Palmeras vs. Colombia*, Fondo, sentencia de 6 de diciembre de 2001, serie C N° 90.

Corte IDH, *Caso Bámaca Velásquez vs. Guatemala*, Reparaciones y Costas, sentencia de 22 de febrero de 2002, serie C N° 91.

Corte IDH, *Caso Trujillo Oroza vs. Bolivia*, Reparaciones y Costas, sentencia de 27 de febrero de 2002, serie C N° 92.

Corte IDH, *Caso 19 Comerciantes vs. Colombia*, Excepción Preliminar, sentencia de 12 de junio de 2002, serie C N° 93.

Corte IDH, *Caso Hilaire, Constantine y Benjamin y otros vs. Trinidad y Tobago*, Fondo, Reparaciones y Costas, sentencia de 21 de junio de 2002, serie C N° 94.

Corte IDH, *Caso del Caracazo vs. Venezuela*, Reparaciones y Costas, sentencia de 29 de agosto de 2002, serie C N° 95.

Corte IDH, *Caso Las Palmeras vs. Colombia*, Reparaciones y Costas, sentencia de 26 noviembre de 2002, serie C N° 96.

Corte IDH, *Caso Cantos vs. Argentina*, Fondo, Reparaciones y Costas, sentencia de 28 de noviembre de 2002, serie C N° 97.

Corte IDH, *Caso "Cinco Pensionistas" vs. Perú*, Fondo, Reparaciones y Costas, sentencia de 28 de febrero de 2003, serie C N 98.

Corte IDH, *Caso Juan Humberto Sánchez vs. Honduras*, Excepción Preliminar, Fondo, Reparaciones y Costas, sentencia de 7 de junio de 2003, serie C N° 99.

Corte IDH, *Caso Bulacio vs. Argentina*, Fondo, Reparaciones y Costas, sentencia de 18 de septiembre de 2003, serie C N° 100.

Corte IDH, *Caso Myrna Mack Chang vs. Guatemala*, Fondo, Reparaciones y Costas, sentencia de 25 de noviembre de 2003, serie C N° 101.

Corte IDH, *Caso Juan Humberto Sánchez vs. Honduras*, Interpretación de la sentencia de Excepciones Preliminares, Fondo, Reparaciones y Costas, sentencia de 26 de noviembre de 2003, serie C N° 102.

Corte IDH, *Caso Maritza Urrutia vs. Guatemala*, Fondo, Reparaciones y Costas, sentencia de 27 de noviembre de 2003, serie C N° 103.

Corte IDH, *Caso Baena Ricardo y otros vs. Panamá*, Competencia, sentencia de 28 de noviembre de 2003, serie C N° 104.

Corte IDH, *Caso Masacre Plan de Sánchez vs. Guatemala*, Fondo, sentencia de 29 de abril de 2004, serie C N° 105.

Corte IDH, *Caso Molina Theissen vs. Guatemala*, Fondo, sentencia de 4 de mayo de 2004, serie C N° 106.

Corte IDH, *Caso Herrera Ulloa vs. Costa Rica*, Excepciones Preliminares, Fondo, Reparaciones y Costas, sentencia de 2 de julio de 2004, serie C N° 107.

Corte IDH, *Caso Molina Theissen vs. Guatemala*, Reparaciones y Costas, sentencia de 3 de julio de 2004, serie C N° 108.

Corte IDH, *Caso 19 Comerciantes vs. Colombia*, Fondo, Reparaciones y Costas, sentencia de 5 de julio de 2004, serie C N° 109.

Corte IDH, *Caso de los Hermanos Gómez Paquiyauri vs. Perú*, Fondo, Reparaciones y Costas, sentencia de 8 de julio de 2004, serie C N° 110.

Corte IDH, *Caso Ricardo Canese vs. Paraguay*, Fondo, Reparaciones y Costas, sentencia de 31 de agosto de 2004, serie C N° 111.

Corte IDH, *Caso "Instituto de Reeducación del Menor" vs. Paraguay*, Excepciones Preliminares, Fondo, Reparaciones y Costas, sentencia de 2 de septiembre de 2004, serie C N° 112.

Corte IDH, *Caso Alfonso Martín del Campo Dodd vs. México*, Excepciones Preliminares, sentencia de 3 de septiembre de 2004, serie C N° 113.

Corte IDH, *Caso Tibi vs. Ecuador*, Excepciones Preliminares, Fondo, Reparaciones y Costas, sentencia de 7 de septiembre de 2004, serie C N° 114.

Corte IDH, *Caso De La Cruz Flores vs. Perú*, Fondo, Reparaciones y Costas, sentencia de 18 de noviembre de 2004, serie C N° 115.

Corte IDH, *Caso Masacre Plan de Sánchez vs. Guatemala*, Reparaciones, sentencia de 19 de noviembre de 2004, serie C N° 116.

Corte IDH, *Caso Carpio Nicolle y otros vs. Guatemala*, Fondo, Reparaciones y Costas, sentencia de 22 de noviembre de 2004, serie C N° 117.

Corte IDH, *Caso de las Hermanas Serrano Cruz vs. El Salvador*, Excepciones Preliminares, sentencia de 23 de noviembre de 2004, serie C N°. 118.

Corte IDH, *Caso Lori Berenson Mejía vs. Perú*, Fondo, Reparaciones y Costas, sentencia de 25 de noviembre de 2004, serie C N° 119.

Corte IDH, *Caso de las Hermanas Serrano Cruz vs. El Salvador*, Fondo, Reparaciones y Costas, sentencia de 1° de marzo de 2005, serie C N° 120.

Corte IDH, *Caso Huilca Tecse vs. Perú*, Fondo, Reparaciones y Costas, sentencia de 3 de marzo de 2005, serie C N° 121.

Corte IDH, *Caso de la "Masacre de Mapiripán" vs. Colombia*, Excepciones preliminares, sentencia de 7 de marzo de 2005, serie C N° 122.

Corte IDH, *Caso Caesar vs. Trinidad y Tobago*, Fondo, Reparaciones y Costas, sentencia de 11 de marzo de 2005, serie C N° 123.

Corte IDH, *Caso de la Comunidad Moiwana vs. Surinam*, Excepciones Preliminares, Fondo, Reparaciones y Costas, sentencia de 15 de junio de 2005, serie C N° 124.

Corte IDH, *Caso Comunidad Indígena Yakye Axa vs. Paraguay*, Fondo, Reparaciones y Costas, sentencia de 17 de junio de 2005, serie C N° 125.

Corte IDH, *Caso Fermín Ramírez vs. Guatemala*, Fondo, Reparaciones y Costas, sentencia de 20 de junio de 2005, serie C N° 126.

Corte IDH, *Caso Yatama vs. Nicaragua*, Excepciones Preliminares, Fondo, Reparaciones y Costas, sentencia de 23 de junio de 2005, serie C N° 127.

Corte IDH, *Caso Lori Berenson Mejía vs. Perú*, Interpretación de la Sentencia de Fondo, Reparaciones y Costas, sentencia de 23 de junio de 2005, serie C N° 128.

Corte IDH, *Caso Acosta Calderón vs. Ecuador*, Fondo, Reparaciones y Costas, sentencia de 24 de junio de 2005, serie C N° 129.

Corte IDH, *Caso de las niñas Yean y Bosico vs. República Dominicana*, sentencia de 8 de septiembre de 2005, serie C N° 130.

Corte IDH, *Caso de las Hermanas Serrano Cruz vs. El Salvador*, Interpretación de la sentencia de Fondo, Reparaciones y Costas, sentencia de 9 de septiembre de 2005, serie C N° 131.

Corte IDH, *Caso Gutiérrez Soler vs. Colombia*, Fondo, Reparaciones y Costas, sentencia de 12 de septiembre de 2005, serie C N° 132.

Corte IDH, *Caso Raxcacó Reyes vs. Guatemala*, Fondo, Reparaciones y Costas, sentencia de 15 de septiembre de 2005, serie C N° 133.

Corte IDH, *Caso de la "Masacre de Mapiripán" vs. Colombia*, sentencia de 15 de septiembre de 2005, serie C N° 134.

Corte IDH, *Caso Palamara Iribarne vs. Chile*, Fondo, Reparaciones y Costas, sentencia de 22 de noviembre de 2005, serie C N° 135.

Corte IDH, *Caso Gómez Palomino vs. Perú*, Fondo, Reparaciones y Costas, sentencia de 22 de noviembre de 2005, serie C N° 136.

Corte IDH, *Caso García Asto y Ramírez Rojas vs. Perú*, sentencia de 25 de noviembre de 2005, serie C N° 137.

Corte IDH, *Caso Blanco Romero y otros vs. Venezuela*, Fondo, Reparaciones y Costas, sentencia de 28 de noviembre de 2005, serie C N° 138.

Corte IDH, *Caso Ximenes Lopes vs. Brasil*, Excepción Preliminar, sentencia de 30 de noviembre de 2005, serie C N° 139.

Corte IDH, *Caso de la Masacre de Pueblo Bello vs. Colombia*, sentencia de 31 de enero de 2006, serie C N° 140.

Corte IDH, *Caso López Álvarez vs. Honduras*, Fondo, Reparaciones y Costas, sentencia de 1° de febrero de 2006, serie C N° 141.

Corte IDH, *Caso Comunidad Indígena Yakye Axa vs. Paraguay*, Interpretación de la sentencia de Fondo, Reparaciones y Costas, sentencia de 6 de febrero de 2006, serie C N° 142.

Corte IDH, *Caso Raxcacó Reyes vs. Guatemala*, Interpretación de la sentencia de Fondo, Reparaciones y Costas, sentencia de 6 de febrero de 2006, serie C N° 143.

Corte IDH, *Caso Acevedo Jaramillo y otros vs. Perú*, Excepciones Preliminares, Fondo, Reparaciones y Costas, sentencia de 7 de febrero de 2006, serie C N° 144.

Corte IDH, *Caso de la Comunidad Moiwana vs. Surinam*, Interpretación de la sentencia de Fondo, Reparaciones y Costas, sentencia de 8 de febrero de 2006, serie C N° 145.

Corte IDH, *Caso Comunidad Indígena Sawhoyamaxa vs. Paraguay*, Fondo, Reparaciones y Costas, sentencia de 29 de marzo de 2006, serie C N° 146.

Corte IDH, *Caso Baldeón García vs. Perú*, Fondo, Reparaciones y Costas, sentencia de 6 de abril de 2006, serie C N° 147.

Corte IDH, *Caso de las Masacres de Ituango vs. Colombia*, Fondo, Reparaciones y Costas, sentencia de 1 de julio de 2006, serie C N° 148.

Corte IDH, *Caso Ximenes Lopes vs. Brasil*, Fondo, Reparaciones y Costas, sentencia de 4 de julio de 2006, serie C N° 149.

Corte IDH, *Caso Montero Aranguren y otros (Retén de Catia) vs. Venezuela*, Excepción Preliminar, Fondo, Reparaciones y Costas, sentencia de 5 de julio de 2006, serie C N° 150.

Corte IDH, *Caso Claude Reyes y otros vs. Chile*, Fondo, Reparaciones y Costas, sentencia de 19 de septiembre de 2006, serie C N° 151.

Corte IDH, *Caso Servellón García y otros vs. Honduras*, Fondo, Reparaciones y Costas, sentencia de 21 de septiembre de 2006, serie C N° 152.

Corte IDH, *Caso Goiburú y otros vs. Paraguay*, Fondo, Reparaciones y Costas, sentencia de 22 de septiembre de 2006, serie C N° 153.

Corte IDH, *Caso Almonacid Arellano y otros vs. Chile*, Excepciones Preliminares, Fondo, Reparaciones y Costas, sentencia de 26 de septiembre de 2006, serie C N° 154.

Corte IDH, *Caso Vargas Areco vs. Paraguay*, Fondo, Reparaciones y Costas, sentencia de 26 de septiembre de 2006, serie C N° 155.

Corte IDH, *Caso de las niñas Yean y Bosico vs. República Dominicana*, Interpretación de la sentencia de Excepciones Preliminares, Fondo, Reparaciones y Costas, sentencia de 23 de noviembre de 2006, serie C N° 156.

Corte IDH, *Caso Acevedo Jaramillo y otros vs. Perú*, Interpretación de la sentencia de Excepciones Preliminares, Fondo, Reparaciones y Costas, sentencia de 24 de noviembre de 2006, serie C N° 157.

Corte IDH, *Caso Trabajadores Cesados del Congreso (Aguado Alfaro y otros) vs. Perú*, Excepciones Preliminares, Fondo, Reparaciones y Costas, sentencia de 24 de noviembre de 2006, serie C N° 158.

Corte IDH, *Caso de la Masacre de Pueblo Bello vs. Colombia*, Interpretación de la sentencia de Fondo, Reparaciones y Costas, sentencia de 25 de noviembre de 2006, serie C N° 159.

Corte IDH, *Caso del Penal Miguel Castro Castro vs. Perú*, Fondo, Reparaciones y Costas, sentencia de 25 de noviembre de 2006, serie C N° 160.

Corte IDH, *Caso Nogueira de Carvalho y otro vs. Brasil*, Excepciones Preliminares y Fondo, sentencia de 28 de noviembre de 2006, serie C N° 161.

Corte IDH, *Caso La Cantuta vs. Perú*, Fondo, Reparaciones y Costas, sentencia de 29 de noviembre de 2006, serie C N° 162.

Corte IDH, *Caso de la Masacre de La Rochela vs. Colombia*, Fondo, Reparaciones y Costas, sentencia de 11 de mayo de 2007, serie C N° 163.

Corte IDH, *Caso Bueno Alves vs. Argentina*, Fondo, Reparaciones y Costas, sentencia de 11 de mayo de 2007, serie C N° 164.

Corte IDH, *Caso Escué Zapata vs. Colombia*, Fondo, Reparaciones y Costas, sentencia de 4 de julio de 2007, serie C N° 165.

Corte IDH, *Caso Zambrano Vélez y otros vs. Ecuador*, Fondo, Reparaciones y Costas, sentencia de 4 de julio de 2007, serie C N° 166.

Corte IDH, *Caso Cantoral Huamaní y García Santa Cruz vs. Perú*, Excepción Preliminar, Fondo, Reparaciones y Costas, sentencia de 10 de julio de 2007, serie C N° 167.

Corte IDH, *Caso García Prieto y otro vs. El Salvador*, Excepciones Preliminares, Fondo, Reparaciones y Costas, sentencia de 20 de noviembre de 2007, serie C N° 168.

Corte IDH, *Caso Boyce y otros vs. Barbados*, Excepción Preliminar, Fondo, Reparaciones y Costas, sentencia de 20 de noviembre de 2007, serie C N° 169.

Corte IDH, *Caso Chaparro Álvarez y Lapo Íñiguez vs. Ecuador*, Excepciones Preliminares, Fondo, Reparaciones y Costas, sentencia de 21 de noviembre de 2007, serie C N° 170.

Corte IDH, *Caso Albán Cornejo y otros vs. Ecuador*, Fondo, Reparaciones y Costas, sentencia de 22 de noviembre de 2007, serie C N° 171.

Corte IDH, *Caso del Pueblo Saramaka vs. Surinam*, Excepciones Preliminares, Fondo, Reparaciones y Costas, sentencia de 28 de noviembre de 2007, serie C N° 172.

Corte IDH, *Caso La Cantuta vs. Perú*, Interpretación de la Sentencia de Fondo, Reparaciones y Costas, sentencia de 30 de noviembre de 2007, serie C N° 173.

Corte IDH, *Caso Trabajadores Cesados del Congreso (Aguado Alfaro y otros) vs. Perú*, Interpretación de la sentencia de Excepciones Preliminares, Fondo, Reparaciones y Costas, sentencia de 30 de noviembre de 2007, serie C N° 174.

Corte IDH, *Caso de la Masacre de La Rochela vs. Colombia*, Interpretación de la sentencia de Fondo, Reparaciones y Costas, sentencia de 28 de enero de 2008, serie C N° 175.

Corte IDH, *Caso Cantoral Huamaní y García Santa Cruz vs. Perú*, Interpretación de la sentencia de Excepción Preliminar, Fondo, Reparaciones y Costas, sentencia de 28 de enero de 2008, serie C N° 176.

Corte IDH, *Caso Kimel vs. Argentina*, Fondo, Reparaciones y Costas, sentencia de 2 de mayo de 2008, serie C N° 177.

Corte IDH, *Caso Escué Zapata vs. Colombia*, Interpretación de la sentencia de Fondo, Reparaciones y Costas, sentencia de 5 de mayo de 2008, serie C N° 178.

Corte IDH, *Caso Salvador Chiriboga vs. Ecuador*, Excepción Preliminar y Fondo, sentencia de 6 de mayo de 2008, serie C N° 179.

Corte IDH, *Caso Yvon Neptune vs. Haití*, Fondo, Reparaciones y Costas, sentencia de 6 de mayo de 2008, serie C N° 180.

Corte IDH, *Caso del Penal Miguel Castro Castro vs. Perú*, Interpretación de la sentencia de Fondo, Reparaciones y Costas, sentencia de 2 de agosto de 2008, serie C N° 181.

Corte IDH, *Caso Apitz Barbera y otros ("Corte Primera de lo Contencioso Administrativo") vs. Venezuela*, Excepción Preliminar, Fondo, Reparaciones y Costas, sentencia de 5 de agosto de 2008, serie C N° 182.

Corte IDH, *Caso Albán Cornejo y otros vs. Ecuador, Interpretación de la sentencia de Fondo, Reparaciones y Costas*, sentencia de 5 de agosto de 2008, serie C N° 183.

Corte IDH, *Caso Castañeda Gutman vs. México*, Excepciones Preliminares, Fondo, Reparaciones y Costas, sentencia de 6 de agosto de 2008, serie C N° 184.

Corte IDH, *Caso del Pueblo Saramaka vs. Surinam*, Interpretación de la sentencia de Excepciones Preliminares, Fondo, Reparaciones y Costas, sentencia de 12 de agosto de 2008, serie C N° 185.

Corte IDH, *Caso Heliodoro Portugal vs. Panamá*, Excepciones Preliminares, Fondo, Reparaciones y Costas, sentencia de 12 de agosto de 2008, serie C N° 186.

Corte IDH, *Caso Bayarri vs. Argentina*, Excepción Preliminar, Fondo, Reparaciones y Costas, sentencia de 30 de octubre de 2008, serie C N° 187.

Corte IDH, *Caso García Prieto y otros vs. El Salvador*, Interpretación de la sentencia de Excepciones Preliminares, Fondo, Reparaciones y Costas, sentencia de 24 de noviembre de 2008, serie C N° 188.

Corte IDH, *Caso Chaparro Álvarez y Lapo Íñiguez vs. Ecuador*, Interpretación de la sentencia de Excepciones Preliminares, Fondo, Reparaciones y Costas, sentencia de 26 de noviembre de 2008, serie C N° 189.

Corte IDH, *Caso Tiu Tojín vs. Guatemala*, Fondo, Reparaciones y Costas. Sentencia de 26 de noviembre de 2008, serie C N° 190.

Corte IDH, *Caso Ticona Estrada y otros vs. Bolivia*, Fondo, Reparaciones y Costas, sentencia de 27 de noviembre de 2008, serie C N° 191.

Corte IDH, *Caso Valle Jaramillo y otros vs. Colombia*, Fondo, Reparaciones y Costas, sentencia de 27 de noviembre de 2008, serie C N° 192.

Corte IDH, *Caso Tristán Donoso vs. Panamá*, Excepción Preliminar, Fondo, Reparaciones y Costas, sentencia de 27 de enero de 2009, serie C N° 193.

Corte IDH, *Caso Ríos y otros vs. Venezuela*, Excepciones Preliminares, Fondo, Reparaciones y Costas, sentencia de 28 de enero de 2009, serie C N° 194.

Corte IDH, *Caso Perozo y otros vs. Venezuela*, Excepciones Preliminares, Fondo, Reparaciones y Costas, sentencia de 28 de enero de 2009, serie C N° 195.

Corte IDH, *Caso Kawas Fernández vs. Honduras*, Fondo, Reparaciones y Costas, sentencia de 3 de abril de 2009, serie C N° 196.

Corte IDH, *Caso Reverón Trujillo vs. Venezuela*, Excepción Preliminar, Fondo, Reparaciones y Costas, sentencia de 30 de junio de 2009, serie C N° 197.

Corte IDH, *Caso Acevedo Buendía y otros ("Cesantes y Jubilados de la Contraloría") vs. Perú*, Excepción Preliminar, Fondo, Reparaciones y Costas, sentencia de 1° de julio de 2009, serie C N° 198.

Corte IDH, *Caso Ticona Estrada y otros vs. Bolivia*, Interpretación de la sentencia de Fondo, Reparaciones y Costas, sentencia de 1° de julio de 2009, serie C N° 199.

Corte IDH, *Caso Escher y otros vs. Brasil*, Excepciones Preliminares, Fondo, Reparaciones y Costas, sentencia de 6 de julio de 2009, serie C N° 200.

Corte IDH, *Caso Valle Jaramillo y otros vs. Colombia*, Interpretación de la sentencia de Fondo, Reparaciones y Costas, sentencia de 7 de julio de 2009, serie C N° 201.

Corte IDH, *Caso Anzualdo Castro vs. Perú*, Excepción Preliminar, Fondo, Reparaciones y Costas, sentencia de 22 de septiembre de 2009, serie C N° 202.

Corte IDH, *Caso Garibaldi vs. Brasil*, Excepciones Preliminares, Fondo, Reparaciones y Costas, sentencia de 23 de septiembre de 2009, serie C N° 203.

Corte IDH, *Caso Dacosta Cadogan vs. Barbados*, Excepciones Preliminares, Fondo, Reparaciones y Costas, sentencia de 24 de septiembre de 2009, serie C N° 204.

Corte IDH, *Caso González y otras ("Campo Algodonero") vs. México*, Excepción Preliminar, Fondo, Reparaciones y Costas, sentencia de 16 de noviembre de 2009, serie C N° 205.

Corte IDH, *Caso Barreto Leiva vs. Venezuela*, Fondo, Reparaciones y Costas, sentencia de 17 de noviembre de 2009, serie C N° 206.

Corte IDH, *Caso Usón Ramírez vs. Venezuela*, Excepción Preliminar, Fondo, Reparaciones y Costas, sentencia de 20 de noviembre de 2009, serie C N° 207.

Corte IDH, *Caso Escher y otros vs. Brasil*, Interpretación de la sentencia de Excepciones Preliminares, Fondo, Reparaciones y Costas, sentencia de 20 de noviembre de 2009, serie C N° 208.

Corte IDH, *Caso Radilla Pacheco vs. México*, Excepciones Preliminares, Fondo, Reparaciones y Costas, sentencia de 23 de noviembre de 2009, serie C N° 209.

Corte IDH, *Caso Acevedo Buendía y otros ("Cesantes y Jubilados de la Contraloría") vs. Perú*, Interpretación de la sentencia de Excepción Preliminar, Fondo, Reparaciones y Costas, sentencia de 24 de noviembre de 2009, serie C N° 210.

Corte IDH, *Caso de la Masacre de Las Dos Erres vs. Guatemala*, Excepción Preliminar, Fondo, Reparaciones y Costas, sentencia de 24 de noviembre de 2009, serie C N° 211.

Corte IDH, *Caso Chitay Nech y otros vs. Guatemala*, Excepciones Preliminares, Fondo, Reparaciones y Costas, sentencia de 25 de mayo de 2010, serie C N° 212.

Corte IDH, *Caso Cepeda Vargas vs. Colombia*, Excepciones Preliminares, Fondo, Reparaciones y Costas, sentencia de 26 de mayo de 2010, serie C N° 213.

Corte IDH, *Caso Comunidad Indígena Xákmok Kásek vs. Paraguay*, Fondo, Reparaciones y Costas, sentencia de 24 de agosto de 2010, serie C N° 214.

Corte IDH, *Caso Fernández Ortega y otros vs. México*, Excepción Preliminar, Fondo, Reparaciones y Costas, sentencia de 30 de agosto de 2010, serie C N° 215.

Corte IDH, *Caso Rosendo Cantú y otra vs. México*, Excepción Preliminar, Fondo, Reparaciones y Costas, sentencia de 31 de agosto de 2010, serie C N° 216.

Corte IDH, *Caso Ibsen Cárdenas e Ibsen Peña vs. Bolivia*, Fondo, Reparaciones y Costas, sentencia de 1° de septiembre de 2010, serie C N° 217.

Corte IDH, *Caso Vélez Loor vs. Panamá*, Excepciones Preliminares, Fondo, Reparaciones y Costas, sentencia de 23 de noviembre de 2010, serie C N° 218.

Corte IDH, *Caso Gomes Lund y otros ("Guerrilha do Araguaia") vs. Brasil*, Excepciones Preliminares, Fondo, Reparaciones y Costas, sentencia de 24 de noviembre de 2010, serie C N° 219.

Corte IDH, *Caso Cabrera García y Montiel Flores vs. México*, Excepción Preliminar, Fondo, Reparaciones y Costas, sentencia de 26 de noviembre de 2010, serie C N° 220.

Corte IDH, *Caso Gelman vs. Uruguay*, Fondo y Reparaciones, sentencia de 24 de febrero de 2011, serie C N° 221.

Corte IDH, *Caso Salvador Chiriboga vs. Ecuador*, Reparaciones y Costas, sentencia de 3 de marzo de 2011, serie C N° 222.

Corte IDH, *Caso Abrill Alosilla y otros vs. Perú*, Fondo, Reparaciones y Costas, sentencia de 4 de marzo de 2011, serie C N° 223.

Corte IDH, *Caso Fernández Ortega y otros vs. México*, Interpretación de la sentencia de Excepción Preliminar, Fondo, Reparaciones y Costas, sentencia de 15 de mayo de 2011, serie C N° 224.

Corte IDH, *Caso Rosendo Cantú y otra vs. México*, Interpretación de la sentencia de Excepción Preliminar, Fondo, Reparaciones y Costas, sentencia de 15 de mayo de 2011, serie C N° 225.

Corte IDH, *Caso Vera Vera y otra vs. Ecuador*, Excepción Preliminar, Fondo, Reparaciones y Costas, sentencia de 19 de mayo de 2011, serie C N° 226.

Corte IDH, *Caso Chocrón Chocrón vs. Venezuela*, Excepción Preliminar, Fondo, Reparaciones y Costas, sentencia de 1° de julio de 2011, serie C N° 227.

Corte IDH, *Caso Mejía Idrovo vs. Ecuador*, Excepciones Preliminares, Fondo, Reparaciones y Costas, sentencia de 5 de julio de 2011, serie C N° 228.

Corte IDH, *Caso Torres Millacura y otros vs. Argentina*, Fondo, Reparaciones y Costas, sentencia de 26 de agosto de 2011, serie C N° 229.

Corte IDH, *Caso Salvador Chiriboga vs. Ecuador*, Interpretación de la sentencia de Reparaciones y Costas, sentencia de 29 de agosto de 2011, serie C N° 230.

Corte IDH, *Caso Grande vs. Argentina*, Excepciones Preliminares y Fondo, sentencia de 31 de agosto de 2011, serie C N° 231.

Corte IDH, *Caso Contreras y otros vs. El Salvador*, Fondo, Reparaciones y Costas, sentencia de 31 de agosto de 2011, serie C N° 232.

Corte IDH, *Caso López Mendoza vs. Venezuela*, Fondo, Reparaciones y Costas, sentencia de 1° de septiembre de 2011, serie C N° 233.

Corte IDH, *Caso Barbani Duarte y otros vs. Uruguay*, Fondo, Reparaciones y costas, sentencia de 13 de octubre de 2011, serie C N° 234.

Corte IDH, *Caso Abrill Alosilla y otros vs. Perú*, Interpretación de la sentencia de Fondo, Reparaciones y Costas, sentencia de 21 de noviembre de 2011, serie C N° 235.

Corte IDH, *Caso Fleury y otros vs. Haití*, Fondo y Reparaciones, sentencia de 23 de noviembre de 2011, serie C N° 236.

Corte IDH, *Caso Familia Barrios vs. Venezuela*, Fondo, Reparaciones y Costas, sentencia de 24 de noviembre de 2011, serie C N° 237.

Corte IDH, *Caso Fontevecchia y D`Amico vs. Argentina*, Fondo, Reparaciones y Costas, sentencia de 29 de noviembre de 2011, serie C N° 238.

Corte IDH, *Caso Atala Riffo y niñas vs. Chile*, Fondo, Reparaciones y Costas, sentencia de 24 de febrero de 2012, serie C N° 239.

Corte IDH, *Caso González Medina y familiares vs. República Dominicana*, Excepciones Preliminares, Fondo, Reparaciones y Costas, sentencia de 27 de febrero de 2012, serie C N° 240.

Corte IDH, *Caso Pacheco Teruel y otros vs. Honduras*, Fondo, Reparaciones y Costas, sentencia de 27 de abril de 2012, serie C N° 241.

Corte IDH, *Caso Fornerón e hija vs. Argentina*, Fondo, Reparaciones y Costas, sentencia de 27 de abril de 2012, serie C N° 242.

Corte IDH, *Caso Barbani Duarte y otros vs. Uruguay*, Interpretación de la sentencia de Fondo, Reparaciones y Costas, sentencia de 26 de junio de 2012, serie C N° 243.

Corte IDH, *Caso Díaz Peña vs. Venezuela*, Excepción Preliminar, Fondo, Reparaciones y Costas, sentencia de 26 de junio de 2012, serie C N° 244.

Corte IDH, *Caso Pueblo Indígena Kichwa de Sarayaku vs. Ecuador*, Fondo y Reparaciones, sentencia de 27 de junio de 2012, serie C N° 245.

Corte IDH, *Caso Furlan y familiares vs. Argentina*, Excepciones Preliminares, Fondo, Reparaciones y Costas, sentencia de 31 de agosto de 2012, serie C N° 246.

Corte IDH, *Caso Palma Mendoza y otros vs. Ecuador*, Excepción Preliminar y Fondo, sentencia de 3 de septiembre de 2012, serie C N° 247.

Corte IDH, *Caso Vélez Restrepo y familiares vs. Colombia*, Excepción Preliminar, Fondo, Reparaciones y Costas, sentencia de 3 de septiembre de 2012, serie C N° 248.

Corte IDH, *Caso Uzcátegui y otros vs. Venezuela*, Fondo y Reparaciones, sentencia de 3 de septiembre de 2012, serie C N° 249.

Corte IDH, *Caso Masacres de Río Negro vs. Guatemala*, Excepción Preliminar, Fondo, Reparaciones y Costas, sentencia de 4 de septiembre de 2012, serie C N° 250.

Corte IDH, *Caso Nadege Dorzema y otros vs. República Dominicana*, Fondo, Reparaciones y Costas, sentencia de 24 de octubre de 2012, serie C N° 251.

Corte IDH, *Caso Masacres de El Mozote y lugares aledaños vs. El Salvador*, Fondo, Reparaciones y Costas, sentencia de 25 de octubre de 2012, serie C N° 252.

Corte IDH, *Caso Gudiel Álvarez y otros ("Diario Militar") vs. Guatemala*, Fondo, Reparaciones y Costas, sentencia de 20 noviembre de 2012, serie C N° 253.

Corte IDH, *Caso Atala Riffo y niñas vs. Chile*, Interpretación de la Sentencia de Fondo, Reparaciones y Costas, sentencia de 21 de noviembre de 2012, serie C N° 254.

Corte IDH, *Caso Mohamed vs. Argentina*, Excepción Preliminar, Fondo, Reparaciones y Costas, sentencia de 23 noviembre de 2012, serie C N° 255.

Corte IDH, *Caso Castillo González y otros vs. Venezuela*, Fondo, sentencia de 27 de noviembre de 2012, Serie C N° 256.

Corte IDH, *Caso Artavia Murillo y otros (Fecundación in Vitro) vs. Costa Rica*, Excepciones Preliminares, Fondo, Reparaciones y Costas, sentencia de 28 de noviembre de 2012, serie C N° 257.

Corte IDH, *Caso García y familiares vs. Guatemala*, Fondo, Reparaciones y Costas, sentencia de 29 noviembre de 2012, serie C N° 258.

Corte IDH, *Caso Masacre de Santo Domingo vs. Colombia*, Excepciones Preliminares, Fondo y Reparaciones, sentencia de 30 de noviembre de 2012, serie C N° 259.

Corte IDH, *Caso Mendoza y otros vs. Argentina*, Excepciones Preliminares, Fondo y Reparaciones, sentencia de 14 de mayo de 2013, serie C N° 260.

Corte IDH, *Caso Suárez Peralta vs. Ecuador*, Excepciones Preliminares, Fondo, Reparaciones y Costas, sentencia de 21 de mayo de 2013, serie C N° 261.

Corte IDH, *Caso Gudiel Álvarez y otros ("Diario Militar") vs. Guatemala*, Interpretación de la sentencia de Fondo, Reparaciones y Costas, sentencia de 19 de agosto de 2013, serie C N° 262.

Corte IDH, *Caso Masacre de Santo Domingo vs. Colombia*, Interpretación de la sentencia sobre Excepciones Preliminares, Fondo, Reparaciones y Costas, sentencia de 19 de agosto de 2013, serie C N° 263.

Corte IDH, *Caso Masacres de El Mozote y lugares aledaños vs. El Salvador*, Interpretación de la sentencia de Fondo, Reparaciones y Costas, sentencia de 19 de agosto de 2013, serie C N° 264.

Corte ID, *Caso Mémoli vs. Argentina*, Excepciones Preliminares, Fondo, Reparaciones y Costas, sentencia de 22 de agosto de 2013, serie C N° 265.

Corte IDH, *Caso de la Corte Suprema de Justicia (Quintana Coello y otros) vs. Ecuador*, Excepción Preliminar, Fondo, Reparaciones y Costas, sentencia de 23 de agosto de 2013, serie C N° 266.

Corte IDH, *Caso García Lucero y otras vs. Chile*, Excepción Preliminar, Fondo y Reparaciones, sentencia de 28 de agosto de 2013, serie C N° 267.

Corte IDH, *Caso del Tribunal Constitucional (Camba Campos y otros) vs. Ecuador*, Excepciones Preliminares, Fondo, Reparaciones y Costas, sentencia de 28 de agosto de 2013, serie C N° 268.

Corte IDH, *Caso Luna López vs. Honduras*, Fondo, Reparaciones y Costas, sentencia de 10 de octubre de 2013, serie C N° 269.

Corte IDH, *Caso de las Comunidades Afrodescendientes desplazadas de la Cuenca del Río Cacarica (Operación Génesis) vs. Colombia*, Excepciones Preliminares, Fondo, Reparaciones y Costas, sentencia de 20 de noviembre de 2013, serie C N° 270.

Corte IDH, *Caso Gutiérrez y familia vs. Argentina*, Fondo, Reparaciones y Costas, sentencia de 25 de noviembre de 2013, serie C N° 271.

Corte IDH, *Caso Familia Pacheco Tineo vs. Bolivia*, Excepciones Preliminares, Fondo, Reparaciones y Costas, sentencia de 25 de noviembre de 2013, serie C N° 272.

Corte IDH, *Caso García Cruz y Sánchez Silvestre vs. México*, Fondo, Reparaciones y Costas, sentencia de 26 de noviembre de 2013, serie C N° 273.

Corte IDH, *Caso Osorio Rivera y familiares vs. Perú*, Excepciones Preliminares, Fondo, Reparaciones y Costas, sentencia de 26 de noviembre de 2013, serie C N° 274.

Corte IDH, *Caso J. vs. Perú*, Excepción Preliminar, Fondo, Reparaciones y Costas, sentencia de 27 de noviembre de 2013, serie C N° 275.

Corte IDH, *Caso Liakat Ali Alibux vs. Surinam*, Excepciones Preliminares, Fondo, Reparaciones y Costas, sentencia de 30 de enero de 2014, serie C N° 276.

Corte IDH, *Caso Véliz Franco y otros vs. Guatemala*, Excepciones Preliminares, Fondo, Reparaciones y Costas, sentencia de 19 de mayo de 2014, serie C N° 277.

Corte IDH, *Caso Brewer Carías vs. Venezuela*, Excepciones Preliminares, sentencia de 26 de mayo de 2014, serie C N° 278.

Corte IDH, *Caso Norín Catrimán y otros (Dirigentes, Miembros y Activista del Pueblo Indígena Mapuche) vs. Chile*, Fondo, Reparaciones y Costas, sentencia de 29 de mayo de 2014, Serie C N° 279.

Corte IDH, *Caso de la Corte Suprema de Justicia (Quintana Coello y otros) vs. Ecuador*, Interpretación de la sentencia de Excepción Preliminar, Fondo, Reparaciones y Costas, sentencia de 21 de agosto de 2014, serie C N° 280.

Corte IDH, *Caso Hermanos Landaeta Mejías y otros vs. Venezuela*, Excepciones Preliminares, Fondo, Reparaciones y Costas, sentencia de 27 de agosto de 2014, serie C N° 281.

Corte IDH, *Caso de Personas dominicanas y haitianas expulsadas vs. República Dominicana*, Excepciones Preliminares, Fondo, Reparaciones y Costas, sentencia de 28 de agosto de 2014, serie C N° 282.

Corte IDH, *Caso Defensor de Derechos Humanos y otros vs. Guatemala. Excepciones Preliminares*, Fondo, Reparaciones y Costas, sentencia de 28 de agosto de 2014, serie C N° 283.

Corte IDH, *Caso de los Pueblos Indígenas Kuna de Madungandí y Emberá de Bayano y sus miembros vs. Panamá*, Excepciones Preliminares, Fondo, Reparaciones y Costas, sentencia de 14 de octubre de 2014, serie C N° 284.

Corte IDH, *Caso Rochac Hernández y otros vs. El Salvador*, Fondo, Reparaciones y Costas, sentencia de 14 de octubre de 2014, serie C N° 285.

Corte IDH, *Caso Tarazona Arrieta y otros vs. Perú*, Excepción Preliminar, Fondo, Reparaciones y Costas, sentencia de 15 de octubre de 2014, serie C N° 286.

Corte IDH, *Caso Rodríguez Vera y otros (Desaparecidos del Palacio de Justicia) vs. Colombia*, Excepciones Preliminares, Fondo, Reparaciones y Costas, sentencia de 14 de noviembre de 2014, serie C N° 287.

Corte IDH, *Caso Argüelles y otros vs. Argentina*, Excepciones Preliminares, Fondo, Reparaciones y Costas, sentencia de 20 de noviembre de 2014, serie C N° 288.

Corte IDH, *Caso Espinoza Gonzáles vs. Perú*, Excepciones Preliminares, Fondo, Reparaciones y Costas, sentencia de 20 de noviembre de 2014, serie C N° 289.

Corte IDH, *Caso Osorio Rivera y familiares vs. Perú*, Interpretación de la sentencia de Excepciones Preliminares, Fondo, Reparaciones y Costas, sentencia de 20 de noviembre de 2014, serie C N° 290.

Corte IDH, *Caso J. vs. Perú*, Interpretación de la sentencia de Excepción Preliminar, Fondo, Reparaciones y Costas, sentencia de 20 de noviembre de 2014, serie C N° 291.

Corte IDH, *Caso Cruz Sánchez y otros vs. Perú*, Excepciones Preliminares, Fondo, Reparaciones y Costas, sentencia de 17 de abril de 2015, serie C N° 292.

Corte IDH, *Caso Granier y otros (Radio Caracas Televisión) vs. Venezuela*, Excepciones Preliminares, Fondo, Reparaciones y Costas, sentencia de 22 de junio de 2015, serie C N° 293.

Corte IDH, *Caso Argüelles y otros vs. Argentina*, Interpretación de la sentencia de Excepción Preliminar, Fondo, Reparaciones y Costas, sentencia de 23 de junio de 2015, serie C N° 294.

Corte IDH, *Caso Espinoza Gonzáles vs. Perú*, Interpretación de la sentencia de Excepciones Preliminares, Fondo, Reparaciones y Costas, sentencia de 23 de junio de 2015, serie C N° 295.

Corte IDH, *Caso Canales Huapaya y otros vs. Perú*, Excepciones Preliminares, Fondo, Reparaciones y Costas, sentencia de 24 de junio de 2015, serie C N° 296.

Corte IDH, *Caso Wong Ho Wing vs. Perú*, Excepción Preliminar, Fondo, Reparaciones y Costas, sentencia de 30 de junio de 2015, serie C N° 297.

Corte IDH, *Caso Gonzales Lluy y otros vs. Ecuador*, Excepciones Preliminares, Fondo, Reparaciones y Costas, sentencia de 1° de septiembre de 2015, serie C N° 298.

Corte IDH, *Caso Comunidad Campesina de Santa Bárbara vs. Perú*, Excepciones Preliminares, Fondo, Reparaciones y Costas, sentencia de 1° de septiembre de 2015, serie C N° 299.

Corte IDH, *Caso Maldonado Vargas y otros vs. Chile*, Fondo, Reparaciones y Costas, sentencia de 2 de septiembre de 2015, serie C N° 300.

Corte IDH, *Caso Galindo Cárdenas y otros vs. Perú*, Excepciones Preliminares, Fondo, Reparaciones y Costas, sentencia de 2 de octubre de 2015, serie C N° 301.

Corte IDH, *Caso López Lone y otros vs. Honduras*, Excepción Preliminar, Fondo, Reparaciones y Costas, sentencia de 5 de octubre de 2015, serie C N° 302.

Corte IDH, *Caso Ruano Torres y otros vs. El Salvador*, Fondo, Reparaciones y Costas, sen

Corte IDH, *Caso Comunidad Garífuna de Punta Piedra y sus miembros vs. Honduras*, Excepciones Preliminares, Fondo, Reparaciones y Costas, sentencia de 8 de octubre de 2015, serie C N° 304.

Corte IDH, *Caso Comunidad Garífuna Triunfo de la Cruz y sus miembros vs. Honduras*, Fondo, Reparaciones y Costas, sentencia de 8 de octubre de 2015, serie C N° 305.

Corte IDH, *Caso García Ibarra y otros vs. Ecuador*, Excepciones Preliminares, Fondo, Reparaciones y Costas, sentencia de 17 de noviembre de 2015, serie C N° 306.

Corte IDH, *Caso Velásquez Paiz y otros vs. Guatemala*, Excepciones Preliminares, Fondo, Reparaciones y Costas, sentencia de 19 de noviembre de 2015, serie C N° 307.

Corte IDH, *Caso Quispialaya Vilcapoma vs. Perú*, Excepciones Preliminares, Fondo, Reparaciones y Costas, sentencia de 23 de noviembre de 2015, serie C N° 308.

Corte IDH, *Caso Pueblos Kaliña y Lokono vs. Surinam*, Fondo, Reparaciones y Costas, sentencia de 25 de noviembre de 2015, serie C N° 309.

Corte IDH, *Caso Duque vs. Colombia*, Excepciones Preliminares, Fondo, Reparaciones y Costas, sentencia de 26 de febrero de 2016, serie C N° 310.

Corte IDH, *Caso Maldonado Ordóñez vs. Guatemala*, Excepción Preliminar, Fondo, Reparaciones y Costas, sentencia de 3 de mayo de 2016, serie C N° 311.

Corte IDH, *Caso Chinchilla Sandoval y otros vs. Guatemala*, Excepción Preliminar, Fondo, Reparaciones y Costas, sentencia de 29 de febrero de 2016, serie C N° 312.

Corte IDH, *Caso Wong Ho Wing vs. Perú*, Interpretación de la sentencia de Excepción Preliminar, Fondo, Reparaciones y Costas, sentencia de 22 de junio de 2016, serie C N° 313.

Corte IDH, *Caso Tenorio Roca y otros vs. Perú*, Excepciones Preliminares, Fondo, Reparaciones y Costas, sentencia de 22 de junio de 2016, serie C N° 314.

Corte IDH, *Caso Flor Freire vs. Ecuador*, Excepción Preliminar, Fondo, Reparaciones y Costas, sentencia de 31 de agosto de 2016, serie C N° 315.

Corte IDH, *Caso Herrera Espinoza y otros vs. Ecuador*, Excepciones Preliminares, Fondo, Reparaciones y Costas, sentencia de 1° de septiembre de 2016, serie C N° 316.

Corte IDH, *Caso López Lone y otros vs. Honduras*, Interpretación de la sentencia de Excepción Preliminar, Fondo, Reparaciones y Costas, sentencia de 2 de septiembre de 2016, serie C N° 317.

Corte IDH, *Caso Trabajadores de la Hacienda Brasil Verde vs. Brasil*, Excepciones Preliminares, Fondo, Reparaciones y Costas, sentencia de 20 de octubre de 2016, serie C N° 318.

Corte IDH, *Caso Pollo Rivera y otros vs. Perú*, Fondo, Reparaciones y Costas, sentencia de 21 de octubre de 2016, serie C N° 319.

Corte IDH, *Caso Quispialaya Vilcapoma vs. Perú*, Interpretación de la sentencia de Excepciones Preliminares, Fondo, Reparaciones y Costas, sentencia de 21 de noviembre de 2016, serie C N° 320.

Corte IDH, *Caso Canales Huapaya y otros vs. Perú*, Interpretación de la sentencia de Excepciones Preliminares, Fondo, Reparaciones y Costas, sentencia de 21 de noviembre de 2016, serie C N° 321.

Corte IDH, *Caso Duque vs. Colombia*, Interpretación de la sentencia de Excepciones Preliminares, Fondo, Reparaciones y Costas, sentencia de 21 de noviembre de 2016, serie C N° 322.

Corte IDH, *Caso Galindo Cárdenas y otros vs. Perú*, Interpretación de la sentencia de Excepciones Preliminares, Fondo, Reparaciones y Costas, sentencia de 21 de noviembre de 2016, serie C N° 323.

Corte IDH, *Caso Comunidad Campesina de Santa Bárbara vs. Perú*, Interpretación de la sentencia de Excepciones Preliminares, Fondo, Reparaciones y Costas, sentencia de 21 de noviembre de 2016, serie C N° 324.

Corte IDH, *Caso Yarce y otras vs. Colombia*, Excepción Preliminar, Fondo, Reparaciones y Costas, sentencia de 22 de noviembre de 2016, serie C N° 325.

Corte IDH, *Caso Gómez Murillo y otros vs. Costa Rica*, Homologación de solución amistosa, sentencia de 29 de noviembre de 2016, serie C N° 326.

Corte IDH, *Caso Valencia Hinojosa y otra vs. Ecuador*, Excepciones Preliminares, Fondo, Reparaciones y Costas, sentencia de 29 de noviembre de 2016, serie C N° 327.

Corte IDH, *Caso Miembros de la Aldea Chichupac y comunidades vecinas del Municipio de Rabinal vs. Guatemala*, Excepciones Preliminares, Fondo, Reparaciones y Costas, sentencia de 30 de noviembre de 201, serie C N° 328.

Corte IDH, *Caso I. V. vs. Bolivia*, Excepciones Preliminares, Fondo, Reparaciones y Costas, sentencia de 30 de noviembre de 2016, serie C N° 329.

Corte IDH, *Caso Andrade Salmón vs. Bolivia*, Fondo, Reparaciones y Costas, sentencia de 1° de diciembre de 2016, serie C N° 330.

Corte IDH, *Caso Zegarra Marín vs. Perú*, Excepciones Preliminares, Fondo, Reparaciones y Costas, sentencia de 15 de febrero de 2017, serie C N° 331.

Corte IDH, *Caso Vásquez Durand y otros vs. Ecuador*, Excepciones Preliminares, Fondo, Reparaciones y Costas, sentencia de 15 de febrero de 2017, serie C N° 332.

Corte IDH, *Caso Favela Nova Brasilia vs. Brasil*, Excepciones Preliminares, Fondo, Reparaciones y Costas, sentencia de 16 de febrero de 2017, serie C N° 333.

Corte IDH, *Caso Acosta y otros vs. Nicaragua*, Excepciones Preliminares, Fondo, Reparaciones y Costas, sentencia de 25 de marzo de 2017, serie C N° 334.

Corte IDH, *Caso Pollo Rivera y otros vs. Perú*, Interpretación de la sentencia de Fondo, Reparaciones y Costas, sentencia de 25 de mayo de 2017, serie C N° 335.

Corte IDH, *Caso I. V. vs. Bolivia*, Interpretación de la sentencia de Excepciones Preliminares, Fondo, Reparaciones y Costas, sentencia de 25 de mayo de 2017, serie C N° 336.

Corte IDH, *Caso Trabajadores de la Hacienda Brasil Verde vs. Brasil*, Interpretación de la sentencia de Excepciones Preliminares, Fondo, Reparaciones y Costas, sentencia de 22 de agosto de 2017, serie C N° 337.

Corte IDH, *Caso Ortiz Hernández y otros vs. Venezuela*. Fondo, Reparaciones y Costas, sentencia de 22 de agosto de 2017, serie C N° 338.

Corte IDH, *Caso Gutiérrez Hernández y otros vs. Guatemala*, Excepciones Preliminares, Fondo, Reparaciones y Costas, sentencia de 24 de agosto de 2017, serie C N° 339.

Corte IDH, *Caso Lagos del Campo vs. Perú*, Excepciones Preliminares, Fondo, Reparaciones y Costas, sentencia de 31 de agosto de 2017, serie C N° 340.

Corte IDH, *Caso Vereda La Esperanza vs. Colombia*, Excepciones Preliminares, Fondo, Reparaciones y Costas, sentencia de 31 de agosto de 2017, serie C N° 341.

Corte IDH, *Caso Pacheco León y otros vs. Honduras*, Fondo, Reparaciones y Costas, sentencia de 15 de noviembre 2017, serie C N° 342.

Corte IDH, *Caso Yarce y otras vs. Colombia*, Interpretación de la sentencia de Excepción Preliminar, Fondo, Reparaciones y Costas, sentencia de 21 de noviembre 2017, Serie C N° 343.

Corte IDH, *Caso Trabajadores Cesados de Petroperú y otros vs. Perú*, Excepciones Preliminares, Fondo, Reparaciones y Costas, sentencia de 23 de noviembre de 2017, serie C N° 344.

Corte IDH, *Caso Favela Nova Brasilia vs. Brasil*, Interpretación de la sentencia de Excepciones Preliminares, Fondo, Reparaciones y Costas, sentencia de 5 de febrero de 2018, serie C N° 345.

Corte IDH, *Caso Pueblo Indígena Xucuru y sus miembros vs. Brasil.* Excepciones Preliminares, Fondo, Reparaciones y Costas, sentencia de 5 de febrero de 2018, serie C N° 346.

Corte IDH, *Caso Zegarra Marín vs. Perú,* Interpretación de la sentencia de Excepciones Preliminares, Fondo, Reparaciones y Costas, sentencia de 8 de febrero de 2018, serie C N° 347.

Corte IDH, *Caso San Miguel Sosa y otras vs. Venezuela,* Fondo, Reparaciones y Costas, sentencia de 8 de febrero de 2018, serie C N° 348.

Corte IDH, *Caso Poblete Vilches y otros vs. Chile,* Fondo, Reparaciones y Costas, sentencia de 8 de marzo de 2018, serie C N° 349.

Corte IDH, *Caso V.R.P., V.P.C. y otros vs. Nicaragua,* Excepciones Preliminares, Fondo, Reparaciones y Costas, sentencia de 8 de marzo de 2018, serie C N° 350.

Corte IDH, *Caso Ramírez Escobar y otros vs. Guatemala,* Fondo, Reparaciones y Costas, sentencia de 9 de marzo de 2018, serie C N° 351.

Corte IDH, *Caso Carvajal Carvajal y otros vs. Colombia,* Fondo, Reparaciones y Costas, sentencia de 13 de marzo de 2018, serie C N° 352.

Corte IDH, *Caso Herzog y otros vs. Brasil,* Excepciones Preliminares, Fondo, Reparaciones y Costas, sentencia de 15 de marzo de 2018, Serie C N° 353.

Corte IDH, *Caso Amrhein y otros vs. Costa Rica,* Excepciones Preliminares, Fondo, Reparaciones y Costas, sentencia de 25 de abril de 2018, serie C N° 354.

Corte IDH, *Caso Munárriz Escobar y otros vs. Perú,* Excepción Preliminar, Fondo, Reparaciones y Costas, sentencia de 20 de agosto de 2018, serie C N° 355.

Corte IDH, *Caso Coc Max y otros (Masacre de Xamán) vs. Guatemala,* Fondo, Reparaciones y Costas, sentencia de 22 de agosto de 2018, serie C N° 356.

Corte IDH, *Caso Gutiérrez Hernández y otros vs. Guatemala,* Interpretación de la sentencia de Excepciones Preliminares, Fondo, Reparaciones y Costas, sentencia de 22 de agosto de 2018, serie C N° 357.

Corte IDH, *Caso Trabajadores Cesados de Petroperú y otros vs. Perú,* Interpretación de la sentencia de Excepciones Preliminares, Fondo, Reparaciones y Costas, sentencia de 22 de agosto de 2018, serie C N° 358.

Corte IDH. *Caso Cuscul Pivaral y otros vs. Guatemala,* Excepción Preliminar, Fondo, Reparaciones y Costas, sentencia de 23 de agosto de 2018, serie C N° 359.

Corte IDH, *Caso Terrones Silva y otros vs. Perú,* Excepciones Preliminares, Fondo, Reparaciones y Costas, sentencia de 26 de septiembre de 2018, serie C N° 360.

Corte IDH, *Caso Escaleras Mejía y otros vs. Honduras,* Homologación de solución amistosa, sentencia de 26 de septiembre de 2018, serie C N° 361.

Corte IDH, *Caso López Soto y otros vs. Venezuela,* Fondo, Reparaciones y Costas, sentencia de 26 de septiembre de 2018, serie C N° 362.

Corte IDH, *Caso Isaza Uribe y otros vs. Colombia*, Fondo, Reparaciones y Costas, sentencia de 20 de noviembre de 2018, serie C N° 363.

Corte IDH, *Caso Villamizar Durán y otros vs. Colombia*, Excepción Preliminar, Fondo, Reparaciones y Costas, sentencia de 20 de noviembre de 2018, serie C N° 364.

Corte IDH, *Caso Carvajal Carvajal y otros vs. Colombia*, Interpretación de la sentencia de Fondo, Reparaciones y Costas, sentencia de 21 de noviembre de 2018, serie C N° 365.

Corte IDH, *Caso Lagos del Campo vs. Perú*, Interpretación de la sentencia de Excepciones Preliminares, Fondo, Reparaciones y Costas, sentencia de 21 de noviembre de 2018, serie C N° 366.

Corte IDH, *Caso Vereda La Esperanza vs. Colombia*, Interpretación de la sentencia de Excepción Preliminar, Fondo, Reparaciones y Costas, sentencia de 21 de noviembre de 2018, serie C N° 367.

Corte IDH, *Caso Omeara Carrascal y otros vs. Colombia*, Fondo, Reparaciones y Costas, sentencia de 21 de noviembre de 2018, serie C N° 368.

Corte IDH, *Caso Trueba Arciniega y otros vs. México*, Homologa acuerdo de solución amistosa, sentencia de 27 de noviembre de 2018, serie C N° 369.

Corte IDH, *Caso Alvarado Espinoza y otros vs. México*, Fondo, Reparaciones y Costas, sentencia de 28 de noviembre de 2018, serie C N° 370.

Corte IDH, *Caso Mujeres Víctimas de Tortura Sexual en Atenco vs. México*, Excepción Preliminar, Fondo, Reparaciones y Costas, sentencia de 28 de noviembre de 2018, serie C N° 371.

Corte IDH, *Caso Órdenes Guerra y otros vs. Chile*, Fondo, Reparaciones y Costas, sentencia de 29 de noviembre de 2018, serie C N° 372.

Corte IDH, *Caso Colindres Schonenberg vs. El Salvador*, Fondo, Reparaciones y Costas, sentencia de 4 de febrero de 2019, serie C N° 373.

Corte IDH, *Caso Villaseñor Velarde y otros vs. Guatemala*, Fondo, Reparaciones y Costas, sentencia de 5 de febrero de 2019, serie C N° 374.

Corte IDH, *Caso Muelle Flores vs. Perú*, Excepciones Preliminares, Fondo, Reparaciones y Costas, sentencia de 6 de marzo de 2019, serie C N° 375.

Corte IDH, *Caso Martínez Coronado vs. Guatemala*, Fondo, Reparaciones y Costas, sentencia de 10 de mayo de 2019, serie C N° 376.

Corte IDH, *Caso Arrom Suhurt y otros vs. Paraguay*, Fondo, sentencia de 13 de mayo de 2019, serie C N° 377.

Corte IDH, *Caso Cuscul Pivaral y otros vs. Guatemala*, Interpretación de la sentencia de Excepción Preliminar, Fondo, Reparaciones y Costas, sentencia de 14 de mayo de 2019, serie C N° 378.

Corte IDH, *Caso López Soto y otros vs. Venezuela*, Interpretación de la sentencia de Fondo, Reparaciones y Costas, sentencia de 14 de mayo de 2019, serie C N° 379.

Corte IDH, *Caso Álvarez Ramos vs. Venezuela*, Excepción Preliminar, Fondo, Reparaciones y Costas, sentencia de 30 de agosto de 2019, serie C N° 380.

Corte IDH, *Caso Alvarado Espinoza y otros vs. México*, Interpretación de la Sentencia de Fondo, Reparaciones y Costas, sentencia de 30 de agosto de 2019, serie C N° 381.

Corte IDH, *Caso Gorigoitía vs. Argentina*, Excepción Preliminar, Fondo, Reparaciones y Costas, sentencia de 2 de septiembre de 2019, serie C N° 382.

Corte IDH, *Caso Rico vs. Argentina*, Excepción Preliminar y Fondo, sentencia de 2 de septiembre de 2019, serie C N° 383.

Corte IDH, *Caso Perrone y Preckel vs. Argentina*, Excepciones Preliminares, Fondo, Reparaciones y Costas, sentencia de 8 de octubre de 2019, serie C N° 384.

Corte IDH, *Caso Ruiz Fuentes y otra vs. Guatemala*, Excepción Preliminar, Fondo, Reparaciones y Costas, sentencia de 10 de octubre de 2019, serie C N° 385.

Corte IDH, *Caso Valenzuela Ávila vs. Guatemala*, Fondo, Reparaciones y Costas, sentencia de 11 de octubre de 2019, serie C N° 386.

Corte IDH, *Caso Rodríguez Revolorio y otros vs. Guatemala*, Excepción Preliminar, Fondo, Reparaciones y Costas, sentencia de 14 de octubre de 2019, serie C N° 387.

Corte IDH, *Caso Rosadio Villavicencio vs. Perú*, Excepciones Preliminares, Fondo, Reparaciones y Costas, sentencia de 14 de octubre de 2019, serie C N° 388.

Corte IDH, *Caso Omeara Carrascal y otros vs. Colombia*, Interpretación de la sentencia de Fondo, Reparaciones y Costas, sentencia de 14 de octubre de 2019, serie C N° 389.

Corte IDH, *Caso Girón y otro vs. Guatemala*, Excepción Preliminar, Fondo, Reparaciones y Costas, sentencia de 15 de octubre de 2019, serie C N° 390.

Corte IDH, *Caso Romero Feris vs. Argentina*, Fondo, Reparaciones y Costas, sentencia de 15 de octubre de 2019, serie C N° 391.

Corte IDH, *Caso Díaz Loreto y otros vs. Venezuela*, Excepciones Preliminares, Fondo, Reparaciones y Costas, sentencia de 19 de noviembre de 2019, serie C N° 392.

Corte IDH, *Caso Gómez Virula y otros vs. Guatemala*, Excepción Preliminar, Fondo, Reparaciones y Costas, sentencia de 21 de noviembre de 2019, serie C N° 393.

Corte IDH, *Caso Asociación Nacional de Cesantes y Jubilados de la Superintendencia Nacional de Administración Tributaria (ANCEJUB-SUNAT) vs. Perú*, Excepciones Preliminares, Fondo, Reparaciones y Costas, sentencia de 21 de noviembre de 2019, serie C N° 394.

Corte IDH, *Caso Hernández vs. Argentina*, Excepción Preliminar, Fondo, Reparaciones y Costas, sentencia de 22 de noviembre de 2019, serie C N° 395.

Corte IDH, *Caso López y otros vs. Argentina*, Excepción Preliminar, Fondo, Reparaciones y Costas, sentencia de 25 de noviembre de 2019, serie C N° 396.

Corte IDH, *Caso Jenkins vs. Argentina*, Excepción Preliminar, Fondo, Reparaciones y Costas, sentencia de 26 de noviembre de 2019, serie C N° 397.

RESOLUCIONES

Corte IDH, *Caso El Rodeo II vs. Venezuela*, resolución de 8 de febrero de 2008.

Corte IDH, *Caso Gelman vs. Uruguay*, supervisión de cumplimiento de sentencia, resolución de 20 de marzo de 2013.

Corte IDH, *Caso Gomes Lund y otros (Guerrilha do Araguaia) vs. Brasil*, Supervisión de cumplimiento de sentencia, resolución de 17 de octubre de 2014.

Corte IDH, *Caso Niñas Yean y Bosico y caso de personas dominicanas y haitianas expulsadas vs. República Dominicana*, Supervisión de cumplimiento de sentencias y competencia, resolución de 12 de marzo de 2019.

Corte IDH, *Caso Masacres de El Mozote y lugares aledaños vs. El Salvador*, Medidas urgentes y supervisión de cumplimiento de sentencia, resolución de 28 de mayo de 2019.

OPINIONES CONSULTIVAS

Corte IDH, *"Otros tratados" objeto de la función consultiva de la Corte (Art. 64 Convención Americana sobre Derechos Humanos)*, Opinión Consultiva OC-1/82, de 24 de septiembre de 1982, serie A N° 1.

Corte IDH, *El efecto de las reservas sobre la entrada en vigencia de la Convención Americana sobre Derechos Humanos*, Opinión Consultiva OC-2/82, de 24 de septiembre de 1982, serie A N° 2.

Corte IDH, *Restricciones a la pena de muerte (Arts. 4.2 y 4.4 Convención Americana sobre Derechos Humanos)*, Opinión Consultiva OC-3/83, de 8 de septiembre de 1983, serie A N° 3.

Corte IDH, *Propuesta de modificación a la Constitución Política de Costa Rica relacionada con la naturalización*, Opinión Consultiva OC-4/84, de 19 de enero de 1984, serie A N° 4.

Corte IDH, *La colegiación obligatoria de periodistas (Arts. 13 y 29 Convención Americana sobre Derechos Humanos)*, Opinión Consultiva OC-5/85, de 13 de noviembre de 1985, serie A N° 5.

Corte IDH, *La expresión "Leyes" en el artículo 30 de la Convención Americana sobre Derechos Humanos*, Opinión Consultiva OC-6/86 de 9 de mayo de 1986, serie A N° 6.

Corte IDH, *Exigibilidad del derecho de rectificación o respuesta (Arts. 14.1, 1.1 y 2 Convención Americana sobre Derechos Humanos)*, Opinión Consultiva OC-7/86, de 29 de agosto de 1986, serie A N° 7.

Corte IDH, *El hábeas corpus bajo suspensión de garantías (Arts. 27.2, 25.1 y 7.6 Convención Americana sobre Derechos Humanos)*, Opinión Consultiva OC-8/87, de 30 de enero de 1987, serie A N° 8.

Corte IDH, *Garantías judiciales en estados de emergencia (Arts. 27.2, 25 y 8 Convención Americana sobre Derechos Humanos)*, Opinión Consultiva OC-9/87, de 6 de octubre de 1987, serie A N° 9.

Corte IDH, *Interpretación de la Declaración Americana de los Derechos y Deberes del Hombre en el marco del artículo 64 de la Convención Americana sobre Derechos Humanos*, Opinión Consultiva OC-10/89, de 14 de julio de 1989, serie A N° 10.

Corte IDH, *Excepciones al agotamiento de los recursos internos (Arts. 46.1, 46.2.a y 46.2.b, Convención Americana sobre Derechos Humanos)*, Opinión Consultiva OC-11/90, de 10 de agosto de 1990, serie A N° 11.

Corte IDH, *Compatibilidad de un proyecto de ley con el artículo 8.2.h de la Convención Americana sobre Derechos Humanos*, Opinión Consultiva OC-12/91, de 6 de diciembre de 1991, Serie A N° 12.

Corte IDH, *Ciertas atribuciones de la Comisión Interamericana de Derechos Humanos (Arts. 41, 42, 44, 46, 47, 50 y 51 de la Convención Americana sobre Derechos Humanos)*, Opinión Consultiva OC-13/93, de 16 de julio de 1993, serie A N° 13.

Corte IDH, *Responsabilidad internacional por expedición y aplicación de leyes violatorias de la Convención (Arts. 1 y 2 Convención Americana sobre Derechos Humanos)*, Opinión Consultiva OC-14/94, de 9 de diciembre de 1994, serie A N° 14.

Corte IDH, *Informes de la Comisión Interamericana de Derechos Humanos (Art. 51 Convención Americana sobre Derechos Humanos)*, Opinión Consultiva OC-15/97, de 14 de noviembre de 1997, serie A N° 15.

Corte IDH, *El derecho a la información sobre la asistencia consular en el marco de las garantías del debido proceso legal*, Opinión Consultiva OC-16/99, de 1° de octubre de 1999, serie A N° 16.

Corte IDH, *Condición jurídica y derechos humanos del niño*, Opinión Consultiva OC-17/02, de 28 de agosto de 2002, serie A N° 17.

Corte IDH, *Condición jurídica y derechos de los migrantes indocumentados*, Opinión Consultiva OC-18/03, de 17 de septiembre de 2003, serie A N° 18.

Corte IDH, *Control de legalidad en el ejercicio de las atribuciones de la Comisión Interamericana de Derechos Humanos (Arts. 41 y 44 a 51 de la Convención Americana sobre Derechos Humanos)*, Opinión Consultiva OC-19/05, de 28 de noviembre de 2005, serie A N° 19.

Corte IDH, *Artículo 55 de la Convención Americana sobre Derechos Humanos*, Opinión Consultiva OC-20/09 de 29 de septiembre de 2009, serie A N° 20.

Corte IDH, *Derechos y garantías de niñas y niños en el contexto de la migración y/o en necesidad de protección internacional*, Opinión Consultiva OC-21/14, de 19 de agosto de 2014, serie A N° 21.

Corte IDH, *Titularidad de derechos de las personas jurídicas en el Sistema Interamericano de Derechos Humanos (Interpretación y alcance del artículo 1.2, en relación con los artículos 1.1, 8, 11.2, 13, 16, 21, 24, 25, 29, 30, 44, 46, y 62.3 de la Convención Americana sobre Derechos Humanos, así como del artículo 8.1 A y B del Protocolo de San Salvador)*, Opinión Consultiva OC-22/16, de 26 de febrero de 2016, serie A N° 22.

Corte IDH, *Medio ambiente y derechos humanos (obligaciones estatales en relación con el medio ambiente en el marco de la protección y garantía de los derechos a la vida y a la integridad personal - interpretación y alcance de los artículos 4.1 y 5.1, en relación con los artículos 1.1 y 2 de la Convención Americana sobre Derechos Humanos)*, Opinión Consultiva OC-23/17, de 15 de noviembre de 2017, serie A N° 23.

Corte IDH, *Identidad de género, e igualdad y no discriminación a parejas del mismo sexo. Obligaciones estatales en relación con el cambio de nombre, la identidad de género, y los derechos derivados de un vínculo entre parejas del mismo sexo (interpretación y alcance de los artículos 1.1, 3, 7, 11.2, 13, 17, 18 y 24, en relación con el artículo 1 de la Convención Americana sobre Derechos Humanos)*, Opinión Consultiva OC-24/17, de 24 de noviembre de 2017, serie A N° 24.

Corte IDH, *La institución del asilo y su reconocimiento como derecho humano en el Sistema Interamericano de Protección (interpretación y alcance de los artículos 5, 22.7 y 22.8, en relación con el artículo 1.1 de la Convención Americana sobre Derechos Humanos)*, Opinión Consultiva OC-25/18, de 30 de mayo de 2018, serie A N° 25.

DECISIONES DE LA COMISIÓN INTERAMERICANA

CIDH, *Caso Freddy Gutiérrez Trejo (Oaxaca) vs. México*, resolución de 8 de marzo de 2005

CIDH, *Caso Internado Judicial de Monagas (La Pica) vs. Venezuela*, resolución de 13 de enero de 2006.

CIDH, *Caso Centro Penitenciario Regional Yare I y Yare II (Cárcel de Yare) vs. Venezuela*, resolución de 30 de marzo de 2006.

CIDH, *Caso Mery Naranjo vs. Colombia*, resolución de 22 de septiembre de 2006.

CIDH, Capítulo IV-A, Acceso al agua en las américas una aproximación al derecho humano al agua en el sistema interamericano, *Informe Anual 2015*, Washington D.C., 2015.

SENTENCIAS DE TRIBUNALES NACIONALES

Suprema Corte de Estados Unidos de América, *caso Marbury vs. Madison*, sentencia de 24 de febrero de 1803.

Corte Suprema de Justicia de la Nación (Argentina), *caso Giroldi Horacio David y otro*, sentencia de 7 de abril de 1995.

Corte Suprema de Justicia en Sala Constitucional (Costa Rica), sentencia de 9 de mayo de 1995.

Corte Constitucional (Colombia), sentencia T-568 de 1999, de 10 de agosto de 1999.

Corte Suprema de Justicia de la Nación (Argentina), *caso Jorge Rafael Videla*, sentencia de 21 de agosto de 2003.

Corte Suprema de Justicia de la Nación (Argentina), *caso Simón, Julio Héctor y otros*, sentencia de 14 de junio de 2005.

Corte Constitucional (Guatemala), acuerdo de 23 de enero de 2006.

Tribunal Constitucional (Perú), sentencia de 19 de junio de 2007.

Tribunal Supremo de Justicia de Sala Constitucional (Venezuela), sentencia 1939, de 18 de diciembre de 2008.

Supremo Tribunal Federal de Brasil, sentencia de 29 de abril de 2010.

Suprema Corte de Justicia de la Nación (México), *caso Engrose varios*, sentencia de 14 de julio de 2011.

Tribunal Supremo de Justicia de Sala Constitucional (Venezuela), sentencia 1542, de 17 de octubre de 2011.

Suprema Corte de Justicia (Uruguay), sentencia de 22 de febrero de 2013.

Tribunal Constitucional República Dominicana, sentencia TC-168/13, de 23 de septiembre de 2013.

Tribunal Constitucional República Dominicana, sentencia TC/0256/14, de 4 de noviembre de 2014.

Corte Suprema de Justicia en Sala Constitucional (Costa Rica), sentencia de 31 de julio de 2015.

Corte Suprema de Justicia (Chile), sentencia de 18 de noviembre de 2015.

El estado convencional cincuentenario de la convención americana sobre derechos humanos (1969-2019) de Víctor Rafael Hernández-Mendible
se imprimió en la República Argentina
en marzo de 2020.

www.ingramcontent.com/pod-product-compliance
Lightning Source LLC
LaVergne TN
LVHW082237051026
849532LV00012B/4011
* 9 7 8 9 5 6 3 9 2 7 4 6 7 *